U0928815

工业发展的伟大成就是中国特色社会主义的“理论自信”“道路自信”“制度自信”的底气所在。

现阶段，中国最重要、最迫切的战略任务之一仍然是继续强健工业筋骨，真正实现现代工业文明。有了工业之筋骨，才能雄踞于世界大国之间，确保国家安全、民生福祉和民族昌盛，并且真正成为一个永远保持活力的创新型国家。

国家出版基金项目

—— DAGUO JINGU ——

大国筋骨

中国工业化65年历程与思考

金碚◎著

SPM
南方出版传媒
广东经济出版社
·广州·

图书在版编目（CIP）数据

大国筋骨：中国工业化65年历程与思考／金碚著．—广州：广东经济出版社，2015．3

ISBN 978－7－5454－3627－3

Ⅰ．①大…　Ⅱ．①金…　Ⅲ．①工业化－工业史－中国－现代　Ⅳ．①F429．07

中国版本图书馆CIP数据核字（2014）第240077号

出版发行	广东经济出版社（广州市环市东路水荫路11号11～12楼）
经销	全国新华书店
印刷	佛山市浩文彩色印刷有限公司 （广东省佛山市南海区狮山科技工业园A区）
开本	787毫米×1092毫米　1/16
印张	19．25　2插页
字数	376千字
版次	2015年3月第1版
印次	2015年3月第1次
书号	ISBN 978－7－5454－3627－3
定价	45．00元

如发现印装质量问题，影响阅读，请与承印厂联系调换。

发行部地址：广州市环市东路水荫路11号11楼

电话：（020）38306055　37601950　邮政编码：510075

邮购地址：广州市环市路水荫路11号11楼

电话：（020）37601980　邮政编码：510075

营销网址：http：//www·gebook．com

广东经济出版社常年法律顾问：何剑桥律师

大国筋骨

——中国工业化65年历程与思考

金 碚

在人类产生民族国家的数千年历史中，其大部分时期，无论是以幅员、人口，还是以生产总量计算，中国都是世界第一大国。但是，当18世纪一些西方国家率先发生工业革命，进入工业化时代，在地球上出现了“工业国”之后，中国很快就成为疲弱的巨人，尽管仍然“地大物博，人口众多”，却因工业薄弱而任人欺辱，徒有庞大躯体却无力挺腰站立；而“泱泱大国”眼中的“蛮夷”和“偏域小国”，例如岛国英格兰等，一旦拥有了先进工业，也可以成为称霸世界的强大国家。世界列强无一不以工业为支柱。

当今世界，民族国家纷纷独立，尽管小国可以从事自己的特色经济而生存，未必一定要以工业立国，但凡大国必须建立本国工业以支撑庞大的经济社会身躯，否则必将衰落甚至崩溃，被“开除球籍”。历史事实表明，工业尤其制造业是大国之“筋骨”，只有建造起发达工业之“钢筋铁骨”，大国方可屹立而不瘫软。中国近代百年屈辱的历史，实质上就是工业薄弱的“软骨病”史：没有筋骨，必为病夫！

新中国建立65年的历史，则是一部中华民族实现国家工业化的创业奋进史，尽管艰难曲折，代价沉重，但完整的工业体系已如铮铮铁骨般支撑起东方巨龙并让其腾飞。迄今为止，中国崛起最大的“法宝”就是其规模巨大的工业体系。工业发展的伟大成就正是所谓中国特色社会主义的“理论自信”“道路自信”“制度自信”的底气所在。如果没有工业，何来民族自信？

今天，中国工业化仍在路上，还远远没有完成其历史使命，工业之价值无可替代。现阶段，中国最重要、最迫切的战略任务之一仍然是继续强健工业筋骨，真正实现现代工业文明。有了工业之筋骨，才能雄踞于世界大国之间，确保国家安全、民生福祉和民族昌盛。尤其是，没有人怀疑，在可以预期的不长时期之内，中国将再次回到世界第一大经济体的地位。有学者预测，“到2052年，中国GDP总量将相当于所有33个OECD国家GDP的总和"[①]。没有强大的工业体系，如此庞大的经济体是难以维系的。而且，未来二三十年，中国将不以人的意志为转移地承担起越来越重大的国际责任，这必须以发达的工业基础为前提。总之，如果没有更加强大和可持续发展的先进制造业，中国不仅将无力于应对自己所面临的挑战和风险，而且将无益于世界的发展和安全。

① ［挪威］乔根·兰德斯：《2052：未来四十年的中国与世界》，译林出版社，2013年版，第261页。

目　　录

上篇　峥嵘历程

下篇 思考年代

上篇

峥嵘历程

第 1 章 新中国的工业化进程

回望1949年新中国建立以来的共和国历史，亿万人民前仆后继，求解放、求变革、求振兴。65年执着不懈地艰难苦斗，其中，曾有差不多30年时间试图建立计划经济，又经过了30多年向市场经济转轨的历史，走过风云变幻、跌宕起伏的岁月，沧桑变迁，换了人间，终于使今天的中国站在了实现千年强国之梦的新起点上。在中国经济发展的这65年中，由所处的社会发展阶段的历史性质决定，工业成长和工业化始终是不变的主题。中国工业变革振兴65年的历史就是一部打造大国筋骨的奋斗史。

一、挣脱思想禁锢的解放历程

解放，是被压抑了数千年的中国民众长久以来的追求，特别是民族解放、国家解放和思想解放，成为近200年来因封闭而落后，因落后而挨打，因挨打而濒临民族危亡的中华民族最大的愿望。谁举起解放的旗帜，就拥护谁；谁带领人民求解放，就跟着谁。“解放”成为唤起中国民众巨大热情和激发被压抑的生产力的极大召唤力。因此，中国对工业化和现代化的追求始于1919年开始的思想解放，而真正的工业化和现代化进程则始于1949年的国家解放，即新中国的成立。但是，解放的道路是不平坦的，特别是思想的解放，道路往往是非常曲折的。当人们挣脱了旧观念的禁锢，以为可以张开新思想的翅膀，却不料又成为另一种教条的思想奴隶，因而需要再次的思想解放。65年来，中国为解放付出了巨大的努力和代价，直至今天，仍然需要新的思想解放。

1. 国家解放的火热年代

1949年以“解放”载入中国历史的纪年。实际上，1949年的国家解放是1919年以来的思想解放运动并最终接受了马克思主义理论的民族解放和人民解放运动的产物。中国人民曾经把西方强国当作“老师”，称之为“德先生”（民主）和“赛先生”（科学），希望从那里获得挣脱千百年思想牢笼的新思想；没想到，“老师”总是欺辱“学生”，而且他们的理论和思想并不适合中国国情。于是，中国不得不放弃对西方资本主义道路的追求，走上“马克思主义理论同中国具体实践相结合”的道路。

在新中国建立初期的那个年代，“破除迷信，打破常规，向科学进军”成为激发人民热情的有力口号。经过短短3年的国民经济恢复时期就基本医治好了战争所造成的巨大创伤，整个中国进入一个激情洋溢的火红建设时期。1952—1957年的国民经济建设第一个五年计划时期，在苏联所提供的经济援助下，中国开启了现代工业发展的伟大历史，国家解放所激发的思想解放唤起了万众一心的建设高潮。

第一个五年计划时期，是中国工业发展65年历史上第一个取得了重要成就的时期。从工业发展的指导思想上来看，尽管明显倾向于尽快走向计划经济和依赖国家直接参与经济建设活动的工业体制和工业化道路；从今天的立场上来看，也许并不十分适当。但是，一方面，中国当时处于工业化初步阶段，确实需要国家发挥启动和推进作用；另一方面，当时的经济计划大体上能够从实际出发，而且国民经济结构比较简单，国家计划手段易于驾驭。所以，历史地看，当年的计划经济所取得的建设成绩是具有重大意义的，为此后的工业发展奠定了基础。

2. 极度亢奋后迷途知返

第一个五年计划时期所取得的很大成就，加之资本主义工商业的社会主义改造顺利完成，极大地振奋了人心，但也使人们失去了冷静，误以为只要“让思想冲破牢笼”，人的任何伟大理想都可以实现。于是，“人定胜天”“人有多大胆，地有多高产”等豪言壮语，成为主导经济建设的思想倾向。人们认为，西方工业化国家200年历史所创造的工业成就，不仅不值得迷信和崇拜，而且相信，中国只要通过几个五年计划的奋斗就可以达到。因此，“赶上美国，超过英国”，成为工业“大跃进”的直接目标。

从1958年开始，中国工业在“鼓足干劲，力争上游，多、快、好、省地建设社会主义总路线”的指引下，进入了一个极度亢奋的时期，全民“大炼钢铁”，各类工业“土法上马”。当时的所谓“思想解放”，实质上成为不顾现实和无视客观经济规律的代名词，经济建设蜕变成为一场“思想运动”和“人民战争”。一些发展经济学家们曾经主张的“大推进”理论，在中国的“大跃进”中得到了极端的表现。但是，严重违背客观经济规律必须付出极大的代价，经济结构的失衡所导致的损失远远大于建立起来的无数个完全不符合最基本的技术标准的工厂所形成的工业生产能力。失去了正确的方向，攀得越高摔得越重，越是努力损失越大。1958年开始的三年，主观上追求“大跃进”，结果却成为“三年困难时期”。实质上是因违背经济规律而导致的国民经济严重失衡和紊乱，以致产生极大的经济困难，第二个五年计划不得不中断执行。这是新中国历史上第一次教训惨痛的时期。

冒进必须以“退够”为结局。随后的几年（1963—1965 年）为“国民经济调整时期”，实质上是迷途知返，从畸形的突进中大幅度后退。不仅许多工厂、矿山关闭，而且大量工人返乡。由于中国经济具有极大的柔韧性，加之计划经济的思想和管理方式也有其特殊的动员力量，公共利益和集体利益高于个人利益、个人服从组织的计划经济原则，具有应对非常态危机的特殊功能，所以，中国经济居然较快地实现了有秩序的后退，并大体恢复了元气。

3. 误入歧途而濒于崩溃

尽管从实际的历史事实看，中国其实从来没有实现过苏联式的计划经济体制，但是，中国以建立计划经济为目标的思想却不断得以强化和固化。而且，在“大跃进”所导致的极度困难中不得不进行以“退够”为主要内容的经济调整，不仅没有弱化建立计划经济的理想，相反，似乎是依靠了计划经济的方式才使国民经济摆脱困境。于是，从历史挫折中不可思议地得出了中国必须彻底抛弃资本主义，拒绝一切市场行为和市场经济因素的意识形态的结论。

20 世纪 60 年代中后期，计划经济的意识形态在政治路线的强烈维护下越来越成为不允许有丝毫怀疑的信条。“彻底革命”“打倒走资本主义道路的当权派”等政治口号，在经济思想上就等同于“禁绝市场”“清除一切同市场经济相关的因素”，而且，将中国经济完全隔绝于世界资本主义体系之外。甚至，企业利润、计件工资和个人奖金等都被认为是资本主义市场经济因素而禁止。

终于，中国的十几亿人口，陷入了思想禁锢的深渊。理论与中国现实的严重背离，加之错误的政治思想和政治路线的蛮横推行，对中国经济造成了极大的损害。到 20 世纪 70 年代末，国民经济走到了濒临崩溃的危险境地。那时，尽管在统计上似乎可以显示“中国建立了相对完整的工业经济体系”，而且由于长期实行“优先发展重工业”的经济政策也确实形成了一定的工业基础，但是，同世界其他国家特别是发达的工业国家相比，中国工业完全缺乏竞争实力，差距越来越远。尤其是，绝大多数中国人根本没有享受到工业文明的利益，中国仍然处于极度贫穷和落后的境地。渴望尽快实现工业化和现代化，成为那个时代人心所向的愿望和梦寐以求的目标（当时称为“一定要实现‘四个现代化’”），尽管广大人民这样的愿望和目标总是被“突出政治”“政治挂帅”等错误思想和政治口号所淹没和打击而难以实现。

从 1949 年至 20 世纪 70 年代末的近 30 年间，从主观愿望上，中国几乎是在不停地进行对旧思想、旧观念的“革命”，直到 1966 年发动“文化大革命”“破四旧，立四新”“进行无产阶级专政下的继续革命”，并以“革命”的方式进行经济建设的动员和统制。但是，却在“解放”和“革命”的旗帜下，一步步走向极端的思想禁区，直至各种能够激发经济活力，有利于经济发展，特别是同市场活跃及同国际经济联系的思想和理论，都被视为反动的“资本主义”和“修正主义”而受到越来越严厉的批判和禁止。

4. 思想解放的强劲动力

法国伟大作家维克多·雨果有句名言：“世界上没有任何权威能够关住一种适合时宜的思想。”

20世纪70年代下半叶，“文化大革命”结束，中国开始了具有伟大意义的思想解放过程。与过去不同的是，这次思想解放不再是从意识形态理想出发，而是从解决最实际的经济和社会现实问题的实事求是考虑出发。从一定意义上甚至可以说，这是对传统观念和理论的逼上梁山式的“反叛”，即对极“左”政治思想和政治路线的反叛，对计划经济的传统体制和传统观念的反叛。从根本上来说，是极度的贫穷和巨大的国际差距迫使中国必须彻底解放思想：从理想主义的幻想（意识形态目标）到现实主义的转变。

因此，20世纪70年代后期的解放思想从承认“实践是检验真理的唯一标准”开始，从承认中国将长期处于“社会主义初级阶段”的认识开始。基于这一认识，必然得出结论：“广大人民群众日益增长的物质文化需求与落后生产力的矛盾是社会主义初级阶段的基本矛盾。”贫穷是最大的敌人，创造财富是最迫切的要求。所以，以经济建设为中心，是唯一正确的政策选择。

其实，过去也讲经济建设和财富创造。只是在计划经济思想的逻辑下，发展经济的动力来自对公共财富的追求，而认为追求个体财富（个人财产和企业利润）是不道德的，甚至是违法的。实践证明，以这样的思维逻辑在现实中很难保证生产积极性的长期维持，效率低下的问题难以得到根本解决，特别是，庸懒、懈怠和依赖的工作态度和行为方式不可遏制地蔓延，将腐蚀整个社会的生产力基础，结果是使得国家和人民在追求崇高目标（“大公无私”“无条件完成国家计划指标”“跑步进入共产主义”等）的口号下，却走向了普遍贫穷的深渊。

从20世纪70年代下半叶开始的思想解放在财富观上的突破口就在于：承认追求个体（个人和企业）财富的正当性，将经济发展的动力基于个体收入和财富的追求上。所以，在政策上要允许和鼓励“一部分人一部分地区先富起来”，要承认微观主体的经济责任制（农村的家庭联产承包和企业的自负盈亏等）和经济刺激。承认了微观主体的经济责任制和经济刺激制度，以至承认和鼓励非公有经济的存在和发展，实际上就是承认了追求个人财富和进行个人财富积累的合法性和正当性，甚至还要鼓励和表彰“勤劳致富”，“万元户”以及“百万富翁”。同时，也承认了企业是追求利润最大化的独立经济主体。

财富观的解放为经济理论的解放奠定了基础。1979年11月26日，邓小平在会见美国不列颠百科全书出版公司副总裁弗兰克·吉布尼等外宾的谈话中开始挑战“社会主义等于计划经济”这一教条，第一次提出了社会主义也可以搞市场经济的思想。他说：“说市场经济只存在于资本主义社会，只有资本主义的市场经济，这肯定是不正确的。社会主义为什么不可以搞市场经济，这个不能说是资本主义。我们是计划经济为主，也结合市场经济，但这是社会主义的市场经济。”“社会主义也可以搞市场经济。”① 1992年，邓小平更加明确地提出，“社会主义也可以搞市场经济”，当年召开的中国共产党第十四次全国代表大会正式宣布：“经济体制改革的目标，是在坚持公有制和按劳分配为主体、其他经济成分和分配方式为补充的基础上，建立和完善社会主义市场经济体制。”市场经济与计划经济在思想逻辑上最根本的区别在于，计划经济基于自上而下的动力机制和资源配置机制，而市场经济的动力机制和资源配置机制则基于追求个体财富的微观动力；前者的运行直接基于对社会总体目标的关注和追求，后者的运行则是将社会总体利益的实现基于对个体利益的关注和追求。用学术性的语言来表述就是：市场经济相信，即使人人遵循“经济人”行为原则（即一切从个体利益最大化目标出发），整个社会也能够实现总体利益最大化目标。而计划经济则认为，如果实行追求个体利益为主导性的行为准则，则整个社会生产将陷入混乱，更不可能实现社会总体利益最大化。

实践证明，计划经济的逻辑是没有现实可行性的，而市场经济的逻辑所焕发出来的个体积极性和追求财富的动力机制是极其强大的。允许和鼓励微观主体更主动和自由地追求个体财富，确实能够导致整个社会生产力的巨大解放，导致社会财富的大量涌现。中国自20世纪70年代末以来30年社会生产力的极大解放，源于伟大的思想解放，而这一思想解放所具有的真理性又得到经济发展实践特别是30年来工业发展所取得的辉煌成就的检验。这是中国65年来思想解放历程中的后35年与前30年的根本区别，即前30年的思想解放是以某种意识形态原则为检验标准的，尽管也包含一定的合理性，但往往严重脱离现实；而后35年的思想解放是以实践为检验标准的，尽管也需要不断摸索和纠错，但总是充满生命力和不断进取的活力。

5. 科学发展的观念升华

思想解放的意义不仅仅是摆脱禁锢，更在于与时俱进。思想解放使工业文明特别

---

① 邓小平：《社会主义也可以搞市场经济》，《邓小平文选》（第二卷），人民出版社，2002年版，第236页。

是工业社会的经济效率原则在中国得到实现，焕发起巨大的生产潜力，取得了空前的成就，促进了国民经济特别是工业经济的高速发展，使社会物质财富极大涌流。但工业社会财富意识的觉醒绝不是让“不择手段”“财大气粗”和“为富不仁”的劣行泛滥。“鸟为食亡，人为财死”“金钱是万恶之源”的“财富诅咒”更不应成为现实悲剧。工业社会的财富意识是市场经济的动力源泉，财富的觉醒是市场经济伟大创造力的体现。但是，现代财富文明和工业文明并不是极端个人主义和利己主义的统治。在基于现代财富文明和工业文明的市场经济制度下，追求财富不仅仅是一种个人负责精神，即意味着准备承受压力和竞争，自力更生，自强自尊；而且追求财富也应该和必须是一种社会责任行为，它意味着财富形成过程中的个体行为也要具有对相关利益者负责，对社会负责，对世界负责的精神；它要求财富的创造和积累过程不仅只对个体是可以持久和代际相继的，而且应该和必须是对社会、世界和人类也是可持续的。

因此，思想的进一步解放，在经济发展观上必然表现为从以物为本向以人为本的观念转变，同时，实现社会责任意识的提升。21 世纪，在经济发展成就的基础上，面临新的挑战，党中央提出了必须以科学发展观统揽全局的新思想。科学发展观的实质不是放弃对物质财富的追求，而是必须赋予物质文明和创造物质财富的过程更强的人文价值。即发展的价值不能仅仅用生产和产出的物质成果本身来判断，而必须用是否有利于或促进了全体人民的生活质量的提高和生活环境的改善来衡量；生产过程的竞争方式不能建立在对人的基本权利的损害之上，而必须将“社会责任”原则作为与工业社会的效率至上机理并行不悖的准则。因此，科学发展观不仅是对生产方式的科学选择，而且是对生活方式和人本价值的科学和合理选择。按照科学发展观，发展的价值不仅仅是物质财富的大量涌流（GDP 的快速增长），而且是创造和追求物质财富过程的文明有序，是经济发展成果的公平分享，是物质文明与精神文明的良性互动。总之，发展的价值是物质富裕条件下人的自由、平等和尊严，是经济强盛条件下社会的文明、正义与和谐，是人类在利用自然中同自然友好相处从而能够世世代代获得大自然的持续恩惠。

6.“市场在资源配置中起决定性作用”标志着思想再解放

由于市场经济的发展空间广阔，一旦挣脱计划经济桎梏走上市场经济道路，立即发现“这边风景独好”，中国经济很快进入了亢奋和超高速增长的时期。企业家们对市场经济的机遇充满渴望和乐观，“只争朝夕”“有水快流”、贪大求快、急于求成成为整个时代最突出的心理倾向和行为特征。与此相应的是，各级政府也将促进市场经济发展理解为对市场经济发展直接进行顺向推动，即朝着与市场调节相同的着力方向加力，给“优惠政策”和“特殊待遇”，推动企业和地方经济大干快上，直至政府直接投资，“集中力量办大事”，进行地区间的GDP竞赛。这样，似乎是对市场经济的“顺水推舟”“加大力度”“锦上添花”，结果却往往是角色错位，用力过度，好事做过头，反而增大了经济的不平衡性，导致经济结构的严重失衡。而当宏观经济景气出现较大波动时，政府也往往出台大力度的调控政策，特别是当发生严重的非合意现象如经济过热或下滑、房地产价格异常时，政府往往会对微观经济活动进行直接的行政干预，而且总是“一刀切”，有病没病都吃同样的药。目的无非都是希望获得政策干预立竿见影的效果，也是急于求成。

更为深刻的是，计划经济观念和中国数千年形成的传统观念在市场经济条件下仍然顽强存在，并明显趋向强化，例如社会普遍的心理是：政府比百姓更聪明，凡大事均应由政府解决，政府官员可以而且应该是为民做主的“父母官”，所谓“当官不为民做主，不如回家卖白薯”；而且，上级政府总是比下级政府更聪明，越重要的事情越是应由上级政府部门来决定。这些因素强烈地影响着中国所塑造的市场经济的“中国特色”，也深刻影响着改革的方向和进程。因此，在中国走向市场经济的30多年里，尽管计划经济体制已经不复存在，市场经济制度框架初步形成，但政府对经济活动的干预以及对资源的控制却反而更强了。尤其是，政府干预采取直接的行政性方式，包括行政审批、政府替代企业决策、政府选择市场竞争赢家以及以行政手段进行纠错等。简单地说，就是凡“大事”就得政府集中力量办；凡被认为是“重要”的事项，就得政府决定。尤其是一旦出了问题，政府总是倾向于自己直接插手解决或替代企业决策，也就是自己冲到第一线，把“活儿”揽到自己身上。

于是，当经历了30多年的改革开放，进入21世纪的第二个10年时，我们发现，政府越位办了许多事情，中国政府成为全世界人数最多最忙碌的政府，政府公务员“五+二，白+黑”①，但经济“不平衡、不协调、不可持续”的问题却越来越突出。一方面，由于政府干预和参与了过多的微观经济决策，使市场活力和市场配置资源的有效性受到很大损害；另一方面，自发的市场机制难以解决的“外部性”“公共品供应”“竞争和分配的公平性”“社会安全网”和“信息不对称”等问题，却因为政府规管“缺位”或“失灵”而成为突出的问题。此时，我们终于认识到，在市场经济的改革和建设中，政府首要的任务是塑造使市场更有效地发挥资源配置的决定性作用的体制机制。凡是市场和企业能决定的都让市场和企业自主决策；如果发生问题，也尽可能首先考虑由市场和企业自行纠错，或者政府促使其他行为主体，例如委托社会组织或采取政府采购等市场方式，来实现合意的管控目标。

按照市场经济共识，政府经济管理和调控的理念和方式必须顺应市场经济不断走

① 意为：每周五天工作，周末二天加班；每天白天工作，晚上加班。

向成熟的客观现实，以更加符合经济规律，更加符合市场经济运行的手段实施经济调控。既要积极发挥保证经济平稳健康增长的积极作用，又要最大限度地避免不适当的政府干预对市场经济的不良影响和产生过大的副作用，甚至留下难以处置的后遗症，阻碍市场经济改革的推进。政府切记不要过高估计自己的信息处理能力和调控能力，以为自己可以精确地处理各种宏观和微观关系，时时保持经济体处于理想的均衡和合意状态，即“摆平”一切。而必须充分尊重和敬畏市场经济规律，承认信息的高度分散性和自己有限的信息处理能力，懂得自己能够调控什么，无力决定什么，什么该顺其自然，什么是必须守住的底线。

市场经济最基本的规则是——微观经济主体（个人和企业）的行为规则是：凡是法律不禁止的皆可行；而政府的行为规则则是——凡是未经法律授权的皆不可为。前者叫“负面清单原则”，后者叫“正面清单原则”。但在现实经济的许多情况下，这样的市场经济原则却恰恰被颠倒了：对于微观经济主体尤其是企业，反而实行了“正面清单原则”，无数的微观决策必须由政府审批，市场进入处处设限，企业无权自决的境地；而对于政府部门，反而实行了“负面清单原则”，在没有法律授权的情况下就任意扩大自己的决策权、干预权和收费权，没有权力清单。

所以，2013 年，《中共中央关于全面深化改革若干重大问题的决定》更明确地指出，要“紧紧围绕使市场在资源配置中起决定性作用深化经济体制改革”。“经济体制改革是全面深化改革的重点，核心问题是处理好政府和市场的关系，使市场在资源配置中起决定性作用和更好发挥政府作用。”这标志着中国改革进入新阶段。

从认识市场在资源配置上发挥“基础性作用”到起“决定性作用”，是关于市场经济共识的又一次重大进步。人类关于市场经济的理论研究和实践已经有数百年的历史，积累了丰富和深厚的理论成果和文明经验。我们今天所形成的市场经济共识吸取了人类文明的全部有益成果和积极因素。而且，市场经济共识也将在实践中不断发展，形成更高层次的现代理念。中国能否健康地发展市场经济，能否顺利完成工业化和有序推进城镇化，在很大程度上取决于关于市场经济共识的科学态度和所达到的文明高度。企业、政府和民众都必须提升市场经济共识水平，进行市场经济再学习，以对现代市场经济更深刻的理解实现经济社会更健康、更包容的可持续发展。

“市场在资源配置中起决定性作用”是一个内涵极其深刻和内容不断丰富的命题，有效地实现市场决定性作用要具备各方面的条件，包括要更好地发挥政府的作用。而且，市场经济体制进一步向市场起决定性作用转变也必然将牵动其他领域的体制机制变革与之相适应。所以，必须在各个领域全面深化改革。因此，中共十八大第一次做出了全面深化改革的重要决定。经济改革尽管是重点，但不是全部。还要包括政治体制、文化体制、社会体制、生态文明体制和党的建设制度改革等。

“理论是灰色的，而生命之树常青”正是中国65年解放道路的真实写照。

二、领先全局的工业改革开放

新中国建立65年，如果说在思想上是不断追求解放，其中，前30年是以某种意识形态原则为标准的思想解放历程，后35年是以实践为唯一检验标准的思想解放历程；那么，在行动上，这65年就是在体制、战略和政策上不断寻求变革道路的历史。其中，前30年是试图建立社会主义计划经济体制的理想主义变革道路，以不断的“革命”运动为特征；后35年则是探索建立社会主义市场经济体制的现实主义变革道路，以“摸着石头过河式”，或者“渐进式”的改革开放为特征。而无论是前30年还是后35年，工业都是变革行动最前沿的经济领域。

1. 难以持续的计划经济

从新中国建立到20世纪70年代末的近30年，通常被称为“计划经济时期”。其实，准确地说，应称为“追求计划经济理想而不得实现并屡受挫折的时期”。

计划经济是由理论推演而产生的一种理想经济制度。按照这种理论设想，整个国民经济可以在实行生产资料全民所有制的基础上由一个集中决策中心通过下达指令性计划指标，实现全社会“有计划、按比例”的经济运行和发展。不仅可以完全避免资本主义市场经济的周期性危机，而且可以实现比资本主义市场经济更快的发展速度。计划经济的理想尽管是诱人的，不然也不会曾经被那么多国家苦苦追求，但是，在现实中却不可能满足计划经济运行的条件，所以，对计划经济的追求总是事与愿违。

非常遗憾的是，在从1949年到20世纪70年代的将近30年中，一次又一次朝向计划经济的事与愿违的“变革”尝试，都没有使人们怀疑计划经济理论设想的美妙和可行，反而不断强化着“绝不能走资本主义市场经济道路”的固执。因此，计划经济不仅几乎成为一种宗教式的盲目信仰，而且更严重的是，还成为一种人人必须在行动上固守的法条。其实，在现实中，即使在实行计划经济规则最严格的经济领域——工业中，计划经济也不可能完全实行。城市中存在各种“大集体”和“小集体”企业，农村中的社队工业（后来称为乡镇工业）在许多地区特别是沿海省份顽强地发展起来。这些工业企业不可能被纳入计划经济，尽管在经济思想上认为它们的前途是都将“升级”为国营企业，因为，单一国营和全部纳入国家指令性计划工业经济体系，是那个时代不可怀疑的意识形态原则。

总之，前30年经济体制的特征是：意识形态上的计划经济信仰，实际执行结果的事与愿违，现实中不得不允许“计划内”和“计划外”（也称“体制内”和“体制外”）的两个领域，市场关系和行为在观念上被“消灭”在法律上被禁止而实际上却始终顽强地存在着。

与计划经济相一致的是国民经济体系的封闭性。尽管在前30年中，也有局部的由国家垄断经营的对外贸易，即从外国主要是实行社会主义计划经济的苏联引进过一些工业设备和技术，但从总体上来说，不断走向封闭，极端地主张“自力更生、自给自足”“既无内债，又无外债”是那个时代的基本特征。在这30年中，中国工业的体制特征不仅是高度指令性计划的，而且也是完全对外封闭的。

前30年，在制度变革的追求上希望割掉资本主义的所有“尾巴”，“跑步进入共产主义”，建立纯粹的计划经济体制，并把公有制、计划经济和按劳分配作为社会主义制度最本质的特征。这种取向的社会变革的探索精神可嘉，但却因严重脱离现实而最终走到难以为继的境地。政府制订的计划指标与实际达到的指标很少能达到一致，不必说具体的产品指标，即使是国民经济增长及工业增长的宏观性指标也相差极大，主观计划与客观现实基本没有相关性。到20世纪70年代下半叶，当“文化大革命”结束的时候，中国的变革道路走到了一个发生彻底转折的历史关头。

2. 改革开放的艰难突破

1978年——中国的“改革开放元年”，是中国变革道路上的历史分水岭。那时，突破旧体制的遭遇战首先在农村开始。农村改革短短几年就取得了明显成效，给工业改革以极大的启示和刺激：必须突破计划经济羁绊，成为工业改革最初的意识起点。

1981年，中共十一届六中全会确认“我国的社会主义制度还是处于初级的阶段”，让突破计划经济体制的尝试有了“名正言顺”的理由。1982年，党的十二大提出了要“正确贯彻计划经济为主，市场调节为辅的原则”，在计划经济体系中为市场经济撕开一道缺口。1984年，经济体制改革的主战场从农村转向城市，工业改革（企业改革）成为中心。从这一年开始，以工业领域为突破口和主攻点，计划经济的清规戒律一个个被打破。尽管这一时期的改革措施大多具有计划和市场“双轨制”的特征，并因此而产生了许多矛盾和混乱现象，但毕竟是在计划经济的机体中顽强地生长出了市场经济的因子。

20世纪80年代，中国开始走向改革开放的道路，实质上就是对前30多年所实行的体制的突破，过程是极为艰难的。无论是城市经济体制改革的中心环节国有企业改革，还是农村中乡镇工业企业在计划体制的夹缝中顽强地成长起来；无论是对外贸易管制的逐步缓解，还是允许和鼓励外商投资成为突破计划经济体制和探索改革道路的重大战略举措，都是在旧体制的封闭结构中打开一个又一个缺口。特别是，从那个时代就开始大胆实行的允许和鼓励一部分人、一部分地区先富起来的政策和以实行优惠政策和建立经济特区（经济开发区等）等方式，打破计划经济的封闭体系的举措，使传统计划经济的僵化封闭体系从根基上产生了动摇。

20世纪80年代的改革开放，是工业实践的生产力发展内在要求所推动着的历史变革。工业孕育了最具革命性的生产力因素。为了征服低效率，必须突破传统计划经济体系。即使在一段时期内，观念上对计划经济的有效性，既有怀疑，又不忍放弃；在变革的行动上左顾右盼，走走停停，甚至也有犹豫和反复，但是，改革的大方向却是正确的，它体现了工业革命对于体制变革的推动，其趋势和结果是不以人的意志为转移的。当“发展是硬道理”“效率就是生命”“时间就是金钱”等充分体现了工业革命内在要求的变革因素不断聚集，并形成对于经济体制变革的强大驱动力时，一个彻底变革的新时代就到来了。

3. 石破天惊的社会主义市场经济

1992年——中国的“市场经济元年”，是中国经济制度的变革方向终于彻底明朗的划时代年份。如果说在此之前，中国经济体制改革一直是在“计划经济”的基本框架内曲身“变通”，那么，在此之后，社会主义可以搞市场经济，而且必须走市场经济的变革道路，就成为一个全民共识。尽管从历史事实上看，确认社会主义市场经济改革方向依赖了邓小平的巨大政治威望和胆略，即邓小平在中国南方视察时明确提出了社会主义也可以搞市场经济，但从根本上说，邓小平实际上所说出的是一个呼之欲出的真理。

按照对社会主义经济基本性质的传统理论信仰，并被认为是不容怀疑的马克思主义的原则，在共产主义第一阶段——社会主义社会，必须实行生产资料全民所有、计划经济和按劳分配三个基本制度，这三个基本制度是三位一体，否定其中之一也就放弃了其他两个；而这三个基本制度被认为是社会主义制度区别于资本主义制度的本质特征。邓小平说社会主义也可以搞市场经济，而且得到党内大多数人的赞同和广大人民的拥护，是一个石破天惊的伟大变革。它不仅是对马克思主义理论的实质性突破，而且是对社会主义制度的新定义，在中国社会变革的历史上具有划时代的重大决定性意义。

既然社会变革的方向是社会主义市场经济，那么，作为计划经济前提的生产资料——全民所有制也就没有必要一统天下。实行多种经济成分并存的所有制结构不仅可以允许，而且更能适应市场经济的要求，更有助于解放生产力和通过多元经济的市场竞争而有效地提高产业国际竞争力。进一步的逻辑推演必然是：按劳分配也不再是唯一合法的收入分配制度。各种要素参与收入分配，包括按资分配，特别是保证出资人（投资人）的权益，成为社会主义市场经济制度基本原则之一。可见，在社会主义市场经济制度体系中融入了推动资本主义经济发展的积极因素，这样，社会主义与世界资本主义体系也不再格格不入、水火不容，而是具有了可以接轨的制度衔接点和包容面。从这一意义上可以说，社会主义市场经济体制是对外开放，走向国际经济和全球经济的制度前提。

1997 年——结束短缺经济的标志性年份。市场经济具有解放生产力的极大推动力。如果从 1992 年正式明确走向市场经济道路算起，那么，仅仅经过了短短的 5 年时间，中国就基本上消除了伴随计划经济 30 多年的普遍“短缺”现象，越来越多的产品从“卖方市场”转变为“买方市场”，甚至出现了生产过剩以及市场需求约束经济增长这种典型的市场经济现象。这表明，中国的计划经济已经一去不复返，市场经济已经逐步占据主导地位。

一个如此深刻而巨大的制度变迁过程，竟然在这么短的时间内几乎没有发生任何重大社会震动就实现了决定性的跨越，确实是一个奇迹。其中的一个重要条件就是，在从计划经济向市场经济变革的过程中，中国工业保持了稳定而快速的增长，而且工业企业（主要是国有企业）承担了改革所须付出的很大代价。与其他所有部门相比，工业成为改革和开放最前沿、最大胆、最彻底的领域，因而工业自身也成长为中国经济各部门中国际竞争力最强的部门。这就使得中国有能力和有条件全方位地对外开放，并勇敢地进入经济全球化的“竞技场”，全面接受全球化竞争的国际规则，与国际强手共舞，向世界强国迈进。

4. 走向经济全球化

2001 年——中国的“经济全球化元年”，以加入世界贸易组织为标志，中国全面接受经济全球化的自由贸易及国际投资原则，并将全方位融入经济全球化体系。如果说当代世界经济发展的主题是走向全球化和一体化，那么，很少还有哪个事件比中国的对外开放意义更加重大，影响更加深远而广泛。如果没有中国的开放，占世界 1/5 以上的人口隔绝在世界经济体系之外，经济全球化和一体化就不可能真正成为现实。而中国的开放使整个世界经济格局完全改变了模样，并且让全世界大多数国家的人民都切身感受到日常生活所受到的真实影响。

没有经历过那个时代的人很难体会到，中国做出对外开放的决策，一直到实行全方位开放，融入经济全球化是何等的艰难，需要何等的理论勇气和政治胆略。1949—1976 年，中国的对外经济政策尽管也曾几度变化，但总体趋势上是越来越走向封闭。在 1966—1976 年的 10 年“文化大革命”时期，更是走到了自我封闭的极端。在那个时代，所有的教科书和政策理论都“证明”了开放的危险性，与国外发生交往甚至可以被认为等同于“卖国”“投降”和“背叛”。对外开放，今天看来天经地义，而在当时却被指责为“离经叛道”和“崇洋媚外”。没有思想解放，未经深思熟虑，绝难走出这充满风险的一步。

从20世纪70年代开始逐步实行开放，到2001年中国加入世界贸易组织，中国对外开放的实质发生了很大的变化。起先，实行对外开放政策主要是基于承认中国经济的落后，希望通过利用国内、国外两种资源和两个市场尽快摆脱极度贫穷的状态和实现经济赶超。而中国加入世界贸易组织，则标志着中国全面地接受国际市场经济的自由贸易体制，中国社会主义市场经济体制同世界资本主义市场经济制度实现了多方位接轨。如果说，20世纪70年代开始的对外开放的实质是中国打破封闭经济体制的变革，那么，2001年加入世界贸易组织则是中国融入经济全球化和一体化的历史起点。

5. 工业变革对改革开放的贡献

历经65年艰难曲折的变革实践，一个13亿人口的超大规模国家在一代人的生命周期所发生的如此巨大而迅速的变迁，在人类历史上实属罕见，而在这一巨变过程中，凡是具有积极进步意义的变革实践，工业几乎都走在各领域的前列。直到今天，我们仍然可以说，工业是中国改革开放最先进、最彻底的领域；甚至可以说，在很大程度上，工业是在其他领域的改革开放相对滞后的条件下“一马当先”，甚至是“单兵突进”式地进行着变革创新。迄今为止，中国所发生过或者仍然存在着的许多问题和矛盾，都产生于工业领域的变革先行与其他部门的改革滞后之间的差距，就像是在同一条公路上高速行驶的“工业快车”与其他速度缓慢甚至停滞不前的“慢车”之间难免发生的碰撞。

65年来，工业一直是生产力最活跃和变革最迅速的领域，工业生产力是推动生产关系和上层建筑变革的革命性驱动力，这不仅发生在城市，而且深入于农村；不仅体现在物质创造上，而且反映在制度演进上；不仅具有坚韧的突破性，而且具有普遍的扩散性。工业所创造的变革力量在60年历史上发挥了决定性的作用。中国工业改革不仅率先解决了计划经济向市场经济转轨的体制问题，而且在解决世界共性的体制和工业政策问题上，中国工业改革也做出重要的贡献。

不仅如此，工业变革还发挥着推动和激发其他相关领域进行变革的重要作用。例如，工业改革要求建立与之相适应的劳动和社会保障体制、市场管理和管制制度、环境监管和保护制度等，而且要求交通运输、内外贸易、财政税收、金融服务、科学技术、教育培训、医疗卫生、就业管理等制度都必须进行彻底改革，甚至在政府行政体制改革中，工业变革也发挥了突出的促进作用。总之，工业变革的历史推动力是极其强大的，工业变革的社会意义是极其深刻的。工业变革强制性地要求经济、社会的全方位变革与之相适应，相配套，相互促进；工业变革的启动，必然拉开所有领域变革的闸门，整个国家变革的洪流浩浩荡荡，势不可当。这就是马克思所说的生产力决定生产关系和经济基础决定上层建筑的现实表现。

三、工业发展支撑中国梦

解放思想，实现变革，归根到底是为了实现中华振兴的富民强国之梦。新中国60多年的奋斗，为的是摆脱“一穷二白”，自立于世界民族之林，让中国再次成为世界强国，让中国人民享受小康社会的富足和福利。而这一国家和民族振兴的中心内容，就是实现工业化。因此，工业化是中国65年振兴之路的主题。

1．初步奠定工业基础

新中国建立之初，仅仅用了3年时间就基本恢复了因战乱而破坏的国民经济。这使人们相信，通过几个国民经济建设五年计划，就可以建立起完整而强大的工业经济体系。1953—1957年的第一个五年开始，中国实行了优先发展重工业的进口替代战略，从苏联及东欧国家引进156个大型建设项目，奠定了中国现代工业的基础。中国工业经济体系的雏形初现。

在以重工业为主导的工业化发展时期，中国主要的区位优势地区都被规划为工业发展地区；中国大多数所谓的“消费性城市”都被要求发展为生产性工业城市。在那个时代，发展工业就代表了进步，不发展工业就被认为落后，工厂的烟筒冒出的滚滚浓烟，在文学作品中被赞美为“天空中美丽的水墨画大牡丹”。“农业为基础，工业为主导”，以农业积累支持工业发展，成为中国工业化相当一段时期的路径特征。

65年前，发展工业生产的强烈愿望，是中国振兴之梦的最直接表现。尽管站在今天的立场看，当时的想法难免稚嫩和过于朴素，但是，确实是号准了工业化路径的脉络。向重工业的倾斜和实行一定时期内的进口替代，只要把握好一定的分寸，可以成为不发达国家追赶工业化国家的“抄近路”策略。因此，在许多发展中国家的工业发展历史上都曾不同程度地实行过这样的发展政策。

与这样的发展战略相一致的是，国家在发展工业方面发挥更强、更直接的作用，特别是国家依靠行政力量配置经济资源，直接参与工业投资和生产活动，成为一个时代工业发展的显著特征。因此，工业化的启动，与国家计划的强化和国有经济的不断壮大，成为并行的两条轨迹，一直从20世纪50年代延伸到80年代。国有企业不仅是计划经济的一般企业形式，即使是在市场经济中，作为一种特殊企业，国有企业也可以发挥初期发展和强力推进工业发展的功能，尤其是具有推动重工业发展的特殊功能和特殊优势。

2. 不惜代价的经济“大推进”

初步的成功往往会损害冷静和理智的判断力。第一个五年计划的超额完成，让人们误以为，只要将指标订得更高，就能够实现比一般发展中国家企望的“大推进”战略更高的目标。第一个五年计划的国民经济年均增长指标为8.6%，实际实现了10.9%；工业年均增长指标为14.7%，实际实现了18%。第二个五年计划为什么不能分别定为超高的16.9%和22.9%的增长指标呢？

客观规律是无情的，超高的指标和国家动员式的“大跃进”，不仅没有能够实现“赶美超英”的鸿鹄大志，反而陷入严重的困境。1958—1961年的“三年困难时期”，实际上是违反客观经济规律所导致的严重经济危机。第二个五年计划期间，国民经济几乎没有增长，有几个年份甚至出现大幅度负增长；工业生产的年均增长率也只有3.8%。

20世纪50年代末60年代初的“大跃进”尽管损失惨重，但很快进行了政策调整，并使经济恢复到了正常轨道。然而，人们并没有因此而彻底转变期望通过国家强力手段，以政治动员的方式推进工业发展的思维定式。因此，“抓革命，促生产”，甚至“突出政治”和“以阶级斗争为纲”，成为1966—1976年的“文化大革命”时期扭曲的政治路线。中国远离了工业化的正常轨迹，甚至使国民经济走到“崩溃的边缘”。

每一次危机都是一剂清醒剂，“大跃进”的失利和“文化大革命”的严重破坏，彻底地震撼了中国：当我们关着国门折腾得遍体鳞伤的时候，外部世界却是另一番景象。不仅发达资本主义国家经济迈上新的水平，而且一批发展中国家也实现了令人羡慕的经济发展，有的正进入新兴工业国家的行列。中国远远地落后了，甚至有“被开除球籍”的危险！

中国必须以经济建设为中心，一心一意推进工业化，而工业化必须遵循客观经济规律，这就是10多年的惨痛经历所留下的教训。中国必须刻骨铭心地记住它！

3. 加速工业化的辉煌时代

从1978年开始实行经济改革以来，中国进入了加速工业化时期。这一时期所取得的工业发展成就是空前的，而且，工业发展成为支撑国民经济高速增长和国家实力显著提升的关键力量。

首先，工业发展机制的变革，使工业增长成为中国经济和社会发展强大的经济引擎。1978年以来，工业体制和发展机制率先从计划经济向市场经济转变，实现了持续高速的工业增长。1978—2008年，工业年均增长率高达11.98%，支撑了国内生产总值（GDP）年均增长9.60%。同时，从各类工业品制造业，到采掘工业、能源原材料工业、装备制造业的整个工业生产链的全面成长和壮大，有力地推动了中国经济现代化的进程。中国这30多年的工业增长和结构变化差不多走过了先行工业化国家200~300年的历史。中国经济因此而经历了一个持续高速发展的“黄金时期”。

其次，工业化迅速推进奠定了中国产业国际竞争力的基础。20世纪80—90年代，中国工业以“奋不顾身”和“不惜代价”的精神，利用低价格要素的比较优势进行“血拼式”的竞争，迅速扩大了生产能力和市场份额规模。尽管这样的增长方式具有众所周知的高消耗和高代价局限性，但是，其历史贡献是不容否定的。目前，工业竞争力几乎是中国经济中可以同发达国家相比试的唯一强有力的“法宝”。在越来越多的工业部门中，中国工业品具有“势不可当”的市场渗透力和规模扩张力，许多工业品的“中国价格”（或者中国“性—价比”）具有横扫国际市场的强大冲击力和消费者亲和力，极大地改变了世界工业竞争力的整体格局。而工业之外的中国其他产业总体上的国际竞争力还相当弱小，与中国工业竞争力的国际地位不可同日而语。当然，同发达国家相比，目前中国工业的国际竞争力仍然不够强大。迄今为止，中国工业竞争力仍然主要依赖基于低价格要素的比较优势，而以技术进步为基础的竞争优势仍然明显不足。但是，不容否认的是，改革开放30多年中国工业的长足发展历史性地改观了中国产业竞争力的状况，甚至使整个世界感到震撼和受到严重的竞争压力。

再次，工业为其他领域的改革和发展注入活力和动力。在现阶段，几乎任何重大的经济和民生发展规划在经济上的实际作为，都必然体现为需要加快工业发展，特别是扩大工业投资；或者必然体现为企望发达工业的支撑，例如，发展高技术产业与现代服务业都必须以发达的工业为基础。更重要的是，工业精神（效率原则）、工业管理（企业化管理）、工业改革（自主责任）、工业竞争（反垄断性）的成效，为其他行业的改革、开放和发展提供了越来越强的刺激和借鉴；其他领域的改革、开放和发展大多汲取了工业改革、开放和发展的重要经验。从一定意义上甚至可以说，工业振兴是中华民族全面复兴的“裂变核心”。

最后，工业发展显著地提升了中国的国际地位。短短30多年的工业成就，将中国从“落后国家”变为“经济大国”；从“贫穷国家”变为全世界拥有外汇储备最多的国家，并成为美国的最大债权国；从国际自由贸易的被动接受国，变为国际自由贸易的积极主张和捍卫国。现在，如果没有中国的参与，任何重大的世界性问题都难以解决。总之，强有力的工业实力，支撑了中国的经济基础和国家形象，增强了中国的国际谈判地位、话语权和影响力，使中国获得了近代以来从未受到过的国际尊重。以此为基础，到2010年，尽管经历着百年一遇的国际金融危机，但中国的国内生产总值仍然超过日本，成为仅次于美国的世界第二大经济体。

4. 在辉煌成就的基础上继续前行

65年来，特别是改革开放30多年来，中国工业发展取得了巨大的成就，但是，工业化的道路还远未走完。中国现代经济发展的基本性质是：在总体上循着世界工业化的路径持续推进。一方面，中国工业化不可能逾越世界工业化过程所须经历的各主要发展阶段，也难以另辟蹊径实行完全不同于西方发达国家的基本工业技术路线，中国经济发展总体上是世界工业化的技术模仿、扩散、延伸和在此基础上的创新。另一方面，中国工业化又是一个非常独特的现象，是人类历史上从未经历过的世界工业化版图巨大变迁的过程。目前，尽管从经济产出的构成看，中国的工业已经占有很大的比重，似乎已经到达工业国的标准，但是，从人口和劳动力结构看，农业仍然占很大比重，农业劳动向非农产业主要是工业转移的过程还远未完成。

再从经济发展的实质内容看，现实的国情则是：作为一个人口众多、幅员辽阔的巨大发展中国家，中国正在面临和将要面临的几乎一切重大和长远的经济社会问题的解决，都高度依赖于重化工业的长足发展。只有发达的重化工业，才能解决中国的城市化、交通运输、国土整治、资源开发、水利工程、环境保护和国土治理，以至国家安全、民生福利等问题。所以，发展更为强大的工业，仍然是相当长的一段时期内中国经济发展的中心内容。

而且，即使是从工业本身的技术特征看，有学者的研究也表明：中国现阶段“绝大多数地区的工业表现为资本收益递增……因而从总体上判断，我国工业仍处于规模收益递增时期”①。这是各地区都具有发展工业的强烈愿望的经济学根源，它表明，在相当长的时期内，增加工业投资和扩大工业规模仍然具有客观必然性和效益合理性。

以工业高速增长为主要标志，中国经济发展具有十分突出的“压缩性”和“急速式”等阶段性特征，即在短短几十年时期内，实现了工业生产能力和经济规模的巨大扩张。“赶超”“升级”“飞跃”“跨越”“新阶段”等成为最流行的语言，由此产生了一种普遍的文化现象并体现于社会生活的各方面，“追求极度压缩过程的显示性结果”，急切地追求显示性成果，甚至可以忽视过程的重要性，试图超越必经的过程。这样的社会心理表现在经济政策上就是有些人主张，中国在现在就可以转向后工

---

① 吕冰洋、于永达：《收益递增与中国工业经济资本积累》，《经济理论与经济管理》，2009年第3期。

业化的产业发展方向，即不再发展工业尤其是不再发展重化工业，而直接向现代服务业快速升级。

尽管这样的愿望不可谓不良好，作为长远目标不可谓不可取，但是，仅仅有良好愿望和长远目标是不够的，路径和过程是更不能忽视的。选择可行的路径，经历必由的过程，对于确定和实施正确的战略具有决定性的意义。中国的现实国情根本不具备逾越工业化必经阶段的可能性。金融经济学家李扬在一份研究报告中也指出："有一种说法认为，中国今后应当大力发展服务业，尤其是要发展金融、高新技术产业之类的新兴服务业。我认为，这种观点的依据以及实现路径等，也需要认真讨论。最近几十年来，国际上将服务业发展水平的高低引为评价一国经济发展水平高低的重要指标。但是，将这样一种发展规律运用到一个具体国家，必须与该国的具体发展阶段、发展路径、发展过程相一致，才能产生积极的正面效果，否则可能产生误导。在这里，最大的误导就是，我们可能只注意到发达国家如今服务业占主导的现象，忘记了他们那里确曾走过制造业为主的历史，忘记了发达的服务业必须以高度发达的制造业为基础的事实，忘记了类如中国这样的大国，不可能像如今某些发达国家那样着重发展服务业而将其对制造业的需求放在其他发展中国家的生产结构之上的冷酷现实。在我看来，在中国促进服务业发展，仍然必须时刻牢记中国人口众多、工业化和城镇化均在进行过程中的具体国情。"①

让历史告诉未来：如果说30多年来中国所实行的成功的经济和社会发展战略，是基于对"社会主义初级阶段"的现实国情的正确认识，那么，未来相当长一段时期能否实行成功的经济和社会发展战略，就取决于是否能够正确认识中国仍然处于工业化发展阶段的现实国情。正如不能逾越社会主义初级阶段一样，中国未来的发展也不可能逾越工业化未尽的必由之路。

中国振兴之路刚刚走过65年：新中国成立以后的30年，中国在计划经济体制下初步形成了工业基础；改革开放以来的35年，实现了工业化的加速推进，中国的工业实力和国际地位显著提高。再坚定不移地继续走过未来至少30多年的工业化道路，中国才能真正成为民富国强的现代化国家，并稳固地确立在世界体系中主导国家的地位。这就是中国崛起和中华振兴的百年之路。

四、中国工业化65年的经验与启示

工业化是一个国家现代化的基础和前提，发达的工业是大国屹立之筋骨。新中国

① 李扬：《宏观经济运行目标：从增长优先到就业优先》，选自中国社会科学院金融研究所：《金融论坛》（内部资料），2009年第14期。

建立65年来，不断解放思想，奋力实现变革，为的是摆脱“一穷二白”，自立于世界民族之林，使全国人民享受小康社会的富足和福利。而这一国家和民族振兴过程的关键环节就是实现工业化。在经济全球化的条件下，经过65年来特别是近30多年的努力，我国工业迅速发展，推动我国从“落后国家”变为“经济大国”，从“贫穷国家”变为全世界拥有外汇储备最多的国家，从国际自由贸易的被动接受国变为积极主动参与和捍卫国。在今天，我们可以自豪地说，中国工业化进程深刻地影响了世界发展格局。正是在加快工业化进程中形成的经济实力，强有力地支撑起了中国特色社会主义这片蓝天。

追溯世界近代史，我们可以清楚地看到：工业化是近二三百年以来世界经济和社会发展的主题。但是，从19世纪开始，资本主义工业化就表现出了普遍而深刻的矛盾，并产生了一系列严重的经济和社会问题。所以，从20世纪六七十年代起，在一些经济发达国家和发展中国家就一直存在两种试图摆脱工业化道路的呼吁：一种主张放缓工业增长，直至20世纪末之前实现所谓的“零经济增长”。另一种主张走“第三条道路”，就是既不停留于传统经济也不搞大工业，而是要采取有别于西方发达国家工业技术路线的所谓“中间技术”，即主张“小的是美好的”。尽管这些主张不无合理的因素，但历史事实却是：没有哪个国家特别是大国可以不走工业化道路而实现经济增长和社会现代化。

新中国成立后，由于特定的国际环境和工业基础的极端薄弱，我国决定优先发展重工业是没有错的。从“一五”计划开始，我国集全国人民之力，大规模地推进工业化，一些工业部门从无到有，一些产业从弱到强，在很短的时间里形成了独立的、较为完整的工业体系，使工业成为国民经济的主导产业。但在计划经济时期，工业化在带来社会经济快速发展的同时，也出现了一些问题。主要表现为：在高度集中的计划经济体制框架内，发展工业是以其他产业特别是农业的滞后发展为代价的，依靠工农产品价格的“剪刀差”来支撑工业的高投入、高积累、高消耗，工业经济效益不高，产业结构不合理。改革开放以来，我国坚持从实际出发，积极开拓适合国情的工业化发展道路，在战略上坚持总量增长和结构转变并重；在体制上重视发挥市场机制的作用；在扩大开放中注重利用国内外两种资源、两个市场。从此，我国在改革开放中步入了加速工业化时期，并取得了具有世界意义的经验。

一是体制机制变革使工业增长成为经济发展的强大引擎。中国工业化的实践证明，以改革开放为前提和标志的社会主义市场经济能够极大地解放社会生产力和有效地推进工业化进程。1978年以来，我国工业体制机制逐步从计划经济向市场经济转变，这就为加快工业发展注入了竞争性动力，形成了工业企业进行技术改造和创新的持续压力，使工业企业更加重视提高经营效益，最终推动我国工业实现了持续增长。

1978—2008年，我国工业年均增长率达11.98%，支撑了国民经济年均9.6%的高速增长，创造了世界经济增长史上的“中国奇迹”。与此同时，从各类工业品制造业到采掘工业、能源原材料工业、装备制造业，我国整个工业生产链全面成长并不断壮大，有力地推动了中国经济现代化的进程。

二是从比较优势出发打造核心竞争力，为工业化迅速推进奠定了产业基础。20世纪八九十年代，我国工业利用低价格要素的比较优势，以开放的姿态积极参与国内外市场竞争，迅速扩大了生产能力和市场份额。在这个时期，尽管我国工业增长仍带有高消耗和高代价的局限性，但已经初步形成了具有自主技术进步特征的核心竞争力，其历史贡献是不容否定的。改革开放30多年来中国工业的长足发展，历史性地改变了中国产业竞争力的状况。当然，同发达国家相比，目前我国工业的国际竞争力仍不够强大。迄今为止，中国工业竞争力仍然主要依赖于低价格要素的比较优势，而以技术进步为基础的竞争优势仍显不足，中国经济包括工业仍面临着转变发展方式的艰巨任务，提升工业核心竞争力任重而道远。

三是坚持以工业带动多领域协调发展是推动工业化的活力之源。中国还远未走完工业化的路程，工业化任务仍然十分艰巨，这是当代中国最基本的国情之一。现阶段，我国做出的几乎所有重大经济社会发展规划都必然会体现为加快工业发展，这是我国赢得未来竞争优势的基础所在。更重要的是，工业先行发展形成的有益经验，如工业效率原则、企业化管理、自主责任制度、行业竞争规则等，为其他行业的改革发展提供了越来越强的激励作用，而其他领域实际上也主要是在汲取工业改革发展经验的基础上推进改革发展的。因此，从一定意义上可以说，工业发展是中华民族全面复兴的“裂变核心”。反过来看，我国在其他领域的快速发展，不但为推动工业发展提供了更加广阔的国内市场，而且形成了推进改革开放的巨大力量，进一步消除了深化工业改革的体制机制障碍，促进了我国工业的长足进步。

中国65年工业化的经验表明，中国的工业化道路是曲折的，即使近30多年来的加速工业化取得了巨大成就，其中也有许多值得思考的问题。特别是在当前，面对因国际金融危机而陷入严重衰退的世界经济，反思我国工业化道路，更能从中得到许多宝贵的启示。

保持工业持续稳定增长是经济顺畅运行的基础和前提。当一个国家实现工业化时，工业增长就成为关系经济和社会发展全局的重大问题。如果工业增长失速，各种经济和社会问题将会随之出现，如就业、收入、市场、国家财政等都会发生困难。从长期看，一国经济增长和发展的前途归根到底取决于其产业竞争力的强弱，因此，进一步增强中国工业国际竞争力和快速推进工业化进程，是解决当前及今后一切重大经济和社会问题的基础。

产业结构升级必须以提高核心竞争力为首选目标。当今世界总体上仍处于工业化时期，即工业化进程从先行工业国向全球扩展的时期，即使像美国这样的发达国家，工业仍是其经济体系的重要基础之一。当前，为吸取国际金融危机的教训，一些发达国家提出了“再工业化”的主张。中国是一个正处于工业化中期的发展中国家，现阶段，中国产业升级的内容不仅仅是产业间升级，更重要且更具普遍意义的是产业内升级，即通过工艺升级、价值链升级、产品质量升级等，形成“精致制造”的工业素质。因此，产业升级不是简单的“低端—高端”替代过程，而是必须沿着竞争力优选的路径推进，即选择发展什么产业或哪个产业环节，主要不是看这个产业或产业环节是否属于技术上的“高端”，而是首先要看进入这个产业或者产业环节是否能够具有竞争力。只有不断沿着形成更具竞争力的产业或者产业环节推进工业化，我国才能在始终保持强劲增长和控制转换风险的基础上，更有效地实现产业升级的过程。

技术创新和机制优化是解决资源环境问题的核心。工业化是一个大规模开发和高效率利用自然资源和人力资源的过程，同时，工业化对环境造成的影响也比传统农业要大得多。如果处理不当，工业生产活动以及工业品的消费，可能会导致突出的资源和环境问题。所以，对于工业化与资源环境的关系，必须要有科学的认识。地球上的物质之所以区分为“资源”和“废物”，取决于工业技术和工业需求。工业技术水平越高，工业经济体系越发达，地球上的“资源”就越多，即更多的物质可以成为“资源”，甚至连垃圾都可以变为资源。从科学的角度上来说，只要有发达的工业，所有的物质都是资源。可见，工业化在本质上是一个不断创造“资源”的过程。所以，只有用发展工业而不是停止工业发展的方式，才能解决资源约束的问题。同样，工业化能够使得地球上更多的地方具有适合人类居住生活的环境，工业化的本质是可以使得环境与人类更友好和更亲近。当然，实现工业化与资源环境之间的良性关系是有条件的，那就是工业技术的发展方向必须更倾向于高效利用资源和优化环境，在体制和机制上更倾向于激励节约资源和优化环境的工业技术进步。因此，加快形成激励节约资源和优化环境的工业技术创新的体制机制，是当前解决资源环境问题的关键。

以人为本是工业化不可逾越的准则。新世纪以来，党中央提出了以科学发展观统揽全局的思想。科学发展观的实质不是放弃对物质财富的追求，而是赋予物质文明和创造物质财富的过程以更强的人的价值，即发展的价值不能仅仅用生产的物质成果和物质财富来判断，而必须用是否有利于或促进全体人民的生活质量的提高和生活环境的改善来衡量。发展的价值不仅仅是物质财富的大量涌流，而且是创造和追求物质财富过程的文明有序，是经济发展成果的公平分享，是物质文明与精神文明的良性互动。因此，我国推进工业化必须坚持以人为本，在利用自然中同自然友好相处，使世世代代获得大自然的恩惠，从而在物质富裕条件下实现人的自由、平等与尊严，在经济强盛条件下实现社会的文明、正义与和谐。从这个意义上说，追求财富必须是也应该是一种社会责任行为。它意味着财富形成过程中的企业要具有对利益相关者负责、对社会负责的意识，并要求财富的创造和积累过程不仅对企业而言是可以持续并代际相传的，而且应该和必须对社会乃至对全人类也是可持续和有价值的。这是因为，工业化应该是社会进步与现代文明的过程。新中国成立 65 年来，工业化不仅是中国经济社会发展的主题，而且具有巨大的社会价值和全人类价值。只要我们以对全人类负责的理念和实际行动推进工业化，就能使中国 13 亿人全面享受现代工业文明带来的福利，到那时中国工业化的成就和价值就足以让全世界更加瞩目。

中国 65 年经济社会发展的主题是工业化。解放、变革、振兴三大核心内容演绎了中国工业化的艰难曲折、起伏跌宕，但也绘就了富有创造和成效显著的丰富历史画卷。作为解放、变革和振兴历史的“裂变核心”的工业，不仅表现出生产力最活跃和最具革命性的本性，而且以其彻底的改革、开放精神和最具竞争性的进取行为，迅速地提升了中国产业的国际竞争力，创造和积累了巨大的物质财富，以此为基础而为其他领域的改革和发展创造条件。中国工业化的巨大成就根本性地改变了中国的国际地位和整个世界的国家关系格局。但中国还远未走完工业化的路程，中国所有其他领域的进步和发展都必须以更发达的工业经济体系和更强大的工业生产力为基础。

总之，65 年的中国工业化，使数亿中国人开始能够越来越多地享受工业文明的福利，这是人类发展历史上的一个辉煌成就；但中国 13 亿人口中还有更大一部分人仍在期待着工业文明的到来，这样他们就能够真正享受工业文明的福利。从这一意义上说，工业化不仅仍然是中国经济社会发展的主题，而且也是最大的民生事业。工业发展的民生意义更高于强国意义，这将成为中国工业化新阶段的显著特征之一。

第2章　告别短缺经济

经济学家对计划经济的研究和现实观察表明，计划经济必然具有短缺经济的特征。中国实行计划经济体制的30年，短缺现象顽固地伴随着我们，难以摆脱。自从20世纪70年代末80年代初实行以市场化为导向的经济体制改革以来，经济短缺现象逐步退出历史舞台。从20世纪90年代中期以来，中国宏观经济的态势发生了根本性的变化，即短缺经济彻底结束，工业品的大量生产导致市场供应的相对过剩，卖方市场被买方市场所代替。从此，中国工业经济发展进入了一个新的时代。层出不穷的新现象、新问题和新矛盾改变了企业的发展环境，改变了居民的生活方式，也改变了政府干预经济的政策行为。

一、从供给约束转变为需求约束

长期以来，中国经济增长具有储蓄—投资推动的特点，即由高储蓄率支撑高投资，高投资推动高增长。20世纪70年代末以来，中国绝大多数年份的资本形成率（投资率）超过35%，有的年份高达40%以上（见表2-1）。而且，最终消费对经济增长的贡献份额趋于下降，而投资需求的贡献份额趋于上升（见表2-2）。消费对经济增长贡献率的相对减弱可以从居民消费与储蓄的行为得到解释，即随着收入的提高，居民储蓄的增长速度一直高于消费的增长速度。居民储蓄余额的年增长率均远高于消费品总额年增长率。

表2-1　1978年以来的投资率和消费率

单位:%

年份	资本形成率（投资率）	最终消费率（消费率）	年份	资本形成率（投资率）	最终消费率（消费率）
1978	38.2	62.1	1996	38.8	59.2
1979	36.1	64.4	1997	36.7	59.0
1980	34.8	65.5	1998	59.6	36.2
1981	32.5	67.1	1999	61.1	36.2

续表

单位:%

年份	资本形成率（投资率）	最终消费率（消费率）	年份	资本形成率（投资率）	最终消费率（消费率）
1982	31.9	66.5	2000	62.3	35.3
1983	32.8	66.4	2001	61.4	36.5
1984	34.2	65.8	2002	59.6	37.8
1985	38.1	66.0	2003	56.9	41.0
1986	37.5	64.9	2004	54.4	43.0
1987	36.3	63.6	2005	53.0	41.5
1988	37.0	63.9	2006	50.8	41.7
1989	36.6	64.5	2007	49.6	41.6
1990	34.9	62.5	2008	48.6	43.8
1991	34.8	62.4	2009	48.5	47.2
1992	36.6	62.4	2010	48.2	48.1
1993	42.6	59.3	2011	49.1	48.3
1994	40.5	58.2	2012	49.5	47.8
1995	40.3	58.1			

注：本表按当年价格计算。

资料来源：《中国统计年鉴》（2013）。

表 2-2 三大最终需求对 GDP 增长的贡献率

单位:%

年份	最终消费贡献率	资本形成贡献率	净出口贡献率
1979	87.3	15.4	-2.7
1980	71.8	26.4	1.8
1981	93.4	-4.3	10.9
1982	64.7	23.8	11.5
1983	74.1	40.4	-14.5
1984	69.3	40.5	-9.8
1985	85.5	80.9	-66.4
1986	45.0	23.2	31.8
1987	50.3	23.5	26.2
1988	49.6	39.4	11.0
1989	39.6	16.4	44.0

续表

单位:%

年份	最终消费贡献率	资本形成贡献率	净出口贡献率
1990	47.8	1.8	50.4
1991	65.1	24.3	10.6
1992	72.5	34.3	-6.8
1993	59.5	78.6	-38.1
1994	30.2	43.8	26.0
1995	44.7	55.0	0.3
1996	60.1	34.3	5.6
1997	37.0	18.6	44.4
1998	57.1	26.4	16.5
1999	74.7	23.7	1.6
2000	65.1	22.4	12.5
2001	50.2	49.9	-0.1
2002	43.9	48.5	7.6
2003	35.8	63.3	0.9
2004	39.0	54.0	7.0
2005	39.0	38.8	22.2
2006	40.3	43.6	16.1
2007	39.6	42.4	18.0
2008	44.2	47.0	8.8
2009	49.8	87.6	-37.4
2010	43.1	52.9	4.0
2011	56.5	47.7	-4.2
2012	55.0	47.1	-2.1
2013	50.0	54.4	-4.4

注：本表按不变价格计算。

资料来源：《中国统计年鉴》(2013)；2013 年数据为国家统计局数据库最新数据。

由于居民最终消费需求不足，中国工业增长必须依靠投资、出口和政府支出所提供的需求空间。但是，1997 年下半年以来的亚洲金融危机大大压缩了出口增长的空间，于是，扩大国内需求成为工业增长的希望所在。问题是，国内需求结构正在发生深刻的变化。首先，体制改革的深入使公款消费的比重相对减少。其次，居民生活未来不确定性的增强以及收入增长预期的悲观，使得个人消费行为更趋谨慎。最后，国有银行商业化改革有效地限制了信贷扩张的任意性，加之打击非法、违规金融活动力度的增强，使得企业的软约束盲目投资行为受到很大的制约。为了应付有效需求的不足，实行较宽松的货币政策和扩张性的财政政策成为政府必然的政策选择。从1998年1月1日开始，中国人民银行取消了对国有商业银行贷款规模的限额控制，逐步实行资产负债比例管理和风险管理。这表明，银行的自我约束机制已基本形成，行政性的贷款额度控制实际上已失去了意义。

由于货币政策未能获得预期效果，从1998年起，政府对扩张性财政寄予更大的期望。发行1000亿元长期国债，加大基础设施投资。在财政货币政策的双重作用下，投资总量迅速增长。1998年，全社会固定资产投资增长14.1%。其中，国有经济投资增长19.6%，集体经济投资下降3.5%，城乡居民个人投资增长6.1%，其他经济投资增长19.1%。

尽管短期宏观政策对扩张需求和刺激增长起到了一定的作用，但是，市场需求特别是最终需求成为工业增长的最显著制约因素已是普遍存在的事实。从20世纪90年代下半叶开始，中国工业必须在市场需求的约束下开拓新的增长空间已历史性地成为一个无可回避的课题。

二、从成本竞争到质量、服务、创新竞争

20世纪90年代以来，中国经济不仅彻底摆脱了短缺经济性质，而且进入通货膨胀率下降、经济增长率回落的时期。1998年出现了20年来第一次负通货膨胀率，全社会商品零售价格平均下降2.6%，居民消费价格水平下降0.8%（见表2-3）。1999年，零售价格比上年同期下降3.0%，居民消费价格下降1.4%。[①] 工业品价格下降幅度更大，1998年全国工业品出厂价格平均下降4.1%。

表2-3　20世纪80年代中期以来的价格指数变化

年份	商品零售价格指数	居民消费价格指数
1986	106.0	106.5
1987	107.3	107.3
1988	118.5	118.8
1989	117.8	118.0
1990	102.1	103.1
1991	102.9	103.4

① 《上海证券报》1999年3月17日第1版。

续表

年份	商品零售价格指数	居民消费价格指数
1992	105.4	106.4
1993	113.2	114.7
1994	121.7	124.1
1995	114.8	117.1
1996	106.1	108.3
1997	100.8	102.8
1998	97.4	99.2
1999	97.0	98.6
2000	98.5	100.4
2001	99.2	100.7
2002	98.7	99.2
2003	99.9	101.2
2004	102.8	103.9
2005	100.8	101.8
2006	101.0	101.5
2007	103.8	104.8
2008	105.9	105.9
2009	98.8	99.3
2010	103.1	103.3
2011	104.9	105.4
2012	102.0	102.6
2013	101.4	102.6

注：上年=100。

资料来源：《中国统计年鉴》(2013)；2013年数据为国家统计局数据库最新数据。

在低迷的价格水平上，企业之间的成本竞争达到了白热化程度。许多产品的生产厂家大力压缩生产成本，降低边际利润，在市场竞争中竞相降价，促销手段花样翻新。因此，工业企业的平均利润率不断下降。1998年，尽管社会劳动生产率比上年提高6.9%，但工业经济效益则仍然下降。1998年全国工业企业实现销售收入63331亿元，比上年增长4.1%；实现利润1473亿元，下降17.0%。亏损企业亏损额1556亿元，比上年多亏22.1%，其中，国有及国有控股企业亏损1023亿元，多亏21.9%；年末产成品库存达6094亿元，比上年末增加320亿元，增长5.5%。

在激烈的竞争中，一些企业认识到，价格竞争只是市场竞争的初级手段，质量、服务、创新才是企业更有效的制胜之道。一些优势企业在提高产品质量和服务水平，以及技术创新和产品升级上投入更大力量，获得了更强的市场竞争优势。但是，在生产能力过剩、市场容量有限的条件下，一些企业的壮大和大规模扩张，往往意味着更多的企业承受更大的压力，以致陷入困境。在相对经济过剩的客观环境中，一些企业的竞争胜利正是以另一些企业的竞争失利为代价的：一些企业的产品成本、价格下降，增大了市场占有份额，意味着另一些企业因成本、价格偏高而被挤出市场；一些企业的产品质量提高，不断扩展市场，意味着另一些企业因产品质量相对较差而难以维持市场地位；一些企业通过产品更新，更好地满足了顾客需要，意味着另一些企业因产品陈旧而失去顾客青睐；一些企业实现了技术创新，开拓出新的增长空间，意味着另一些企业因技术相对落后而承受被淘汰的压力。

在生产能力普遍过剩，绝大多数工业品处于供过于求的环境下，工业结构的调整不再主要采取填补空白、重点倾斜的方式来实现，而将更多地通过企业间的兼并、收购、联合等资产重组的方式来实现。因此，告别短缺经济后，企业资产重组成为越来越普遍的现象，“资产经营”成为最常用的商业用语之一。

短缺经济的终结是中国人民努力奋斗了20年的结果，是中国经济体制改革伟大进展的体现。中国人几十年盼望短缺经济的终结，而当短缺经济终于完结时，人们在享有成就的同时又开始了新的困惑。告别短缺经济后，作为消费者，人们的感觉越来越好：市场供应大大丰富，新产品层出不穷，服务质量日益提高，日常生活更为方便；而作为生产者，人们所承受的压力却越来越大：企业管理更为严格，工作中不敢懈怠，企业说不定哪天会陷入危机，下岗失业可能成为现实。只有在这时，人们才发现，不仅匮乏是痛苦的，丰硕也会带来困难，于是，更多的人才真正认识到什么是市场经济，更多的企业才真正理解了什么是“危机”和“末日”。

市场经济的竞争环境为中国工业的进步创造了有利的条件，一些在短缺经济条件下千呼万唤难以解决的问题，此时终于有了解决的契机：劳动力流动日趋频繁，劳动人事制度经历彻底改革；地区封锁被迫打破，以龙头企业为中心的企业网络逐渐形成；分配机制发生重大变革，人才价值受到越来越高的评价；单一所有制的格局被打破，多种经济成分并存得到更广泛的承认；科技产业化有了更强的动力，产品更新速度明显加快；产业垄断的格局被逐个打破，最顽固的独占者也不得不接受降低产业进入壁垒的冲击。总之，中国经济越来越充满生机和活力，创新机制逐渐形成和强化，工业现代化的步伐日益加快。

三、缺资金还是低效率

实行改革以来，投融资市场机制的逐步形成对中国工业发展产生了非常积极的作用，增强了企业的活力，加快了投资建设的速度，推动了国民经济的高速增长。但是，由于长期以来我国经济增长主要依靠生产和投资的数量扩张来推动，高速增长过程中经济效益不高的问题越来越突出，而且，资金浪费现象十分严重。

自20世纪80年代以来，尽管改革开放促进了经济效率的提高（表现为全要素生产率的提高），但是，资金的利用效率却明显下降，换句话说，创造同样的GDP需要投入比过去更多的资金量，这直接表现为企业资金利税率的大幅度下降。据统计，全部独立核算工业企业的资金利税率已从80年代的20%以上，下降到90年代的不足7%。

在资金利用效率普遍下降的同时，企业对资金的需求却没有减弱。更值得注意的是，不仅国有企业仍然存在“资金饥渴”的现象，而且，不少上市公司也存在盲目筹资、大量“圈钱”的行为。当年，中国人民银行上海市分行的一项关于企业直接融资的调查显示，一些企业资金运用能力弱，直接融资后借款反而上升。在被抽样调查的9户企业中，6户为国有企业，3户为非国有企业；4家为上市公司，3家为有限责任公司，2家为股份合作制企业。在多种融资方式中，企业首选股票发行，其次是银行贷款，最后为债券融资。被调查企业1995—1997年的3年内通过直接融资增加的资金达38769万元，同时，银行借款占负债的比重却由39.35%上升到49.50%。除2户债权股权混合融资的企业外，其余7户企业的银行借款占总资产的比重都高于进行直接融资之前。企业直接融资后与直接融资前相比，股权融资企业的总资产增长162%，而利润只增长58%。

为了达到中国证监会1996年1月公布的有关配股的政策中规定的连续3年净资产收益率达到10%的配股及格线（属于能源、原材料、基础设施类的公司可以略低，但不低于9%），不少上市公司使出浑身解数，力求达标。而在我国现行会计制度下，净资产收益率指标具有一定的“包装”弹性，企业可以通过进行一定的会计处理提高账面的净资产利润率。在这批公司中，真正靠主营利润等正常经营项目受益达标的公司寥寥无几。在大部分公司的利润构成中，拼凑痕迹较浓，填补利润缺口的主要是各种各样的特殊收益，包括转让资产带来的投资收益、股票短期投资收益、各种营业外收入、补贴收入等。问题是，当企业大量筹得资金后，投资决策的正确性却没有保证。在沪深两个证券交易所上市的733家公司的1997年年报中，514家做了资金使用情况的特别说明，其中，120家公司投资项目发生变动，164家公司未按计划进行投资；对于未投入项目的资金，179 家存入银行，169 家用于补充流动资金，31 家用于购买国债或投资股票。如此多的公司违背招股说明书或配股说明书中的承诺，成为中国上市公司的一个奇观。不少募资投向改变的公司，资金利用率低，现金大量留滞。一些上市公司一方面募资未能按计划投入，资金余额很大；另一方面却又从银行大笔贷款，造成社会资源的很大浪费。

这样，当时在企业中普遍存在一种奇特的现象是：一方面千方百计向银行要求获得贷款，寻求银行的贷款“支持”；另一方面又将银行贷款视为“包袱”和“负担”，大声疾呼要求免除银行债务，减轻财务“负担”。这表明，在投融资领域中，企业尚未从短缺经济的睡梦中清醒过来，仍然抱有获取无偿资金供给的强烈愿望。

实际上，当时资金供给的约束在总体上已经大大缓解，银行可用于贷款的资金比较充裕，只是由于银行的决策行为趋于谨慎而表现为“惜贷”。所以，资金供求关系中存在的真正问题不是供给不足，而是资金利用效率不高。企业不能提供充分可信的理由来表明资金能够获得有效的利用，特别是产品能够有市场，资金能够有回报，所以，银行难以放心地将资金投放给企业。这就导致形成了银行有钱，企业缺钱的难解之结。这也就可以解释，为什么在产品市场供过于求的时候，在资金供求上，企业一方仍然表现为资金短缺。从严格意义上说，“资金短缺”并非真正的供不应求，而是资金利用效率低下导致相对“资金过剩”的扭曲的反映。

四、比较优势和竞争优势的历史演变

当告别短缺经济之后，一个明显的趋势是，对于各地区以至整个中国的工业经济发展，自然资源比较优势的相对重要性下降了，即各个地区以至整个中国都很难主要依靠自然资源的开发利用来实现经济现代化。特别是当中国工业经济越来越走向对外开放的时候，增强产业国际竞争力更具有决定性的意义。而在影响企业和产业国际竞争力的两个基本因素——比较优势和竞争优势中，竞争优势发挥越来越强的作用。比较优势的作用必须通过增强竞争优势才能得以实现。

在 1997 年东亚各国爆发金融危机之后，看到韩国实行大公司战略和发展资本密集型产业出现了一些问题，有些人认为，中国应该吸取韩国的教训，不要急于发展大公司和过快地进行产业升级，而应该充分发挥我国的比较优势，主要发展劳动密集型产业。尤其是，在进行产业调整的过程中，千万不要做“高不成，低不就”的事情，既放弃了技术层次较低的劳动密集型产业，又没有建立起有竞争力的高新技术产业，导致产业发展在国际竞争中陷入严重困境。

经济落后的国家应该主要靠发挥劳动力成本低廉的比较优势，发展劳动密集型产业（一般来说是技术水平比较低的产业），还是应该以更大的力量去发展技术水平较高的产业（一般来说是资本密集度较高的产业），尽快实行产业升级，是一个已经争论许多年的老问题，特别是从第二次世界大战结束以来，各个发展中国家都必须在产业发展中对此做出十分困难的选择：如何在发挥比较优势和增强竞争优势上进行正确的战略抉择？

西方经济学的主流学派认为，国际经济关系完全是由“比较优势”所决定的，竞争优势实际上就是比较优势，只有尽可能发挥各国的比较优势，才是最有效率的。所以，发达国家主要发展技术密集和资本密集的高技术产业，发展中国家主要发展劳动密集的低技术产业，这样的国际分工对大家都有好处。但是，发展中国家大都不太相信这样的理论，它们认为，如果不实现产业升级，就会在国际分工体系中长期处于十分不利的地位，经济发展不会有令人满意的前景。它们从自己的切身经验中认定：比较优势并不等于竞争优势，竞争优势可以突破比较优势的限制，而且，在现实中，比较优势只有通过竞争优势才能体现和发挥出来，所以，竞争优势比比较优势更具有战略意义。

实际上，任何国家的产业国际竞争力都是由比较优势和竞争优势两方面的因素决定的。比较优势涉及的主要是各国不同产业（或产品）之间的关系，而竞争优势涉及的是各国同一产业之间的关系。比较优势最终归结为一国的资源禀赋，而竞争优势则更加强调企业的策略行为和国家战略行为。比较优势理论的实践意义主要是强调国家间产业分工与产业互补的合理性，而竞争优势理论则主要强调了国家间产业竞争和产业替代的因果关系。

简而言之，比较优势和竞争优势的主要政策含义是：发挥比较优势意味着更加强调各国的产业发展应该“扬长避短”，而增强竞争优势则意味着更加强调各国产业发展的现实道路是“优胜劣汰”。正确处理发挥比较优势与增强竞争优势的关系的实质就是要更好地将“扬长避短”策略与“优胜劣汰”战略结合起来，一方面必须立足于中国的现实国情，充分利用国际分工的因素；另一方面又必须有民族自强的产业发展战略，争取国际分工中更为有利的地位。

中国是一个发展中的大国，已经建立了十分完整的产业结构。而且，实行改革开放以来，中国的工业结构正迅速接近世界主要工业生产国的工业结构。中国不能不重视发展劳动密集型产业，也不能不重视加快产业升级的步伐，以至在一些资本密集型产业和高新技术产业中同发达国家进行“狭路相逢”的竞争。

当然，即使是进入高新技术产业进行国际竞争，中国的企业也只能从自己的实际出发，量力而行，逐步积累实力，例如，中国现在完全有必要发展技术密集度非常高的信息产业，但发展信息产业也必须有一个符合国情的可行战略。北大方正集团的王选教授说："在计算机行业里，目前赚钱最多的是基础软件和操作系统，但中国在10年之内不可能进入这个领域，因为我们现在还没有实力在这个最赚钱的领域中同外国大公司争夺市场，如果硬要那样做，风险太大。北大方正的战略是先在一些不大不小的领域（例如出版领域）里做深做透，做到尽善尽美，占有很大的国内市场，然后向世界市场发展。"东大阿派股份公司总经理刘积仁教授说："我国的企业现在还谈不上同美国的IBM和微软竞争。但是，东大阿派可以证明中国人在智慧产业方面和信息产业方面，能够做出让中国人自豪的事情。东大阿派集中精力在具有优势的专业领域发展，取得了令人瞩目的成就。信息产业是这样，其他高新技术产业的发展也应该是这样。"

处理好比较优势和竞争优势的关系，对于各地区经济发展也是一个十分关键的问题。例如，中西部地区有比东部地区更丰富的自然资源，利用资源优势发展地区工业是中西部地区经济发展的可行道路。但是，在过去的短缺经济条件下发挥资源比较优势同在现在的相对过剩条件下发挥资源比较优势，具有非常不同的意义。各国和各地区经济发展的历史表明，充分利用资源比较优势可以摆脱经济贫困，但经济现代化的实现最终则必须依赖于竞争优势的形成。所以，从20世纪90年代后期开始，中西部地区也越来越重视培育地区产业的竞争优势，一批明星企业和名牌产品正在中西部地区成长起来。

五、国有企业的改革方向

国有企业改革的过程，本身就是一个思想解放的过程。国有企业改革的每一次重大进展，都伴随着理论上的重大突破。我国国有企业改革最大的理论突破之一就是，从认为国有企业是计划经济制度下最优越的（或最高级的）公有制形式，转变为认识到国有企业是社会主义市场经济制度下具有特殊功能的一种企业制度形式，它只是公有制的各种实现形式之一。国有企业适合于在哪些领域中存在和发展，一方面取决于国有企业所具有的特殊性质，另一方面取决于我国所处的社会主义初级阶段的现实社会经济条件，特别是现代企业制度所具有的总体生态特征。

在社会主义市场经济条件下，国有企业作为公有制实现形式之一的性质不会改变。国有经济仍将控制国民经济命脉，对经济发展起主导作用。但是，无论如何，在市场经济条件下国有企业只能是一种具有特殊功能的企业制度形式，而不可能像在计划经济中那样成为普遍存在的一般企业制度。因此，在向社会主义市场经济转轨的过程中，一方面，国有企业以建立现代企业制度的方式从政府部门的附属物变为独立的市场竞争主体；另一方面，通过非国有企业的更快增长和一部分国有企业改革为非国有企业的两种方式，而使国有企业的比重下降到同其在社会主义市场经济中的地位和特殊功能相适应的水平，这一趋势成为国有企业改革的基本表现。对此，中共十五大给予了理论阐述："只要坚持公有制为主体，国家控制国民经济命脉，国有经济的控制力和竞争力得到加强，在这个前提下，国有经济比重减少一些，不会影响我国的社会主义性质。"

告别短缺经济之后，国有企业改革仍然步履维艰。许多研究成果表明，自改革开放以来，我国国有工业企业的生产效率是逐步提高的，这表现为劳动生产率的提高、单位物耗的减少等，特别是，衡量技术进步作用和生产效率提高的"全要素生产率"的持续改善。与改革以前相比，国有企业的预算约束趋于硬化，企业自负盈亏的责任增强，市场竞争的压力越来越大，企业生产效率同职工的利益更为密切，所以，国有企业提高生产效率的内在积极性和外在压力都增强了，生产效率没有理由不趋于提高。

问题是，尽管计算出的生产效率提高了，但国有企业经济效益不高和盈亏状况的不断恶化也是一个不争的事实。特别是，自20世纪80年代以后，反映企业经济效益的最重要指标之一——国有企业的资金利税率持续下降。而且，在20世纪80年代，国有企业的资金利税率还高于全社会平均水平，但20世纪90年代以后，却反而越来越明显低于全社会的平均水平。1986年，国有工业企业资金利税率为20.65%，同期，全部工业企业为20.43%；1992年，国有工业企业的资金利税率降到9.70%，全部工业企业为9.90%；1997年，国有工业企业降到6.27%，全部工业企业为6.92%。

由于各产业高速增长，迅速趋于成熟，短缺经济向经济相对过剩的转变使得产业竞争加剧，利润率平均化趋势加快，各类传统产业的利税率趋于下降具有必然性，而国有企业财务指标恶化程度更高，则具有更深刻的原因。一是，我国工业化正处于产业转换和重组时期，这方面的压力主要集中在国有企业身上。二是，中国经济发展的巨大社会负担，还不可避免地要更多地由国有企业来承担，例如，国有企业负担的退休职工及其工资福利、就业压力、税负水平等明显高于其他类型的企业，这种情况短期内在总体上尚难以根本改变。三是，克服国有企业体制的某些缺陷需要经历较长的时间，有些痼疾已是冰冻三尺，完全消除需有一个过程。

在告别短缺经济之后的激烈市场竞争条件下，国有企业所面临的压力越来越大，大多数国有企业日子不好过几乎是不可避免的现实。而从中国经济发展的长远过程看，这未必不是一件有积极意义的事情。将国有企业推向市场，在竞争中磨炼，正是造就一批具有国际竞争力的国有企业的必由之路。我们看到，尽管国有企业超常负重，困难重重，但是，第一，几乎每一次技术检查和市场调查都表明，国有企业的产品的平均质量高于其他类型企业；第二，我国大多数的名牌由国有企业所创造和拥有；第三，我国大多数产业中市场占有率最高的企业仍然是国有企业。这表明，国有企业仍然具有相对较强的竞争力。在市场竞争中，一些国有企业会因竞争失利而退出，也有一些国有企业不断增强竞争力而成为国民经济的支柱，这本身就是一个积极的过程，同原本的改革初衷也是一致的，当然，其中所伴随的痛苦和代价也在所难免。

无论如何，只有经受百炼成钢的磨炼，国有企业才能在严酷的竞争中成长为具有国际竞争力的强者。而且，还可以看到，在激烈的市场竞争特别是国际竞争中，我国正有一批具有较强国际竞争力的国有企业成长壮大起来，它们将成为中国民族产业的脊梁。

改革开放以来，我们对国有企业改革进行了理论上和实践上的艰苦探索。改革和发展极大地改变了中国经济和社会的结构，推进国有企业改革的回旋余地不断扩大，特别是市场经济体系的不断完善和非国有经济的发展，使得国有企业在国民经济中“独木撑天”的局面有了根本性的改变。因而，整个社会对于国有企业的重大改革可能引起的震动也有了物质上和心理上的更大承受能力。

中国的具体国情决定了国有企业将长期在中国的国民经济中占据重要的、关键性的地位。尽管国有企业在国民经济中所占的比重不断下降，但在相当长的时期内，中国还会存在比一般市场经济国家更多一些的国有企业，这是有中国特色的社会主义或社会主义市场经济的特征之一，也是中国特有的社会环境使然。世界上没有一种企业制度是十全十美的，国有企业也是这样：有其特有的优点，也有难以完全消除的缺点。通过改革，国有企业将发挥它们特有的优势，但也很难完全消除它们的某些劣势。必须准备在获得国有企业所带来的巨大利益的同时，付出某些不可避免的代价，而以更为灵活可行的企业组织方式和更为科学的管理手段来实现能使国有企业扬长避短的目标。

在改革开放实践中，对公有制的实现形式已经进行了各种有益的探索和尝试，有的失败了，但留下了十分有价值的经验教训；有的成功了，并且在进一步地完善和发展；也有的今天仍然在试验之中，成败得失有待历史裁决。我们看到，正是在这一过程中，国有企业的面貌发生着根本性的变化。这一变化的实质是：随着经济从计划经济体制向社会主义市场经济体制的转变，国有企业必须迈进市场竞争的大海，并且在市场竞争的过程中实现自身的制度创新，以适应变化了的生存环境，适应相对过剩条件下企业间更为激烈的效率竞赛。从根本上来说，国有企业改革的实质就是要在企业制度的历史优选过程中，以其具有效率和竞争力的新体制以及令人满意的行为和绩效，来证明自己存在和发展的理由。

六、政府工业政策的调整

告别短缺经济之后，政府的经济职能开始发生重大变化，国家的工业政策也在发生根本性的变化。

（1）由于宏观经济态势的根本性变化，政府投资政策从主要将投资作为生产驱动力，逐渐转变为更注重将投资作为需求拉动力来作为政策调控的杠杆。作为生产驱动力，投资是增加未来供给的源泉。在短缺经济条件下，政府的投资政策几乎完全是从增加产出、填补空白、缓解瓶颈、克服供给不足的意向出发的。而在告别短缺经济之后，生产能力已经很大，即使存在产业空白和供给瓶颈，也已经不具有阻碍经济增长的全局性意义，供不应求的现象几乎已经完全消失。但是，政府的投资政策并没有失去意义，当然，政府投资行为已经不主要是，或者不仅仅主要是从驱动生产、增加供给的意向出发，而更多的可能是从扩大需求的意向出发。因为作为需求拉动力，政府投资是实现需求管理的重要政策工具。

最为明显的事实是，1998 年，中央政府大规模地使用了政府投资政策手段，运用财政政策增加国内投资，扩大国内需求，抵销或缓解亚洲金融危机对我国出口需求所造成的不利影响，并且填补居民消费支出不足所导致的宏观需求缺口。此后，政府采用投资行为进行需求调控的做法成为常规工具。10 年后的 2008 年，在应对国际金融危机中，所谓“四万亿投资”也成为遏制经济大幅下滑的政策手段。

（2）告别短缺经济之后，政府对工业经济运行的调控从主要着力于增加产量，转变为更注重对部分行业实行总量控制，特别是对生产能力过剩的行业实行限产、压产。例如，20 世纪 90 年代，纺织业中的棉纺、毛纺、丝绸以及煤炭、钢铁、建材、炼油等被列入重点控制（限产、压产）范围。1998 年，纺织行业全年压缩淘汰棉纺纱锭 512 万锭，分流下岗职工 66 万人。此后，解决“产能过剩”问题一直困扰着政府和企业。从鼓励增产到实行限产、压产，突出地表明了政府对工业经济运行进行调控的着力点和政策方向已经发生了根本性的变化，这标志着根本性的时代变迁。

（3）告别短缺经济之后，政府的工业品价格政策从以高价限制为主转变为以低价限制为主。在短缺经济条件下，绝大多数工业品都有价格向上漂移的动力，为了避免价格过度上涨所导致的矛盾和过大的社会代价，政府通常需要对工业品实行抑制价格过快、过度上涨的政策。而在告别短缺经济之后，绝大多数工业品都失去了价格向上漂移的动力。相反，由于企业之间的激烈竞争，降价手段可能被过度使用，甚至产生低价倾销的不公平竞争行为。因此，在一段时期，政府试图运用某种政策手段来阻止或限制价格的大幅度下降。这种政策手段包括：以行政手段制定某种产品（例如，平板玻璃）的最低价格；制定行业统一价格并规定最大折扣幅度；指导行业协会制定行业协调价格（“自律价”）和最大浮动幅度；鼓励企业进行价格“自律”；等等。政府对工业品价格的低价限制是否能产生有效的作用，是个难以获得统一认识的问题，其实际效果也难以理想。不过，当年政府的工业品价格政策的调控意向从以高价限制为主转变为以低价限制为主，毕竟表明政策特征和政策性质发生了重大改变。

当然，对一些垄断行业的价格管制政策同对竞争性行业的价格调控政策有很大的区别。垄断性行业具有比竞争性行业强烈得多的通过维持高价格获取利润的动机，也有制定垄断价格以获得垄断利润的条件和可能性。对于这样的行业（例如电力、煤气、自来水等），政府仍然保持以高价限制为主的政策调控意向。从那以后，一些行政性垄断行业（有的可能不属于严格意义上的工业）往往受到越来越强烈的批评。

（4）信贷政策从主要着力于支持生产，转变为同时也注重鼓励消费。在短缺经济条件下，几乎所有的信贷政策和信用工具都是为了支持生产，消费行为根本不在信贷政策的视野之内。告别短缺经济之后，国内消费需求偏低成为我国经济增长过程中的一个现实矛盾。中国目前相对经济过剩不仅表现为一般市场经济所具有的供大于求的特征，而且表现为中国经济特有的消费需求不足的特征。

①消费倾向较低，储蓄倾向很高。世界大多数国家的储蓄率为15%～25%，即使是作为世界高储蓄国的日本和东亚各国，储蓄率也一般为30%～35%。而20世纪90年代以来，中国的储蓄率却高达40%以上，成为一个“世界奇观”。

②社会消费品零售总额和储蓄存款的70%以上集中于城市（市区）。全部城市的消费品零售总额占全社会消费品零售总额的绝大部分。消费需求和潜在的购买力偏于城市，而农村消费需求和潜在购买力低下，制约了全社会消费需求水平的提高。

③公费消费所占比重较大，而且呈上升趋势（见表2－4）。公费消费和私费消费具有显著的行为差别，从公费消费到私费消费的转变会显著地改变产业的需求曲线，这是对有关产业发展的一个重大挑战。

表2－4　政府消费和居民消费的比重

单位:%

年份	政府消费比重	居民消费比重
1991	23.9	76.1
1992	24.4	75.6
1993	25.1	74.9
1994	25.3	74.7
1995	22.8	77.2
1996	22.7	77.3

续表

单位:%

年份	政府消费比重	居民消费比重
1997	23.3	76.7
1998	24.0	76.0
1999	24.7	75.3
2000	25.5	74.5
2001	26.1	73.9
2002	26.1	73.9
2003	25.8	74.2
2004	25.5	74.5
2005	26.6	73.4
2006	27.0	73.0
2007	27.1	72.9
2008	27.2	72.8
2009	27.0	73.0
2010	27.5	72.5
2011	27.2	72.8
2012	27.3	72.7
2013	27.4	72.6

注：本表按当年价格计算。

资料来源：《中国统计年鉴》(2013)；国家统计局数据库最新数据。

④与国内需求相比，出口需求占有很大比重。东亚各国经济增长的一个显著特点是在很大程度上依靠出口需求的拉动作用，因此，出口增长对经济增长的影响很大。出口需求是弥补国内需求偏低的一个重要因素。改革开放以来，我国的经济增长也表现出与东亚各国这一相同的特点，20 世纪 90 年代以来，出口总额占国内生产总值的比重高达 20% 左右。1997 年开始的亚洲金融危机对中国的出口产生了很大的不利影响，1998 年，出口总额仅增长了 0.5%。为了克服上述不利影响，必须实行积极扩大国内需求的政策，这可以从扩大投资需求和扩大消费需求两个方面入手。问题是，扩大投资需求最终还是要由消费需求来实现。脱离最终消费需求的投资只会导致更大程度的供过于求。因此，扩大消费需求对于经济长期持续增长具有根本性的意义。现实的情况是：中国大多数居民的可支配收入水平很低，而且，随着经济的市场化，居民生活的风险性增强，消费支出趋于谨慎，加之相当一部分居民（例如下岗职工）的收入较低，对未来的收入预期不甚乐观，所以，如果增加居民在一些方面（例如住

房）的支出，那么，势必会降低其他方面的消费支出。两者相抵，究竟能否增加总的消费倾向，仍是一个未知数。因此，对于扩大居民消费需求，仅仅立足于居民现期的购买力是不够的，必须鼓励消费信用的发展，将居民的一部分未来购买力实现为现期的有效需求，才能支撑经济的持续增长。特别是对于高价值的消费品产业，例如住宅、汽车等，如果没有消费信用的支撑，是很难有广阔的发展空间的。

因为鼓励消费信用的发展，对于扩大国内需求，促进国民经济的快速、持续、健康发展具有重大意义，所以，告别短缺经济之后，政府越来越认识到消费信贷的这一重要意义，政策意向从限制甚至禁止进行个人消费信贷转变为鼓励开展个人消费信贷。20 世纪 90 年代，中国人民银行就发布了《关于开展个人消费信贷指导意见》，要求各有关金融机构积极稳妥地开展信贷业务，加大消费信贷投入，不仅要增加住房消费贷款和汽车消费贷款，而且还可以试办其他新品种的消费贷款，如耐用消费品贷款、教育助学贷款、旅游贷款等，也可以为生产厂家和商家提供多种形式的金融服务，促进开展信用销售。这是政府信贷政策变化的一个十分明显的方向变化。

第3章 走过20世纪的“血拼”年代

20世纪的最后20年是中国工业发展的“血拼”年代，曾经“一穷二白”的中国，历经艰难曲折，以巨大的努力和付出奠定了工业化和经济现代化的基础。这一时期，工业经济体制改革实现了重大进展，工业增长显著加快，初步实现了从落后国家向工业大国的跨越。新中国建立以来的50年，中国工业总产值以年平均13.6%的速度高速增长，其中，1949—1978年年均增长12.9%，1979—1998年年均增长15.9%。工业增加值由1952年的119.8亿元增加到1998年的33541亿元，按可比价格计算增长158倍。1998年中国制造业增加值26353亿元，居世界第四位。主要工业品中，钢、煤、水泥、化肥、电视机等产量居世界第一位，发电量、棉布、化纤等产量居世界第二位。中国经济总量跃居世界第七位。中国在成为工业生产大国的同时也越来越不可回避地面临国际竞争的强大挑战，历史没有给中国留下哪怕是十分短暂的喘息机会，只有尽快地建设成为一个工业强国，中国才能在国际社会中拥有真正的大国地位。

一、工业发展实现历史性跨越

从20世纪50年代至70年代末，中国工业化战略的基本特点是：在封闭经济条件下进行自力更生的工业建设，以高关税、高估本币等方式推进进口替代；工业生产以供应国内市场为目标。经过20多年的发展，初步奠定了工业化的基础，建立起较完整的工业经济体系。

20世纪70年代末，中国工业化进程进入改革开放的新时期。这一时期中国工业化战略的基本特点是：逐步实行对外开放，利用国内、国际两个市场和国内、国外两种资源，特别是鼓励利用外资；以逐步降低关税和本币较大幅度贬值（以及实行双轨制汇率）等方式推进出口替代。到20世纪80年代末，完成了从主要出口初级产品向出口工业制成品的转变，1999年我国出口商品中工业制成品的比重上升到89.8%，2001年以后进一步超过90%（见表3-1）。在这一阶段，伴随着改革的推进，市场经济以其强大的力量迅速地消灭了几乎所有传统产业领域中的经济短缺现象，填补一般产业“空白”和“短线”的历史任务均告完成。各传统产业都进入了成熟阶段，中国成为世界瞩目的工业生产大国。

表3-1　中国进出口商品结构的变化

年份	出口商品结构（%）		进口商品结构（%）	
	初级产品	工业制成品	初级产品	工业制成品
1980	50.3	49.7	34.8	65.2
1981	46.6	53.4	36.5	63.4
1982	45.0	55.0	39.6	60.4
1983	43.3	56.7	27.2	72.8
1984	45.7	54.3	19.0	81.0
1985	50.6	49.4	12.5	87.5
1986	36.4	63.6	13.2	86.8
1987	33.5	66.4	16.0	84.0
1988	30.3	69.7	18.2	81.8
1989	28.7	71.3	19.9	80.1
1990	25.6	74.4	18.5	81.5
1991	22.5	77.5	17.0	83.0
1992	20.0	80.0	16.4	83.6
1993	18.2	81.8	13.7	86.3
1994	16.3	83.7	14.3	85.7
1995	14.4	85.6	18.5	81.5
1996	14.5	85.5	18.3	81.7
1997	13.1	86.9	20.1	79.9
1998	11.2	88.8	16.4	83.6
1999	10.2	89.8	16.2	83.8
2000	10.2	89.8	20.8	79.2
2001	9.9	90.1	18.8	81.2
2002	8.8	91.2	16.7	83.3
2003	7.9	92.1	17.6	82.4
2004	6.8	93.2	20.9	79.1
2005	6.4	93.6	22.4	77.6
2006	5.5	94.5	23.6	76.4
2007	5.0	94.7	25.4	74.6

续表

年份	出口商品结构（%）		进口商品结构（%）	
	初级产品	工业制成品	初级产品	工业制成品
2008	5.4	94.6	32.0	68.0
2009	5.3	94.7	28.8	71.2
2010	5.2	94.8	31.1	68.9
2011	5.3	94.7	34.7	65.3
2012	4.9	95.1	34.9	65.1
2013	4.9	95.1	33.7	66.3

资料来源：《中国统计年鉴（2013）》；国家统计局数据库最新数据。

20世纪90年代中期开始，中国工业化过程发生了一系列深刻的变化。这一阶段工业化战略的显著特点是：积极参与国际分工和国际竞争；国内市场和国际市场趋向一体化，即国内市场开放成为国际市场的组成部分；以不断降低关税（少数产业的有限保护）和有管理地浮动汇率（汇价保持基本稳定）等方式，推进工业经济的国际化。这一阶段工业化的主要任务是以低成本替代的方式充分发挥比较优势，增强工业国际竞争力。

从对中国工业化过程的简要回顾可以看到，20世纪70年代末以前，国内外资源配置处于分隔状态，中国工业制成品基本没有出口竞争力，进出口商品结构的基本特点是：出口商品以初级产品为主，而进口商品以工业制成品为主。20世纪70年代末至90年代中期，中国工业发展充分利用了国际经济的比较优势，即依靠廉价的人力、土地和原材料资源生产具有比较利益的工业制成品，参与国际交换。这一时期，进出口商品结构发生了重大变化：出口商品转变为以工业制成品为主，进口商品也以工业制成品为主，进出口相比，进口商品的工业制成品比重高于出口商品的工业制成品比重。20世纪90年代中期以后，中国经济的比较利益格局发生重大变化，国际资源配置也开始发生深刻变化，进出口商品结构特征表现为：出口商品以工业制成品为主，进口商品也以工业制成品为主，但进出口相比，出口商品的工业制成品比重高于进口商品的工业制成品比重，而且，机电产品超过纺织品和服装成为第一大出口商品。这表明，中国工业参与国际竞争不仅要依赖比较优势，而且必须越来越注重增强竞争优势（见表3-2）。

表3－2　中国工业化的阶段

	50年代至70年代末	70年代末至90年代中	90年代中期以后
工业化战略	封闭经济，自力更生，进口替代	对外开放，利用外资，出口替代	参与国际分工和国际竞争，走向工业现代化
工业化的主要任务和成就	初步奠定工业化基础，建立较完整的工业经济体系	告别短缺经济，成为工业生产大国	增强工业国际竞争力，为建设成为工业强国而奋斗
市场条件	国内市场	国内、国际两个市场	市场一体化：国内市场成为国际市场的组成部分
汇率政策	固定汇率，高估本币汇价	双轨制汇率，本币大幅度贬值	有管理地浮动汇率，汇价保持基本稳定
关税政策	高关税壁垒	保持关税壁垒，逐步降低关税水平	低关税，少数产业的有限关税保护
进出口商品结构	出口商品以初级产品为主，进口商品以工业制成品为主	出口商品以工业制成品为主，进口商品也以工业制成品为主，进口工业制成品比重高于出口工业制成品	出口商品以工业制成品为主，进口商品也以工业制成品为主，出口工业制成品比重高于进口工业制成品
国际资源配置	国内外资源配置处于分隔状态	发挥国际经济比较优势，依赖资源禀赋，获取比较利益	在利用比较优势的基础上，更注重增强竞争优势

资料来源：本文作者整理。

二、承前启后的转折时期

20世纪80—90年代，中国完成了初步工业化过程，按汇率计算，我国人均GDP

超过 800 美元，而按购买力平价计算，人均 GDP 已达 3000 美元左右，沿海较发达的地区开始进入中等收入阶段。可以说，从一般的结构分析角度看（主要是工业特别是制造业的产出量占 GDP 的比重），中国工业化经历了快速的数量扩展，开始出现成熟经济的各种现象。其主要标志是：一般的工业生产技术特别是加工工艺广泛扩散；产量迅速增长并接近最大化均衡状态，主要工业产品的产量居世界前列；生产成本和价格降低，利润平均化并趋于下降；企业间的价格竞争加剧，产业集中化过程加快，越来越多的产业出现生产能力过剩现象。

表 3－3　我国工业主要产品产量居世界位次的变化

年份	钢	煤	原油	发电量	水泥	化肥	棉布
1978	5	3	8	7	4	3	1
1980	5	3	6	6	4	3	1
1985	4	2	6	5	1	3	1
1990	4	1	5	4	1	3	1
1995	2	1	5	2	1	2	1
1996	1	1	5	2	1	1	2
1997	1	1	5	2	1	1	2
1998	1	1	5	2	1	1	2
1999	1	1	5	2	1	1	2
2000	1	1	5	2	1	1	2
2001	1	1	5	2	1	1	2
2002	1	1	5	2	1	1	1
2003	1	1	5	2	1	1	1
2004	1	1	6	2	1	1	1
2005	1	1	5	2	1	1	1
2006	1	1	6	2	1	1	1
2007	1	1	5	2	1	1	1
2008	1	1	5	2	1	1	1
2009	1	1	4	2	1	1	1
2010	1	1	4	1	1	1	1
2011	1	1	4	1	1	1	1
2012	1	1	4	1	1	1	1

资料来源：历年《中国统计年鉴》。

从20世纪90年代后期开始，制约中国工业增长的因素已经从过去的供应能力不足历史性地转变为有效需求的限制。越来越多的产业发现增产已经不是好消息，而压缩产量反而成为改善产业状况的必要措施，例如，煤炭行业关井压产，纺织行业压缩纺锭，冶金、建材、有色金属、石油化学等行业关闭设备陈旧、技术落后、产品质量低和污染严重、高耗能的小企业。因此，不少传统产业增长速度减缓，有些工业产品出现负增长现象，突出地表现为全国能源需求量和生产量的较大幅度下降，1999年能源生产总量比1998年下降11.3%，原煤生产量下降16.4%（见表3-4）。

表3-4　1999年能源生产的负增长

产品	1998年产量	1999年产量	1999增长%
能源生产总量（亿吨标准煤）	12.4	11.0	-11.3
原煤（亿吨）	12.5	10.45	-16.4
原油（亿吨）	1.6	1.6	-0.1

资料来源：《中国统计年鉴》（1999）；《中华人民共和国1999年国民经济和社会发展统计公报》，《经济日报》，2000年2月29日。

在生产能力过剩、有效需求不足、经济增长减缓的严峻形势下，推进经济结构包括工业结构的战略性调整，拓展新的经济增长空间，成为我国经济包括工业经济进一步发展的关键问题。中央政府提出，工业结构的调整要围绕优化结构、提高质量和效益、增强国际竞争力，着重抓好四个环节：

第一，遵循市场经济规律，综合运用多种手段，限制没有市场销路的产品生产。进一步关闭技术落后、质量低劣、浪费资源、污染严重的小厂小矿，淘汰落后的设备、技术和工艺，压缩一些行业的过剩生产能力。

第二，加快企业技术改造，并向老工业基地倾斜。坚持质量第一，采用先进标准，更新和优化产品结构。努力开发有生产需求的新技术、新工艺和新产品；鼓励增产适销对路产品，特别是名优产品。

第三，经济发展新兴产业和高新技术产业，特别是发展信息、生物工程、新能源、新材料和环保等产业，同时注意发展劳动密集型产业。

第四，推进行业改组，促进重点行业提高规模效益，优化布局。努力提高重大装备工业基础材料工业的生产技术水平。发展第三产业对于优化经济结构具有重要的作用，要在继续发展运输、商贸等产业的同时，大力发展信息、金融、旅游、社区服务和中介服务等产业，逐步提高第三产业在国民经济中的比重。①

① 参见朱镕基总理在九届全国人民代表大会第三次会议上的政府工作报告，《光明日报》，2000年3月17日。

问题是，在新的历史条件下，世界和中国的产业结构变动和调整出现了许多新情况，我国已加入世界贸易组织，国民经济的开放程度越来越高，世界上产业结构变动和调整的新情况会直接影响我国经济发展和产业结构的基本格局。我们已经不可能以过去的方式来实现产业结构的调整和升级，必须寻求良性循环的新机制。在市场经济条件下，工业生产能力的过剩是一个世界性的现象。例如世界汽车生产能力大量过剩，但各主要生产国都并不愿放弃市场，各国政府也调整政策，以提高本国产业的国际竞争力。世界各国的企业为了拓展增长空间主要采取三种策略：第一，增强自己的核心竞争力，实行差别化战略，力图以与众不同的产品和服务保持和扩大市场份额。第二，扩大企业的生产规模和范围，通过规模经济和范围经济，降低成本，扩大市场占有率。第三，跳出传统产业，发展高新技术产业，开辟新的产业增长领域，形成所谓的“新经济”格局。这样的形势无论对中国的企业还是政府，都是严峻的挑战。

在我国产业结构调整中，最令人困惑的是：过去可以说清楚哪些产业是“长线”，哪些产业是“短线”，短线产业通常盈利率较高，长线产业通常盈利率较低，产业调整的方向可以截长补短。现在却说不清楚了，因为，在现有的产业技术层面上，从市场供求状况看，大多数传统产业都成了“长线产业”。因此，不仅产业调整的内容发生了变化，产业结构调整和产业升级的机制也要变化。过去，产业调整的机制是：只要利润率高的企业（或地方政府）就会进行投资，即哪里可以赚钱企业就往哪里去。现在则不同了，有些产业（主要是高新技术产业）虽然现在还没有赚钱（甚至将来也不知道能不能赚钱），企业却往里面大量投资。因为，大家相信这些产业将来会有盈利，或者是投资者相信别人也相信这些产业将来会赚钱。这看起来是一种博弈行为，其实是产业调整机制的变化。因为，资金实实在在地投入进去了，有预见性地（当然同时也承受着很大的风险性，例如美国铱星公司的破产就是一个例证）主动投入了预期可能增长的产业领域。虽然当前可能还难以准确地计算出投资的真实回报率，但大量进入的资金确实具有促进该产业发展的强大推动力。这表明，人们对产业未来的预期（或预见）直接影响着产业调整的方向，而产业当前的营利性以及产业价值创造链中各环节对产业结构调整的引导作用发生了很大的变化。所以，在工业发展的新阶段，所谓“资本经营”“风险资本”的作用增强了，传统式的产业结构调整机制变化了，产业调整和升级成为同技术创新线路及金融创新密切相关的过程。

作为中国工业发展历史性转折的显著标志之一是：以环境和生态保护为主要内容的可持续发展问题越来越成为社会公众关注的问题，以破坏环境和生态为代价的初级工业化过程必须进行深刻的反思。工业发展必须更多地考虑环境和生态的承受能力和社会成本，生活质量（包括环境质量）和经济增长的可持续性，而不仅仅是工业品产出量。这成为衡量工业绩效越来越重要的指标。

20 世纪 90 年代就有学者尖锐地指出，中国自然生态环境将面临七大突出问题：第一，水土流失日益严重；第二，荒漠化土地不断扩大；第三，森林蓄积量急剧下降；第四，草地退化、沙化和碱化面积逐年增加；第五，自然灾害日益严重；第六，大气污染十分严重，酸雨面积急剧扩大；第七，水体污染日益严重，加剧了水资源短缺。

面对严重的环境污染和生态破坏，一方面，政府制定了整治污染和恢复生态的规划；另一方面，工业发展受到保护环境和生态的有关政策越来越严格的限制，严重污染环境和破坏生态的工业项目被禁止。这对中国许多产业特别是中小型工业企业的发展是一个非常严肃的课题。中国工业发展能否从破坏环境和生态的恶性状态中走出来，实现可持续增长的良性发展模式，是关系到中国能否真正实现工业现代化的一个重大战略任务，也是能否从工业生产大国发展为工业强国的重要标志之一。

三、竞争才有竞争力

人们越来越认识到，竞争力是强国的决定因素，从工业大国成为工业强国，实际上就是增强中国产业竞争力的过程，从经济全球化的角度看，就是必须增强产业国际竞争力。所以，在工业化的新阶段，产业竞争力成为我国工业化和现代化的决定性因素。

产业竞争力归根结底是一个产业组织问题，形成有效竞争的市场结构和产业组织结构是培育和增强工业竞争力的根本途径和决定性条件。没有竞争就没有竞争力，竞争力必须在竞争过程中形成，这是一条基本的客观经济规律。中国竞争力最差的产业大都是长期处于垄断地位的产业。所以，我国产业组织政策的着力点最重要的就是打破垄断，鼓励竞争。首先是要鼓励企业间的国内竞争，然后，开放市场，进行国际竞争，这是培育和增强我国工业竞争力的根本方向。

根据这一客观要求，必须鼓励各种类型企业发展，鼓励国有企业、非国有企业，公有制企业、非公有制企业，国内企业、外商投资企业，包括大、中、小型各类企业共同发展、公平竞争。很显然，从我国企业结构的现实状况出发，为了发挥各类企业各自的优势，通过优胜劣汰的市场选择过程，形成更具竞争力的企业群体结构，就必须优化国有企业的产业定位，优化国有企业在国民经济中的比重和配置，把目前国民经济中国有企业仍然过高的比重进一步降低到更适当的程度，这也将是优化国有企业在国民经济中配置的必然结果。

世界各国的经济发展历史表明，有强大的企业才有强大的工业。我国产业竞争力不强的突出表现之一是缺乏强大的具有国际竞争力的企业，因此，许多工业品的全国平均水平明显低于发达国家。据国家技术监督局的检测，我国不少工业行业的整机、成品类产品的品种少，在可靠性方面与国外同类产品有较大差距。如国产数控机床的整机可靠性一般为100～360小时，而国外同类产品可达到367～600小时；我国载重汽车轮胎的使用寿命一般为5万～6万公里，而国外先进水平为10万公里以上；国产重型载货车锥齿轮的使用寿命为3万～5万公里，而国外产品为8万～10万公里。所以，尽管我国工业品的产出量很大，价格较低，能够占有不小的市场份额，但是，与外国产品比较来看，我国许多工业产品的价格—性能比都居于劣势。

从技术检测的结果看，当时，中国工业品质量较高的仍然是大型国有企业，其次为三资企业和股份制企业。1999年国家技术监督局抽查了7485家企业的218类8905种产品，合格的6973种，全年平均抽样合格率为78.6%。其中：大、中、小型企业产品的合格率分别为91.9%、84.2%、70.6%；国有、三资、股份、集体、私营（含个体）企业抽样合格率分别为86.2%、86.0%、79.0%、73.0%、63.0%。[①] 国有企业由于改革尚未到位、历史遗留的问题和负担重，其市场竞争力受到非常不利的影响，但尽管如此，国有工业企业的平均产品质量仍然高于其他类型的企业。这并不表明我国的国有企业已经是强大的具有较高竞争力的企业群体，而是表明，我国工业企业的总体竞争力和工业产品的总体质量水平处于较低水平，国有企业不过是“矮子里面的将军”“小人国中的巨人”。只有通过产业结构的重大调整，实现产业升级和产业竞争力的更快提高，中国才能真正走上发达工业国的发展道路。

在中国从工业大国走向工业强国的未来历程中，不仅面临着产业调整和升级的任务，而且，突出地面临着产业区域布局调整的艰巨任务。西部开发和东、中部地区协调发展，是新世纪我国经济和社会发展的重要战略任务之一，也是中国从工业大国走向工业强国的重大战略部署。经过多年的改革开放和经济建设，东部地区获得了长足的发展，促进中西部地区更快发展特别是西部大开发的任务已经提上了最重要的议事日程。这是一项非常艰巨的历史性重大战略任务，几代人将为之奋斗和献身，它是我国最终实现现代化目标、中华民族圆强国富民之梦的决定性步骤。从这一意义上可以说：西部大开发和中西部地区的更快发展是中华复兴的新长征，是使中国从工业大国变为工业强国的“战略决策”。

当时，中央政府提出的关于西部大开发战略的主要举措是：第一，加快基础设施建设。以公路建设为重点，加强铁路、机场、天然气管道干线的建设。加强电网、通信、广播电视以及大中城市基础设施建设，尤其要把水资源的合理开发和节水工作放在突出位置。要抓紧做好若干重大骨干工程的研究论证和前期准备工作，争取早日开

① 国家技术监督局1999年全年产品质量国家监督抽查通报（见2000年2月11日《经济日报》）。

工。第二，切实搞好生态环境保护和建设。要加大长江、黄河上中游天然林保护的实施力度。陡坡耕地要有计划、有步骤地退耕还林还草。第三，根据当地的地理、气候和资源等条件，着力发展有自己特色的优势产业，有条件的地方要发展高新技术产业。第四，大力发展科技和教育。加快科技成果转换，积极培育各级各类人才，全面提高劳动者素质。第五，进一步扩大对外开放。改善投资环境，积极引进资金、技术和管理。

尽管从我国区域经济结构的总体特征来看，由于东部地区和中西部地区经济发展水平呈梯度差异，社会生产力从东部地区向中西部地区的逐级扩散、梯度推进，是一个客观必然的过程，但是，中西部地区发展的条件与东部地区当年的情况是有很大的差别。

20 世纪最后 20 年，东部地区的经济发展主要依靠传统产业的高速度数量扩张；但是，由于 20 年中中国的宏观经济条件发生了根本性的变化，中西部地区经济的数量扩张遇到新的困难：外需增长减缓，内需水平较低，大多数传统产业的发展进入成熟阶段。因此，中西部地区的经济发展难以仅仅依靠数量增长模式来实现。

20 世纪最后 20 年，东部地区的农业依靠比较优越的自然条件，以高产量增加收入，为地区工业化奠定了基础；而中西部地区的农业发展不再能够依靠高产量获得高效益，农产品结构问题（品位低）十分突出，如果不调整农业结构，很可能发生产量高、收入低，甚至农业越增产财政越困难的情况。

20 世纪最后 20 年，东部地区主要通过一般技术的扩散和模仿来实现高速工业增长，加上生产要素的低成本供应，较快实现了农业向工业的转移；过去，中西部地区中一些经济发展水平相对较高一些地区的经济增长主要依靠自然资源（例如煤炭）的开发，而当中西部工业开始加速增长时，资源开发成本上升，以资源开发和资源初级加工为基本特点的单调工业结构使得中西部地区的比较利益关系和贸易条件趋于恶化，加工能力的扩张缺乏经济效益的支撑。

20 世纪最后 20 年，东部地区的工业化过程面对短缺经济，大多数产业处于成长阶段，产业发展可以依靠填补供不应求的缺口，获得增长空间；而当中西部地区开始加速工业增长时却面对相对过剩经济，大多数传统产业进入成熟阶段，生产能力过剩，后来者的产业发展必须通过挤入饱和的市场，寻求生存的位置，市场竞争的加剧对中西部地区的产业发展形成更强的压力。

20 世纪最后 20 年，东部地区的发展依靠沿海区位优势，获得了得天独厚的条件；而中西部地区虽然靠巨额的交通投资弥补了区位劣势，但交通成本的上升使中西部产品的竞争力受到不利影响。特别是随着对外开放的不断扩大，中西部产品（特别是资源产品）同外国产品进行竞争，其区位因素所造成的成本负担成为不可忽视的问题。

从对外开放的态势来看，过去，国内市场处于高保护状态，东部地区主要通过实行变通（优惠）政策实现对外开放，参与国际分工，幼稚产业的发展则处于被保护状态；20 世纪最后 20 年，国内市场越来越开放，国际竞争压力越来越大，中西部地区的一些幼稚产业也不得不处于国际竞争的“暴露状态”之下。

总之，20 世纪最后 20 年，东部地区所面临的经济环境与中西部地区面临的经济环境具有明显的差别。中西部地区虽然也有许多优势，但面临的挑战更为严峻，因此，必须探索适应新情况的新战略，归根到底是必须培育中西部地区经济自我发展的竞争力。

在经济发展的初级阶段，充分利用当地资源，“靠山吃山，靠水吃水”，有其必要性和合理性。但是，资源依赖型战略存在突出的缺陷：一方面，资源产业往往具有成本递增的特点，随着资源的深度开发，低成本优势渐趋消失，而且，资源产品的差异度低，进入低平均利润状态后，难以通过技术（产品）创新提高效益水平。另一方面，资源需求的增长弹性低，资源产业的价格风险和汇率风险大，即产品价格波动大，产业效益受价格变动的影响大，汇率变动对其价格和效益的影响也很大，所以，资源产业进入国际竞争后，不稳定性较强。这样，经济增长高度依赖资源开发的地区往往会受到市场景气波动和国际市场动荡的不利影响。

资源依赖型战略的合理性在于充分体现了地区比较利益原则，发挥了地区比较优势的积极作用。尽管有效利用地区资源可以奠定经济发展的基础，但是，从长远来看，一个国家或者一个地区的经济发展水平同其（自然）资源的丰度并没有显著的相关性。也就是说，资源丰度高的国家或地区经济发展水平未必高，而资源丰度低的国家或地区同样能达到较高的经济发展水平。所以，经济发展仅仅依赖比较优势是不够的，比较优势必须通过竞争优势才能得以实现。

为了培育地区经济的产业竞争力，中西部地区必须实现一个重要的战略性转变：从资源开发导向转变为市场开拓导向，资源开发向深度加工发展。产业和产品结构必须适应市场需求及其变动趋势，才能有发展前途。产业和产品的竞争力最终要通过市场实现来获得评价。这是中西部地区的许多企业面临的一项重要的战略转换任务。实现这一战略转变要求中西部地区能够产生一批优秀的企业家，发展具有核心竞争力的优秀企业。

为了提高民族产业的国际竞争力，推进工业大国向发达工业国的再次历史跨越，实现产业重组和产业布局的重大调整是新世纪中国工业发展的战略性任务。到 20 世纪末，中国的工业生产能力快速增长，但产业的国际竞争力却不强；东部沿海地区传统工业已相当成熟，但中西部地区的工业化水平仍相当低下，这是两个突出的矛盾。

如果仅有庞大的生产能力而严重缺乏竞争力，如果仅有东部地区的率先工业化而中西部地区长期处于落后境地，则必然会使国民经济陷入严重困境。所以，必须通过产业重组和地区工业布局的调整，把庞大的生产能力组合成有国际竞争力的经济实体，中国工业的发展才会有广阔的空间和发展前途。

经过20世纪最后20年的发展，中国产业发展开始进入一个新阶段，国际竞争力越来越具有比生产能力更重要的战略意义，而形成一批有较强国际竞争力的企业群体，是增强民族工业国际竞争力的关键。所以，以增强企业效率和国际竞争力为主要目标，通过工业企业（特别是国有企业）的战略性改组，加大产业调整的力度和规模，同时加快中西部地区的发展，是我国新世纪工业发展战略的重要内容之一。

进入新世纪，中国工业进一步融入全球经济体系，中国加入世界贸易组织后，中国工业以世界市场为更大发展空间，同时也面临更大的国际竞争挑战。中国加入世界贸易组织促使民族产业全面进入国际分工和国际经济体系，在严酷的国际竞争中接受考验，在消费者选择中决定命运。同时，中国的经济体制也发生了深刻的变化，对外开放的进一步扩大，大大加快了向市场经济体制转轨的步伐。

加入世界贸易组织对中国民族产业的发展产生着十分复杂和深刻的影响。从总体上来说，加入世界贸易组织有利于实现比较优势，拓展国际市场。比较优势强的产业可以更大规模地进入国际市场。同时，竞争优势弱的产业将受到很大压力，而竞争优势强的产业则可以获得更大的发展空间。而无论是比较优势较强的产业，还是竞争优势较强的产业（更不用说是比较优势和竞争优势处于较不利地位的产业），要保持和提升优势，都不能因循守旧，试图以传统的方式应对新的国际竞争挑战。新的世纪，中国以实现从工业大国向工业强国转变为战略目标，技术、知识、管理、体制和观念的创新是根本的动力。

第4章　全球化是勇者的游戏

进入21世纪，经济全球化的趋势越来越强劲，当我国经济以更加开放的姿态融入全球经济的时候，如何进入和适应经济全球化过程就成为一个极具挑战性的问题。当今世界走向全球化的大格局已经形成，经济全球化已经实实在在地成为我们现实生活的国际背景。在中国的三次产业中，工业是最先开放最先参与国际分工和国际竞争的产业，随着对外开放的进一步发展，中国工业率先进入经济全球化的过程之中，其发展空间和运行环境发生了巨大的变化。如何适应经济全球化过程，在经济全球化的条件下生存和发展，成为中国工业发展的一个基本问题。

一、勇敢参与国际分工和国际竞争

中国经济改革与开放使一个封闭的经济体系迈过了向全方位开放的经济体系转变的决定性阶段。20世纪最后的十几年里，中国为恢复关贸总协定缔约国地位和加入世界贸易组织做出了巨大的努力，在这一过程中，中国大大加快了同世界经济接轨的步伐。2001年，中国加入世界贸易组织，这是中国经济发展过程中一个里程碑式的重大事件，也是当代世界经济的一个重大事件，它标志着世界上最大的发展中国家——中国进一步扩大对外开放，全面融入世界经济：中国经济运行的基本规则将与国际经济体系直接衔接，中国经济体制同世界市场经济全面接轨，中国产业以经济资源的全球配置为基础，成为世界产业分工的组成部分，中国企业以世界市场为舞台与各国企业展开全方位的竞争与合作。这同时也意味着：中国经济发展的前途取决于在融入世界经济的过程中能否形成具有强大国际竞争力的产业和企业。

中国长期以来坚持不懈地积极争取恢复关贸总协定缔约国地位和加入世界贸易组织的努力，表明了中国新世纪经济和社会发展的战略方向：以更为积极开放的方式参与国际分工和国际竞争。

世界各国经济发展的历史和现实无一例外地表明，参与国际分工与国际竞争是任何国家实现经济现代化的必由之路。但是，经济比较落后的发展中国家参与国际分工和国际竞争必然面临发达国家的强大竞争压力，甚至可能处于不利境地而发生重大的利益损失。因此，无论在历史上还是在当代，后进国家往往倾向于实行程度不同的保护主义政策。即使是今天极力主张实行自由贸易的发达国家，例如美国、德国等，在历史上也曾经是实行强烈的保护主义政策的国家。而且，一旦国内经济发生不利情况，发达国家的贸易政策也会倾向于保护主义。所以，“自由贸易”与“保护主义”政策未必总是有绝对分明的界限。声称实行“自由贸易”政策的国家未必总是表里如一，言行一致；实行保护主义政策也不等于完全拒绝参与国际分工和国际竞争，而可能只是为了争取有利的国际分工和国际竞争地位，或避免不利的国际分工和国际竞争地位可能导致的国家利益损失而采取的防卫性措施，即以消极自卫的方式参与国际分工和国际竞争。因此，从历史上看，“自由贸易”通常是经济发达国家参与国际竞争的武器，“保护主义”或“公平贸易”则往往成为后进国家或劣势国家参与国际竞争的旗帜。

世界贸易组织无疑是推进全球“自由贸易”的工具，从这一意义上来说，它最有利于发达国家。但是，世界贸易组织也有一定的防卫性条款，以避免对后进国家或劣势国家造成过大的冲击和伤害。世界贸易组织并没有规定在我国加入世界贸易组织时就要全面开放市场，因此，作为一个发展中国家，我国加入世界贸易组织完全有可能争取趋利避害的结果，推动和加快工业化和现代化的步伐。

在经济日益全球化的时代，拒绝国际分工和国际竞争是没有出路的。各国的对外经济贸易政策无非是选择采取以消极防卫的方式参与国际竞争，还是以积极开放的方式参与国际竞争。加入世界贸易组织实质上就是以更加积极开放的方式参与国际竞争。

中国是一个具有巨大经济规模的国家，经过多年的建设，尤其是改革开放所取得的成就，使中国逐步具备了选择以积极开放的方式参与国际竞争的条件和实力。不仅是为了实现从工业生产大国走向工业强国的工业化任务需要中国以更加积极开放的方式参与国际竞争，而且，经济体制改革的深入也要求中国通过以更加积极开放的方式参与国际竞争来加快改革目标的实现。

在实行以积极开放的方式参与国际竞争的过程中，必须深刻认识到：发展市场经济和实行对外开放是实现现代化的必要条件，但并不是充分条件。从世界范围来看，没有一个不发展市场经济和不实行对外开放的国家能够实现现代化，但在搞了市场经济和实行了对外开放的国家中，至今也只有为数不多的一些国家（或地区）实现了工业化和现代化。在当今世界上，一个缺乏国际竞争意识和产业国际竞争力的国家，是不可能实现经济和社会现代化的。缺乏产业国际竞争力的国家，即使实行市场经济和对外开放，其未来的命运也不是经济和社会的繁荣，而只能在不发达状态中徘徊，甚至面临被世界进步所淘汰的危险。所以，从对外开放中获得的是机会和现代化的希望，而能否抓住机会，使希望变成现实，则完全取决于我们能否在国际竞争中获得成功，发展和壮大我们的民族产业。

总而言之，加入世界贸易组织对于中国市场经济体制的建立和完善，对于进一步扩大对外开放，对于发展民族经济都将产生广泛、深刻的影响，特别是，以加入世界贸易组织为标志，中国全方位地面对正在加速全球化过程的世界经济，在经济全球化中积极主动地参与国际分工、国际竞争、新的世界经济秩序的构建，在新世纪中自立于世界强盛的民族之林。

二、融入全球化才有强国之机会

从20世纪最后的20年开始，全世界各国的经济和社会以前所未有的速度展现出国际化、跨国化和全球化的趋势。在21世纪，这一趋势表现得越来越强劲，将所有的民族国家都卷入它的潮流，没有哪个国家能够置身于这一世界潮流之外而不被人类文明的历史所抛弃。“国际化”“跨国化”，特别是“全球化”的实质究竟是什么？它对人类世界未来的命运究竟会产生怎样的影响？世界各国的人们并没有一致的看法。而仅仅从其表现形式看，国际化、跨国化与全球化也有明显的差别：

国际化体现的是两个或者两个以上的民族国家之间所进行的各种原料、工业产品以及服务、货币、思想与人员的交换。国际化的出发点是作为活动主体的民族国家。在这里国家行政机构起了突出的作用，在经济国际化的框架内，分别属于各国国民经济的企业之间的竞争，是获得和保障良好国际贸易收支状况的重要手段。

跨国化体现的是资源，特别是资本，也包括劳动等，从一个国家的国民经济向另一个国家转移。经济跨国化的典型现象就是一家公司通过子公司、通过收购或者通过各种形式的合作与合资，把金融、技术、工业等不同类型的生产运作能力转移到另外一个国家。经济跨国化遵循的是市场膨胀逻辑，在它的作用下，众多生产要素的优化不再局限于一个民族国家框架内，而是越来越多地受到生产活动跨国化（跨区域化）的机制与过程的支配。

全球化体现的则是众多国家与社会之间多种多样的纵向及横向的联系，从这些联系中形成整个世界体系。全球化是这样一种发展过程，在这个过程中，世界部分地区发生的事件、所做出的决策以及所进行的活动，对于距离遥远的世界其他地区的个人和团体都能产生有重大意义的影响和后果。一份国际性的研究报告指出：“经济全球化日益挖掉了民族国家的一个基本支柱，这就是民族市场。民族空间作为最重要的战略经济空间被正在出现的全球空间所取代。然而，这并不意味着民族国家的权力，首先是他的军事权力已经被削弱，也不意味着民族国家在经济范围内已经被跨国公司所取代，因为，有人认为，跨国公司将会变成像国家一样的民主组织，这也不意味着作为民族国家经济的国民经济已经完全失去了任何意义。在许多领域，特别是在新成立的民族国家不发达的国民经济里事情恰好完全相反。在世界最发达的民族经济（德国、美国、日本、法国、意大利、英国）之间争夺全球领导地位的经济斗争同样表明，民族的国民经济继续拥有相当重要的意义。但是，它再也不能支配竞赛规则。”①

实际上，马克思和恩格斯在《共产党宣言》中论述资产阶级所起的“非常革命的作用”时就非常深刻地描述了经济全球化现象及其实质，他们写道：“资产阶级，由于开拓了世界市场，使一切国家的生产和消费都成为世界性的了。不管反动派怎样惋惜，资产阶级还是挖掉了工业脚下的民族基础。古老的民族工业被消灭了，并且每天都还在被消灭。它们被新的工业排挤掉了，新的工业的建立已经成为一切文明民族生死攸关的问题；这些工业所加工的，已经不是本地的原料，而是来自极其遥远的地区的原料；它们的产品不仅供本国消费，而且同时供世界各地消费。旧的、靠本国产品来满足的需要，被新的、要靠极其遥远的国家和地带的产品来满足的需要所代替了。过去那种地方的和民族的自给自足和闭关自守状态，被各民族的各方面的互相往来和各方面的依赖所代替了。物质的生产是如此，精神的生产也是如此。各民族的精神产品成了公共的财产。”②

有的学者把自19世纪以来开始的经济全球化过程划分为三个阶段：第一阶段从19世纪中叶到1900年，为全球化缓慢发展阶段。在这一阶段，欧、美、日各国的资产阶级政权都已巩固，向世界各地的扩张更加猖狂；自由竞争的资本主义逐渐向垄断资本主义转变，垄断性的公司尤其是跨国公司更加卖力地推动经济全球化；汽车、轮船以及电话等现代交通和通信工具在这个阶段后期的出现，也促进了经济全球化的发展。第二阶段是1900—1945年，为经济全球化的停滞或倒退阶段。在这一阶段，全球发生了两次世界大战和空前的席卷整个资本主义世界的大危机。这样的浩劫不仅使世界经济停滞了50年，而且使各国的闭关自守的保护主义重新复活，构筑了重重关税与非关税壁垒，使全球化非但不能前进，还有一定程度的倒退。第三阶段从1945年到现在，为全球化迅速发展的阶段。这一阶段经济全球化进程受到三个因素的影响：其一，众多国际组织的推动。1945年年底成立了世界银行和国际货币基金组织，1947年签订了关税与贸易总协定，号称世界经济秩序“三大支柱”的这些经济组织极力推行金融自由化、投资自由化和贸易自由化，冲垮各国的关税壁垒和非关税壁垒，提高了经济全球化的水平。尤其是1995年1月1日成立的世界贸易组织正在发

① 里斯本小组：《竞争的极限——经济全球化与人类的未来》，中央编译出版社，2000年3月版，第34～45页。

② 《马克思恩格斯选集》第一卷，人民出版社，1972年版，第254～255页。

动“千年谈判”，制定新的贸易、投资和知识产权方面的规则，以推动经济全球化的发展。其二，跨国公司已经成为经济全球化的主体和主力军，目前已主宰了世界贸易和国际投资的70%以上。一个大型跨国公司的经济实力就可以超过一个中等国家。这些跨国公司实行全球化战略，在全球范围内配置资源和技术，抢占世界市场，将营销网络布满全球。跨国公司的发展加速了经济全球化的进程。其三，以信息技术革命为代表的高新技术革命大大地改善了运输和通信条件，便于各国往来和互通有无，使各国经济之间的融合程度不断提高。①

20世纪后半叶以来，世界经济国际化、跨国化和全球化的进展日趋加速。迄今为止，经济全球化的核心部分和最突出表现是资本流动的全球化。② 在资本流动全球化的推动下，越来越多国家的许多产业的发展都成为全球化的过程，跨国公司在全世界范围内进行资源配置和运用成为经济全球化最引人瞩目的现象。在经济全球化条件下，产品与服务的研究、发明、设计、生产、分配、消费能够利用在世界范围所拥有的手段（如专利权、数据库、新的信息交往技术、交通技术以及基础设施）；进入国际分工体系的跨国公司努力满足需求日益多样化的世界市场，并以此为方向，以相同的普遍规范与标准对整个世界市场进行调控；它们以全球经营为基础，努力推行全球战略，公司的资本日益为各国广大股东所拥有，这些企业越来越成为“世界企业”。尽管跨国公司仍然拥有自己的“本国基地”，但是，其地域归属的性质正变得越来越失去了传统意义上的民族性。因此，有的外国学者认为，经济和社会的全球化已经使得“民族资本主义”转变为“全球资本主义”。他们认为，“这些全球性公司在领导与改造世界经济方面正在取代国家与国家机构的职能。本来，民族国家的官方经济机构在经济事务方面（通过货币政策、税收政策、贸易管制、公共服务、国家收购战略、公务工作、国家规定的规范与标准）拥有很大的决策权。然而在最近20年内，由于不断强化地、有系统地进行的私有化、放弃政府管制与自由化，国家权力受到很大的削弱；与此相反，私营企业、私人体系与规则的经济影响却日益上升。而且全球化进程还导致了这样一种观念的出现和传播，即国家机构的权力几乎起着完全相反的不利作用，是在国际与全球范围内阻碍市场经济充分自由发挥作用的障碍。民族国家的行动仅仅归结为进行各种限制的来源，而不是提供各种机会的源泉。”③

① 参阅中国社会科学院财贸经济研究所课题组《世界贸易组织运行机制研究》，载《财经文稿》2000年第2期。

② 马克思在1848年《关于自由贸易的演说》中就指出：“在现代的社会条件下，到底什么是自由贸易呢？这就是资本的自由。排除一些仍然阻碍着资本前进的民族障碍，只不过是让资本能充分地自由活动罢了。”《马克思恩格斯选集》第一卷，人民出版社，1972年版，第207页。

③ 里斯本小组：《竞争的极限——经济全球化与人类的未来》，中央编译出版社，2000年3月版，第101页。

更具有实质意义的是，经济全球化意味着经济运行规则的一致性，世界贸易组织就是全世界经济运行规则趋向一致性最具代表性的标志之一，并且以有效的方式推动着全球经济运行规则一致化的进程。无可否认的事实是，在当代世界，在全球占支配地位的经济运行规则，特别是国际经济运行规则，是资本主义的规则。那么，中国如果进入经济全球化的过程，就将直接面临两个根本性的挑战：第一，作为一个发展中国家，中国将面临资本主义市场经济规律两极分化效应有可能对我们产生的不利影响；第二，作为一个社会主义国家，中国必须面对资本主义制度对我们产生的制度对抗性影响。

正是由于存在这两个根本性的挑战（发展差距和制度差异的挑战），许多发展中国家都曾经对经济全球化存有很大的疑虑，而且，至今大多数发展中国家仍然对进入经济全球化过程抱有不同程度的保留态度。对于许多发展中国家来说，与其说是主动进入全球化过程，不如说是被动接受全球化过程。长期以来，我国的态度更是如此。对经济全球化存有一定的疑虑和警惕是完全可以理解的，因为，经济全球化确实是利弊参半的事情。没有人可以绝对有把握地断定，全球化一定会给所有的国家甚至大多数的国家带来福音；更没有人可以断定，全球化一定会给全世界所有的人特别是发展中国家的所有居民都带来更多的收入、财富和福利。一些国家、一部分居民会在全球化过程中利益受损几乎是不可避免的。

但是，在当今世界上，经济全球化是一个不以人的意志为转移的客观事实。任何国家，只要实行对外开放，就必然要进入全球化过程，而拒绝对外开放就是拒绝现代化和拒绝人类文明的进程，实际上就意味着拒绝在这个地球上继续生存。所以，经济全球化是任何寻求现代化的国家不可回避的潮流，顺之者昌，逆之者亡。只有融入经济全球化，国家才有强盛的机会。

自20世纪80年代以来，中国经济发展取得令世界瞩目的成就，其主要原因之一就是以非常积极的姿态和很大的胆魄迎接经济全球化。在20世纪最后的20年到21世纪初的短短20多年里，中国就从一个国民经济几乎完全封闭的国家，转变为一个经济开放度很高的国家。中国参与国际分工的程度日趋深入，外贸依存度迅速提高，超过了世界上大多数的大国；中国所制定的外国直接投资政策是发展中国家中最为宽松的政策之一，因此，中国已经成为外资进入最多的发展中国家。从20世纪90年代以来，中国每年实际利用外资都在400亿美元以上（见表4－1）。根据国家统计局《中华人民共和国2000年国民经济和社会发展统计公报》，2000年全年新批外商投资项目22347个，比上年增长32.1%；合同投资额624亿美元，增长51.3%；实际利用外商直接投资额407亿美元，增长1.0%。①

表4－1 "九五"期间我国利用外商直接投资概况

年份	项目数（个）	合同外资额（亿美元）	实际利用外资额（亿美元）
1996	24529	732.13	423.50
1997	21001	510.03	452.57
1998	19799	521.02	454.63
1999	17100	412.38	403.98
2000	22532 *	626.57 *	407.72

注：*这一数据同国家统计局《中华人民共和国2000年国民经济和社会发展统计公报》公布的数据略有出入。

资料来源：外经贸部。转引自江小涓《"十五"期间外商对华投资趋势分析》，《财贸经济》，2001年第2期。

当然，作为一个经济还不很发达的发展中国家，中国的许多产业和地区离经济全球化还有很大的距离。许多产业和地区甚至并不清楚经济全球化究竟意味着什么，对经济全球化还缺乏应有的准备。这一方面反映了我国产业和地区发展不平衡的现实，另一方面也说明我们必须大大提高对经济全球化的认识，增强进入经济全球化过程的紧迫感，以更大的努力来应对经济全球化的挑战。

进入21世纪，中国以更为积极主动的姿态迎接经济全球化的进程，《中华人民共和国国民经济和社会发展第十个五年计划纲要》进一步确定了"扩大对外开放，发展开放型经济"的方针，提出"要以更加积极的姿态，抓住机遇，迎接挑战，趋利避害，做好加入世界贸易组织的准备和过渡时期的各项工作，不断提高企业竞争能力，进一步推动全方位、多层次、宽领域的对外开放"。朱镕基总理在《关于国民经济和社会发展第十个五年计划纲要的报告》中也明确提出，要"适应经济全球化趋势，进一步提高对外开放水平"②。这表明，在新的世纪，迎接经济全球化，以更加积极的姿态加入经济全球化过程，已经成为中国国民经济和社会发展基本战略的重要内容。

三、增强竞争力的关键是优化产业组织

在经济全球化条件下，一国所能获得的利益最终取决于产业国际竞争力的强弱。

① 《经济日报》2001年3月1日。

② 《经济日报》2001年3月17日。

众所周知，进入经济全球化过程（其主要标志之一就是加入世界贸易组织）对于我国民族产业的发展是有利有弊的，天下没有免费的午餐，我们不能企望在获得有利机会的同时不承担任何风险。在经济全球化条件下，民族产业全面进入国际分工和国际经济体系，在严酷的国际竞争中接受考验。就对民族产业发展的直接影响而言，一般来说，进入经济全球化过程利在国际竞争力较强的产业，弊在国际竞争力较弱的产业。所以，根本的问题是产业国际竞争力的强弱。如果我们拥有强大的国际竞争力的产业，就不必惧怕经济全球化的风险；当然，如果我们的大多数产业都缺乏国际竞争力，则经济全球化将使我们遭受较大的风险，承受很大的福利损失。因此，在经济全球化条件下，提高产业竞争力成为越来越重要的问题。

在现实经济中，影响产业竞争力的因素很多，资源禀赋、区位条件、技术水平、管理能力、政策措施，甚至人文因素等都对产业国际竞争力产生程度不同的、直接的或间接的影响。但是，产业竞争力归根结底是一个产业组织问题，形成有效竞争的市场结构和产业组织结构是培育和增强产业竞争力的根本途径和决定性条件。

产业组织的核心问题是竞争，没有竞争就没有竞争力，竞争力必须在竞争过程中形成，这是一条基本的客观经济规律。目前，我国竞争力最弱的产业大都是长期处于垄断地位的产业，或者是长期受国家保护的产业。所以，我国产业组织政策的着力点最重要的就是打破垄断，鼓励竞争。首先是要鼓励企业间的国内竞争，然后，开放市场，进行国际竞争。这是培育和增强我国产业竞争力的根本方向。对于这些产业，即使是在一定的过渡期内实行一定程度的保护措施，其政策意向也必须是强化竞争，在竞争中培育竞争力，绝不能是一味地强调维护弱者生存的权利而企望长期实施保护政策。

根据这一客观要求，必须鼓励各种类型企业的发展。鼓励国有企业、非国有企业，公有制企业、非公有制企业，国内企业、外商投资企业，包括大、中、小型各类企业共同发展、公平竞争。通过优胜劣汰的市场选择过程，形成更具竞争力的企业群体结构。其中，特别要重视鼓励企业的创新行为。在经济全球化条件下，不断创新是企业竞争力的最重要体现之一。而国有企业、非国有企业，公有制企业、非公有制企业，国内企业、外商投资企业，包括大、中、小型各类企业，都有其实现创新的资源、条件、能力和知识。形成有利于发挥这些资源、条件、能力和知识，对于增强企业竞争力有积极作用的产业组织结构，是迎接经济全球化进程的关键。

从国际产业组织的角度看，增强产业国际竞争力的根本途径是参与国际竞争，没有哪个产业能够不参与国际竞争而获得较强的国际竞争力。从这一意义上说，进入经济全球化过程（其重要步骤之一就是加入世界贸易组织）本身就是培育产业国际竞争力的最重要途径之一。当然，参与国际竞争也必须有一个有效和公平的国际竞争秩序和规则，没有有效和公平的国际竞争秩序和规则，即使参与国际竞争也未必有利于产业国际竞争力的提高。特别是对于发展中国家，在比较公平的制度条件下参与国际竞争才能保证国家安全和民族产业的生存。

因此，进入经济全球化过程并不是简单地打开国门，将民族产业无条件地抛进国际市场，同力量远远超过我们的竞争对手进行“自由竞争”和“生存斗争”。如果是那样的话，我们也就没有必要就加入世界贸易组织进行旷日持久的双边和多边谈判了。进入经济全球化过程的实质意义不仅是最大限度地实行经济开放和国际贸易的自由化，而且，更重要的是要建立一种更有效、更公平的国际竞争秩序，即国际产业组织的体制和政策构架。

产业组织的体制和政策框架的根本问题是，形成有利于企业间有效竞争而有可能获得最优市场绩效的市场结构。就国际经济而言，产业组织的体制和政策框架的根本问题则是，形成有利于各国企业进行有效和公平的国际竞争而使各国有可能获得最优市场绩效（或最大经济利益）的市场结构。而市场结构的根本问题则是企业规模以及企业间的竞争与垄断关系。因此，在经济全球化条件下，我国对外经济贸易领域需要解决的最重要问题是：如何形成有利于我国企业同外国竞争对手进行有效和公平的竞争与合作的制度和政策环境，形成有利于我国具有较强国际竞争力的企业特别是跨国经营企业成长的制度和政策环境。通过构造这样的制度和政策环境，使我国企业在全面参与国际竞争和国际合作中成长为具有强大国际竞争力的群体，形成具有强大国际竞争力的中国产业经济。

四、在经济全球化背景下进行产业结构调整

结构调整是我国新世纪发展战略的重要内容之一。从世界范围看，在第一、第二、第三产业中，我国第二产业的比重相当高，这一方面表明我国的工业化已经取得了显著的成就，另一方面也表明我国经济现代化的道路还相当漫长。问题的实质是，尽管多年来我们一直强调发展第三产业对于实现现代化的重要意义，但第二产业仍然是我国国民经济最重要的支柱。尽管第三产业的比重表现出不断提高的趋势，但第二产业的最重要地位并没有根本改变的迹象。除了20世纪80年代到90年代初的一段时期第二产业比重有所下降外，大多数年份第二产业的比重均超过45%并呈上升趋势，这一状况直到2013年才开始有所变化（见表4－2）。这表明，中国工业化仍然处于中期阶段，而从国际经济的角度看，第二产业主要是工业，是我国三次产业中竞争力最强的产业。特别值得注意的是：我国第二产业比重高，并不是人为计划安排的结果，而主要是市场机制资源配置的结果，是在国际化过程中我国产业竞争力状况的

现实体现。

表 4-2 中国改革开放以来三次产业比重变化的基本趋势

单位:%

年份	第一产业	第二产业	第三产业
1978	28.2	47.9	23.9
1979	31.3	47.1	21.6
1980	30.2	48.2	21.6
1981	31.9	46.1	22.0
1982	33.4	44.8	21.8
1983	33.2	44.4	22.4
1984	32.1	43.1	24.8
1985	28.4	42.9	28.7
1986	27.1	43.7	29.1
1987	26.8	43.6	29.6
1988	25.7	43.8	30.5
1989	25.1	42.8	32.1
1990	27.1	41.3	31.5
1991	24.5	41.8	33.7
1992	21.8	43.5	34.8
1993	19.7	46.6	33.7
1994	19.9	46.6	33.6
1995	20.0	47.2	32.9
1996	19.7	47.5	32.8
1997	18.3	47.5	34.2
1998	17.6	46.2	36.2
1999	16.5	45.8	37.8
2000	15.1	45.9	39.0
2001	14.4	45.2	40.5
2002	13.7	44.8	41.5
2003	12.8	46.0	41.2
2004	13.4	46.2	40.4
2005	12.1	47.4	40.5
2006	11.1	47.9	40.9
2007	10.8	47.3	41.9

续表 单位：%

年份	第一产业	第二产业	第三产业
2008	10.7	47.4	41.8
2009	10.3	46.2	43.4
2010	10.1	46.7	43.2
2011	10.0	46.6	43.4
2012	10.1	45.3	44.6
2013	10.0	43.9	46.1

注：本表按当年价格计算。

资料来源：《中国统计年鉴（2013）》；国家统计局数据库最新数据。

于是，现实经济状况向我们提出了一个重大问题：在进入经济全球化过程中，或者说在经济全球化背景下，我国产业结构演变和调整的方向将会怎样？特别是，我国工业结构调整的战略意义和方向将会怎样？

1. 必须体现我国在全球化经济中所具有的比较优势和竞争优势

在经济全球化条件下，一国经济的发展同世界各国具有密切的关系，因此，一国产业结构的优化必须在全球资源配置的过程中实现。从全球资源配置过程看，一国产业结构的调整和升级必须体现该国在全球化经济中所具有的比较优势和竞争优势。

比较优势涉及的主要是各国间不同产业（或产品）之间的关系；而竞争优势涉及的是各国间同一产业的关系，或者说，是各国的同类产品或可替代产品间的关系。比较优势更多地强调各国产业发展的潜在可能性，而国际竞争优势则更多地强调各国产业发展的现实态势。比较优势最终归结为一国的资源禀赋，或产业发展的有利条件；而竞争优势则更加强调企业的策略行为，有利的条件未必能使一国的某产业形成国际竞争优势，相反，一定程度的逆境往往成为刺激一国特定产业增强国际竞争力的重要因素之一。

比较优势与竞争优势之间存在密切的联系，常常是不可分割的：第一，在一国的产业发展中，一旦发生对外经济关系，比较优势与竞争优势就会同时发生作用。任何国家，即使是经济最发达的国家也不可能在一切产业中都具有国际竞争优势。这也表明，竞争优势不能完全消除或替代比较优势。第二，一般来说，一国具有比较优势的产业往往易于形成较强的国际竞争优势，换句话说，比较优势可以成为竞争优势的内在因素，促进特定产业国际竞争力的提高。也可以说，比较优势与竞争优势是可以相互转化的。第三，一国产业的比较优势要通过竞争优势才能体现，即使是具有比较优势的产业，如果缺乏国际竞争力，也无法实现其比较优势。反之，非常缺乏比较优势的产业，往往较难形成和保持国际竞争优势，一些国家原先具有国际竞争优势的产业由于国际比较利益关系的变化而失去国际竞争优势的许多案例，以及一些产业（尤其是传统产业）在国际转移的实况，可以证明这一点。总之，在各国产业发展中，比较优势和竞争优势常常是相互依存的。比较优势和竞争优势的本质都是生产力的国际比较，所不同的是，比较优势强调的是各国不同产业之间的生产率的比较，而竞争优势强调的则是各国相同产业之间生产率的比较。

加入世界贸易组织对我国民族产业的发展将产生十分复杂和深刻的影响。从总体上来说，加入世界贸易组织有利于实现比较优势，拓展国际市场。比较优势强的产业可以更大规模地进入国际市场。同时，竞争优势弱的产业将受到很大压力，而竞争优势强的产业则可以获得更大的发展空间。所以，加入世界贸易组织对我国产业发展的利弊归根到底取决于我国各产业国际竞争力的强弱，取决于我们是否能在充分发挥比较优势的基础上尽快地增强各产业的竞争优势。

由此可见，立足比较优势、发展竞争优势是增强产业国际竞争力的基本战略，也是产业结构调整的指导方针。比较优势对产业国际竞争力具有基础性的影响，大力发展具有比较优势的产业可以直接获得国际分工的经济利益；而竞争优势则是产业国际竞争力的核心，培育产业竞争优势才能最大限度地、持续地获得长久利益。而且，即使是具有比较优势的产业，也要培育竞争优势，国际经济合作要以比较优势为基础，但也必须以发展我们自己的竞争优势为方向，因为比较优势必须通过竞争优势才能得以实现。当然，增强产业竞争优势，也要以发挥比较优势为基础，即使是发展高新技术产业，也要注意发挥比较优势，即从高新技术产业中我国目前具有比较优势的环节入手逐步向核心技术领域推进。

2. 以全球资源为基点，以全球市场为导向

从上述资源全球优化配置的角度出发，中国新世纪产业结构的调整必须以全球资源为基点，以全球市场为导向。中国经济的规模十分庞大，从这一角度来看，中国产业应该和可以有一个完整的产业结构，同中小规模的国家相比，中国经济发展的资源供给和市场空间都会在更大程度上依赖于本国。但是，无论中国经济的整个产业体系有多大的完整性，在经济全球化的条件下，仅仅从本国资源和本国市场的范围来判断产业结构的合理与否都是很片面的。从全球化资源有效配置的角度看，特别是从全球竞争的现实状况来分析，中国的产业发展以至整个中国经济体系的有效运行，必须突破本国经济内自我循环的狭隘眼界，而树立以全球资源为基点，以全球市场为导向的战略观念。即使是考虑到国家经济安全等问题，也应该立足于经济全球化的背景。在经济全球化的条件下，能保证资源安全供应的未必是资源拥有国，换句话说，资源进

口国未必比资源拥有国更缺乏安全供应的保障，这就像是在生产社会化的条件下不种粮食的人未必比种粮食的人饿肚子的风险更大一样。根本的问题是生产效率的高低和竞争力的强弱，而在经济全球化条件下，只有以全球资源为基点，以全球市场为导向，才能最大限度地提高经济运行效率和产业国际竞争力。

3. 既要着眼于国际竞争，又要致力于国际合作

产业结构调整不仅要着眼于国际竞争，而且也要致力于国际合作。跨国公司并不总是只想战胜和消灭我国企业，而是也希望实行“本土化”战略，在进行全球化资源配置的过程中同我国企业进行合作。在经济全球化条件下，毫无疑问，国际产业竞争将空前加剧，竞争力将成为越来越重要的决定性因素。但是，竞争并不是国际经济关系的唯一内容，参与竞争也不是适应经济全球化过程的唯一途径和手段，而且，竞争并不意味着必须战胜甚至消灭对手，“竞争力至高无上”并非唯一正确的绝对真理，产业竞争也不完全排斥合作、联合、协调、分享和互助互惠等非竞争或超越竞争的关系。特别是作为发展中国家，在总体竞争实力上，我国的大多数产业处于弱者地位。弱者应有弱者的战略，在经济全球化的国际竞争中，连强者之间都要通过合作、联合和协调来分享利益，更何况弱者。弱者更需要更多的机会来完成适应竞争环境、学习全球经营和逐步壮大自己的过程，而在这一过程中（对我国来说是一个相当长的过程），正确处理好参与竞争和发展合作的关系是一个具有重大战略意义的问题。

4. 产业结构的调整要同企业群体结构的优化相结合

培育具有全球化经营实力的企业群体，是实现产业结构调整的基本前提。《中华人民共和国国民经济和社会发展第十个五年计划纲要》指出：“要坚持以市场为导向，以企业为主体，以技术进步为支撑，突出重点，有进有退，努力提高我国工业的整体素质和国际竞争力。”“按照专业化分工协作和规模经济原则，依靠优胜劣汰的市场机制和宏观调控，形成产业内适度集中、企业间充分竞争，大企业为主导、大中小企业协调发展的格局。通过上市、兼并、联合、重组等形式，形成一批拥有著名品牌和自主知识产权、主业突出、核心能力强的大公司和企业集团，提高产业集中度和产品开发能力。实行鼓励中小企业发展的政策，完善中小企业服务体系，促进中小企业向‘专、精、特、新’的方向发展，提高与大企业的配套能力。”经济全球化对所有的企业都提出了一个如何在全球竞争中争取自己的生存和发展空间的问题。经济全球化具有推动世界市场趋向统一（或一体化）的强大推动力，在全球化市场上，大型跨国公司无疑具有非常强大的竞争优势，但是，经济全球化并不能排除和消灭经济多样化和多层化，所以，在经济全球化条件下，并不是只有一类企业（例如大型企

业，或者跨国公司）才有生存空间。实际上，各种类型的企业，包括大、中、小型各类企业都可以有自己的生存和发展空间。在经济全球化条件下，一国企业群体的整体实力同其大、中、小型各类企业的结构特征，以及各类企业在各自最具优势的领域中发挥其竞争力有着密切的直接联系。各类企业所形成的优化群体，能够有效地提高整个产业的国际竞争力，所以，在经济全球化背景下，仍然要致力于发挥各类企业的内在潜力和优势。产业结构调整同企业群体结构的优化相结合，以促进各产业整体国际竞争力的提高，应该成为我国产业适应经济全球化过程的一项重要政策。

五、WTO规则下的中国工业

2001年12月，中国正式加入世界贸易组织（WTO）。对于世界上的大多数国家来说，加入WTO可能并不是什么了不起的事情；同样，对于WTO来说，增加一个缔约国，也不是一件值得为其兴师动众的大事。但是，中国加入WTO这件事，则无论是对于中国自身，还是对于WTO的其他各缔约方，甚至是对于整个世界经济，都是一件意义非同寻常的重大事件。那么，为什么中国加入WTO会如此令世界关注呢？WTO规则下的中国究竟会给世界带来怎样的影响？中国工业经济又将会在WTO规则下发生怎样的变化，沿着怎样的道路发展呢？

观察中国的经济发展，不同的人往往会产生非常不同的印象和做出很不相同的评价。在许多外国人的眼里，中国是一个世界上经济增长最快的国家，甚至谓之为“一枝独秀”；中国产业竞争力的增长速度非常惊人，甚至令人畏惧（所谓“中国威胁”），中国吸纳了大量的产业资本和生产能力，并正在导致周边国家的“产业空洞化”；有的经济学家及世界银行等国际组织用购买力平价进行计算，认为中国的经济总量已经仅次于美国居世界第二位。① 全世界都在瞩目中国经济的发展，为之惊讶，甚至不无担心。而中国人自己则觉得，一个曾经极度贫困的国家，而且，现在仍然是一个低收入的发展中国家，终于走上了高速增长的工业化道路，是一件天经地义的事情，工业化对于中国不过是一段迟到的历史，现阶段中国的高速经济增长，只是一个“补课”和“追赶”的过程。为什么会让一些人大惊小怪呢？

中国的工业化究竟有什么独特之处呢？纵观近现代世界各国的历史，我们发现，在一个统一国家的范围内，近13亿人口同时进入工业化进程，这是人类历史上从未发生过的现象。中国人口13亿，占世界总人口近20%，作为一个高度统一的国家，

① 根据世界银行报告（2000/2001），按现行汇率计算，中国人均GDP 780美元，按购买力平价计算为3291美元。按现行汇率计算，中国GDP总额居世界第七位；而按购买力平价计算，中国GDP总额（超过4.1万亿美元）超过日本（3万亿美元），居世界第2位（美国约为8.4万亿美元）。

在几十年的时间之内，就要完成工业化过程（见表4－3）。这样，同样是实现工业化的过程，但同世界其他工业化国家相比，中国的“国内经济问题”在规模上却远远超过了以往的许多“世界经济问题”。占世界人口近20%的中国作为一个高度统一的国家进入工业化的高速增长时期，必然产生许多人类历史上从未出现过的现象和问题。就现在已经明显可以观察到的情况而言，我们就必须重视：

表4－3　中国和世界主要工业化国家的人口比较（2011年）

国家（地区）	人口数（万人）	占世界总人口的比例（%）
世界总计	697374	
中国	134735	19.3
主要工业国	76690	11.0
欧洲主要工业国	27069	3.9
英国	6274	
德国	8180	
法国	6543	
意大利	6072	
北美洲工业国	34607	5.0
美国	31159	4.5
加拿大	3448	
澳大利亚	2232	0.3
日本	12782	1.8
俄罗斯	14296	2.0

资料来源：《中国统计年鉴（2013）》。

第一，中国工业化所面临的国土、资源、生态、环境的承载力问题，是其他工业化国家未曾遇到过的。所以，城市化、重化工业化、人口迁移、大众消费（如汽车的普及）等工业化阶段必然出现的现象，在中国的表现必然同其他国家有非常大的不同。近13亿中国人如果都要模仿发达国家的生活方式和耗费同量的资源，则整个国家甚至整个世界都难以承受。

第二，在中国属于“地区问题”或者“区际关系”的现象，在规模上超过了其他国家的全国问题或者“国际关系”问题。所以，中国的“宏观经济”“地区经济”现象同其他国家的同类现象相比，绝不是同一个数量级的问题，而不同的数量级必然使问题的性质会有很大的差别。

第三，工业化过程中发生的不平等现象，在中国表现为地区经济不平衡、居民收入和财富分配不平等。而在其他国家，则在很大程度上表现为国家之间的经济不平衡。所以，在其他国家的工业化过程中，许多可以“外部化”（即转变为国际问题）的问题，在中国则必须完全以“内部化”（即作为国内问题）的方式来解决。许多在“世界经济”中难以解决，甚至不被重视的问题（如国家间贫富不均），在中国工业化过程中，则完全表现为国内经济问题（地区间的经济不平衡）而必须予以解决。

第四，在世界其他国家的经济发展中，前工业化、工业化和后工业化现象，发生于不同时期的不同国家之内，所以，在某一特定时期内，可以分为前工业化国家、工业化国家和后工业化国家。而在中国经济发展中，前工业化因素、工业化因素和后工业化因素同时大规模地出现在同一个统一的国家之内，突出地显现出来，并且极其复杂地交织在一起。而且，与其他发展中国家常见的二元经济结构现象不同，中国经济发展面临着复杂得多的长期的结构不平衡问题。

第五，由于巨大的人口规模和经济不平衡性，中国经济发展过程中的社会稳定和社会安全网（为市场竞争中的弱者和失败者提供基本的社会保障）问题会非常突出。工业化过程是社会变动急剧加快、人们的欲望很快膨胀的时期，如果没有强大的社会安全网和社会稳定机制，激烈的震荡很可能会超过社会承受度而阻碍甚至中断经济发展的正常进程。

总而言之，今天中国正在经历的工业化过程是一个非常独特的历史现象，与其他国家相比绝不可同日而语。所以，要认识中国的工业化，就必须深入研究各种复杂现象和复杂问题，发现中国工业化的内在规律，从而探索中国工业化的可行道路。

六、中国工业的“价廉物美”现象

工业化是一个世界现象，任何国家的工业化都是在世界经济中发生和推进的。所以，国际经济规则对各国工业化进程具有重大的影响。中国的高速经济增长，同时也是对外开放全方位推进的过程；中国加入 WTO，意味着中国工业化将在 WTO 规则下实现。另外，由于中国工业化的巨大独特性，即使是在 WTO 规则下，国际社会也在某些方面对中国“另眼看待”，这不仅表现在中国加入 WTO 的谈判协议中，而且也会表现在未来的经济实务中。

在现行国际经济规则之下，处理经济问题时，只以国家为界，而不论事实本身的经济性质如何。例如，在经济发展中，劳动力的流动是必然的和有益的，所以，自由移民本应是合理、合法的。但是，自由移民只适用于国内而并不适用于国际，特别是对中国人口的国际流动，国际社会更是严格限制。所以，WTO 规则并不支持劳动力的国际自由流动，换句话说，在主要由发达国家所构造的世界经济秩序中，阻碍劳动力国际流动是合法的，而阻碍其在国内地区间的流动则是不合法的。

这样的国际经济规则，迫使中国只得依靠低价工业品生产和出口来实现经济资源的国际配置。因为，从经济合理性来说，所有产品、服务和各种可流动生产要素（资本、技术、劳动等）的完全可流动是最有利于提高效率的。但是，在现行的国际经济规则下，劳动力的国际流动受到非常严格的限制，特别是中国，不可能将劳动力的国际流动作为资源优化配置的可行途径。但是，大量的普通劳动力不通过在世界范围内的再配置，就不可能从根本上改善中国的资源配置状况。所以，中国必须大量生产工业制成品，将国际流动性差的劳动力转变为流动性强的工业制成品，通过工业制成品的贸易来实现资源（包括劳动力）的优化配置。因此，在中国工业化过程中，必然表现为国际贸易，特别是工业制成品出口的很高比重。一个可以作为佐证的现象是，在中国进出口贸易中，“加工贸易”占有非常高的比重。从一定意义上可以说，加工贸易的经济实质实际上就是劳动力的出口。

中国巨大的人口规模，决定了在工业化的相当一段时期内，必须生产大量的中低档工业制成品，同时，中国居民收入水平和分配结构（中国低收入人口比重畸高，而收入较高的所谓“中产阶级”则非常弱小）也决定了中国工业品具有“价廉物美”的特点。所以，依靠价格优势和进行“价格大战”是中国现阶段工业化进程中难以避免的历史性现象和必然过程，即使是中高档产品也难逃“价格大战”的洗礼。从一般日用品，到彩电、VCD、微波炉等家用电器的“价格大战”，直到进入WTO后即将来临的汽车、手机等的低价竞争，几乎没有哪种制成品的发展可以幸免以降价为主要特征的激烈（甚至是残酷的）市场竞争。中国工业化的独特性质决定了在相当长的一段时期内，中国产品的最大优势是低价格。据日本贸易振兴会2001年8月在亚洲各国进行的家用电器产品价格调查，彩电、空调、冰箱、电饭锅等中国产品均具有最低价格。在中国国内市场，不仅中国产品，连日本、韩国、欧美的产品也比在其他亚洲国家的同样产品销售价格要便宜。[①] 中国确实是一个巨大的市场，令全世界的商家所垂涎。但是，所有想进入中国市场的商家都必须做好准备，到中国必然面临“价廉物美”的商战考验，即使是像轿车这样的中国弱势产业也不能例外。全世界的企业都会领教到：不懂“价廉物美”的商家，就不要想在中国市场上混饭吃！

不仅人均低收入形成对“价廉物美”制成品的需求，而且，无限供应的劳动力供给也可以长时期地抑制工资成本的上升，从而支持“价廉物美”制成品的大量生产和供给。全世界都会发现，中国制造的制成品具有不可思议的低价格。在中低档工业制成品的低成本竞争中，中国的产品所向无敌，其根本的原因就是：中国拥有不可思议的巨大人口和劳动力资源。而且，统一的国家保证劳动力地区间的流动和优化配

---

① ［日］丸屋丰二郎：《中国经济的飞跃发展和亚洲的对应》，《开放导报》，2002年第2~3期。

置，使得中国工业制成品确实具有不可思议的低成本。

根据日本贸易振兴会当年的调查，与横滨相比：每千瓦小时电费，深圳为75%，上海和北京为50%，曼谷为28.6%，吉隆坡为35.7%，雅加达为19.4%，马尼拉为27.5%。每公升汽油价格，深圳为51.7%，上海为40.7%，北京为46.5%，曼谷为96.5%，吉隆坡为36%，雅加达为14%，马尼拉为43.5%。每平方米厂房租金，深圳为2%，上海为1.6%，北京为3.9%，曼谷为3%，吉隆坡为4.8%，雅加达为5.5%。而中国的劳动力价格只相当于日本的几十分之一。

加入WTO后，中国工业化的“价廉物美”现象以更快的速度向国际化的方向扩展。据日本产业经济省当年的调查，中国摩托车占世界产量的43%，电脑键盘占39%，家用空调占32%，洗衣机占26%，彩色电视机占23%，化纤占21%，冰箱占19%。[①] 在美国市场上，中国产品占进口产品的市场份额已相当于亚洲“四小龙”的总和；而在日本市场上，中国产品的市场份额已大大超过亚洲“四小龙”之和（见表4-4、表4-5）。中国在世界出口额中的比例：1990年不足2%，2000年为4%，上升了差不多1倍。而日本却从1990年超过8%，下降到2000年的远不足8%。在美国进口产品中的比重：中国1995年约占6%，2000年上升到8%以上；而日本却从1995年的接近17%，下降到2000年的不足13%。在经合组织（OECD）进口中的比重，中国1995年不足4%，2000年上升到接近5%。特别是，在日本进口产品中的比重，中国1986年不足5%，2000年上升到接近15%，提高了近2倍；美国却从1986年的23%以上，下降到2000年的19%。而在日本的进口工业制成品中，中国1986年仅占4%，2000年上升到接近19%，增加3倍多；美国1986年占34%，2000年下降到23%；欧盟1986年超过22%，2000年下降到不足18%（已低于中国）。

表4-4 中国内地及“四小龙”产品在美国进口市场上的市场份额

单位:%

国家或地区	1996年	1998年	2001年1~7月
中国内地	6.51	7.79	8.10
中国台湾	3.78	3.62	2.95
韩国	2.86	2.62	3.04
新加坡	2.57	2.01	1.34
中国香港	1.25	1.15	0.82
“四小龙”合计	10.46	9.40	8.15

资料来源：朱文晖：《国际经济形势逆转与中国出口机遇》，《开放导报》，2002年第2~3期。

① 转引自吴寄男：《新世纪中日经贸关系展望》，《开放导报》，2002年第2~3期。

表4-5 中国内地及“四小龙”产品在日本进口市场上的市场份额

单位:%

国家或地区	1996年	1998年	2001年1~7月
中国内地	11.58	13.22	15.84
中国台湾	4.28	3.65	4.37
韩国	4.57	4.30	5.12
新加坡	2.10	1.68	1.68
中国香港	0.74	0.62	0.42
“四小龙”合计	11.69	10.25	11.59

资料来源:《中国统计年鉴(2013)》;国家统计局数据库最新数据。

由于中国巨大的国内市场和发展工业制成品的优越条件,必然吸引国际资本的大量流入。1990年,中国吸引的国外直接投资只相当于东盟四国的1/3,到2000年,中国吸引的国外直接投资已相当于东盟四国总和的2倍多(见表4-6)。

表4-6 中国与东盟四国引进国外直接投资的比较

单位:亿美元

年份	中国	东盟四国	中国对东盟四国的倍数
1990	66.0	201.1	0.33
1992	581.2	229.2	2.54
1995	912.8	619.3	1.47
1996	732.8	508.0	1.44
1997	510.0	516.5	0.99
1998	521.0	272.6	1.91
1999	412.2	204.5	2.02
2000	623.8	273.2	2.28
2001	692.0		

注:东盟四国为泰国、马来西亚、印度尼西亚和菲律宾。表中数字为批准额,单位为亿美元。

资料来源:转引自[日]丸屋丰二郎:《中国经济的飞跃发展和亚洲的对应》,《开放导报》,2002年第2~3期。2001年数字来源于《中华人民共和国2001年国民经济和社会发展统计公报》,《经济日报》,2002年3月1日。

在中国工业化的这一阶段,上述现象很可能使得同中国工业有关的国际贸易摩擦成为一个较突出现象。中国国内市场上工业制成品的低价格战略,必然向国外延伸,反倾销诉讼案件、大规模贸易顺差、本币升值压力、产业转移导致的某些发达国家及周边国家出现的“产业空洞性失业”等，都可能会成为中国现阶段工业化的伴生现象。从根本上说，这些都是国际经济秩序不尽合理所导致的国际经济关系失衡现象，也是中国工业制成品经受“价廉物美”市场竞争锤炼所形成的竞争力的直接体现。

当中国加入WTO时，有些外国人担心中国是否会遵守WTO的规则，其实，在WTO规则下发展经济，特别是发展制造业，使自由贸易原则和WTO规则彻底得以贯彻，对于中国的工业化进程是最为有利的。因为，中国的工业化本身就不是一个一般国家的经济发展现象，而是直接关系所有主要国家的大多数人口的世界性现象，所以，中国工业化的实现特别需要经济资源在全世界范围的优化配置。而经济资源在世界范围内有效配置的经济学意义就是：以最低的成本和价格向世界市场提供最大数量的产品。很显然，这正是对中国工业发展最为有利的条件。所以，中国工业的发展根本不惧怕WTO规则，根本不惧怕激烈的国际竞争。

七、开放条件下的地区经济关系

由于中国工业化的上述独特性，产生了一系列独特的利益关系。其中，中国工业化过程中的地区差距将表现得非常突出。如前所述，世界上的主要工业化国家，尽管也存在地区经济发展不平衡的现象，但是，真正的不平衡性压力通过外部化而大大疏解了。也就是说，大多数工业化国家在工业化过程中产生的空间不平衡现象，主要都表现为国家之间的不平衡，试想，欧洲工业国的经济发展水平同非洲的差距有多大？而在中国工业化过程中，空间不平衡压力是根本不能外部化的，这就必然表现为地区经济不平衡现象十分严重。

在经济全球化背景和WTO规则下，中国将在更大程度上通过资源的全球化配置来实现工业化。从中国国内生产力空间分布的动态趋势来看，东部地区是中国参与国际产业竞争最具优势的地区，同时，随着东部地区发展水平和收入水平的提高，一些生产要素主要是劳动力、土地等的成本正在上升，有些产业开始形成要素转移的要求。所以，从理论上和现实中都可以发现，东部地区的一些产业具有向中西部地区转移的趋势。不过，资本与劳动的结合未必通过资本的空间转移来实现，只要不存在阻碍劳动转移的障碍，也完全可以通过劳动力的空间转移来实现。劳动力在国际间的转移是困难的，所以，东部地区廉价的劳动力不可能大量输出国外去同海外的资本结合，而通常只能是海外资本进入东部地区同那里的廉价劳动力结合。而在东、西部地区之间的情况就很不相同了。西部地区的劳动力流向东部地区的障碍越来越小，大量的西部劳动力流向东部，同那里的东部资本及海外资本相结合，形成较高效率的生产能力。特别是，一般来说，流动性强的劳动力是相对素质较高的，这不仅表现为较高文化和专业素质的劳动力更容易转移，而且表现为在同等文化和专业素质的劳动力中，综合素质较高、市场适应能力较强的劳动力更倾向于地区间转移，并且更容易在新的地区站住脚跟。

这样，东部的率先发展积累了相当数量的资本，其中大部分当然再投入在本地区；也有一些向西部地区转移，但相对数量不大。东部地区的部分资金还通过政府的政策渠道，例如财政转移支付、国债投资、国有银行政策性贷款等，被转移投资到西部地区，但其中相当大的一部分又会通过市场渠道，例如东部地区的企业承担西部开发工程项目、向西部地区出售产品、银行在西部地区的存贷差等，流回到东部地区。海外资本仍然更多地投向东部地区，也有一部分会投向西部地区，但数量远少于对东部地区的投资。

同时，随着劳动力市场的发展和劳动力在区域间流动障碍的消除（例如户口管制的放松），西部地区的劳动力特别是较高素质的劳动力，将具有向东部地区流动的更强倾向。东部地区的资本如果能够获得流入劳动力的不断供应（这意味着，劳动力价格的上升趋势被遏制），其流向西部地区的动力就会减退。这表明，资本和劳动力的空间转移可能更有利于东部地区。特别是东部沿海的长江三角洲、珠江三角洲等地区，将成为世界少有的加工制造业的集群区，其比较优势和竞争优势都将极为突出。以东部地区产业为代表的中国产业同世界发达国家及地区之间差距的缩小，要远快于东西部地区之间差距缩小的速度，甚至在一定时期内，东西部地区之间产业发展水平的差距还可能会进一步地扩大。在经历一段时期后，东西部地区差距缩小的速度才明显地加快。这是一个不以任何人的意志为转移的客观规律。

在一个国家之内，不仅劳动力的空间转移障碍比国际间小得多，而且技术的模仿、扩散也比国际间容易得多。所以，在中国工业化进程中，一个巨大国家之内的地区差异成为导致“重复建设”的重要原因之一。

当市场经济焕发出巨大的生产积极性，利益刺激成为强大的生产诱因，一定程度的生产过剩就成为难以避免的现象。只要有市场需求和利润空间，企业就会有投资的欲望。而且，我国工业结构中高水平和低水平的生产能力并存，各地区都希望尽快地通过技术模仿而加快工业发展。目前，并不完善的市场机制还无法做到实现资源的有效配置和真正良性的优胜劣汰，时常可能发生逆向淘汰和“劣质品驱逐优质品”的状况，所以，尽管在一定程度上的重复建设尚属市场经济的正常现象，没有一定程度的重复建设也就没有市场竞争，但是，我国目前可能发生的却往往是严重缺乏效率的不良重复建设。

一般来说，在竞争性行业中，只要有正常的市场秩序，企业合法经营，不产生严重的外部非经济现象，例如破坏环境、浪费资源、侵害劳动权益、危害安全等，就应视为可以允许的重复建设。对于这样的重复建设即使是在经济上并不十分合理，也不应只是采用行政性的手段进行管制，而应主要采取市场调节的方式，通过优胜劣汰机制来实现资源的更有效配置。但是，对于恶性的重复建设，即采取不正当竞争手段（包括地方保护）、存在严重的外部非经济影响，例如破坏环境、浪费资源、侵害劳动权益等，甚至进行非法经营而发展起来的企业和生产能力，必须采取法律的和行政的手段进行规范、限制或取缔。

为了制止不良甚至恶性的重复建设，缓解市场供需矛盾，改善产业结构，保护生态环境，保证劳动安全，国家实施了对纺织、冶金、煤炭、玻璃等重点行业的压产限产和清理关闭“五小”企业的措施，2000 年取得较为明显的效果，使这些行业供需严重失衡的状况得到缓解，产品价格回升，资源浪费和环境破坏的情况有所改观。但是，一旦供大于求的矛盾开始缓解，市场价格止跌回升，就必然会产生刺激扩大供应的信号。所以，2001 年以后，平板玻璃、小煤窑、普通小型钢材、线材以及纺织等行业又都出现了产量大幅度增长、投资额明显增加、低水平重复建设抬头和非法开采死灰复燃的现象。

重复建设主要发生于同地方经济发展具有较密切关系的领域，地方政府出于财政收入、就业和地方利益的考虑，往往并不积极和主动对发生在本地区的重复建设现象进行严厉管制，甚至可能纵容企业搞重复建设；即使服从中央政府的指令实施了压缩本地区重复建设项目的政策，也往往只是短期突击性的行动，并没有出于自觉意志的长期政策考虑。

产生不合理重复建设固然有许多不合理的原因，但是，中国工业化过程中独特的地方利益格局无疑是一个可以理解的原因。中国的地区利益同其他国家的地区有很大的不同，中国地方政府所承担的发展地方经济、协调利益关系的责任，同其他国家的地方政府相比也有很大的差别。所以，如果要使控制重复建设的产业政策具有长期的有效性，就应该在压缩地方生产能力的同时，尽可能考虑地方利益的补偿问题，特别是要考虑当地的就业问题，研究地方经济的可行性发展战略。

八、WTO 规则对政府的挑战

中国加入 WTO，意味着中国经济发展将遵守 WTO 的有关规则，按照市场经济的自由贸易原则，进行国际竞争和合作。这对刚刚从封闭的计划经济中走出来的中国经济是一个极其巨大的历史转变，无疑会对经济活动的各类行为主体——居民、企业、政府，形成程度不同的压力。其中，政府所面临的挑战是最大的。这不仅仅是因为存在人们通常所说的各级政府本身对 WTO 规则的适应性问题，更重要的是，中国经济具有同其他国家相比的极大差异性。

中国拥有的巨大人口、国土和地区间的差异，使得中国政府管理经济的“工作量”是世界上任何其他国家的政府所不可相比的。中国政府的经济管理和调控部门绝对是一个“超常工作量”的管理机构。而且，政府目前还管了许多不应该管，但是短期内仍然不得不管的事情。所以，中国政府的经济管理机构非常庞大，而要使如此庞大的政府机构适应WTO规则，绝不是一件容易的事情。

WTO的规则首先是对政府行为的规范，而规范政府行为包括两方面的要求：一是缔约方的中央政府承诺遵守WTO规则，并且在实践中履行所做的承诺；二是缔约方的中央政府要能够保证本国的各经济行为人（包括地方政府）都遵守WTO规则（这不仅涉及管理能力，而且涉及法律体制、经济体制、行政体制、利益协调等一系列复杂问题）。这是对中国政府管理经济能力的一个很大挑战。

WTO的基本理论原理是市场经济的自由贸易和平等竞争，这种市场经济的自由贸易和平等竞争的秩序是要靠政府来维持的。而要维持中国这个庞大经济体的市场经济秩序和保证WTO规则有效实行，同维持规模只有中国几分之一甚至几十分之一的其他市场经济国家的正常经济秩序相比，是根本无法同日而语的。

加入WTO后，中国庞大的政府经济管理机构不仅必须尽快熟悉WTO规则，学习WTO规则下的工作方式，而且必须对自身的行为方式和组织结构进行调整，以适应WTO规则的要求。更为重要的是，中国政府经济管理机构还必须进行创造性的体制建设和组织再造，以应对中国所面临的许多同其他国家非常不同的经济和社会问题。换句话说，中国加入WTO，绝不仅仅意味着中国政府的经济管理过程要接受一套明文规定的经济活动规则，更重要的是，必须创造一整套在WTO规则下维持一个巨大规模国家的市场经济有效运行的具体管理模式。世界上没有哪个国家能够成为中国的模仿对象，因为，中国工业化所具有的巨大特点和独特利益关系是没有哪个国家可以相比的。

尽管按照WTO的一般原则精神，自由竞争和自由企业制度是工业发展的基本制度基础，但在中国工业发展中，政府，包括中央政府和地方政府，不可能不对工业发展不施加积极的影响和干预，只不过这种影响和干预必须以不违反WTO规则为前提。所以，中国加入WTO后，政府管理经济必须实现观念的转变和管理体制的改革。

第一，WTO是一套经济运作的规则系统，按规则管理经济活动，是政府首先必须确立的观念。而且，WTO要求规则的透明化，即除了涉及国家秘密之外，经济活动所有的法律、法规、政策等，都必须让所有的相关者了解，这样才能使得各个经济行为主体都能够按规则进行经济活动。过去，中国实行计划经济，不仅国家的经济计划是不公开的，而且，调节经济活动的许多“红头文件”也是保密的。在这些文件

（甚至法律文件）中有不少同 WTO 规则相抵触，而且，各个文件之间也往往是相互矛盾的。这样，整个经济运行的规则系统就是非常不完善的。没有完善的规则系统，经济活动就不可能按规则顺利运行。所以，加入 WTO 后，中国各级政府的经济管理部门并不仅仅被动地了解和实行 WTO 一条一条的具体条文，而且要全面清理法律、法规和政策文件，形成有效的经济活动规则系统，并且使这个规则系统完全透明化，让个人、企业、中介机构、政府都能够在这一规则系统中各行其是，各尽其责。

第二，WTO 规则的基本要求是，政府必须公正地管理经济活动。公平竞争是市场经济的基本要求，所以，政府管理和干预经济活动必须有公平观念。各种规章制度、优惠待遇、扶持措施等，都不应违背公平原则。中国是一个以集体主义意识形态为主的国家，为了集体利益而放弃个体利益，被认为是一种美德。所以，中国的许多制度和政策规定都体现了集体（或者整体）优先的原则，即一些个体必须为了集体（整体）的利益而牺牲自己的利益，或者不同的个体享有不同的待遇，以实现集体（或者整体）利益的最大化。例如，限制农民进城；开办企业必须有很高的注册资金；国内企业和外商企业适用不同的法律和政策；等等。而 WTO 规则是一套个体平等竞争的行为规则。当然，WTO 规则也考虑到了整体利益问题，但是，基本的精神是主张个体之间的公平权利。所以，按照 WTO 规则，所谓政府的公正，就意味着政府管理经济活动必须更注重个体之间的公平待遇，尊重个体的权利，不应随意地以维护整体利益为借口而滥用权力，损害个体的权益。这样的政府管理意念同过去的政府观念无疑有很大的差距，要实行观念转换，绝不是件很容易的事情。

第三，WTO 规则要求政府管理经济活动应该是高效率的。政府管理经济活动应该有利于经济活动的顺利进行，而不是给经济活动设置各种各样的障碍。由于多年实行计划经济的影响，在各地都有许多明显的政府管理低效率现象，例如，繁复的行政审批程序、各种检查制度、没有时间约束的政府执法过程，甚至一些经济特区至今还保留着没有实际意义的“通行证”制度等。高效意味着快捷、简便、低成本。政府对经济活动的高效率管理的最佳状态是：合法经营者几乎感觉不到政府对经济活动的干预行为。很显然，同这样的要求相比，我们还有非常大的差距。

第四，在 WTO 规则下，政府管理的内容更多的应该是服务，而不是任意限制。政府管理经济特别是实施各种管制措施时，必须对经济行为主体进行一定的限制，这是没有意义的。但是，从本质上说，市场经济的有效运行、WTO 规则的顺利贯彻，基本的出发点是要让经济行为主体尽可能自主、自由地做出决策，最大限度地发挥自由竞争对经济发展和经济繁荣的促进作用。所以，政府的管理措施即使必须对企业行为进行限制，其用意也是通过维持竞争秩序而使企业有更良好的经营环境。政府管理经济活动从本质上说，应该是对经济行为主体——居民和企业——所提供的公共服务，就像是竞技体育中的裁判员和交通警察从本质上说是对运动员和司机、行人提供服务一样。在中国，政府部门要真正形成服务观念也不是一件容易的事。因为，在传统上，中国人一直认为，政府工作人员就是“官”，官在上，民在下，官是中心，民在外围，官是发号施令的，民则必须唯命是从。在计划经济体制下，政府掌握着绝大部分的资源，企业、居民的所得似乎都是政府给予的“恩惠”和“关怀”。所以，要做成一件事情最重要的条件就是政府“领导重视”。而在市场经济制度下，发展和繁荣来源于各个经济行为主体的自由选择和自由竞争，政府则应该为维持公平有效的竞争秩序而提供公共性服务。能否实现这样的观念转变是中国经济是否真正转向市场经济，是否真正适应了 WTO 规则的根本性标志之一。

第5章 模仿、创新与高技术

工业化进程迅速加快是由工业技术进步支撑的，状况也发生了巨大的变化。没有工业技术进步，就不可能有中国工业化令人瞩目的辉煌业绩。同时，也必须看到，中国是一个发展中国家，工业技术进步必然在很大程度上是对发达国家已有技术的模仿和从发达国家的技术转移。当然，这种模仿和转移不可能是完全的照搬和简单移植，其中也包含了一定程度的技术创新。而且，随着工业化的不断深化，技术创新的关键性作用将日益突出。一方面，中国的工业发展将越来越地必须以更多自身的技术创新为基础，另一方面，工业技术水平的相对低下又是中国工业发展的最大障碍因素之一。所以，工业技术创新活动的活跃和工业技术创新能力的提高正在成为中国工业发展和整个中国工业化进程中一个极为重要的战略问题。

一、中国工业化的技术来源

工业化是一个科学发现和技术发明不断推动产业发展的过程。科学技术的进步不仅使工业生产手段不断革新，而且使工业发展空间日益拓宽。每当现有的工业生产手段被普遍采用，工业发展空间趋于饱和，即在现有技术层次上已有的工业部门已经成熟，增长动力减弱，就产生了对新的技术革命的需要。只有革命性的技术进步才能推动工业结构的根本性提升和产业空间的大幅度扩展。从世界各国工业化的进程看，工业技术进步的来源大致分为两类：一类是原发性技术创新，即技术进步主要依靠本国的自创，表现为拥有大量的自主知识产权特别是核心技术；另一类是扩散性技术，即技术进步主要依靠对其他国家已有技术的模仿和学习，当然也可以购买，通常表现为拥有较少的自主知识产权，特别是不掌握产业的核心技术，但可以通过接受其他国家的产业技术来实现本国产业的增长。

在各国的工业化过程中，任何国家都不可能完全依靠本国的原发性技术而不接受其他国家的技术扩散。中国经济是世界经济的组成部分，中国工业化是人类社会工业化进程的组成部分，中国工业化的技术进步也必然要依靠上述两个来源。但是，由于中国是一个发展中国家，从世界产业发展的全球布局看，产业转移是推动我国产业发展的强大动力。所以迄今为止，我国大多数产业的技术来源主要都是西方国家的产业技术扩散，也就是说，西方产业向我国的转移和西方产业技术向我国的扩散，是现阶段我国产业发展和产业技术进步的主要内容。当然，在产业转移和技术扩散的过程中，我国并不是完全被动的，其中也包含着大量的技术创新活动。但是，不可否认的是，在中国工业化的现阶段，承接发达国家的转移产业和吸收发达国家的扩散技术是我国产业技术进步的基本途径。

发达工业国向发展中国家包括中国转移产业，并不是简单的产业搬家。产业转移的技术依托是产业分解和产业融合。即发达国家通常将产业链进行分解，然后把一部分生产环节转移到发展中国家（具体的形式有直接投资、生产外包、设备供应等），以实现国际间的生产分工和资源配置。同时，所分解的产业链环节又可以同发展中国家的产业链进行连接，实现产业融合，以开拓更大的需求空间。所以，当中国以承接发达国家的产业转移的方式加快工业化进程的时候，也就日益深入地参与进全球产业分工体系，并对世界产业发展做出巨大的贡献。①

一个国家在全球产业分工体系中的地位，决定了其技术进步路线和技术选择的基本特征。众所周知，在国际产业竞争和产业分工的条件下，中国的要素资源禀赋特征决定了在现阶段，在中低档产品生产以及在加工制造业的中低端生产环节（特别是组装）上的低成本、低价格，是中国产业参与国际分工和国际竞争的一个很大优势。在这方面，中国的许多产业在进入国际市场时几乎是“所向无敌”的，这直接表现为在中国加工生产的工业制成品占国际市场的份额迅速上升。

但是，中国不能长期处于低端产业、低附加值的国际分工地位。而且，实际上，在竞争过程中，中国的许多企业已经越来越体会到，随着传统产业和传统技术向中国的大量转移，市场饱和和利润摊薄是不可抗拒的趋势。要形成持续的竞争力和保持持续增长的空间，就必须在技术创新上有新的作为，即把产业发展的基点放在技术创新特别是发展具有自主知识产权以至拥有核心技术的基础之上。各类产业（无论是成熟产业还是新兴产业）都面临着技术进步的艰巨任务。中国工业化的进程已经走到了必须更多地以技术创新为持续动力的深度发展阶段。所以，我们可以看到，在中国特别是沿海地区，越来越多的产业正在出现逐渐向高层次、高技术价值链推进的趋势。中国产业的技术创新活动越来越活跃，这可以从专利申请量的增长得以反映。据有关部门分析，目前我国已经跨入专利申请大国行列（见表5-1）。

① 据世界银行专家估计，2002年，中国经济增长对全球经济增长的贡献达15.7%，仅次于美国居世界第二位。

表5－1　专利申请受理状况累计表

按国内外分组		合计		发明		实用新型		外观设计	
		申请量	构成	申请量	构成	申请量	构成	申请量	构成
合计	小计	10716477	100.00%	3502683	100.00%	3737533	100.00%	3476261	100.00%
	职务	6319479	58.97%	2800304	79.95%	1877276	50.23%	1641899	47.23%
	非职务	4396998	41.03%	702379	20.05%	1860257	49.77%	1834362	52.77%
国内	小计	9412188	87.83%	2379272	67.93%	3710715	99.28%	3322201	95.57%
	职务	5062461	53.79%	1712979	72.00%	1854806	49.99%	1494676	44.99%
	非职务	4349727	46.21%	666293	28.00%	1855909	50.01%	1827525	55.01%
国外	小计	1304289	12.17%	1123411	32.07%	26818	0.72%	154060	4.43%
	职务	1257018	96.38%	1087325	96.79%	22470	83.79%	147223	95.56%
	非职务	47271	3.62%	36086	3.21%	4348	16.21%	6837	4.44%

注：统计时间为1985年4月至2012年12月。

资料来源：国家知识产权局，经《2012专利统计年报》相关报表计算。

我国20世纪80年代以来的工业化进程主要体现为加工组装业的迅速增长，产业技术的进步首先表现为发达国家的加工制造业技术向中国大规模转移和扩散，使我国的加工制造业生产能力迅速提高，产量大幅度增长。进入21世纪，我国装备制造业的发展也出现了许多非常积极的现象。装备工业被称为整个工业的母机，是一个国家现代化的基础和经济实力的集中表现。依托重大工程，大力振兴装备制造业，提高重大项目的国产化率，是一个突出现象。

问题的实质是，在中国工业化的进程中，产业快速增长和发展本身就表明广义的产业技术创新（包括自创性技术和扩散模仿性技术）取得了显著的成就。但是，不可否认，严格意义（狭义）的技术创新（以自创性技术创新为主的技术进步）的不足却是我国产业技术进步的一个突出问题。我国的大多数制造企业是劳动密集型企业，人均劳动生产率低，仅为发达国家的1/30左右，而且主要停留在低附加值产品行业。此外，低水平生产能力过剩，设备利用率低，生产能力闲置。我国制造业结构也不完全合理，轻纺工业和家电工业等加工制造业有一定优势，但装备制造业所占比重明显低于工业发达国家。研究和开发能力薄弱，大部分核心技术和关键设备依赖进口，高端产品大多由合资企业生产。高产量、低层次、弱技术、少自创仍然是我国产业发展的基本状况。

二、劳动资源与技术选择

中国是世界人口最多的国家，劳动力资源极为丰富，这一方面可以保证一段时期的工业化过程中几乎是无限的劳动供给；另一方面，大量的过剩人口又使得就业压力成为巨大的社会问题。

正是大量劳动力资源的无限供应（而在现行国际经济秩序下，一般劳动力的国际流动受到严格限制），吸引了大量国际资本流入中国，在中国发展起巨大的加工制造业生产能力。所以，在中国制造的工业品产量占全世界总产量的比重迅速上升。大量生产的工业品不仅开拓了巨大的中国国内市场，也形成很大的出口能力和进口需求。这使得中国从20世纪80年代以来贸易依存度就迅速提高，而在进出口贸易中，“加工贸易”和外商投资企业所占份额均占很大比重。这些现象在世界各大国中是非常少见的，它表明，中国必须通过更大规模的资源国际配置，以工业品进出口方式实现生产要素的国际再配置，才能解决要素禀赋状况与产业技术性质之间的突出矛盾。

正是由于上述原因，所以没有人会否认，中国工业化必须发展劳动密集型产业，而且实际上也正是劳动密集型产业的发展，促进了中国经济的高速增长。问题是，正如本文前节所述，中国工业化的主要技术来源是西方产业技术的扩散转移，而西方产业技术所产生的要素禀赋条件同中国有很大的差别，所以，西方产业技术的基本特征是以资本替代劳动，凡是比较“先进”的产业技术大都具有资本密集的特点，而劳动密集型产业通常是属于比较“落后”的产业。因为，在西方发达国家的要素禀赋条件下，所谓技术进步的主要经济学含义之一就是更多地使用资本来替代劳动，从而表现为“劳动生产率”（每单位时间的劳动所创造的产品数量）的更大提高。因此，当中国从西方引进产业技术的时候，就不可避免地会遇到一个突出的问题：在西方发达国家要素禀赋条件下所产生的产业技术特征如何适应中国的要素禀赋特征。如果不加改造地使用西方产业技术，就不可避免地同中国的要素禀赋条件发生矛盾，即如果追求技术的“先进性”，就会排斥更多的劳动资源利用；如果要更多地使用丰富的劳动力资源，就不利于“先进技术”的运用；而如果希望使用劳动密集的先进技术，这种产业技术又不曾在西方的要素禀赋条件下产生。因此，中国工业化即使是从西方工业化国家引进和转移产业技术，也必须根据中国要素禀赋的具体国情进行适应性的改造和创新，否则就会发生突出的不协调现象。从政策上来说，这就是既要接受西方发达国家的先进技术，又要解决如何充分利用中国丰富的劳动力资源的问题，反过来说也就是，要解决如何在转移西方产业技术的过程中避免对劳动力的过分排挤的问题。这也就是中国走“新型工业化道路”的重要内容之一。

当产业技术的选择不仅仅要遵循科学技术发展本身的规律，而且要基于对适应现实要素禀赋特征的考虑时，则必然面临一个重要抉择：产业发展是以技术的先进性为基点还是以技术的经济性为基点？尽管从根本上说技术的先进性与经济性是一致的，但对于具体产业的技术选择而言，两者也可能产生一定的矛盾。从科学技术发展的过程来看，有所谓一般技术、传统技术、高新技术之分，但对于企业来说，技术高低、先进与否，并不是评价其优劣的主要标准，传统技术还是高新技术也不是技术选择的主要依据。在市场竞争中，“适者生存”比“优胜劣汰”具有更强大的客观力量。科学家追求技术上的“高、精、尖”，企业追求的则是竞争力和市场空间（德国大众不仅生产汽车，也生产香肠）。

一般来说，只要有公平有效的市场竞争秩序，企业总是倾向于选择最能有助于提高其竞争力的技术和技术进步路径。所以，只有以市场竞争的方式来实现技术选择和推动技术创新，才能使技术创新有效地发挥提高企业竞争力的作用。而在中国现实的资源禀赋条件下，市场竞争的结果往往更倾向于劳动密集型产业。很显然，这在一定程度上可能产生抑制技术先进性的作用。尤其是对于资金实力比较弱的中小企业，现实条件往往迫使它们更多地考虑技术的经济性而无力实现技术的先进性。这是目前我国许多产业面临的现实问题，其主要表现就是：产量增长很快，价格竞争激烈，技术含量较低，附加价值不高。也就是说，我国许多产业表现为较强的成本价格竞争力，在国际市场上几乎是“所向披靡”，但技术竞争力则明显偏弱。这在经济收益上则表现为，尽管生产和销售规模很大，市场占有率迅速提高，但净收益（利润）较低，附加价值不高。

总之，丰富的劳动力资源是我国产业发展的一大优势，但对技术进步而言，则是一个影响比较复杂的因素。中国产业技术的选择不能不反映劳动力丰富这一重要的资源禀赋条件，又不能使巨大的劳动力就业压力成为抑制中国产业技术进步的消极因素，影响中国产业顺应世界产业技术发展的基本线路，实现向高层次、高技术价值链的推进和升级。这是中国产业技术创新过程中一个具有重大战略意义的问题。

三、高技术的地位和作用

我国产业逐渐实现向高层次、高技术的产业价值链的推进和升级，不仅是产业发展和市场空间拓展的必要，也是世界经济秩序的利益格局特征使然。因为，在现行世界经济体系中，高技术产业的高附加值利益将得到更大的强化：传统技术和传统产业的规模竞争和利润摊薄，使得其附加价值和利润率趋向降低；而高技术产业的高增长和高附加值（以及垄断利润）倾向则将长期保持。也就是说，发展高技术产业就有可能获得更大的经济利益。

进入 21 世纪，全球产业竞争空前激烈。全球产业竞争的方式从价格竞争、规模竞争，更大程度地转向技术竞争、创新竞争，即从以价格争市场、以规模求生存，转向以技术求效益、以创新求发展的方向。当然，由于中国是发展中国家，在参与国际竞争的现阶段，还主要依靠以价格争市场、以规模求增长的竞争手段来实现产业发展和产业扩张。但是，如果长期停留于这样的产业发展阶段，就难以实现新的飞跃，并将导致产业升级受阻，甚至可能对国民经济产生严重的不利后果。

由于中国是在传统产业迅速扩张转移的经济背景下发展高技术产业，因此，一方面，比较利益格局形成了使资源配置向传统产业倾斜的压力，即从近期看，将资源投向传统产业往往更具有经济合理性；另一方面，中国高技术产业的发展也可以获得从传统产业转移过来的竞争优势。我们在许多地区都可以看到，中国许多高技术产业的发展都是从其中的加工制造及组装环节起步的，而在这些生产环节上，中国在高技术产业中具有同传统产业差不多的比较优势。例如，中国电子计算机产业的发展就是从生产技术含量低的外围零部件生产开始，并且发展起组装环节，然后逐步向技术含量高的零部件生产环节扩展。所以，在中国现阶段的工业化进程中，一方面，需要发展高技术产业以拓展产业空间，而在这一过程中，高技术产业链的分解以及各产业间的融合，使得中国在整体工业技术水平不高的条件下也能在高技术产业领域中获得很大的发展空间；另一方面，要实现高技术同传统产业的结合，将高科技注入传统产业，以提高传统产业的竞争力，使得高技术的运用成为推动传统产业发展的重要力量。

除了一般国家经济发展所面临的共同问题之外，中国工业化过程中还有一系列新问题和突出矛盾需要解决，这对中国的高技术发展提出了许多新的课题，也使高技术发展在中国具有更大的需求空间。例如，中国巨大的人口数量决定了决不可以重走发达国家工业化所经历的高污染过程，已经被严重污染了的地球无法再承受 13 亿人口的环境破坏行为。但是，在技术水平低下的情况下，低污染同低成本、低价格是矛盾的，而从长期看，以高污染为代价的低成本、低价格，又是不可能有出路的。这就对中国的产业发展提出了技术创新和技术进步的迫切要求，形成对高技术的巨大需求。

特别值得注意的是，中国巨大的市场空间，使得高技术所需要的高投入可以有巨大的消化空间。高技术研究、开发和产业化需要投入巨额资金，高投入必须要有相应的经济回报，才能实现高技术投入的良性循环。而所谓的经济回报，就是高技术产品的市场。只有足够大的市场空间才能消化高技术研究开发的巨大投资成本。很显然，中国在这方面具有非常巨大的优势。中国巨大的市场空间具有吸纳企业研究开发资金的强烈吸引力，面向中国市场的高技术研究开发投入有可能获得可观的经济回报。因此，中国不仅能够成为制造能力的巨大投资场所，也会成为研究开发活动的巨大投资场所。

高技术的产生和发展是科学进步的产物，而在市场经济制度下，高技术的产业化主要由企业来实现。因为，一般来说，由企业以商业资金实现的高技术产业，可以最有效地保证市场竞争力的提升。在高技术产业的发展过程中，大、中、小型企业各有优势。鼓励大、中、小企业在市场竞争中在不同的产业价值环节上实现高技术的开发和运用，可以最有效地实现高技术产业的市场效率，包括正确的项目选择和达到其经济性目标。我国发展高技术的作用不仅仅是为了实现高技术产业自身的发展，而是要普遍地提高我国各类产业的技术水平，提高产业的整体素质和整体的国际竞争力。所以，形成企业技术进步特别是发展高技术、投资高技术产业的市场竞争秩序，激发开发和运用高技术普遍的积极性，比由政府单纯地进行高技术项目选择意义更大。国家重视高技术发展是非常重要的，但重要的事情并不等于国家就要直接投资，也不等于国家直接进行项目选择。由企业根据市场状况进行项目选择，承担开发风险，是保证项目选择较高成功率的正确道路。

我国产业的多元化、多技术、多层次性质，使得我国高技术产业的发展也具有不同的路径，一种是“水到渠成”，另一种是“开渠引水”。前者是随着产业自身的发展轨迹，特别是西方先进技术的转移扩散，在我国企业承接先进技术的过程中，形成中国的高技术产业，一般来说，是经济性所主导的；后者即“开渠引水”的产业发展路径，是先进性所主导的，通过高投入的技术开发形成技术源泉，然后将其推广到产业领域。有些高技术项目的开发和产业化，必须具备相应的经济条件，只有“水到”才能“渠成”，而不能“拔苗助长”。而有些高技术项目的开发和产业化，则必须集中力量“开渠”才能实现“引水”，否则就有可能丧失发展机会。我们可以看到，我国大多数高技术的开发运用特别是高技术产业的发展（例如电子、通信产业）是沿着“水到渠成”的道路发展起来的，“拔苗助长”只会导致很大的决策失误和经济损失；也有一些产业（例如航空航天产业）是通过“开渠引水”的道路发展起来的。一般来说，“水到渠成”是产业发展引致技术进步的过程，而“开渠引水”则是原创技术的开发推动产业发展的过程。这两条道路对于中国高技术产业发展都具有重要的意义。

中国是在传统产业迅速扩张转移的经济背景下发展高技术产业的。因此，一方面，比较利益格局形成了使资源配置向传统产业倾斜的压力，即从近期看，将资源投向传统产业往往更具有经济合理性；另一方面，中国高技术产业的发展也可以获得从传统产业转移过来的竞争优势。我们可以看到，中国许多高技术产业的发展都是从其中的加工制造及组装环节起步的，而在这些生产环节上，中国在高技术产业中具有同传统产业差不多的比较优势。例如，中国电子计算机产业的发展就是从技术含量低的外围零部件生产开始，然后逐步向技术含量高的零部件生产环节扩展。

在我国，要形成科学合理的高技术项目选择机制，必须树立这样的观念：以竞争求技术则技术兴，以包办求技术则技术衰。因为工业社会的中轴原理是效率。而在绝大多数正常情况下，很难再有比竞争更有效的促进效率提高的方式。所以，高技术研究项目的选择应是竞争性的，而不能单靠对“重要”的理解和政府领导人的“重视”程度来进行科研项目的决策。要改变“强调重要—引起重视—政府决策—国家投资”的思维模式和科技资源配置方式，正确处理“政府选择”“专家选择”与“市场选择”的关系：政府选择适用于少数特别重大的项目，专家选择适用于技术前瞻性非常强的项目，市场选择适用于大多数具有产业化条件的项目。专家选择、政府选择、市场选择本身并无优劣之别，而是一个不同的适用范围问题。一般来说，市场选择最能体现经济效率，专家选择可以反映科学方向，政府选择更多地体现非经济目标。

在高技术产业的资源配置上，非商业资金主要用于产业前端技术的研究，政府资金的投入和政府参与项目选择绝不应破坏市场的公平竞争秩序。而由企业投入的商业资金应成为推高技术产业化的主体资金。无论是传统技术还是高新技术，以竞争求发展是根本的道路，企业商业资金的运用总是具有更高的效率和更有效的竞争性。因此，国家高技术发展政策的重要内容之一是构造高技术运用和高技术产业发展过程中的公平竞争秩序。当然，我们并不否认，一些特殊产业特殊项目，尤其是关系国家安全的战略性高技术产业，需要国家的直接参与，但也必须建立高效运行的体制和机制，引入竞争过程。

任何国家的高技术开发研究都要有国际分工和资源有效配置的观念，有所为，有所不为。对国家经济安全的认识要有市场供求相互依赖的观念：供应短缺可能危及安全，供应过剩也可能危及安全，例如一个国家粮食严重供应不足会危及安全，而有大量的粮食卖不出去也会危及安全。要看到，在相互依赖的国际经济关系中，各国产业之间是相互依赖的，各国产业技术之间也是相互依赖的。所以，不能简单地认为，缺少某些自主知识产权的原创性技术就一定会产生安全问题。

因此，买技术、换技术、学技术和开发自主知识产权的技术，在我国工业化过程中以及高技术产业的发展过程中都具有重要的意义。高技术产业的生存和发展，必须具备先进性和经济性这两个基本条件。不具备先进性就没有前途，而不具备经济性就无法生存，同样没有前途。在高技术研究的前端，通常更注重先进性；而在高技术产业化过程中，则通常更注重经济性。如前所述，由于政府、专家和企业在高技术产业发展中的职能差异，前者通常更倾向于考虑高技术的先进性，而后者更倾向于考虑高技术的经济性。

四、对外开放条件下的技术进步路径

中国实现产业技术创新的一个突出特点是对外开放，特别是外商投资企业发挥了非常突出的作用，同时也产生了许多特别值得重视的问题。由于中国工业化的高度开放性，“国际贸易导向”的国际分工方式（即主要通过商品的国际交换实现的国际产业分工）向“国际投资导向”的国际分工方式（即更大程度上通过资本的国际流动实现的国际产业分工）发展，比较优势的经济实质将发生根本性的改变。从根本的经济性质看，中国全方位地参与国际分工体系，国际资本和跨国公司就可以大规模地在中国“采购”劳动力、土地等廉价资源，直接享用中国的资源优势，在中国市场展开“世界大战”。由于存在巨大的市场潜力和商业机会，中国是跨国公司绝对不可不进入的“战场”，在一定意义上甚至可以说，不到中国“参战”的公司称不上是世界级企业。外国企业的大量进入使中国市场形成了中中、中外、外外之间的立体交叉竞争，即中国企业同中国企业的竞争、中国企业同外国企业的竞争、外国企业同外国企业的竞争，这构成了中国制造业市场竞争的独特画面。

外国跨国公司进入中国，越来越多地获取中国市场的资源优势，必然可以显著地增强其自身的竞争力。从这一意义上说，中国市场的全方位开放，特别是投资领域的大幅度开放，“哺育”着全世界的跨国公司，使之成为规模扩张更快、经济实力更大、国际竞争力更强的超级经济实体。在这一过程中，中国企业也在激烈的竞争中成长起来，并且力争通过国际合作，逐步提高在产业价值链上的地位，实现产业升级。在这样的国际经济条件下，深度参与国际竞争和国际合作可以成为我国工业化的重要技术来源之一和实现技术创新的重要途径之一。尤其是对于全球化产业，中国企业同外国企业的战略性合作，使中国企业参与跨国生产和跨国经营的全球体系，加速先进技术在中国的扩散。

在利用国际技术资源促进我国产业技术进步，特别是通过企业合资合作实现技术进步的过程中，要避免单纯的技术导向，且更应体现竞争力导向，即要以提高竞争力为技术选择的最主要标准。就产业发展而论，技术水平的高低本身不能作为判断优劣和决定取舍的标准；无论采取什么技术，目的都是解决问题，而不是为技术而技术，所以，能够解决问题的技术就是可取的技术，而工业化进程中所要解决的最重要之一就是提高产业和企业的国际竞争力。至于选择怎样的技术和采取怎样的技术创新路线最有利于我国的产业和企业增强国际竞争力，在大多数情况下，最有发言权的是参与国际竞争的企业。特别是，现代产业分工的深化，使得各个产业都已高度分解，“传统产业”中也有许多高技术的环节，并分解为含有高技术因素的“次产业”；高新技术产业中也有不少一般技术环节，也可以分解出许多一般性技术的“次产业”（例如高技术的电脑产业可以分解出机壳、键盘、鼠标等的生产环节和“次产业”），所以，什么是传统产业，什么是高新技术产业，在现实经济活动中并无绝对的界限。在各个产业的各个生产环节以及产业分解所形成的各个“次产业”中，都有技术创新的空间。产业的高度分解和分工，形成了跨国生产和跨国经营的技术基础，鼓励中国企业进入跨国生产和跨国经营的全球体系，就有可能进入产业技术进步的巨大创新空间。在这一技术创新空间中，中国企业一定会找到实现技术创新的可行路径，包括引进技术、学习技术、购买技术，以及形成具有自主知识产权的技术。

同时也要看到，随着我国产业技术水平的提高，以自主知识产权为基础的产业技术来源会变得越来越重要。一味的技术模仿和长期放弃技术控制尽管可能获得短期的经济利益，但从长期来看，将丧失技术创新的能力。特别是对于重要的战略产业和核心技术，实际上很难从简单的国际转移中获得。对于这样的战略产业和核心技术，中国必须树立进行自我研发的决心，加大投入，优化技术研发投入的资源有效配置，积聚力量，冲击产业技术的制高点，形成在这些领域中一定的竞争优势。

一般来说，对国内企业和国外企业同样开放市场是遵守 WTO 规则的总体要求，但是，这绝不意味着，民族国家的政府对本国企业和外国企业没有任何利益倾向，世界上没有哪个国家的政府不更多地关注本国企业的发展，甚至可以说，忽视本国企业发展和利益的政府是不能存在的（因为政府归根到底代表的是本国国民的利益，而不是世界的利益）。而关注本国企业的技术水平和技术创新状况，支持本国企业的技术进步，是政府最重要的经济职能之一。即使在原则上必须维护所有类型企业之间的公平竞争，也绝不意味着政府对本国企业技术进步的关注是同对外国企业完全“一视同仁”“不偏不倚”的。更彻底地说，政府对本国企业的技术进步负有重大责任，一国企业在总体上的技术进步状况在很大程度上反映了政府经济政策的成功与否。但是，在开放经济的条件下，政府对本国企业的关注包括对本国企业技术进步的关注和支持，又决不能变为政府直接参与和包办企业的技术研究和开发活动，或者在政策上不合理地偏向本国企业，实行歧视性的产业技术政策，以致破坏市场竞争的公平秩序。实际上，这同时也将削弱本国企业自主技术创新的动力和压力，使之成为坐享其成的技术“消费者”，而不是技术创新者，最终本国企业会变成“扶不起的阿斗”，永远没有能力同外国企业进行有力的技术创新竞争。总之，国家如何有效地实行支持民族企业技术进步和技术创新的措施，既能充分利用对外开放促进产业技术进步的积极作用，又能减少或避免外国企业对民族产业技术进步的抑制性影响，以推动民族产业的技术创新和技术进步，增强民族产业的国际竞争力，特别是其中的技术竞争力因素，是一个十分困难的重大战略和政策问题。

五、工业企业的技术创新

产业技术创新受经济发展水平和科学发展水平的影响，即一个经济和科学发展水平较低的国家通常产业技术创新能力也较低，所以，产业技术创新的业绩也较差；反之，经济和科学发展水平较高的国家产业技术能力较强，所以，产业技术创新的业绩也往往较好。这表明，在总体上，中国技术创新的表现是同其经济发展水平基本相当的。而且，由于大国效应的作用，中国技术创新的实力和潜力明显高于同等发达水平（以人均国民收入为衡量标准）的发展中国家。

表5-2 R&D占国内生产总值的比重

年份	R&D 经费（亿元）	占国内生产总值的比重（%）	年份	R&D 经费（亿元）	占国内生产总值的比重（%）
1996	404.5	0.6	2005	2450	1.32
1997	509.2	0.64	2006	3003.1	1.39
1998	551.1	0.69	2007	3710.2	1.4
1999	678.9	0.83	2008	4616	1.47
2000	895.7	1.01	2009	5802.1	1.7
2001	1042.5	1.09	2010	7063	1.76
2002	1287.6	1.23	2011	8687	1.84
2003	1539.6	1.13	2012	10298	1.98
2004	1966.3	1.23	2013	11906	2.09

资料来源：各年中国科技统计资料汇编。

网址：http：//www.sts.org.cn/zlhb/.

企业技术创新不仅受到经济发展水平的影响，也受到体制和文化的深刻影响，可以说，企业技术创新不仅是一种单纯的技术现象，也是一种社会现象。实行经济体制改革开放以来，随着企业制度和国家经济管理体制的改革，我国产业的技术创新机制有了一定的改善，这突出地表现为，我国产业特别是加工制造业的供给弹性有了很大的提高，只要有市场需求，企业就能够迅速做出反应，积极地进行技术创新和跟进，很快形成生产能力，大规模地向市场供应产品。而且，产品在质量、性能、款式等方面的提升和更新换代，也大大加快。当然，其中也有一些消极的现象，例如，假冒、侵犯知识产权等，而且，即使是在合法的技术创新中，模仿的因素也比较多。但是，从总体来看，中国产业技术创新动力的增强和能力的提高，毕竟是一个不可否认的客观事实。当然，从根本上看，技术创新的不足也是一个不可否认的事实。这突出地表现为，我国企业所拥有的自主知识产权技术少，即使是一些生产能力已经非常巨大的产业，其核心技术也仍然是外国的，所以，我国企业仍然不得不向外国企业支付巨额的技术转让费。特别是在装备制造业中，我国企业的技术劣势更为明显。

导致我国企业技术创新不足的原因当然有经济发展水平不高的因素，但是，我国企业在体制上和战略意识上的缺陷也是重要原因。其中，较具普遍性的现象和问题主要是：

中国经济正处于转型时期，企业的产权制度尚不成熟，不稳定，无论是国有企业还是民营企业中的所有者（或所有者代表）、管理层，以及工程技术人员，对企业未来的产权状况都缺乏明确的预期，所以，对是否投入技术创新，特别是需要长期高投入的技术创新，往往缺乏足够的信心和动机。

中国经济的巨大市场空间，使得企业往往更倾向于进行扩大生产规模的投资，以获取近期的经济回报。而对于具有重大意义的技术创新项目，反而更趋谨慎。特别是当一些产业出现高增长机遇，市场需求快速膨胀时，企业追求扩大生产能力的欲望就会非常强烈，因此往往忽视在技术创新上的努力，甚至更倾向于以低技术、低成本的生产设备和生产方式（往往以牺牲环保和大量消耗资源为代价）迅速扩大产量，占领市场空间，获取最大的短期经济收益。

企业之间的竞争行为过于简单，往往总是在相同的领域中进行同类竞争，缺乏市场细分意识。而且，模仿意识强烈，企业之间的竞争不是差异化超越，而是同类比拼，以价格竞争为主要手段，这使得技术创新活动局限于狭小的空间，激烈的竞争虽然也在一定程度上促进了技术进步，但技术路线雷同，创新意义不强。

企业中的合作意识不强，对于需要很多人密切合作完成的技术创新项目，往往缺乏有效的组织合作机制。在一些企业中，尤其在高新技术产业和民营企业中，关键的技术创新人才和高层管理人员的企业忠诚度不高，“跳槽”现象和“自立门户”现象频繁发生，这往往对企业的重大技术创新项目以及技术资源的长期积累产生消极影响。

一些企业的技术创新项目对投资的依赖性过强，使技术创新活动在更大程度上成为争取投资资金的行为，企业在融资上的热情和资源、精力投入往往高于对技术创新本身的积极性，甚至演变为资本市场和信贷市场上的“圈钱”“捞钱”行为，似乎争取到投资资金或者信贷资金本身就是“成功”，常见的表现就是：为股票上市而欢欣鼓舞，为获得贷款而兴高采烈。股票上市（或增资扩股）或者获得贷款成为目的，而技术创新反倒成为说给投资人和信贷机构（银行）听的“故事”。这反过来使投资人和信贷机构对企业声称的“技术创新”缺乏信任和信心。这就使企业技术创新的融资条件受到破坏，当真有技术创新项目需要资金投入时却得不到及时的资金支持。

在计划经济时期所形成的科技与生产相分离的体制问题尚没有得到根本的解决。科研和技术成果的产业化道路还没有真正畅通。科研和技术创新的长期效益性质，同企业的短期商业利益之间的沟通和衔接，还缺乏体制上的保证。所以，当企业普遍受到短期商业利益的诱惑和竞争压力时，技术创新就会受到挤压。

以上现象和问题的存在，大都具有深刻性和长期性。冰冻三尺，非一日之寒。这些需要企业、社会、政府共同努力来解决。同时，我们也看到，随着社会主义市场经济体制的不断完善和经济发展水平的提高，中国企业的技术创新正在走向更健康的道路，上述现象和问题的解决具有良好的前景。

改革开放以来，中国工业的技术水平有了很大的提高，技术创新能力也不断增强。特别是，企业作为市场竞争主体的地位已经确立，技术创新的动力机制正在逐步形成，因此，近年来，中国工业的技术创新表现出比较良好的势头。当然，由于中国经济发展水平和某些国情因素的影响，技术创新仍然是中国工业发展中一个突出的问题，特别是随着中国工业化向深度推进，越来越多的传统产业趋向成熟，中国工业的总体技术水平同国际先进水平的差距逐步缩小，以及加入 WTO 后中国企业面临的国际竞争压力更大，使得技术创新正在成为中国工业发展以至整个工业化过程中一个关键的战略问题。中国工业以至中国经济未来的发展前途将越来越依赖于技术创新，以技术创新推动工业进步和产业升级。

第6章　世界分工体系中的中国工业

中国工业化[1]已经经历了两个特征迥然不同的时期：从20世纪50年代到70年代是中国经济发展的第一次“起飞”时期，可以称为初始工业化时期。这一时期的工业化实行计划经济体制，在对外经济关系上实行封闭条件下的进口替代战略，可以说，那是一个同国际产业分工体系基本隔绝的时期。从20世纪80年代开始，中国进入经济发展的第二次飞跃时期，此时可以称为加速工业化时期。这一时期的工业化进程伴随着经济体制的市场化改革，在对外经济关系上则实行了不断扩大对外开放的战略：从80年代的试点开放、90年代的局部开放，到90年代末21世纪初开始的全方位的对外开放，这是一个深度参与国际分工的时期。今天，中国经济正在大规模地、全方位地融入世界经济，特别是，中国制造已经成为世界分工体系中的重要组成部分，并且正在以更快的速度和更大的规模全面地同全球产业高度融合。

一、全方位开放的大国工业化进程

据统计，在当今世界200多个国家（地区）中，大致有64个国家（地区）实现了工业化，这些国家的总人口占全世界人口总数的不足20%。而中国有13亿多人口，占世界人口近20%。也就是说，中国正在进行的工业化，将在几十年时期内，使全世界工业社会的人口翻一番。这是一个意义极其巨大的世界历史事件，更确切地说，现阶段的中国工业化进程是一段让全球工业化的版图发生巨大变化的世界历史变迁时期。尤其是，从20世纪80年代以来，中国工业化的进程伴随着全方位的对外开放过程。同世界其他大国的工业化进程相比，在许多方面，中国实行对外开放的速度和广度是罕见的。特别是中国进入世界贸易组织所做出的开放承诺，连外国和国际组织（例如世界银行）的一些专家都承认，在许多方面是“非常激进”的，甚至在有些方面是所有国家中“最彻底”的。可以说，中国是有史以来，在工业化进程仍然处于（人均）低收入状态时，开放速度最快、开放领域最广、开放政策最彻底的一

① 狭义的“工业化”就是制造业高速增长，进而导致社会经济结构现代化的过程。本文在这一意义上使用工业化概念，所以，文中所说的“工业化”大致可以被理解为“制造业的发展”。

个大国。[1] 进入21世纪，中国经济以非常快的速度融入世界经济，特别是中国制造业正在越来越深刻、越来越广泛地融入国际分工体系之中，中国市场成为国际市场的组成部分。

同有些发展中国家不同，中国经济高度融入世界经济却没有成为依附“中心”国家即发达国家的“外围”或者“边缘”国家，而是具有很强的主动性。可以看到，2002年，在世界经济总体上不太景气的情况下，中国国民经济仍然实现了持续较快增长。全年国内生产总值从1998年的7800多万亿元跃上10万亿元的新台阶，达到102398亿元，按可比价格计算，比2001年增长8%。其中，第一产业增加值14883亿元，增长2.9%；第二产业增加值52982亿元，增长9.9%；第三产业增加值34533亿元，增长7.3%。其中，工业生产快速增长，全年工业增加值45935亿元，比上年增长10.2%。其中，规模以上工业企业（即国有工业企业及年产品销售收入500万元以上的非国有工业企业）增加值31482亿元，增长12.6%。工业企业实现利润在连续几年较大幅度增加的基础上继续快速增长。全年实现利润5620亿元，按可比口径计算，比上年增长20.6%，其中国有及国有控股企业实现利润2636亿元，增长15.3%。[2]

在工业快速增长的推动下，对外贸易高速增长。全年进出口总额达6208亿美元，比上年增长21.8%。其中，出口总额3256亿美元，增长22.3%；进口总额2952亿美元，增长21.2%。

而且，对主要贸易伙伴的出口均有不同程度的增长。全年对美国出口700亿美元，比上年增长28.9%；对中国香港地区出口585亿美元，增长25.6%；对日本出口484亿美元，增长7.8%；对欧盟出口482亿美元，增长17.9%；对东盟出口236亿美元，增长28.3%；对韩国出口155亿美元，增长23.8%；对台湾省出口66亿美元，增长31.7%；对俄罗斯出口35亿美元，增长29.9%。[3]

2002年，除少数产品外，绝大多数工业品的产量又都强劲增长。钢材产量增长19.6%，达1.9万亿吨（超过美日两国的总和）；轿车产量增长55.2%，达到109万辆；微型电子计算机增长50.1%，达到1464万部；移动电话机增长48.9%，达到11960万部。这表明，中国不仅传统工业品的生产量已居世界前列，而且，一些高新技术产业的产品产量也已在世界上占据主要地位。也正因为这样，从那时起，关于中国是否已经是“世界工厂”就成为广泛关注和讨论的话题。

---

① 在人类历史上，从来没有一个人口超过1亿的国家，在处于中国这样的发展水平时，实行像中国这样的全方位的、彻底的对外开放政策，特别是对外商直接投资所实行的高度容忍和彻底开放的政策。

② 中华人民共和国国家统计局，《中华人民共和国2002年国民经济和社会发展统计公报》。

③ 中华人民共和国国家统计局，《中华人民共和国2002年国民经济和社会发展统计公报》。

二、以加工优势启动的加速工业化

从20世纪80年代开始，中国进入加速工业化时期。这一时期工业发展的显著特点之一是中国不断加速对外开放的进程，从试点开放，到局部开放，再到全方位开放，仅仅20多年，中国就从一个高度封闭的国家变为开放度非常高的大国，特别是在接受外商直接投资方面，中国成为全世界最为宽容的国家之一。正是因为这样，在加速工业化时期，中国全方位的和相当彻底的对外开放政策所获得的一个直接益处是：广泛地获得了国际分工，特别是产业分解所提供的制造业发展机会。在工业化过程中，产业分解是一个普遍的现象，是分工深化的表现。由于世界产业的分解，使得发达国家和新兴工业化国家的传统产业有可能迅速地向中国转移。中国通过承接制造业的组装加工，形成了从沿海地区开始，并不断向内地延伸的许多加工区和产业集群区。尤其值得注意的是，产业分解是技术扩散和产业扩张的重要条件之一。在世界高新技术产业快速分解的过程中，不仅传统产业向中国转移，而且，高技术产业中的加工环节也迅速地向中国转移。[①] 实际上，在产业高度分解、分工非常细化的条件下，被统计为“高新技术产业”的产品生产工艺同传统产业产品的生产工艺之间并没有不可逾越的鸿沟。这样，中国工业化很快进入广泛的国际分工体系。在统计资料中，我们可以看到中国工业发展一个极其独特的现象：所谓的“加工贸易”在进出口中占了非常大的比重。而且，在进出口额中机电产品和高新技术产业产品也占有相当大的比重。“加工贸易”这种一向被认为是低技术层次的方式，甚至可以成为高新技术产业世界分工的实现形式。总之，中国工业高速增长同中国经济的快速对外开放和日益融入国际产业分工体系有着极为密切的关系。

这表明，中国加工制造业大规模地参与了国际分工，而且，这一趋势迄今有增无减，势头极其猛烈。值得注意的是，无论是在进口总额还是在出口总额中，机电产品和高新技术产品都占了非常大的份额。这进一步表明，中国的传统工业和高新技术产业都广泛、深刻地参与了国际分工。很显然，中国的国际贸易在很大程度上是“生产性”的，即贸易成为完成国际化分工体系中生产过程的一个环节。也就是说，中国的工业加工能力广泛地参与了国际分工，其中不少产业从一开始就成为世界产业链中的一个组成环节。

在这一过程中，中国从发展组装加工开始，制造能力不断提高，形成一个又一个

---

① 高新技术产业更具有产业分解的这一特征。以计算机产业为例，1981年，IBM把关键的个人电脑部件资源让给微软和英特尔，这是信息产业发展史上一个具有长远影响的重要事件，也是计算机产业走向分解的标志。从此以后，计算机产业迅速扩散，使越来越多的国家进入了计算机产业的生产分工体系。

的工业加工区。这些加工区开始时主要从事传统制造业，后来逐渐发展成能够接受高新技术产业中的加工制造环节的工业区，以至成为具有相当强的国际竞争力的产业集群区。特别需要指出的是，在中国工业区和产业集群区的形成过程中，工业化第一阶段（20 世纪 50—70 年代）所形成的工业生产能力也发挥了很大的作用，成为这些地区工业配套能力的重要组成部分（见图 6－1）和大规模发展加工制造业的依托基础。这是同其他发展中国家相比，中国工业化的显著特点之一。

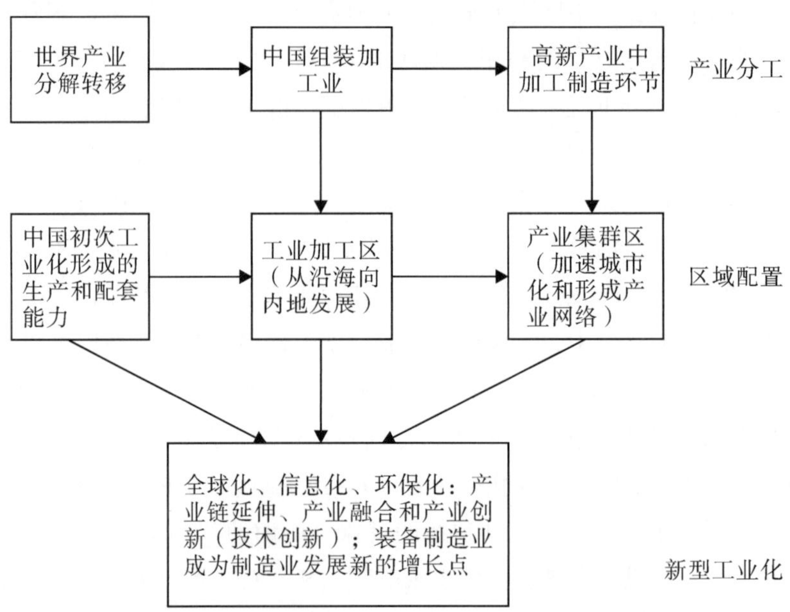

图 6－1　20 世纪 80 年代开始的中国工业发展道路

进入 21 世纪，随着经济实力和竞争力的不断增强，中国各工业部门的产业链继续延伸，产业融合进程特别是高新技术产业同传统产业的融合进程明显加快，产业创新能力显著增强，从而为中国走向新型工业化的道路奠定了基础。

当然，从国际比较看，中国工业的技术进步还明显不足。在这方面，不仅同发达国家相比，中国存在巨大的差距，而且，同一些新兴工业化国家和发展中国家（或地区）相比，中国也有一定的差距。①

当前，特别值得注意的一个问题是，在加工制造业长足发展、产业链不断延伸、产业融合和产业创新的重要性越来越强的发展阶段，装备制造业在中国制造业未来发展中的地位正日益增强，而且，装备制造业将越来越成为制造业新的增长点。在制造

① 根据联合国开发计划署公布的 2001 年世界主要国家技术成就指数（TAI）评价体系和资料，72 个参加评估的国家（地区）技术成就指数平均为 0.374。其中，中国的技术成就指数为 0.299，排在第 45 位，居世界中等偏下水平。（资料来源：中国机械工业联合会，中经网 ibe2. cei. gov. cn）

业新一轮的增长周期中，装备制造业能否像加工制造业一样获得长足的发展，直接关系到中国整个制造业发展的前途，决定了中国是否真的能够成为“世界制造中心”。对于下一阶段中国制造业发展而言，装备制造业将成为非常有潜力的巨大发展空间。在装备制造业的发展中，曾经推动了加工制造业持续高速增长的两个重要因素——扩大开放参与国际分工和依托已有工业基础的支撑——将推动中国装备制造业的再次崛起和发展。

中国众多的人口不仅能够生产大量的工业产品，同时也是一个巨大的消费市场。而且，中国的基础设施建设、城市化过程和国土整治的巨大工作量，更是一个庞大的投资市场。所以，中国工业增长不仅仅是使工业品供应大量增加，而且，将引致需求的大幅度增加。随着中国工业化的推进和人均国民收入水平的提高，中国将成为一个促进各伙伴国共同发展的巨大市场。中国工业的快速增长不仅创造供给，同时也创造需求。中国贡献给世界的不仅是“工业制造中心”，而且是一个巨大的“需求形成中心”。中国不仅从供应方推进世界经济发展，而且，从需求方拉动世界经济发展。例如，中国高铁的发展不仅是技术创新的成果，也是中国国土面积大和人口众多所形成的世界独一无二的巨大需求规模的体现，这也是中国成为高铁建设最先进的国家的重要原因之一。目前，世界上已经有中国、西班牙、日本、德国、法国、瑞典、英国、意大利、俄罗斯、土耳其、韩国、比利时、荷兰、瑞士等16个国家建成运营高速铁路。据国际铁路联盟统计，截至2013年11月1日，世界其他国家和地区高速铁路总营业里程11605公里，在建高铁规模4883公里，规划建设高铁12570公里。2013年，我国高速铁路总营业里程达到11028公里，成为世界上高速铁路投产运营里程最长、在建规模最大的国家（见图6-2）。截至2013年8月，我国已申请高速铁路专利900多项，关键装备国产化率达95%以上，成为世界上高铁运营速度最快、里程最长、系统技术最为完整的国家。这是100多年来中国唯一整体技术水平领先世界的行业。

更值得重视的是，当今的国际竞争与国际合作并行，中国参与国际竞争的同时也参与广泛的国际合作。通过国际竞争和国际合作，可以促进各伙伴国的经济增长和社会福利的提高。所以，从实质上看，中国的发展包括制造业规模的扩张没有“威胁”任何国家。中国加入WTO后，世界将改变中国，同时，中国也改变着世界。这种“改变”的含义是：相互促进、共同增长、追求繁荣。

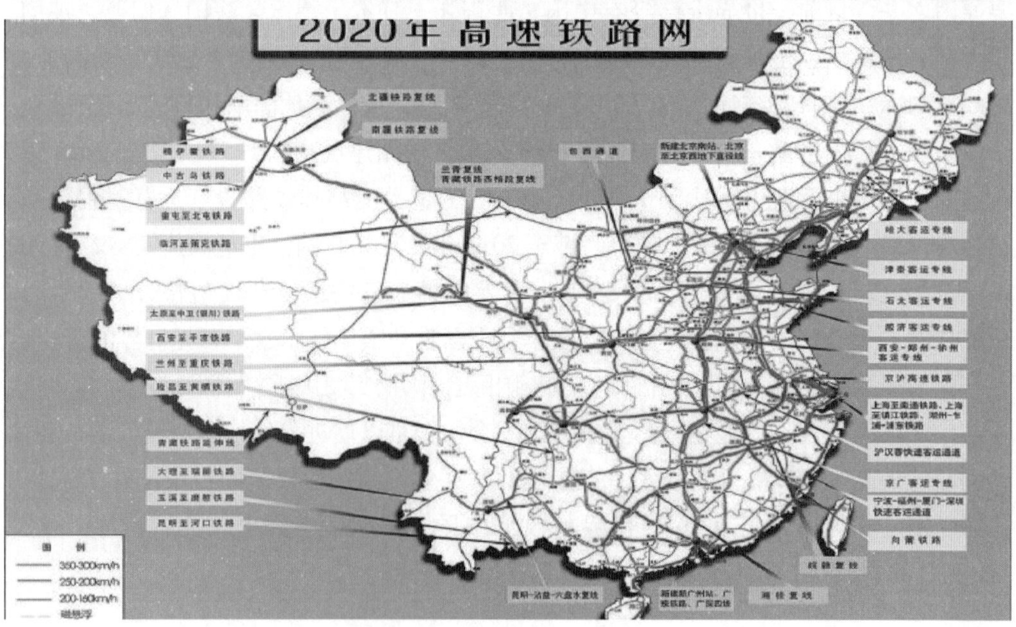

图6-2　中国高铁建设构想

资料来源：转自百度百科。

三、国际分工和竞争态势的变化

在当前的产业国际分工格局中，中国工业在全球化的产业价值链上所处的地位决定了，在中国现阶段的工业化过程中，可能发生这样的独特现象：中国产业国际竞争力在统计意义上的提高，可能并不同时表明中国企业国际竞争力同样程度的提高。以显示性指标（主要是“Made in China”产品的产量及其在世界总产量中的比重）来反映，中国产业国际竞争力往往先行于中国企业国际竞争力的提高。特别是，考虑到企业国际竞争力实质上是一个国际比较意义上的概念，相对于跨国公司日益增强的实力，中国企业国际竞争力的提高将是一个漫长而艰苦的过程。这是中国工业化过程中的一个显著特点。

中国社会科学院工业经济研究所的专家在近期内完成的一项关于中国工业国际竞争力的研究项目表明，进入21世纪以来，中国工业国际竞争力从总体上看是沿着20世纪90年代中期的趋势继续发展。同时，也出现了一些需要重视的新情况和值得注意的新现象。

（1）从总体上看，我国制造业国际竞争力持续提高。统计资料表明，我国初级产品贸易竞争指数的变化虽然在个别年份有所反复，但总体上仍呈持续下降的趋势；反之，工业制成品贸易竞争指数则保持了上升的趋势。其中，高新技术产业发展势头十分迅猛，国际竞争力有明显提高。但是，也有一些产业，例如化工、石化产业，国际竞争力同国外同行业相比不仅仍然有很大的差距，而且，差距还有进一步扩大的趋势。

（2）在中国出口工业品中，竞争力比较强的仍然是附加值比较低的劳动密集型产品，如纺织品、服装、玩具等。近年来的一个有趣现象是，纺织与服装产业相对中国其他产业的竞争优势在减弱，但相对于其他国家的同类产业的竞争力却在增强。这表明，一方面，比较优势仍然是这类产业国际竞争力的决定性因素；另一方面，比较优势对竞争力的决定作用又在减弱，特别是，更多的产业越来越依赖于竞争优势的决定作用，所以，对于未来我国的产业发展，比较优势尽管仍然非常重要，但其相对重要性却有弱化趋势，优势竞争的作用将具有越来越重要的决定性意义。

（3）中国高新技术产业的数量扩张很快，但从总体上来看，附加值高的技术或资金密集型产业的出口竞争力尚处于劣势。值得注意的是，从统计数据看，化工及运输设备等产业的国际竞争力还有进一步相对减弱的趋势。但是，也有一些产业，例如办公及通信设备等，却已经具有越来越强的竞争力。这也许可以表明，如果我们观察制造业中的两类产业：加工制造业和装备制造业，我们就会发现，我国的加工制造业的竞争力在显著增强，而且，在加工制造业中，具有较强竞争力的类别正在向高级层次扩展。也就是说，中国具有国际竞争力的产品，正在从较低技术层次的加工制造业向具有较高层次的加工制造业升级。同时，我国装备制造业竞争力较弱的现象正在越来越突出地显示出来。

（4）随着中国对外开放的不断扩大，外商投资企业生产的产品在中国工业品出口额中的比重逐年增加。外商投资企业对中国工业的出口竞争力的影响是比较复杂的，一方面，它们对提高中国工业品的国际竞争力起到了显著的促进作用；另一方面，它们又对中国民族工业形成很强的竞争压力。在研究中国产业国际竞争力时我们发现，如果不扣除外商投资企业生产的产品，中国各个产业的国际竞争力均有较大幅度的提高；而如果扣除外商投资企业生产的产品，则有些产业国际竞争力水平提高的幅度就不那么大了。这表明，外商投资企业对我国工业整体的国际竞争力具有明显的积极影响和直接贡献。但也要看到，中国民族工业（中国企业）的国际竞争力增强得并不像产业统计数据所显示的那么快。我们也许可以推断：在经济开放度大幅度提高的条件下，中国工业的国际竞争力比中国企业的国际竞争力提高得更快。（我们通常将产业竞争力视为企业竞争力的总和，而上述现象的出现，即一国产业竞争力和企业竞争力在一定程度上的分离，则是对国际竞争力的理论框架和分析方法提出的一个值得研究的新问题。）

（5）当中国大部分工业品在国际市场所占的份额持续增长的同时，其国内市场的份额却在不断降低，这是我国经济开放度提高的一个有趣表现。随着国民经济对外开放度的进一步迅速提高，一方面，我国各类产业真实的国际竞争力状况将越来越在国际和国内两个市场上显示出来；另一方面，决定和影响着产业国际竞争力的比较优势关系和竞争优势关系正在发生很大的变化。中国企业可以利用自己的比较优势生产出具有较强国际竞争力的出口产品，外国企业不仅可以利用它们的比较优势向中国输出产品，而且还可以到中国来投资，利用中国的比较优势来增强自己产品的竞争力。因此，中国产品打出去，外国产品打进来，国际市场和国内市场之间的界限越来越模糊，这正是中国融入经济全球化过程的显著表现之一。

（6）我国工业品同进口产品的价格比从总体上来看呈下降趋势，即在我国工业品出口贸易量增长较快的情况下，出口产品的单位价格与进口产品相比在降低。这说明，从总体上来看，我国工业制成品仍然是以中低档为主，质量和附加价值还不高。在纺织业和机电产品中，某些劳动密集型的产品更是如此。

（7）尽管我国近年来机械电子类产品的贸易竞争指数不断上升，表明我国正在向该类产品的净出口国转变，但是也要意识到，出口总金额的不断提高是在出口价格水平相对于进口而言不断下降的情况下实现的。这表明，这类产品的竞争力主要表现在低价格上，而其质量和附加价值仍然缺乏竞争优势。

（8）有些产品，例如化学品类及塑料、橡胶类产品，虽然其出口额近年来在我国工业制成品总出口中的比重不断下降，贸易竞争指数也在降低，但是，其单位出口价格却有所提高，甚至已经高于单位进口价格。这可以在一定程度上说明，这类出口产品的质量和档次已经有所提高。

（9）在机电产品领域，从数量上来看，我国不少产品的竞争力有显著提高。但是，仅仅依靠劳动密集型加工阶段的比较优势，我们的出口产品的价格水平将长期低于进口产品。目前的现实情况是，即使在大多数人认为我国具有很强竞争力的家电行业中（典型的如电视机、空调、冰箱等），我们的优势也主要在于加工制造环节，大部分家电产品的核心部件仍然需要从国外进口或需要依靠国外技术生产。因此，在这些领域，即使出口产品数量远远高于进口产品数量——按照最常用的贸易竞争指数衡量得出的结论应该是我们具有绝对优势；抑或即使出口产品的价格水平高于同类进口商品的价格水平——按照进出口产品价格比衡量我们的产品具有很大的竞争优势，也不能得出结论说，我国的该类产业已经具有长期较强的国际竞争力了。

我国人口众多，劳动力的无限供给将会在很长时期内存在，并长期抑制中国制造业工资成本的上升。虽然这是中国制造业保持长期价格竞争优势的源泉和条件，但是，从总体上来看，这种因素会在很大程度上造成我国制造业产品价格比的长期下降趋势，很可能使我国工业制成品长期处于价格低下的不利地位。①

在中国制造业参与国际分工过程中，最突出的一个弱势是“走出去”战略。由于产权制度和企业体制的缺陷（绝大多数是国有企业和国有资产），对外投资往往成为资金外逃、化公为私、损公利私的渠道和手段。反过来，为了防止出现这样的现象，加之我国目前还没有实行资本项目的人民币自由兑换，国家不得不实行严格的对外投资审批制度，而这又会对企业竞争力产生不利的影响，使企业“走出去”的道路更加崎岖漫长。对此，希望尽快“走出去”的企业抱怨越来越多，越来越强烈。国家则处于两难境地：愿望放手，但怕流失。所以，中国企业“走出去”的最大障碍，不是竞争实力太小而是权益风险太大。没有一个明智的投资者会愿意把自己的钱投到没有资产安全的地方，只有花别人钱的代理人才会编造动听的“故事”来演出热闹的“投资”戏剧：所谓“一举收购××海外公司”“投资××亿元建立海外生产基地”“在××国家设立分支机构”……许多都是只有播种没有收获，损失惨重，只能以一言“交学费”以蔽之。总之，从国际分工的角度看，中国企业同外国企业在国际投资方面处于不对等竞争的状态：外国企业进入中国比较容易，中国企业走出国

① 详细分析可参阅金碚、李钢、秦宇：《中国工业国际竞争力变化的新趋势》，选自中国社会科学院工业经济研究所：《研究报告》第9期，2002年12月。

门十分困难。这是中国企业全面参与国际分工一个有待解决的突出问题。

四、探索新型工业化的道路

当中国进入工业化的加速阶段时，世界产业发展也正处于新技术革命时期和经济全球化进程显著加快的时期。这一时期世界产业发展的突出特点是：以电子信息产业为代表的新技术产业的崛起和发展促进了经济活动的信息化，即信息产品的广泛使用，网络技术的深刻介入，使得几乎所有的产业都越来越依赖于信息技术和网络系统。高度发达的信息技术和网络系统极大地改变了各个产业发展的技术环境和经营条件，也改变了产业竞争的业态基础和商业模式。在世界范围内，产业信息化的发展和贸易自由化原则向深度和广度的强势推行，促进了国际经济关系的发展，使得几乎所有国家的产业发展都卷入了世界经济体系，特别是跨国公司在全世界的经营活动，强劲地推动了经济全球化的势头。

工业化是人类进步和文明的标志，但工业化也不是没有代价的，特别是以全球化为特征的工业化，不可避免地给世界带来一些严重的问题。最值得注意的一个问题就是：由于世界工业化的推进，越来越多的国家和人口参与了高度密集的经济活动，对自然资源和环境生态系统形成越来越大的压力。全世界都不能不考虑：地球的资源、环境和生态系统是否能够支撑如此巨大规模和高度密集的人类活动？因此，环境保护和生态平衡成为越来越重要的世界性问题，环保化成为世界产业发展的又一个显著特点。

世界产业的信息化、全球化、环保化趋势对中国产业发展产生了越来越广泛和深刻的影响，促进中国必须探索新型工业化的道路，而不能延续传统工业化途径来实现新世纪的经济和社会发展目标。

同时，我们还应该看到，中国经济和社会的许多特点，也决定了中国必须走新型工业化的道路。除了人口众多这个最突出的特点之外，对于中国制造业的发展，还有一些特别值得注意的问题。其中，中国工业化所面临的国土、资源、生态、环境的承载力问题，是其他工业化国家未曾遇到过的。所以，城市化、重化工业化、人口迁移、大众消费（例如汽车的普及）等工业化阶段必然出现的现象，在中国的表现必然同其他国家有非常大的不同。更重要的是，在中国经济发展中，前工业化因素、工业化因素和后工业化因素同时大规模地出现在同一个统一的国家之内，突出地显现出来，并且极其复杂地交织在一起，这就使得中国制造业的发展面临着极为特殊的经济和社会条件。

中国不仅人口多，而且总人口中的经济活动人口比重以及要求就业人口的比重都很高，所以，劳动力供应几乎是无限的。同时，中华民族具有十分突出的高储蓄传统，所以，高就业人口条件下的高积累型增长方式是中国制造业发展的一个突出特点。这在经济关系上表现为：投资推动制造业的高速增长，只要没有技术瓶颈，制造业的增长张力就极为强劲。所以，我们可以看到，一旦实行对外开放，承接了外国产业的技术扩散，中国制造业就能迅速地形成巨大的生产能力，并且快速地成熟起来。

但是，也正因为同样的原因，以高就业人口为条件的增长虽然使经济总规模快速扩张，但人均收入的增长却相对缓慢，这在世界其他国家是极其罕见的。同时，高储蓄率意味着低消费率，低消费率当然会对市场需求规模产生制约。面对低人均收入和低消费率，由投资和无限劳动供应推动的强劲增长的中国制造业，要实现持续发展（实现良性循环）必然具有突出的“中国特色”。

一方面，中国越来越多的居民在消费品的种类上已经同发达国家没有很大差别，这意味着越来越多的制造业产品已经进入“大众消费”领域；另一方面，中国的人均收入水平非常低，但制造业的生产能力却又非常巨大。那么，企业生产怎样的产品才最能符合中国的市场需求呢？很显然，价格越低越好。所以，在市场竞争中，低价格产品不断驱逐高价格产品。而低价格要求低成本，所以，制造业的市场竞争突出地表现为成本—价格战，这必然导致企业的低利润。长期的低利润对企业的发展是严重的障碍，而要突破这一障碍，企业就必须进行技术创新。问题是，在中国制造业发展的现阶段，企业实现技术创新绝不是一件简单的事情。从深刻的意义上来说，这就要求从传统工业化转向新型工业化道路。

中国制造业转向新型工业化道路，不仅要实现不断的技术创新，获得自己的自主知识产权，更有效地使用信息技术和网络系统，而且必须实现低污染。而在技术水平低的情况下，低污染同低成本、低价格常常是矛盾的。从长期来看，以高污染为代价的低成本、低价格，是不可能有出路的。这又从另一个方面提出了技术创新和技术进步的客观要求。

中国走新型工业化的道路，还有另一方面的问题。任何产业的技术特征都会带有它所产生的那个社会的经济环境的烙印，例如，在发达国家，人力价格较高的经济环境会使得工业技术倾向于更节约人力而更多地使用资本，即以资本替代劳动。中国的经济环境同西方发达国家有很大的差别，众多的劳动资源必然要求产业技术在总体上具有多就业的性质，即以劳动替代资本，同时又不失经济效率。因此，适应中国新型工业化的产业技术将是多层次的技术，有引自西方发达国家的高技术，也有更符合中国经济资源条件的适用技术，或者所谓的“中间技术”。在这样的技术基础上，面对多层次的消费群体，中国制造业的产品也必然是多档次的。例如，中国既需要生产几十万元甚至上百万元的高档轿车，也需要生产十几万元甚至二三十万元的中档轿车。

同时，几万元甚至三四万元的经济型轿车也有非常大的市场。因此，中国的新型工业化，对于制造业本身而言，必然表现出多元化、多技术、多层次的显著特征。

与此直接相关，或者说，同一个问题的另一种表现是：中国新型工业化过程必须面对和解决两个巨大“差距”的问题：一是中国产业同发达国家先进水平之间的差距；二是东部沿海地区产业同相对落后的中西部内陆地区之间的差距。在中国经济尤其是制造业全面融入世界经济，深度参与国际分工的条件下，必须最大限度地促进发达地区制造业的发展，以应对激烈的国际竞争，同时，又不能不十分重视缩小国内各个地区主要是东、中、西部地区之间的发展不平衡现象。这意味着，既不能以牺牲东部沿海地区的发展来换取国内各地区经济发展的平衡性，又不能不实行相当程度的具有“逆市场调解”性质的区域政策，来促进较后进地区的更快发展。这两个巨大“差距”如此突出地同时并存，是其他国家的工业化过程所罕见的，它们至少没有像中国这样尖锐地表现出来。因此，在区域经济关系上，中国新型工业化过程也必然会表现出产业发展的多元化、多技术、多层次特征。

五、应对国际金融危机的冲击

中国工业融入全球化意味着必然会接受国际经济动荡的影响甚至冲击。在中国30多年来的发展中，曾经遭遇两次国际经济和金融危机。第一次是1997年的亚洲金融危机，第二次是2008年由美国次贷危机所引发的国际金融危机。从表面上来看是金融制度缺陷和金融行为非理性所导致的系统性风险爆发，而实体经济只是被殃及的池鱼，其实，国际金融危机的根源就在于实体经济之中。2008年爆发的国际金融危机对我国工业发展产生了深刻的影响。

国际金融危机的产业经济根源。当今世界产业发展的时代特征是：以石油等化石能源为基础的传统产业发展达到巅峰时期；以电子信息技术为代表的高技术产业发展处于高平台期；以金融为代表的现代服务业发展进入扩张期。体现时代特征的三类产业——传统产业（主要是工业）、高技术产业（包括工业和服务业）和金融服务业，成为经济发展的三大支柱，彼此相互渗透、相互依存。国际金融危机的爆发，表明这三大产业均面临深刻的矛盾：传统产业面临越来越严峻的资源环境约束，发达国家传统产业面对成本上升压力却越来越缺乏机制弹性，层层向发展中国家转移；高技术产业尽管具有技术优越性，但技术创新的巨大“创造性破坏力”缺乏有效的新商业模式支撑，导致投资人长期信心不足而倾向于风险性短线投资；金融服务业具有极强的自我增值能力，其迅速扩张导致虚拟经济膨胀，系统性风险剧增。

由此，世界产业发展的三大机制出现了明显障碍：第一，创新机制出现创新不足与创新失度并存现象。其基本原因是创新外溢和创新风险导致产业创新动力不足；因创新者可以转嫁失败风险，又导致一些领域创新失度。因此，世界产业核心技术的突破性创新前景不明。同时，虚拟经济吸纳大量投资资源，并积累起越来越大的风险。第二，由于体制机制趋向于缺乏弹性，企业特别是巨型企业的成本控制能力衰减，盈利能力高度依赖于金融虚拟经济及其支撑的“资本运作”（兼并、收购、剥离、重组、证券化等），而一旦市场环境发生变化，整个经济机体就可能发生严重的系统性风险。第三，传统产业和高技术产业的市场渗透能力都呈现缺乏适应性和扩张力的疲态，难以应对市场需求结构和社会（居民）财富结构巨大变化的现实，表现为销售乏力，因而不得不越来越依赖于信贷扩张。

国际金融危机反映出发达国家的产业根基存在深刻矛盾，它们只有解决了产业发展的市场空间、技术路线方向、升级路径和机制模式等问题，经济增长才会有长期的乐观前景。那么，我国现阶段的产业发展具有怎样的特点呢？

30多年来，工业是我国改革开放最前沿、最深刻的领域，也是我国目前国际竞争力最强的产业。但是，我国工业化的过程还没有完成。尽管从经济产出的构成看，工业已经占有很高比重，似乎已达到工业国的标准（其实，我国工业的比重还没有达到发达国家曾经达到的比重），但从人口和劳动力结构来看，农业仍然占有很高的比重，农业劳动力向非农产业主要是工业转移的过程远未完成。

我国的现实情况是：作为一个人口众多、幅员辽阔的发展中大国，解决正在面临和将要面临的几乎一切重大和长远的经济社会问题，都高度依赖于重化工业的长足发展。只有形成发达的重化工业，才能解决我国城镇化、交通运输、资源开发、水利工程、环境保护和国土治理以至国家安全、民生福利等问题。所以，建设更为强大的工业，仍然是相当长一个时期我国经济发展的中心内容。而且，从工业本身的技术特征看，我国工业总体上仍处于规模收益递增时期。在相当长的时期内，增加工业投资和扩大工业规模仍然具有客观必然性和效益合理性，这是各地具有发展工业的强烈愿望的经济学根源。

当然，工业增长和发展也会出现一些问题，但对此应有科学的认识。工业对我国的改革发展做出了巨大贡献。我们所面临的许多经济和社会问题，本质上是由于工业率先改革开放而其他大多数领域相对滞后所产生的，不应都被归结为工业发展本身的问题。例如，由于社会保障制度、土地制度、环境保护制度、资源开发利用制度等的变革落后于工业所产生的一些问题，不应被归结为工业发展的恶果。人们常常指责工业消耗了资源。其实，从根本上来说，恰恰是工业创造了“资源”：地球上以及太空中的物质是“资源”还是“废物”，完全取决于工业技术能力和需求。如果没有工业，地球上的大多数物质都不是“资源”。有了发达的工业，才能节约或高效率使用地球物质，包括土地、水、矿物等。人们还常常指责工业破坏了环境。其实，工业是保护和改善人类居住环境的经济基础。如果没有工业，人口密集的我国不可能保持青山绿水，荒凉贫瘠的土地难以成为适合人群居住生活的地方。有了发达的工业，保护和改善环境才能成为现实和可行的目标。

工业增长还是解决最大的民生问题——就业的最有效方式。在现阶段，工业发展的民生意义具有根本性和基础性。新中国成立 65 年来的工业化，使数亿中国人能够越来越多地享受工业文明的成果；但 13 亿中国人中的大多数（主要是农民）仍在期待着工业文明的到来，期盼着工业文明带来的福利。从这个意义上说，工业化不仅仍然是我国经济社会发展的主题，而且是最大的民生事业。

可见，从我国工业化的性质和进程可以看出，工业化仍然具有广阔空间，这决定了我国经济增长的乐观前景。因此，只要科学认识产业发展的方向和路径，就可以树立起克服国际金融危机的信心。中国应对金融危机的表现也表明了，工业增长和发展对于摆脱危机冲击具有关键作用。

摆脱国际金融危机的过程，大体将经历四个阶段：第一，政府实施宏观经济刺激政策，稳定宏观经济供求，遏止经济下滑。第二，越来越多的企业在经受危机冲击后，完成调整过程，适应变化的环境，恢复和提升竞争力，逐步进入良性经营状态。第三，部分产业出现增长回升并趋于稳定，相关经济部门（房地产、股市等）恢复常态。第四，国际市场景气回升，经济增长进入“新常态”。世界之所以对我国抱有很高期望，主要就是因为，不仅在第一个阶段而且在第二和第三个阶段，我国都可以发挥重要作用。很显然，其中工业和工业企业包括中小企业将发挥关键性作用。当然，政府的经济刺激政策也发挥了很大作用，一方面遏制了经济过快下滑，另一方面也导致了许多新的矛盾和问题。

可以说，摆脱国际金融危机的过程，就是我国工业进一步增强和发挥国际竞争力的过程。从根本上克服国际金融危机和世界经济衰退的不利影响，归根到底依赖于工业国际竞争力的进一步提高。

——经历国际金融危机，我国占世界经济的份额（以 GDP 或者国际贸易总额计算）显著提高。2009 年，我国成为世界第一出口大国。2010 年成为世界第二大国家。

——中国从自由贸易的被动接受国成为积极捍卫国。过去举着“自由贸易”大旗并动辄指责我国违反自由贸易原则的国家，将不得不承认我国以极大的努力执行和维护了自由贸易原则。

——我国基础设施实力将大大增强。在应对危机中，我国超常规地加大基础设施建设投资，将成为基础设施最雄厚、投资和发展条件最优越的国家之一。世界资本、技术和人才进一步大规模地流向我国。

——资源环境压力在短期内得到一定程度的缓解。一些在资源严重供不应求、资源价格高涨时期办不成的事，现在也许正是解决问题的难得良机。同时，国际资产价格大幅度调整，为已经积累了一定实力的我国经济特别是给一些具有相当优势的我国企业提供了国际战略选择的机会。

——我国产业和企业的国际竞争力将显著增强。经历国际金融危机的“精洗”，我国产业将具有更强的国际竞争力。具有世界影响的我国企业数量大量增加。2013年，中国进入世界500强的企业达到95家。其中，当年新进入公司18家，数量在所有国家和地区中排在第一位。2014年，中国进入世界500强的企业达到100家。

无论是应对国际金融危机，还是实现经济长期发展，我国工业都有大有作为的空间。其中的核心问题是，我国工业必须在不断提升国际竞争力的过程中实现关键性的创新突破。

形成节能和节约资源的技术创新机制。其中特别要形成高度外溢性（公益性）的技术创新机制，以解决工业发展的资源环境约束问题。现代产业体系的特点是：大规模创造和高效率地利用资源，实现长期可持续发展；以发达的工业技术为基础，使地球上更广大的空间成为适合人类生存的环境。

建立产业升级的创新机制。在现阶段，中国没有“夕阳产业”，应实行全方位的产业发展战略。产业升级的意义不仅仅是产业间升级，更重要、更具有普遍意义的是产业内升级，即工艺升级、价值链升级、产品质量升级，以形成“精致制造”的工业素质。因此，明确产业升级的方向是重要的，但更重要的是正确选择产业升级的可行路径。我国的产业升级不是简单的“低端—高端”替代过程，而是沿着竞争力优选路径（不断形成更具竞争力的产业）推进。

实现技术创新和商业模式创新的有效结合。应形成有助于企业实现技术创新和商业模式创新有效结合的制度环境。例如，光伏产业、新能源汽车、环保产业等的发展都需要有效的制度安排。因为，工业创新只有以商业投资信心为基础，才能成为可持续和高效率的活动，成为推动工业持续增长和发展的动因。

总之，这次国际金融危机具有深刻的产业经济根源。我国坚实的产业根基和广阔的工业化空间，是我们可以率先摆脱危机的可靠基础和有利条件；而进一步增强产业国际竞争力特别是进一步发展壮大工业，是我国经济摆脱国际金融危机不利影响并长期保持平稳较快发展的关键。我国工业经历过市场竞争的风浪，不仅可以成为抵御危机的中流砥柱，而且能够发展成为更强大、更高效、更清洁的现代工业体系。

第7章　中国工业的转型升级

中国工业结构调整和升级一直是个备受关注、多次写入政府文件的问题。工业化本身就会使经济结构产生剧烈变动，发生显著的结构不平衡甚至严重失衡现象，因而人们在主观上特别渴望实现平衡的发展时期。转变发展方式成为全社会最重大的问题。由于中国仍然处于工业化时代，所以，作为转变经济发展方式最重要内容之一的工业转型升级，具有极为关键的意义。

一、工业转型升级是转变经济发展方式的关键

作为13亿人口的超大型国家，65年来，尤其是从20世纪70年代末以来的加速工业化，不仅彻底改变了中国的面貌，而且极大地改变了世界经济和地缘政治的基本格局。中国以极大的勇气和“血拼”的方式，不仅全面接受世界市场的竞争规则，实行全方位对外开放，而且主动融入经济全球化体系，从而实现了令世界惊叹甚至“不可思议”的巨大成就。

但是，天下没有免费的午餐。当我们享有了经济发展成就的时候，也不能不看到，饥不择食地沿着西方早期工业化技术路线和竞争方式推进的中国工业化进程，也付出了极大的代价。那种导致严重的不平衡及对资源环境的过度消耗和损害的传统工业化道路是不可持续的，因此，必须实现经济增长方式和发展方式的转变。

转变发展方式是一个涉及经济、社会、政治、文化以至全体人民的思维方式和生活方式的深刻变化过程，而工业转型升级则是其关键。因为，中国目前和相当长一段时期将处于工业化时代。实际上，全世界在总体上也将长期处于工业化时代。由西方工业化先行国家所“锁定”的工业生产技术路线的优点和缺陷，以及与此直接相关的生活方式，将继续向世界其他国家扩散。工业生产和工业社会的基因和“中轴原理”，仍然是我们所处时代的经济机理的决定性力量，并决定着社会上层建筑的基本性质和主要特征。因此，从一定意义上可以说，所谓发展方式的转变，其核心就是工业化技术路线的优化和运行体制机制的转变。

到“十一五”期末，中国工业化进程显著地达到了一个阶段性的转折点，并面

临着下一阶段新的战略机遇期。“十二五”时期，贯彻科学发展观是主题，转变发展方式是主线。而能否实现工业转型升级，则在很大程度上决定着能否实现发展方式的转变。

“十一五”时期，中国（除了很少数欠发达地区外）在总体上进入了工业化中期阶段，并跨入了“中等收入”国家行列。特别是，由于中国巨大的经济规模和人口数量，在这一时期，在许多总量指标上中国“轻而易举”地一跃而占据世界前列：成为世界第一大出口国、以GDP计算的世界第二大（仅次于美国的）经济体、大多数主要工业品产量居世界第一……不仅如此，中国经济的结构性质也发生了极大的变化，完全是一个今非昔比的新时代。

在工业化初期，中国具有许多与大多数不发达国家相同的现象：资金和外汇短缺、人口二元结构下的劳动无限供应、技术落后因而模仿空间巨大、基础设施和工业配套能力较弱等；同时，中国也有一些自己的国情特点，例如，从计划经济过渡而来的短缺经济特征以及与此相关的市场宽容。这一时期，中国工业的最大特点就是各行业生产能力和生产规模的快速扩张。20世纪80年代以来，从轻型加工业的率先快速增长，到重化工业的更快增长。“十一五”时期，重工业加速增长的势头更加强劲，直到这一时期的最后一年2010年，轻工业增长13.6%，重工业增长16.5%。而且，重工业快速增长的趋势将至少继续延续到“十二五”时期。总而言之，工业化初期向中期转变的重要特征之一就是工业结构的显著重型化和高度复杂化（如经济学家所说的“具有更大的迂回性”）。

一般发展中国家进入工业化中期后都会表现为资金和外汇短缺现象的缓解，而我国经济进入工业化中期后更突出地表现为资金供应和外汇储备的异常充裕。同时，由于工业技术水平的迅速提高而日趋接近国际先进水平，技术模仿的差距空间显著缩小；大规模投资建设使得基础设施显著改善，工业生产的配套能力明显增强，这一切都使中国工业不仅在规模上，而且在结构上和技术素质上都越来越具有“成熟”特征。这种“成熟”特征甚至表现为，“产能过剩”成为突出并具有普遍性的结构现象。而在工业品市场供需关系上则形成了绝大多数传统工业品市场日益趋向饱和的格局。如果说从20世纪90年代后期开始中国从卖方市场转变为买方市场，那么，直到经历本次国际金融危机，中国最终全面摆脱短缺经济特征，并实现了市场供需关系从短缺向供应全面过剩的转变。在这一意义上可以说，到“十二五”时期，我国工业在总体上进入了趋向成熟的工业化中期阶段。

工业化中期的显著特征之一是国民经济达到中等收入阶段。2010年，中国国内生产总值397983亿元人民币（见图7－1）；如果按照购买力平价计算，中国的GDP

甚至已经越来越接近美国，有专家①和国际组织（IMF）甚至估计，到2015—2016年前后，中国的GDP将超过美国；即使是较保守的预测，在10～20年之内中国的GDP也一定会超过美国。即使是按现行美元汇率计算，中国人均国民生产总值也已达4000美元；而如果按购买力平价计算，则已超过8000美元甚至更高。无论按何种计算方法，按照世界银行的标准，中国都已经达到中等收入国家（地区）的水平。在这一阶段，尽管我国人口数量巨大，劳动资源丰富，但也明显地出现了进入中等收入阶段所具有的劳动供需特征。“十一五”和“十二五”时期之交，中国劳动市场结构性转换的突出表现似乎有点“突如其来”和“出人意料”（例如，出现引人瞩目的“民工荒”和“招工难”现象），其实，这正是进入中等收入阶段的必然表现。因为，同低收入阶段不同，中等收入阶段的劳动者将越来越不再“饥不择食”地接受就业岗位和工作条件，而越来越会“挑挑拣拣”，甚至“挑肥拣瘦”。农村生活条件的改善和农民收入的提高，也显著增加了民工到工业企业就业的机会成本。于是，单方挑选和单方出价的劳动市场，逐渐转变为双方选择和双方协商的劳动市场。其市场信号反映的就是：劳动工资水平的明显提升，不仅劳工自身而且全社会对劳工权益的关注更高。

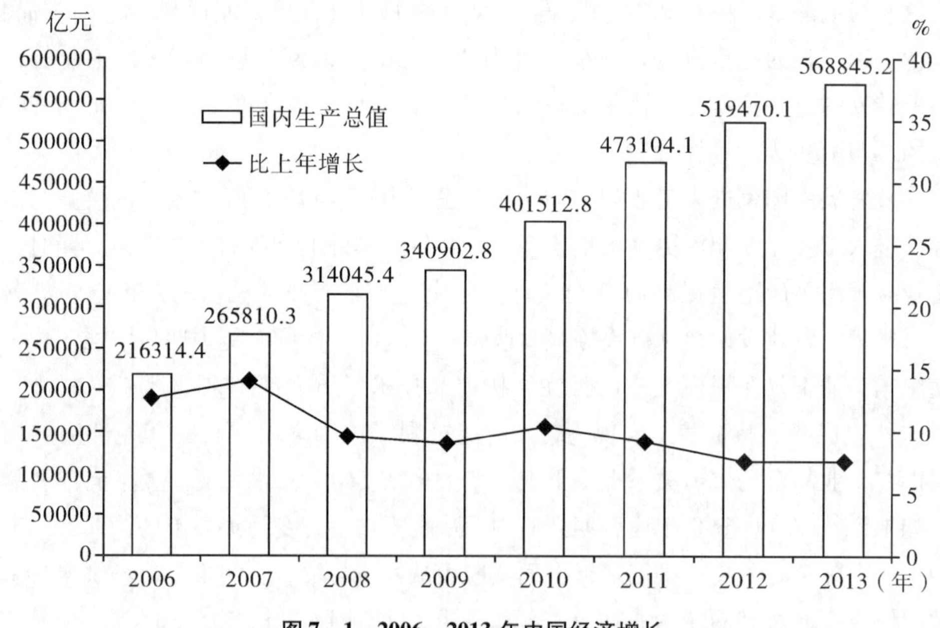

图7－1　2006—2013年中国经济增长

资料来源：《中国统计年鉴（2013）》；2013年的数据为国家统计局数据库最新数据。

① 参阅［英］安格斯·麦迪森：《中国经济的长期表现——公元960—2030年》，上海人民出版社，2008年版。

总而言之，中国工业化进入中期阶段，2010 年，全部工业增加值达 160030 亿元。进入这一新的工业化阶段，工业生产能力、技术水平、劳动工资状况、基础设施条件，以及市场供求关系等的一系列显著变化，促使工业结构在向重化工业倾斜的基础上，进一步向制造业的更复杂部门以及产业链的更高环节转型升级。从这一角度观察，中国工业发展既有继续追赶发达工业国的内容，又越来越具有必须走向更加依赖自主创新道路的表现；既有继续完成工业化不可逾越阶段的历史过程的内容，又越来越具有成为世界制造业领先者的表现。简而言之，中国工业已经从幼稚时期进入成年时期，转型升级是成长的必然，必须从工业化初期的工业结构体系向适应工业化中后期的工业结构体系转变。

二、资源环境约束下的技术路线转换

“十一五”时期，中国工业发展的一个突出特点是资源环境约束的压力越来越大。这种压力不仅来自市场供求关系和资源价格的不断上升，来自社会舆论和民众呼吁，而且也来自国际社会对中国的抱怨。实际上，中国工业发展自身也要求向着更节约和更有效利用资源特别是化石能源，更重视环境价值和更快地提高环境保护标准的方向转型升级。“十一五”规划的一个约束性指标是全国万元国内生产总值能耗下降 20%，确定这一目标表明政府节能减排的决心。5 年中，尽管做出了很大努力，个别地区甚至采用了“拉闸断电”的不适当行政手段，但“十一五”期间全国万元国内生产总值能耗下降 20% 的目标仍然未能圆满完成（与规划目标相比还差不足 1 个百分点，即 19.1%）。这表明，节能环保不仅是企业决策问题、政府决心和管制强度问题，更是一个工业技术路线的转换过程。而工业技术路线的转换是不可能一蹴而就的。

工业技术路线的转换，不仅需要新技术的突破，而且必须付出很大的成本和经历相当长的时间。以汽车为例，汽车是以化石能源为基础的工业技术路线的典型产业。由于化石能源特别是石油的丰富、安全和经济，以消耗石油（汽油或者柴油）为燃料的汽车发动机是汽车制造的技术路线的核心。于是，围绕这一工业技术路线，汽车工业不仅形成庞大的汽车制造业，而且形成了采油、炼油、输油、加油等庞大的基础工业和基础设施网络（加油站、公路、桥梁等）。现在，由于资源环境约束的增强，除了最大限度地生产节油型汽车之外，还要研制生产新能源汽车。而新能源汽车意味着汽车生产技术路线的重大转换。为此，需要付出怎样的代价经历怎样的过程呢？在考察一家在新能源汽车研制方面具有相当优势的制造企业时我们看到：一辆石油燃料的汽车出厂价不足 10 万元，即使是相当漂亮的 SUV 型汽车价格也仅为 10 万 ~15 万元。而一种投入城市出租汽车市场的双动力（电动和汽油电力）车，售价高达30万元。为推广这种汽车，尽管中央财政补贴6万元，省财政补贴6万元，客户也得支出18万元，这大大高于相同等级的汽油或柴油动力车的价格。可见，为了实现技术路线的转换，不仅生产企业要付出极大的努力，政府（实际上是广大纳税人）和使用者也必须承担很大的代价。只有当技术进一步成熟，在政府和购车者及消费者持续付出代价的基础上不断扩大生产和销售规模，从而逐步降低售价；同时，建立起新能源汽车的基础设施（充电、蓄电），才能真正实现汽车生产的技术路线转换。这是一个巨大的历史变迁。当前，整个世界仍然处于化石能源时代的巅峰时期，化石能源的经济优势仍然非常强大。其实，在上述例子中，汽油车转为双电力（或混合电力）车，还只是以电力部分替代燃油，而作为二次能源的电力，其一次能源仍然主要是化石能源——燃煤。所以，即使双动力或混合动力发动机替代了燃油动力发动机，汽车工业技术路线转换也还只是完成了一半。可见，尽管向以替代化石能源的新能源为基础的工业技术路线创新正在上路，但未来的道路仍然漫长，目的地还很遥远。

要更大程度地实现工业技术路线的动力转换，就要实现一次能源结构的转换，即用非化石能源替代化石能源，这一过程将取决于更具决定性的技术进步。例如，太阳能技术目前只能达到15%～17%的转化率，风能的更大利用仍然存在一系列技术难点，核能利用在我国短期内难以达到较高比重，而且，2011年3月11日的日本大地震对核电站的安全再次提出疑虑和更高要求。中国的自然资源条件决定了，在当前和相当长的时期内，煤炭仍是最主要的能源。与“十五”时期相比，“十一五”期间煤炭消费的比重并没有下降，非化石能源的比重也无明显提高（见表7－1）。这些都表明，我国仍然处于化石能源时代的巅峰时期。确保化石能源的供应安全、节能和化石能源的清洁化，是现阶段我国能源战略的重要内容之一。

表7－1　2001—2013年我国能源消费总量及构成

年份	能源消耗量（万吨标准煤）	占能源消费总量的比重（%）			
		煤炭	石油	天然气	水电、核电、风电
2001	150406	68.3	21.8	2.4	7.5
2002	159431	68.0	22.3	2.4	7.3
2003	183792	69.8	21.2	2.5	6.5
2004	213456	69.5	21.3	2.5	6.7
2005	235997	70.8	19.8	2.6	6.8
2006	258676	71.1	19.3	2.9	6.7
2007	280508	71.1	18.8	3.3	6.8
2008	291448	70.3	18.3	3.7	7.7

续表

年份	能源消耗量（万吨标准煤）	占能源消费总量的比重（%）			
		煤炭	石油	天然气	水电、核电、风电
2009	306647	70.4	17.9	3.9	7.8
2010	324939	68.0	19.0	4.4	8.6
2011	348002	68.4	18.6	5.0	8.0
2012	361732	66.6	18.8	5.2	9.4
2013	375000	66.0	18.4	5.8	9.8

资料来源：《中国统计年鉴（2013）》；2013 年的数据为国家统计局数据库最新数据。

当然，尽管工业技术路线转换是一个相当艰难并且必须付出很大代价的过程，但这毕竟是一个面对资源环境约束条件越来越严酷的现实挑战而必须完成的过程。人类没有别的选择！

在当前，除了探索资源替代的新出路之外，更为现实的是，还要做极大的努力实现从以资源比较优势和以化石能源为基础的技术路线，向更符合节能环保要求的工业技术路线转换。在这方面各工业部门都有很大的技术创新空间。例如，原为高耗水、高耗电的钢铁工业生产技术变为节水、节电的钢铁工业生产技术，不仅在技术上是完全可行的，而且在经济上也是可以全面推广采用的。“十一五”期间，我国工业生产的自然资源及能源节约技术有了显著提高。2010 年，全国万元国内生产总值用水量 190.6 立方米，比上年下降 9.1%。万元工业增加值用水量 105.0 立方米，下降 9.6%（“十一五”时期，单位工业增加值用水量累计下降 36.7%）。万元国内生产总值能耗下降 4.01%。

从“十一五”时期看，我国单位国内生产总值及单位工业增加值的能源消耗量都在持续下降（见表 7－2、表 7－3，图 7－2、图 7－3）。而且，其下降速度明显快于“十五”时期。工业是最大的商品能源消费部门，“十一五”时期规模以上企业单位工业增加值能耗下降了 26%（显著高于全国单位 GDP 能耗的下降幅度），对全国单位 GDP 能耗的下降做出了很大贡献。这表明，尽管节能减排的任务仍然非常艰巨，但我国工业的能源利用效率正在显著提高，转型升级步伐正在加快。

表 7－2　2001—2013 年我国单位 GDP 能耗

年份	能源消费总量（万吨标准煤）	GDP（亿元）	万元 GDP 能耗
2001	150406	109655	1.37162525
2002	159431	120333	1.324918358
2003	183792	135823	1.353173945

续表

年份	能源消费总量（万吨标准煤）	GDP（亿元）	万元 GDP 能耗
2004	213456	159878	1. 335115126
2005	235997	184937	1. 276089576
2006	258676	216314	1. 195834693
2007	280508	265810	1. 055293679
2008	291448	314045	0. 928044997
2009	306647	340903	0. 899514879
2010	324939	401513	0. 809287151
2011	348002	473104	0. 735571086
2012	361732	518942	0. 697056704
2013	375000	568845	0. 659230303

资料来源：《中国统计年鉴（2013）》；2013 年的数据为国家统计局数据库最新数据。

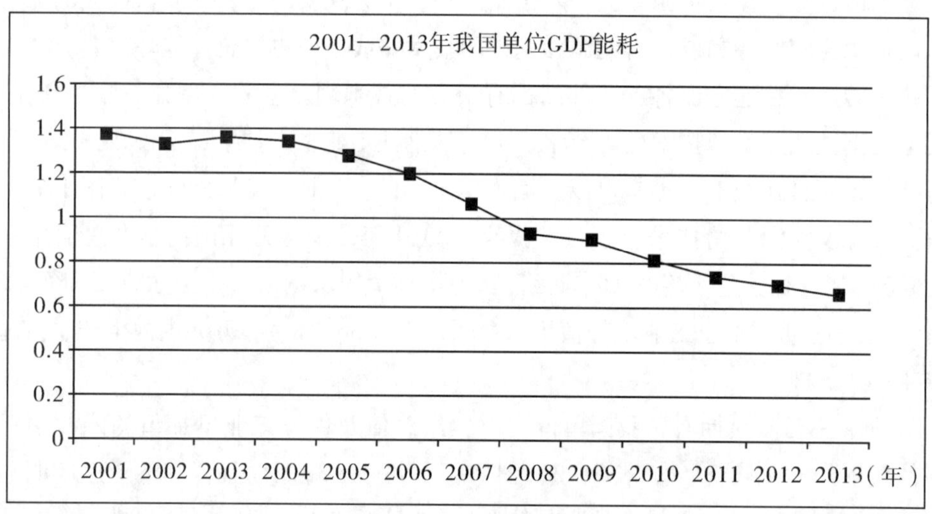

图 7－2　单位 GDP 能耗（2001—2013 年）

表 7－3　2001—2012 年单位工业增加值能耗

年份	工业能源消费总量（万吨标准煤）	工业增加值（亿元）	万元工业增加值能耗
2001	107138	43581	2. 458377141
2002	113600	47431	2. 395051707
2003	131168	54946	2. 387235504
2004	152507	65210	2. 338697130
2005	168724	77231	2. 184666916

续表

年份	工业能源消费总量（万吨标准煤）	工业增加值（亿元）	万元工业增加值能耗
2006	184945	91311	2. 025446787
2007	200531	110535	1. 814190959
2008	209302	130260	1. 606799972
2009	219197	135240	1. 620801841
2010	232019	160722	1. 443601299
2011	246441	188470	1. 307586162
2012	252463	199671	1. 264395981

资料来源：《中国统计年鉴（2013）》。

图 7－3　单位工业增加值能耗（2001—2012 年）

可以预期，“十二五”时期，我国工业节能减排和发展新能源的转型升级速度将进一步加快，通过创新而实现工业技术路线的转换将成为更多工业企业的努力方向。经过改革开放 30 多年来的持续增长，中国工业已经积累起了巨大的实力和能力，特别是，工业企业技术素质的显著提高和国际竞争力的增强，使得在越来越严峻的资源约束条件下实现工业技术路线向节能环保和新能源、新材料方向转换具有了现实可能性。值得一提的是，据报道，中国已经成为全世界开发新能源投资最大的国家。在这方面，中国工业的转型升级速度可能再次超过人们的预期，就像中国工业以超人预期的速度进入工业化中期以及中国经济以超人预期的速度进入中等收入阶段一样。总之，资源约束尽管对中国工业发展造成了一定的困难，但也可以成为促进中国工业转型升级的压力，而不会成为阻止中国工业继续快速增长不可逾越的障碍。

三、现代工业经济体系的发展

工业历来具有革命性转变的特点，即在连续发展一定时间后发生突变，在新的科学发现和技术发明的基础上，整个工业技术性质特征和工业结构随即发生巨大变化，史称第一、第二、第三次“工业革命”。所谓工业革命，实际上是传统工业（包括工业化之前的工业和工业化发生过程中的工业）技术发展到巅峰时期，新的工业技术全面采用，成为新的经济增长点和国民经济新的主导产业和支柱产业。那么，我们当前是否处于又一次新的产业变革的历史时期呢？更尖锐的问题是，工业发展到今天，是否还有前途？中国越来越多的工业部门或者工业制造环节将成为“夕阳产业”而不得不转移到其他国家，走向“去工业化”的方向吗？一些发达国家曾经就是这样认为的，即当建立了发达的工业体系，产业体系的发展就会向后工业化时代转型。而后工业化时期就是具有工业逐渐萎缩、服务业在国民经济中占绝大部分的特征。但是，这些发达国家也始终有一种忧虑：工业特别是制造业的萎缩是否会导致国家产业竞争力的衰弱（出现“产业空洞化”现象）？在这次国际金融危机中，美国“再工业化”和“重振制造业”的呼声再次强烈，并且成为政府经济政策的重要战略意向。它们的教训值得我们汲取。

对此，中国工业发展面临必须科学判断和做出重大战略抉择的问题：中国工业已经发展到一些工业部门成为“夕阳产业”的阶段了吗？当建立了庞大而完整的工业经济体系后，下一步的方向是放弃工业（去工业化）还是继续发展新兴工业？

所有的统计数据和可以观察到的经济现象都表明，就全国而言，目前，中国工业没有“夕阳产业”，从最传统的工业部门到先进制造业的各个部门，所有的工业部门在中国都仍然有很大的发展空间。统计数据显示，2010年，我国全年规模以上工业中，农副食品加工业增加值比上年增长15.0%；纺织业增长11.6%；通用设备制造业增长21.7%；专用设备制造业增长20.6%；交通运输设备制造业增长22.4%，其中汽车制造业增长24.8%，铁路运输设备制造业增长25.4%；通信设备、计算机及其他电子设备制造业增长16.9%；电气机械及器材制造业增长18.7%。六大高耗能行业比上年增长13.5%，其中，非金属矿物制品业增长20.3%，化学原料及化学制品制造业增长15.5%，有色金属冶炼及压延加工业增长13.2%，黑色金属冶炼及压延加工业增长11.6%，电力、热力的生产和供应业增长11.0%，石油加工、炼焦及核燃料加工业增长9.6%。高技术制造业增加值比上年增长16.6%。几乎所有工业行业的增长率都高于国内生产总值10.3%的增长率。这表明，工业在国民经济中的比重即使不提高也不会显著下降（当然，由于服务业的价格上涨较快，所以，在以现价计算的三次产业结构中服务业的比重可能上升）。当然，由于土地资源稀缺和要素价格上升等原因，有些地区可能已经没有一般加工制造业的扩张空间，必须“腾笼换鸟”。但是，这些制造业还正是其他地区极为需要和欢迎的产业。例如，作为代工企业的富士康，在深圳地区没有进一步发展的空间，却受到中西部地区的极大欢迎。可见，现在谈论中国的“夕阳产业”，制造业向其他国家大规模转移，还为期过早。所以，中国工业转型升级的意义决不在于“放弃”，而在于“强化”。向更加发达的工业体系发展，使各工业部门（包括传统产业和高技术产业）都进入世界先进水平，是中国工业体系变革的迫切要务。

放弃工业意味着放弃技术创新的产业载体和工业技术路线极点延伸的前景（我国最发达的地区也不应放弃工业作为），所以，当传统工业发展到发达水平，市场需求扩张空间有限，特别是当经济增长缺乏新的主导和支柱产业时，战略性新兴产业的发展就成为尤其重要的任务。这实际上是各个发达国家也正在面临的难题。当工业扩张到较大规模，工业制造成为高度发达的产业，必然进入现代服务业加快发展的阶段。但即使那样，作为一个大国，也不能走上“去制造业”的道路，制造业是一个大国永远不能消亡也不该衰落的产业，否则，将失去技术创新的载体，必然会导致整个国家失去竞争力。

所以，向现代产业体系转型升级，绝不是放弃传统工业而另搞一个标新立异的产业体系。在现阶段，发展现代产业体系实质上是要在基本完成初期工业化之后，建立向工业化中后期推进所要求的更先进和更发达的产业体系，其中，传统工业的各个部门都有很大的技术升级空间。我们看到，在“十一五”期间，人们所说的传统工业特别是传统重化工业增长强劲，成为中国经济增长的主要推动力。而进入“十二五”时期，中国工业化必须在此基础上继续推进。当然，如前所述，中国工业化的技术路线也必须适时转换。总之，“十二五”时期相对于“十一五”时期，中国工业转型升级既有连续性，也有非连续性。连续性主要体现为工业化将继续快速推进，各工业部门将实现全面技术升级；非连续性则主要表现为将走向新型工业化的道路，并寻求重大核心技术创新基础上的工业技术路线优化。所以，所谓的建立现代产业体系，也就是走新型工业化道路，形成体现新型工业化性质的产业体系。

首先，实施资源战略的重大调整。包括：①能源战略。必须实现能源生产结构和消费结构的调整，即推动能源生产和利用方式变革，构建安全、稳定、经济、清洁的现代能源产业体系。一方面，在确保能源安全供应的基础上推进传统能源清洁高效利用；另一方面，加快新能源开发，逐步推进可再生清洁能源对化石能源的替代。②土地和矿物资源战略。更有效和有节制地发挥“土地是财富之母”的作用，做到土地资源的科学规划、集约开发、兼顾各方、合理利用。同时，更科学和合理地开发利用战略性矿物资源，使现代产业体系具有长期稳固的物质资源基础。③发展海洋经济，为工业化拓展更广阔的地理空间和资源条件。坚持陆海统筹，制定和实施海洋发展战略，提高海洋开发、控制、综合管理能力。科学规划和合理开发利用海洋资源，发展海洋油气、运输、渔业等产业，保护海岛、海岸带和海洋生态环境。保障海上通道安全，维护我国海洋权益。

其次，形成更加合理的三次产业结构和实现三次产业之间的有效互动。包括：①提升和优化工业特别是制造业结构。加强制造业的集约化、清洁化和精致化程度，并且形成大、中、小型制造业企业的有效竞争、分工和合作的产业组织结构。②加快发展服务业，包括生产性服务业和生活性服务业。在建立发达制造业的基础上，逐步提高服务业在三次产业中的比重，提高现代服务业在整个服务业中的比重，提高生产性服务业在现代服务业中的比重。推动特大城市形成以服务经济为主要比重，以高端制造业特别是高端制造业的核心技术创新实体为精髓的产业结构。③形成第一、第二、第三产业之间的合理分工和有效互动。第一产业是第二、第三产业发展的重要物质基础，而且第一产业的现代化也是第二、第三产业现代化的前提。第二产业要为第一、第三产业提供技术支持，同时也是第一、第三产业市场需求的重要来源之一。第三产业不仅是第一、第二产业的基础条件，而且要为第一、第三产业提供高效率的综合运输体系和信息传送系统，更要为第一、第二产业的高效化、品牌化和延伸化提供必要的支持条件。

最后，培育发展战略性新兴产业。重点培育发展新一代信息技术、节能环保、新能源、生物、高端装备制造、新材料、新能源汽车等产业，加快形成先导性、支柱性产业，拓展产业发展的更大空间和更广阔前景。目前，不仅中国这样的新兴工业化国家需要培育发展战略性新兴产业，而且美国等发达国家也迫切需要发展新兴产业。可以说，全世界都在盼望着一个关系到能否实现持续经济增长最关键问题的答案：哪些新兴产业，而且是在多大程度上，可以接替传统产业成为未来的主导产业和支柱产业？在应对这一战略问题的严峻挑战上，中国和发达国家站在十分接近的起跑点上。因此，中国工业通过转型升级，将向着世界最先进的工业高地迈进。这正是“十二五”时期中国工业转型升级的重大历史意义，有可能成为中国工业化历程中又一个具有标志性意义的里程碑。

四、企业战略转移

工业转型升级不仅仅表现在工业结构和工业体系的总体特征的变化上，更深刻地发生和体现在所有工业企业的战略抉择和战略走势上。在如前所述的经济发展阶段、资源环境条件和产业结构体系发生重大变迁的大背景下，所有工业企业的生产经营条件都正在和将要发生极大的变化。其直接表现就是，工业生产的要素成本不断上升，各类工业品市场更趋饱和，越来越多工业领域的利润空间被严重挤压。工业企业普遍感觉实业经营越来越艰难，除非实现向高附加值的产业领域或者产业链环节转移。

观察企业转型升级同讨论整个工业的转型升级不尽相同。当我们讨论整个工业的转型升级时，主要是在整体意义上关注其结构变化和总体演变方向，可以描述出一个大体一致的基本特征。而企业是多种多样的，遍布于各行各业、各个不同的地区。所以，企业群体转型升级的战略转移是多方位，而不可能是所有企业的“齐步转”。企业类型的多样化和经营战略选择的各具特色，决定了它们的转型升级只能是“八仙过海，各显神通”，而“绝没有两个完全相同的成功企业”。如果一定要说所有工业企业会有什么共同的行动方向，那么，向产业链的高附加价值端攀升可能是其群体行为的共性之一。至于产业链的哪个附加价值端更高，各个企业通过转型升级可以或应该进入哪个具体的产业链环节，则是各有各的选择，各有各的招数。当然，节约能源资源、更高标准地保护环境，是所有工业企业在做出战略选择时的“必选项”，或“必答题”。

观察“十一五”期间的工业企业转型升级战略，预见其“十二五”时期的新动向，各工业企业至少可以有以下几种转型升级的可选择方向：

第一，一些企业将生产能力在区域间进行转移，例如，加工制造业从东部沿海地区向中西部地区转移，采矿业向新探明储量地区转移。典型的案例包括富士康、华能集团等。这些企业的战略基本上体现了以寻求区际比较优势为基础的规模扩张方向。它们是中国现阶段工业化地区梯度推进的顺势而进者，也可以说是一种“顺势而进”的企业经营战略。而在向中西部地区推进的过程中，技术水平，特别是环保技术必须有显著提高，以适应中西部地区生态环境的要求和不断提高的产品和环境质量标准。这种企业转型升级方式可以称为“基于比较优势的空间转移战略”。

中国社会科学院工业经济研究所工业运行课题组的一份报告表明①，工业企业向中西部地区转移的速度正在明显加快。当前，适合于中国国情的产业结构应当具有高度多样性和区域梯度性，并且能够解决大量低层次劳动力就业问题。在不会造成严重环境损害和大量资源消耗的基础上，几乎任何一种技术水平的产业在中国都能够找到适合其存在的地区空间。在东部，很多发达地区已经进入工业化中后期，一些劳动密集型产业会因为生产要素价格的上升而失去竞争优势。而在中西部地区，工业化刚刚

① 中国社会科学院工业经济研究所工业运行课题组：《2011年中国工业经济运行形势展望》，《中国工业经济》，2011年第3期。

进入中期，甚至还是在初期，承接东部的产业转移有利于自身资本的积累，完善产业基础，提高经济发展速度。许多劳动密集型产业对于解决就业有着十分重要的意义，而且在未来很长的一段时间里，劳动密集型产业将仍然是中国在全球市场中十分具有国际竞争力的产业。一些低技术，但并非高污染、高耗能的劳动密集型产业的长期存在具有客观必然性。

国际金融危机发生以前，受人民币升值、出口退税下调、土地资源紧缺、劳动力成本上升、资源环境约束趋紧等因素的影响，东部地区向中西部地区的产业转移速度已经开始加快，大量的东部企业到中西部地区投资，将企业的加工制造环节转移到中西部地区。国际金融危机后，即2010年以后，东部地区生产要素成本上升的问题更加凸现出来，“民工荒”“招工难”成为困扰东部企业的突出问题。一些劳动密集型产业由东部地区向中西部地区转移的速度将会进一步加快。

除了劳动密集型工业企业加快向中西部地区转移之外，由于中西部一些地区进入以资源开发为重要特点之一的工业化阶段，资源勘探的速度加快，探明储量增加，在我国经济发展对能源资源的需求十分旺盛的条件下，许多能源和矿业企业也大举向中西部地区转移。

第二，不断将主业产品的整个制造产业链做强，将技术、工艺、质量和售后服务做精，成为业内最具竞争力的专业化生产企业，如湖南的三一重工、中联中科等。再如比亚迪汽车，其升级战略的方向是力图实现汽车制造全产业链在集团内的一体化，即力图掌握汽车制造全产业链的技术，以此形成本企业汽车制造的更强竞争力。企业转型升级的这种方式可以称为“基于全制造产业链技术优势的一体化战略”。

第三，在产业链的各细分环节中成为持续保持分工优势的专业化制造企业。例如，许多中小型制造企业发展为专业化和工艺水平很高的优秀企业，成为各行业中的“隐形冠军”。在经济全球化条件下，一个产品的生产分工体系中涉及许多合作厂商，甚至形成“世界制造”（部件制造分布于多个国家）的格局。一个企业只要能在分工体系中稳固地占据一个或数个环节，就可以成为行业中的佼佼者。目前，在许多制造业产业特别是在高技术产业体系中，中国企业还处于相当弱势的地位，只是由于产品最后在中国组装而打着“中国制造”的标记。例如，美国从“中国进口”的 iPhone 手机，中国企业在其总价值中的比重不足4%，产品却标注“中国制造”（同时标注“苹果公司设计”）。这同时也表明，在制造业的各个部门以至各种产品的生产领域中都存在着中国工业企业发展的巨大延伸扩展空间。当然，中国工业企业要进入这些制造空间绝非轻而易举，而是必须以技术、效率以及管理的更强竞争力为前提。所以，对于许多中国制造业企业，通过不断增强竞争力而进入全球分工体系中具有更高附加值的产业分工环节，是转型升级的可行途径之一。这样的企业转型升级方式可以称为

"向全球制造体系渗透的精致制造战略"。这种转型升级对于中国工业的强大具有决定性的意义，它体现了一个国家制造业在国际竞争中的"基本功"。

第四，通过跨行业投资而实现企业主营业务的全面转型。通常是，当企业在某一行业中发展到一定程度，积累了较强或一定的资金、技术、人才和管理能力，而在本行业中继续发展空间有限，或者发现了更有利的发展机会时，通过向其他产业投资而实现跨行业的战略转移，往往是（或者理想地是）进入技术和资本密集度更高的行业。其中，有的制造企业转型成为制造业和产业投资混合型企业，例如联想集团，其在计算机制造和产业投资两方面都取得良好业绩，已经不是一个单纯的计算机制造企业。再如江苏的远东集团，其主业生产电缆，同时以投资方式进入其他新兴产业。值得注意的是，也有的企业从工业进入农业领域，发展生态种植业或生态饲养业。因为这些企业看到在生活水平提高，但食品安全形势却十分严峻的条件下，人们将更关心食品安全和有益健康，所以，生态农业将有很大的发展前景和市场空间。可见，企业的转型升级战略的产业方向可以是多方位的。这样的企业转型升级方式可以称为"跨业转型战略"，其中又可分为"跨业经营转型战略" 和"跨业投资转型战略" 两种类型。

第五，工业企业实现以核心实体产业为基础的服务业化。例如一些汽车制造企业发展与汽车制造相关的金融服务业（汽车信贷）；一些工业企业进入银行、证券、物流等服务业；还有一些工业企业进入文化产业。这样的工业企业转型升级方式可称为"向服务业延伸的二、三产业互融战略"。

第六，顺应中国工业化进入重化工业强劲增长阶段的需要，向装备制造业特别是高端制造业领域推进。中国工业尽管已经具有相当大的生产能力，但装备制造业特别是高端制造业仍然同发达工业国有很大的差距。因此，中国要真正成为工业强国，必须在装备制造业和高端制造业的发展上有大的作为。这也就意味着，中国工业企业的转型升级在这一广阔领域中有很大的发展空间。这种企业转型升级方式可称为"向重型高端制造领域的顺势攀进战略"。

第七，在高技术和新兴产业中进入世界高端制造业竞争领域，例如华为、比亚迪等。还有众多太阳能、风能、核电、高端电子、生物工程等企业。这类企业又可采取从专业化分工的制造端进入、从组装端进入、从研发领域进入、基于某种制造业优势而进入新兴产业等不同的策略。向这一方向转型升级的关键是核心技术上的创新。这一企业转型升级方式可成为"进入高端、新兴产业的新技术突进战略"。

可见，中国工业企业的转型升级具有全方位、宽领域的特点。从总体上来说，中国工业企业的转型升级体现了中国工业化的推进和从要素推动向资本推动和技术创新转变的进步过程。各类企业转型升级的共同特点是更加依靠技术创新，尤其是基于自主知识产权的自主创新。当然，工业企业的战略选择中也有一些值得研究并引起很大争议的现象。

例如，不少工业企业进入了并非是“更先进”而是“更赚钱”的产业，这些产业成为这些企业重要的“非主营业务”，甚至成为一些工业企业主要的收入和利润来源，对利润微薄甚至亏损的主营业务（制造业产品）进行交叉补贴。在一个高端论坛上，一位著名的制造业企业家被问及这样的问题：“由于您的企业进行了大量的投资业务，您认为现在您的企业是制造业企业还是投资企业？您现在仍然是企业家还是已经成为投资家?”他未做明确回答，而是说：“我们可以用丰厚的投资收益来支持制造业的发展。”我们看到这样的客观事实：由于中国改革和发展路径的特殊性（渐进式改革和级差式发展），导致各行业的利润率差距极大，暴利和微利产业共存，所以，一些制造业企业为追求更大的利润而进入了高利润的（往往是具有垄断性的或政府管制较强的）传统产业，这成为一种很普遍的现象，甚至像奇瑞这样以发展自主品牌为理想的汽车制造企业也要投资鄂尔多斯的煤矿。因为，专家分析：奇瑞生产每辆车的净利润只有132元，而挖每吨煤的利润就有数百元。有报道称，在2010年9月的青岛住房交易会上，知名家电企业海尔带来了遍布全国的14个楼盘项目，包括住宅、别墅等多种类型；海信推出了13个新楼盘项目。还有众多家电业的优秀企业，例如格力、康佳、美的、TCL等也都进入了房地产业，原因是家电业的利润只有3%~5%，而房地产业的毛利率超过50%！[中国社科院发布的《中国住房发展报告(2010—2011)》说，2009年，中国房地产行业的平均毛利率为55.72%。]在沪、深两家证券交易所上市的除房地产、金融保险之外的全部18个行业中，都有业内公司涉及房地产业务。通过股权投资和关联企业直接涉足房地产业务的上市公司达802家，占1300多家A股上市公司的60.53%。① 这样的普遍现象是否可以称得上是制造企业的“去实业化”或者“逆升级”？这是一个非常值得观察和研究的现象。

这一现象的普遍存在至少表明，在现实条件下，一些传统产业仍然具有很明显的优势，或者较强的可获利性；工业企业的转型升级绝不像是在笔直而畅通的大道上行车，而是常常会曲折绕行，或者因受诱惑而改变方向，也不排除误入歧途的可能性。但是，无论如何，企业是在竞争中实现转型升级，寻求更高附加值产业和更高附加值产业链环节，是竞争所迫使的方向，而不是简单地走向理想方向的坦途。企业转型升级没有平坦的大道，只有在崎岖的道路上攀登，才能成为真正具有竞争力的强者。

① 宋厚亮：《民营企业：左右摇摆中疯长》，《领先》，2011年3月，总第44期。

五、寻求国际竞争力的新源泉

实现工业转型升级，发展现代产业体系，就是要在新的更先进的技术基础上全面提升各个产业的自主发展能力和国际竞争力。在经济全球化竞争格局下，国际竞争力是最具决定性的因素——生存、发展、安全，甚至国家统一和领土完整，都必须以产业国际竞争力为基础。如果缺乏国际竞争力，一切都无从谈起，也没有任何“战略”可言。当前，中国产业经济最迫切的问题就是，必须从主要依靠低价格的资源投入、低标准的环境保护和低水平的劳动报酬社会保障等为依赖的竞争力源泉，转变为主要依靠技术创新和制度优势为特征的新的国际竞争力源泉。也就是说，寻求和拓展产业国际竞争力的新源泉，是中国发展现代产业体系最根本的战略方向。

在寻求提升产业国际竞争力新源泉的过程中，必须坚持发挥市场基础性作用与政府引导推动相结合的基本原则。中国的产业经济具有政府深度参与，可以“集中力量办大事”的优势。实行指向性很强的产业政策是中国发展产业经济的惯常做法。因此，在发展现代产业体系的过程中，政府当然应发挥规划、引导和扶持的重要作用，但也绝不能忽视市场公平竞争而实施过度行政干预。发展现代产业体系归根结底必须以更完善的市场经济体制为基础。市场经济的基本性质决定了，发展现代产业体系必须以市场调节为基础，以公平竞争为原则，以有限政府为特征，以尊崇法制为规范。

提升产业国际竞争力离不开发挥比较优势，而比较优势的基础是比较成本。产业竞争的主题永远是成本竞争，即看谁能够以更低的成本生产和提供同样或更好的产品或服务。如前所述，中国已经越来越不能主要依靠低价格的资源、低标准的环保和低水平的工资福利来维持产业竞争力。那么，中国产业国际竞争力的新源泉在哪里呢？第一，近30多年来的投资建设大大加强了产业的基础设施条件，可以形成更发达的综合运输体系，如果能显著降低物流成本（目前，中国的物流成本远高于发达国家），则显然可以增强中国产业的国际竞争力。第二，如《中共中央关于制定国民经济和社会发展第十二个五年规划的建议》中所提出的，要“全面提高信息化水平，推动信息化和工业化深度融合，加快经济社会各领域信息化”。这也是提升中国产业成本优势的一个重要途径。第三，将传统劳动密集型产业发展为新兴劳动密集型产业，即在高新技术产业中以高素质劳动密集为要素特征的产业环节。第四，加快产业内结构升级，提高各产业的工艺技术水平，优化产业链效率。第五，进一步提高政府行政效率，改善实体产业的企业经营环境，降低企业的管制性交易成本。总之，形成中国产业新的成本优势是发展现代产业体系、提高产业核心竞争力的重要战略路径之一。

中国工业的转型升级是一个深刻的系统性变革过程，涉及技术、体制、利益、观念等各个方面，而其中最关键的因素是要形成自主创新，特别是有利于实现核心技术创新的体制机制。从一定意义上可以说，工业转型升级的实质就是要从资源驱动、资本驱动的工业增长方式，转变为创新驱动的增长方式。这是工业化初期与工业化中后期的重要区别之一。进入工业化中后期，中国的工业技术水平越来越接近国际先进水平。特别是，现代工业产品的生命周期显著缩短，即使是高技术产品甚至产业链的高端环节，也越来越成为具有充分竞争的领域。这就使得成本价格竞争与技术创新突破的关系密切相连，技术创新不仅是为了进入高附加值的产业，获取更高的收益率，而且也是为了实现低成本和低价格优势。工业生产的本质就是通过技术创新，使科学发明成为大众产品，即昨天的奢侈品成为今天的高端产品，今天的高端产品成为明天的大众消费品。汽车的普及、电视的普及、电脑的普及、手机的普及……这就是现代工业发展的逻辑。而支撑这一逻辑的关键就是不断的创新：以不断的创新进入新的生产领域，并且以不断的创新获得生产成本优势，总之，以不断的创新寻求增强国际竞争力的新源泉。

六、产业结构调整的战略方向

追求产业结构的平衡和合理是绝大多数经济体期望实现但又总是难以获得令人满意的效果目标，即使是被发展中国家视为判断产业结构状况参照系的发达经济体也常常不满自身产业结构的状况。我国产业结构调整更具有迫切性，因为，不平衡、不协调和不可持续的问题已经成为中国经济的突出矛盾。党的十八大将推进经济结构调整确定为现阶段最重要的战略任务之一，其中产业结构调整是其核心内容。

产业和产业结构是对复杂现实进行抽象而定义的概念。在现实中，各种经济活动是连续性的，其间并无截然分明的界限。为了进行经济分析，可以按照一定的分类原则将具有替代性或共同特点的生产活动归为某类“产业”，产业内各生产单位之间的关系称为“产业组织”；不同产业之间的关系就是狭义的“产业结构”。而广义的产业结构除了包括以上两种关系之外，还可以从技术特征上对生产活动进行分类，划分为“传统产业”“高技术产业”“新兴产业”；或者从生产要素特征上进行分类而划分为“劳动密集型产业”“资本密集型产业”“技术密集型产业”“资源密集型产业”；等等。

可见，所谓产业结构，实际上是按照一定的分类原则对各种各样的生产活动进行理论归类，进而观察和分析各类生产活动及其主体之间的关系，例如供求关系、竞争关系、投入产出关系等，还可以延伸到观察和分析各类产业活动同自然资源及环境之间的关系等。也就是说，观察和分析产业结构，实际上是对复杂现实进行抽象化分类和概念化构建，并借助于此而对经济活动关系进行观察研究。

在不同国家的不同经济发展阶段，对于产业结构的关注角度和重点是不同的。例如，发达市场经济国家，最关注的是同一产业内企业之间的关系，表现为对于垄断、竞争、集中度、企业行为、市场绩效、大中小企业关系等的重视。计划经济和发展中国家、新兴经济体等更关注的是不同产业之间的关系，表现为对工、农业及服务业之间、轻重工业之间、不同分类行业之间的比重变化及其不平衡现象等的重视。

总之，对产业结构的任何分类方法都是相对的，而且采用不同的统计方法有可能得到不同的分析结果。例如，采用第一、第二和第三产业分类方法分析产业结构，可以选择就业指标，也可以选择资产指标或产出量指标。而计量产出量结构时又可以选择采用现价，也可以采用购买力平价等。采用不同的统计方式可以得到对三次产业结构（比例）的不同分析结果，所以，进行产业结构分析时，必须了解所采用的产业分类及统计方法的有效性和局限性。

实际上，目前尚没有一套能够精确反映产业结构真实状况的指标体系，因为，这实质上是一个采用“间断性”概念描述“连续性”现实的问题。所以，在分析研究产业结构问题时，首先必须有科学的认识。尤其是在实际经济工作中，切不可以将追求某种统计数字（例如，硬性要求某种产业达到一定的数量比重）作为产业发展和产业结构调整的绝对化政策目标。由于产业结构是一个复杂而具有密切内在联系的复合有机体，而不是拼图式的平面板块，调整产业结构的实质是对复合有机体的调理和培育，而不是对板块式组成部分的任意组合拼装，所以，必须从具体国情和地情出发，科学实施产业结构调整战略。

判断产业结构是否合理取决于一定的客观相对关系以及发展目标选择。这种相对关系主要包括：市场供求关系、环境资源条件以及国际竞争关系等。而发展目标选择则可以是：增长速度、强国意愿、福利水平等。在以客观相对关系作为判断准则时，也会涉及发展目标选择，表现为或者更优先于（倾向于）平衡路径或者非平衡路径。而在以发展目标选择为准则时，也必须考虑到各种客观相对关系的平衡性，否则，欲速则不达。

产业结构是否合理也不是简单的静态比例关系，而是一个在动态中体现的过程现象。一定的产业结构有其形成和演变的历史缘由和现实条件。在不同国家的不同发展阶段，产业结构的特征和变动趋势是不同的。而且，同各国基于发展目标选择而实施的战略和发展方式以及政治经济体制性质具有密切的关系。

中国现阶段的产业结构是在从计划经济向市场经济转轨过程中以及工业化加速时

期形成的。在这一时期，中国选择了渐进式改革和级差式发展的路径，将尽快摆脱贫穷落后作为首要目标。因而经济体的各个局部进行体制改革，有先有后，而且，渐进式改革总是配合有各种特殊政策和优惠待遇。所以，经营环境不能保证均等的竞争机会。与之相应的是，经济体的各个局部的发展进程是高度级差化的，即一部分率先发展和富裕起来，其他部分则只能相随其后。发展过程的这种级差性在产业结构上的表现是，各产业的获利性（利润率）是非常不均衡的，各地区产业发展的政策条件也具有很大的差异性。

这样的改革和发展路径决定了政府在各个局部（产业和地区）之间的竞争中可以大有作为。即地区发展表现为政府提供优惠政策或特殊待遇的攀比，以及差别性产业政策尤其是投资审批制度的诱导作用。享有优惠政策的地区率先发展，得到产业政策推动的产业高速增长。经济资源潮涌式地流向高营利性行业，推动这类产业喷薄式扩张。其中，政府实施的选择性政策具有顺市场干预即给市场调节加力的性质。这种非均衡的发展道路创造了中国经济奇迹，但在加大增长的推动力的同时也必然导致更大的结构不平衡。

在这样的体制机制下，中国 30 多年的工业化具有显著的平推式增长特征，即在具有资源比较优势和政府助推的领域，在扁平的技术层面上大规模投资，大力度招商引资，形成巨大的生产能力，快速占领国内外市场。这推动了中国经济在短短二三十年里就成长为世界第二大经济体，但也表现出很大的局限性，即技术层次低、产品差异性小、创新活力弱。企业行为倾向于争取优惠政策和占据资源优势，而无心于扎扎实实的技术创新。

在此过程中政府的行为倾向则是在可以平推增长的产业，以优惠政策推动企业进行生产投资，做大规模。地方政府更倾向于在具有平推空间的产业强力进行招商引资，最大限度地提供低价土地和财税优惠，实际上是以直接或间接补贴的方式，助力平推式产业增长。

“成也萧何败也萧何”，平推式增长扩大了产出规模，也导致了潮涌式产能过剩现象。政府给市场顺向加力，创造了经济业绩，同时也往往“好事做过头”，鼓励和补贴了难以被市场消化的产能。当产业不平衡现象凸显时，政府又总是期望采取直接的调控手段来扭转产业失衡，鼓励一些产业，限制一些产业，以致采取行政性手段强制淘汰落后产能。病情严重时当然不得不下猛药，但是，吃药毕竟不是实现体魄健康的主要手段。产业结构的形成和演变如同生命体，是一个有机演进过程，是难以用机械式的装卸手段来达到健康状态的。

依据以上的讨论可以看到，中国产业结构的现状有其深刻成因。产业结构优化并不是简单地调整各分类部分的比例就可以完成，而是一个类似生态圈那样的流变和演替过程。具有多样化、变化活力和适应性强的产业结构才能实现动态优化。我国产业的结构性矛盾一方面表现为过度的同质性和单调化：产品同质、产业同构、园区同形、城市建设缺乏特点。同质和单调的产业必然是低附加值和产能过剩。另一方面，中国产业结构具有明显的人为安排的板块特征，缺乏有机体的活性适应力。因此，产业结构调整，决不能以抑制个体活力为代价而人为地追求统计数字的比例目标。

从根本上来说，只有当渐进式改革完成其历史使命，级差式发展路径转变为均衡路径，政府作用转向创造公平竞争和机会均等的环境而不是实施差别待遇时，产业结构变动才可能真正走上平衡协调发展的路径。客观地说，中国目前的发展阶段离这一时期尚有一段距离。所以，产业结构的较大不均衡性，仍然会持续一段时期。但是，这绝不是说当前对解决和缓解产业结构不平衡现象是无可作为的。相反，深刻认识产业结构变动的客观规律和当前产业结构状况的基本性质，采取更为科学有效的调控方式，是完全可以取得积极效果的。

第一，要认识到，必须从平推式工业化转向立体式工业化道路，才能走向产业结构相对平衡的发展路径。所谓立体式工业化，就是各个领域向着绿色化、精致化、高端化的产业制高点攀登，形成各产业向上发展的差异化竞争态势，从单纯追求规模扩张转向通过技术创新实现产业深化。为此，要逐渐弱化直至取消各种歧视性的产业政策，无论是传统产业还是高技术产业或新兴产业，都应有在平等竞争中实现技术创新的空间。

第二，政府经济政策的性质要逐渐从倾向于给优惠待遇，转向营造公平竞争的秩序和政策环境。尤其是必须规范地区之间的竞争秩序，减少以至禁止导致不公平竞争的政府补贴行为。现在，国际上对中国产品实施反倾销、反补贴的案件越来越多，我们不能只是指责外国的贸易保护主义行为，也应认识到中国产业发展中确实存在的歧视性补贴现象，这不仅授人以柄，而且成为导致产业结构失衡（尤其是产能过剩）的重要原因之一。

第三，将主要着力点放在完善市场机制上，主要依靠企业公平竞争的市场行为，趋近产业结构调整的目标。产业结构调整的关注点不应是统计上的数字比例，更不应为了追求统计数字上的产业结构升级，政府就急于以选择赢家的行政性干预方式代替市场公平竞争的选择机制。实践证明，采取非市场的行政性手段无法达到产业结构调整的预期目标。产业结构调整的主要方向应是构建有助于产业结构优化的体制机制。

第四，发展战略性新兴产业，必须避免平推工业化的思路和行为。如果说在一些成熟产业领域仍然存在一定的平推式增长的空间，那么，在战略性新兴产业领域，绝无平推增长的前途。前几年，一些地区以平推增长的方式，高强度补贴所谓战略性新兴产业的投资，已经导致了严重的产能过剩现象，付出了极大代价。发展战略性新兴产业，关键是核心技术突破、完善制度建设和培育新兴市场。由于新兴产业的特点之一是技术路线的不确定性和投资的高风险性，世界新兴产业的发展方向和路径是通过不同技术路线间的竞争而确定的，政府不能主观地认定具体新兴产业未来的主流技术路线，就采取强力补贴方式扩展生产能力。而是必须高度重视战略性新兴产业技术路线的研究，允许企业通过自主技术创新，选择和优化技术路线，并在国际竞争中适应和确立战略性新兴产业的发展方向。为此，不仅要把握技术创新的未来方向，更要科学认识和判断现阶段产业结构变动的走势，尤其要关注美国等发达国家发展新兴产业的动向和技术路线选择。

第五，在进行产业结构调整中，一定要避免政府“好事做过头”现象。实际上，许多产业失衡现象原本就是由政府好事做过头而产生，例如，过度补贴招商引资；一些投资项目“没有条件创造条件也要上”。如果仍然沿用老思路进行产业结构调整，即使有幸能解决一个问题，也必然又会产生新的问题。所以，政府调整产业结构的政策力度必须适当，不可急于求成，矫枉过正。

第六，产业结构不平衡的表现是同宏观经济的景气度相关的，经济景气时，产业结构不平衡、不协调的问题可能不突出；而经济衰退时，产业结构不平衡、不协调的现象就会非常突出。一般来说，不平衡、不协调现象更多地产生短期压力，而不可持续性则是长期压力。产业结构调整的眼界应更具长远性，将可持续性即长久的产业国际竞争力作为重点战略目标，才能把握产业结构调整的正确方向。

第8章　稳中求进新常态

2010年以后，工业经济增长减速趋稳的态势基本形成，而工业化和城镇化等经济发展的阶段性趋势性因素，则仍然需要并支撑着中国工业将保持相对较高的增长速度。中国工业发展的稳中求进新时代已经到来。因而，工业经济增长的走势、工业经济体制机制、工业经济政策的理念等都将发生重大变化。中国工业发展也进入了一种新常态。复原工业本性，实现健康发展，是这个时代工业升级的实质。“稳”的含义应是：稳心态、稳政策、稳预期。“进”的方向应是：更高素质、更平衡协调、更绿色环保。而推进改革则是实现稳中求进的根本保证。市场的力量是强大的，政府的职能是有限的。从容、稳健、慎重、适度的政府调控才是保证中国经济步入稳中求进道路并实现可持续发展可行和可靠的政策保障。

一、工业增长减速趋稳的态势基本形成

进入21世纪第二个10年，中国经济年均增长率经过一二十年的两位数高速下降到8%以下。这不仅已是一个趋势性事实，而且也得到许多经济学家的理论解释，即认为中国经济发展已经实质性地进入了一个新阶段，经济增长率“下一个台阶”具有客观必然性。蔡昉认为，中国2004—2010年已经度过了“刘易斯转折区间”，即2004年进入刘易斯拐点，2010年“人口红利消失”。相应地，中国经济潜在增长率显著降低。根据估算，中国GDP潜在增长率将从2006—2010年的平均10.5%，下降到2011—2015年的平均7.2%，进而下降到2016—2020年的平均6.1%。据此可以判断，“从依靠人口红利取得高速增长，到因人口红利消失而潜在增长率显著降低，就表明了经济发展阶段的根本性变化。从此以后，中国经济将在一个较低的稳态中增长。不仅如此，发展阶段的变化还预示着，驱动经济增长的源泉也要发生重大的变化”①。刘世锦、张军扩等预计，中国经济潜在增长率在2015年前后降至6.5%～7.3%。世界银行预测，中国经济潜在增长率从2010年起逐步降低到2025—2030年

① 蔡昉：《认识中国经济的短期和长期视角》，《经济学动态》，2013年第5期。

的5%。中国社会科学院经济研究所经济增长前沿课题组预测，中国经济潜在增长率2011—2015年为7.8%～8.7%，2016—2020年为5.7%～6.6%，2021—2030年为5.4%～6.3%。[①] 总之，大多数经济学家和研究机构均估算出中国经济潜在增长率显著下降的结论。

由于中国处于工业化时期，经济增长在很大程度上是由工业增长所决定的。2012年中国经济增长和工业经济增长均延续了2011年的回落态势。据国家统计局统计，2012年全国规模以上工业增加值同比增长10%，比上年回落3.9%。其中，第一季度增长11.6%，第二季度增长9.5%，第三季度增长9.1%，第四季度增速接近10%。其中，轻工业增长10.2%，重工业增长9.8%。工业生产增速放缓，超出了很多研究者在当年年初的预期。而从全年的走势来看，呈现出“先回落，再回升”的状况，即工业经济增速在8月下降到年度最低点8.9%以后，开始逐月回升，到12月达到了10.3%。但累计的工业增加值增速全年基本上呈下降趋稳态势（见图8－1）。

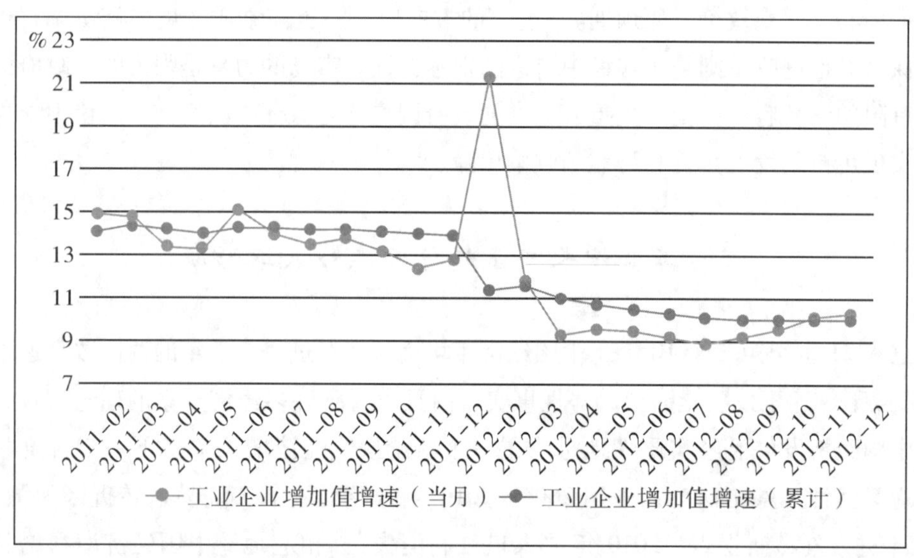

图8－1　工业企业增加值累计增速

资料来源：中经数据。

与工业经济增长下行相应的是需求显著不足，一些产业的产能过剩现象凸显。例如，据工信部对2012年钢铁工业运行情况分析和对2013年的展望，2012年，受国内外经济增速放缓、产能过剩和财务成本居高不下等因素影响，我国钢铁企业生产经营陷入低迷状态，钢铁工业进入转型升级的“阵痛期”。企业效益大幅下滑，固定资产

① 中国经济增长前沿课题组：《中国经济长期增长路径、效率与潜在增长水平》，《经济研究》，2012年第11期。

投资明显回落。2012年80家重点大中型钢铁企业累计实现销售收入35441亿元，同比下降4.3%；实现利润15.8亿元，同比下降98.2%，销售利润率几乎为0（只有0.04%）。2012年钢铁行业固定资产累计投资6584亿元，同比增长3%，其中黑色金属冶炼及压延加工业投资5055亿元，同比下降2%，增速明显回落。[①] 由于经济增速下行和产能过剩，2012年全国规模以上工业企业利润仅增长5.3%，增速比2011年回落20.1个百分点，其中，国有企业下降5.1%。

不过，从总体上看，虽然2012年工业经济增速相比前几年出现了较大幅度的下降，但仍处于可以接受的范围之内；波动程度虽高于2011年，但低于改革开放以来绝大部分年份。[②] 可以说，中国工业经济增长表现出显著的缓中趋稳，但仍处于相对较高的增长态势，并没有离开工业化阶段工业经济较快增长的基本走势和宏观轨迹。

中国之所以在工业经济增长减速中仍然能保持相对较高的增长率是因为，虽然人口红利消失所导致的潜在经济增长率显著下降，但仍然存在许多支撑工业经济较高速增长的基本因素，中国工业化的进程还远没有结束。因此，至少到2020年，中国经济增长的主要动力产业将仍旧是第二产业；大多数地区的第二产业增长率仍将高于GDP增长率，也将高于第三产业。[③] 即使是在经济下行压力很大的2013年第一季度，规模以上工业增加值仍然同比增长9.5%（比上年回落2.1个百分点），高出GDP增长率1.8个百分点。其中，轻工业增加值同比增长8.7%，重工业增加值同比增长9.8%。[④] 总之，工业是“稳增长”的主要产业。

同样重要的是，在中国经济发展的现阶段，仍然存在对经济较高速增长尤其是工业经济较快增长的巨大需求和客观必然性。刘树成等许多经济学家均认为“城镇化是扩大内需的最大潜力所在”[⑤]。国家发改委宏观经济研究院课题组的研究表明，预计2020年我国人口规模约为14.5亿人，城镇化率将达到60%，每年将提高1个百分点，据此计算2020年约增加1.8亿城镇人口，年均增加2000万人左右。这些新增城镇人口每年将形成3800亿~5400亿元的消费需求。每年需要增加0.9万亿~2.28万亿元的固定资产投资，再加上需要增加其他公共服务投资，未来10年城镇化释放的投资消费需求大致能够拉动GDP增长3.5~6.8个百分点，取中间值估计为5.3个百

① 工信部：《钢铁企业再陷低迷 销售利润率几乎为零》，新华网，2013年2月10日。

② 金碚、原磊、王秀丽：《当前工业经济形势分析与“十二五”展望》，载李扬主编：《中国经济前景分析——2013年春季报告》，社会科学文献出版社，2013年版。

③ 李钢：《服务业能成为中国经济的动力产业吗》，《中国工业经济》，2013年第4期。

④ 工业和信息化部运行监测协调局：《2013年一季度工业经济运行情况》，《现代产业经济》，2013年第5期。

⑤ 刘树成：《巩固和发展经济适度回升的良好态势》，《经济学动态》，2013年第3期。

分点。①

总而言之，工业经济增长减速趋稳的态势基本形成，而工业化和城镇化等经济发展的阶段性趋势性因素，仍然需要并支撑着中国工业将保持相对较高的增长速度，尤其是与国际比较看，中国工业仍然具有很强的发展潜力和很大的升级空间。中央政府确定的工业化、信息化、城镇化和农业现代化同步发展的战略，更将使中国经济增长特别是工业经济增长获得新的动力。

二、复原工业本性，实现健康发展

改革开放以来，中国工业发展经历了最惊心动魄，也是最辉煌无比的时代。2001年中国加入WTO，标志着中国经济走上了全面融入经济全球化的方向。发展空间豁然洞开，但巨大的压力和风险也迎面扑来。在中国经济的改革和开放中，工业是最大胆和步子最大、最快的产业。中国工业经济增长一路“领跑”，不仅领跑中国经济，而且领跑世界经济。尽管遭遇了2003年的“非典”和2008年以来的国际金融危机，中国工业仍然强有力地牵引GDP高速增长，使中国经济总量超越一个又一个发达国家，到2010年，成为仅次于美国的世界第二大经济体。而且，中国工业的出口竞争力显著增强，“中国制造”在全世界“攻城略地”，持续保持贸易顺差，获取了巨大外汇收入，使中国成为官方外汇储备最多的国家。中国的国际地位显著提高，在国际事务中的话语权空前增强。在各产业中，可以获得“头功”的无疑属于工业！

不仅如此，工业的发展还成为其他一切重大进步的条件和手段。在工业技术和生产能力的支撑下，中国的修路、架桥、打隧道、建机场、造城市的能力，令世界惊叹。中国从一个基础设施严重落后的国家，奇迹般地成为基础设施最先进的发展中国家，在有些方面甚至可与发达国家媲美，连美国也担心自己陈旧的基础设施与中国相形见绌。而且，工业发展也为民生事业包括环境改善奠定了物质基础。由于工业的发展，广大农村才有可能保持山林植被，蛮荒之地才可能成为人类可以到达和居住的地方。工业发展还不断孕育出现代服务业，如交通运输业、通信业、广播电视业、互联网等，无不基于工业产品的使用和工业技术的支持。更重要的是，工业特别是制造业，不仅是实现科学和技术创新的主要载体，而且是教化训练劳动者，形成现代产业文明的社会心理文化的主要产业。工业文明不仅是一切现代经济活动的物质基础，更是其精神基础，即工业精神支撑着各类现代经济活动的效率与品质。

当然，世界上没有免费的午餐，巨大的成就往往需要付出很大的代价。战争年代

---

① 国家发改委宏观经济研究院课题组：《迈向全面建成小康社会的城镇化道路研究》，《经济研究参考》，2013年第25期。

说“要奋斗就会有牺牲”；20 世纪 60 年代说“宁可少活 20 年，也要拿下大油田”。改革开放以来 30 多年，中国工业以“血拼”的方式，迎接市场竞争的无情挑战，拒绝被强大的竞争对手“开除球籍”。今天，当我国用最短的时间让世界上最多的人口享受到工业化的物质成果时，也发现工业化的这一阶段正在翻过一页，传统的工业发展方式必须改变。因为，资源环境的约束越来越显著，工业增长的资源成本和社会条件正在发生极大变化。收入的增长和生活水平的提高使社会越来越无法容忍曾经被忽视的代价。

中国工业低水平扩张，盲目铺摊子的平推式工业增长方式遇到了极大障碍，但向各产业链的高处走，发展空间仍然极为广阔。目前中国大多数产业，包括各传统产业的“制高点”都不在中国，决定工业技术路线、控制产业核心技术、拥有最高附加值的产业链环节基本上都仍保持在美欧日工业强国中。中国工业只有向着更精致、更清洁、更高端的方向攀登，以现代工业文明的科学精神，占据各个产业制高点，才能成为工业强国。

可以说，中国工业经济所经历的 30 多年尤其是 21 世纪以来，抓住了一个难得的机遇期，度过了一个极度亢奋的时代。其实，这一时期也是世界经济增长的一个不可多遇的“黄金时代”，有专家称之为新兴市场国家“独一无二的黄金岁月”。美国学者鲁奇尔·夏尔马说：“2003 年是世界前进道路上一个没有得到充分认识的转折点，从这一年开始，这种好运气突然一下子传播到了几乎所有的新兴国家。”“2003—2007 年，这些国家的国内生产总值平均增速从前两个 10 年的 3.6%，翻番至 7.2%，而且几乎没有发展中国家掉队。”“这是世界所曾经历的速度最快、范围最广的井喷式发展阶段。”① 这一时代被 2008 年爆发的国际金融危机所中断。那么，世界和中国的经济增长还能再回到 2007 年以前的那种高增长，延续那个“黄金岁月”吗？

事实是，进入 21 世纪的第二个 10 年，世界和中国经济都难以继续保持那样的亢奋、“井喷”和“狂欢”。从国际经验看，当一国人口红利消失，劳动力的比较优势也将削弱，其经济增长放缓是必然趋势。从长期影响经济增长的因素看，以 2012 年 15~59 岁劳动人口首次出现下降为标志，中国经济发展中劳动力数量对经济增长的贡献趋于减弱；受资源和环境承载压力不断加大的制约，长期以来过度依赖投资增长对经济增长的贡献难以持续，经济增长也因此趋于减缓。与此同时，正是因为劳动人口减少的趋势，保证就业稳定所需要的经济增长速度也趋于下降。工业经济作为国民经济的重要组成部分，必然也要伴随潜在增长率的下降而放慢增长脚步。有研究表明，1982—1997 年，中国劳动生产率的年均增长率为 3.6%，几乎是同期实际工资增

① ［美］鲁奇尔·夏尔马：《一炮走红的国家——探寻下一个经济奇迹》，中信出版社，2013 年版。

长率1.3%的3倍，说明这段时期中国劳动力变得更廉价。有国外研究者发现，20世纪80年代初，中国制造业的“单位劳动成本”（工资与劳动生产率之比）是美国的70%，而到了90年代中期，下降到只有美国的30%。但中国工资的增速自1997年以来迅速超过劳动生产率的增速，单位产出的劳动力成本逐渐上升。1997—2010年，中国劳动生产率年均增速约为11.3%，显著低于同期实际工资年均增长率13.8%。[①]

中国工业经济以极为亢奋的“短促突击”心态创造了井喷式增长的历史时期后，却令人始料未及地出现了近年来的增长率显著下行态势，并使大多数人不得不认为这不是周期性的失速，而是结构性减速，即这是一个不可逆转的发展阶段的历史性变化。[②] 人们不仅从经济发展阶段以及与之直接相关的要素比较优势的根本性变化上解释工业经济增长减速的原因，而且，从世界各国经济战略调整和全球竞争格局变化的角度认识中国工业经济增长减速的国际背景。例如，美国等发达国家实行的“再工业化”和“重振制造业”政策，引起中国政府、工业企业和学者的高度重视。

尤其是，美国所提出的“再工业化”和“重振制造业”并非毫无根据的一厢情愿，而确实具有一定的现实条件。例如，页岩气开采技术的突破和产量的迅速扩大，以及相应收获的大量页岩油，使美国能源自给率不断提高。2011年，美国天然气对外依存度下降到仅为5.6%。预计到2020年美国将成为天然气净出口国。2020年，美国石油依存度将降至37%；2035年降为10%~20%，基本实现能源自给。大幅度增产页岩气使美国成为世界气价最低的国家。每千瓦时电能的燃料成本低于0.17元（人民币），不到我国东南沿海燃煤电厂的一半。近3年，美国工业用电价仅为我国沿海地区电价的75%，比欧洲低50%。据预测，2025年之前，页岩气革命将使美国制造业成本下降1160亿美元，为美国新增100万个工作岗位。这不能不说是对中国工业经济发展的一个极大挑战。这意味着，中国工业不仅廉价劳动力优势在减弱，而且在能源成本等方面的劣势也将日益突出。

面临这样的形势，中国工业将何去何从？作为一个世界大国，中国工业负有为解决中国重大问题不可推卸的责任。也就是说，没有强大和发达的工业，中国面临的几乎所有重大的经济、社会、环境和安全问题都无法解决。所以，中国工业发展不仅“稳”是必要的，而且“进”更加重要。关键在于，工业发展必须是健康和可持续的。

那么，什么是工业的健康和可持续的发展？其实，这并非是对工业的额外要求，而是工业本性的实质体现。工业特别是制造业的本性是，“将原本对人无用的物质转

① 李宏彬：《告别廉价劳动力时代》，《财经》，2013年第12期。

② 也有经济学家有不同看法，例如，林毅夫认为，经济增长放缓是周期性的，而不是结构性的，可通过继续加大投资解决。（见记者王延春：《换挡经济调控》，《财经》，2013年第16期，第63页。）

变为有用的物质（产品）”，这就是“加工”和“制造”实质。所以，工业使得越来越多原本对人类没有价值的“废物”转变为宝贵的“资源”和有用的“产品”；将越来越多人类过去难以到达和赖以生存的地方转变为可以达到和居住的地方。因此，从人类历史看，工业社会是迄今为止最节约（资源利用效率最高）、最清洁（卫生水平最高）、最健康（人均寿命预期最长）、最安全（抵御自然灾害能力最强）和生存空间最大和环境最优良的社会。自工业化以来，全世界已有 12 亿人口进入工业社会，中国工业化将使工业社会人口翻一番。

当然，工业发展中也会出现违背其本性的“异化”现象，例如，当工业技术水平不高、工业效率不足以支撑更清洁的生产方式的时候，盲目和无自律地发展工业，会产生严重的外部损害，尤其是对生态环境的严重破坏。在创造有用物品的同时，也产生了大量在当时的技术条件下无法处理并且有害于人的“废物”。从根本意义上来说，最大限度地体现工业本性的发展方式就是工业的健康持续发展。所以，所谓的“进”，就是要让工业复原其本性，消除或减少其异化现象，用经济学的语言说就是，以最小的物质、人力和环境代价，制造更多对人类有用和有益的产品和环境，为解决人类发展所面临的经济、社会和安全问题提供物质技术条件，通俗地讲，就是“变废为宝”和“得心应手”，野蛮和掠夺式的工业生产方式将升级为文明的工业生产方式。

三、转型过程何以为“稳”

对于“稳中求进”，可以有多层次的理解。现实的理解是，要避免经济增长的“硬着陆”，既不再追求两位数的超高速增长，也必须保持至少 7% ~8% 的年增长率，也就是要“稳住”增长率。同时，更重要的是实现“调结构”和“转方式”的目标。而更深刻的理解则是，中国经济发展特别是工业经济发展将进入一个客观逻辑和内在机理非常不同的阶段。形象地说，前 30 多年那种以亢奋的心态实现井喷式增长的“少年”和“青年”时代已经过去，更加稳健的“中年”和“壮年”时代正在到来。在这样的时代，“稳”的含义将是：稳心态、稳政策和稳预期。

（1）所谓“稳心态”，就是必须力戒“急于求成”“立竿见影”“贪大求快”“不惜代价”的社会心理。

中国改革开放 30 多年来工业化的迅速推进，取得了巨大的成就，发达国家 200 多年走过的工业化历史在中国被缩短为几十年的时间，可以称之为“压缩式工业化”，表现为井喷式的工业发展。我们看到，“快鱼吃慢鱼”“做大做强”“规模扩张”和“扶优扶强”是这个时代最有效的竞争方式和增长方式。在这种“跑马圈地”

和追求“立竿见影”的过程中，也产生了急于求成、以大为傲，甚至是浮躁奢华的社会心理和行为方式，很快形成弥漫性社会现象和氛围。而当制造业生产能力极大增长使得市场更加趋向饱和时，再加之企业经营环境不够完善，于是，越来越多的人不再愿意踏踏实实地从事实业生产和技术创新，而是以更多的时间和精力跑政府部门争取“优惠政策”，进行“资本运作”，追求“公司上市”，以至“套现创富”，力图在尽可能短的时间内成为亿元、十亿元、百亿元、千亿元企业，“进入全国500强”以至“世界500强”的行列。整个社会也将短期内成为亿万富翁视为商业成功的榜样。这些企业发展的战略路径选择本身无可厚非，但是，综观中国制造业的整体状况，如此注重立竿见影的业绩和迅速的规模膨胀，以及追求短期致富，必然削弱扎实、专注、执着、精致的实业精神。可以说，这是30多年来中国工业发展所付出的“社会心理代价”，整个社会充满逐利现报的焦躁，缺乏脚踏实地、持之以恒的耐心。

纵观世界，决定各国工业化进程有三个基本因素：要素禀赋条件、科学技术运用、观念文化特质。作为一个新兴的发展中国家，中国经济发展特别是工业发展，首先发挥了工业化的第一个基本因素即要素禀赋条件，以丰富而低薪低社会保障的劳动力、广大而低价格的土地，以及较低的环境保护标准等，在改革开放的体制转化中获得了巨大的工业发展成就。而当生产规模迅速扩张，技术模仿取得普遍成效，从而成为世界制造业规模最大的经济大国后，科学技术的作用将变得越来越具有决定性，技术模仿的空间将越来越窄，技术创新的决定性作用越来越突出。所以，当前，自主技术创新尤其是在核心技术上的突破和自主知识产权的积累，成为推进中国工业化越来越重要的决定性因素。

除上述两个重要因素之外，更具长远和决定意义的则是，能否形成长期支撑产业国际竞争力的工业文明精神，尤其是现代制造文明的社会心理和文化氛围。即决定工业化进程的观念文化因素具有更长久的重要作用。世界工业化的历史和现实表明，世界各国大都能完成由客观经济规律所决定的工业化进程，进入工业社会；但是，其中只有少数国家（或地区）能够成为工业强国（强市），其长久的决定因素就是不同国家（地区）所具有的不同的社会观念和文化特质。也就是说，大体完成了工业化进程之后，各国就将不再有共同的发展方向，而是“各有各志”“各走各路”“各具特色”。文化的多样性决定了各国发展前景的多样性，很少有两个完全相同的工业化国家。因此，中国未来的道路和前途，将越来越取决于我们对待工业化的态度：是否有耐心？是否脚踏实地？是否专注精致？是否有持续不断的创新精神？是否具有社会责任心？如果没有这样的社会心理转变，是难以实现和保持工业经济稳中求进的发展态势的。

（2）所谓“稳政策”，就是必须力戒“仓促多动”“过度刺激”和“无序补贴”

的政府调控方式。

当前，中国仍然处于经济体制的转轨时期，改革的任务尚未完成，所以，制度变革和政策调整是这个时期的突出特点之一。不过，如果以此作为政府政策多变、干预力度失度的理由，则无法实现稳中求进的健康发展方向。哈耶克说："所有的经验都确证了英美经验所表明的结果：行政机构实现它们认为迫切的目的的热情，会使它们看不清它们的职能，而且还会致使它们认为宪法对它们的限制以及对个人权利的保障，在面对它们热情努力实现其所认为的最重要的政府目标时，都应当让路。"① 近20年来，中国政府调控经济的政策水平和能力的提高为世界所称道。但是，也总是难免求效过切，因而变动频繁，甚至仓促出台，力度失当，往往欲速不达、事与愿违。特别是当发生经济形势较大变动时，往往采取强烈的宏观调控政策：经济增长下行时过度刺激，经济增长"过热"时过度紧缩；每当此时，往往迫不及待地实施行政性手段，即使能够达到调控的直接目标（例如制止经济下滑或冷却过热的经济），也难免留下严重的副作用和消极隐患。值得警惕的是，刺激性政策的累积性后果是货币存量的不断扩大，据中国人民银行统计，到2013年4月，M2余额高达103.26万亿元，同比增长16.1%，远高于经济增长率，而2012年的GDP为51.93万亿元。也就是说，M2余额已经接近GDP的200%。尽管对货币供应是否过多有各种不同的分析意见，但以宽松货币政策刺激经济增长所埋下的隐患总是一个很大的潜在风险。而且，继续以宏观经济刺激经济增长的效果已经越来越趋递减。

尤其是各级地方政府，为了追求经济增长，采用各种政策手段，强力进行招商引资，大举卖地借债，试图"一年一变，三年大变"。从表面上看，以各种"优惠政策"和"特殊待遇"支持了来本地区投资的企业的发展，实质上是以各种政策性补贴，造成了不公平的竞争环境。这必然扭曲企业行为，损害市场秩序，导致长期发展的负面效应。

（3）所谓"稳预期"，就是必须力戒"优惠竞争""寻租牟利"和"急功近利"的短期行为。

由于骄躁的社会心理和不稳定的政府政策，企业和居民的预期紊乱，必然发生行为扭曲。例如，企业投资主要不考虑自身条件和竞争能力，而是以获取"优惠政策"特别是圈占土地为目标，"将计就计"式地"服从"和"响应"政府鼓励政策，实质是争取政府补贴，根本没有耐心进行扎扎实实的技术创新。这是中国企业技术创新不足的重要原因之一。再如居民购房，在政策多变、预期不稳的状况下，存在严重的"过了这个村就没有这个店"的心态，或者是期望"我买之前价格低，我买之后价格

① ［美］哈耶克：《自由秩序原理》，生活·读书·新知三联书店，1997年版。

涨”，而不稳定的预期往往导致非理性的行为。非理性的预期导致房地产市场价格的极度扭曲，加之政府频繁的强力行政性干预，使房地产难以发挥有效的支柱产业作用，反而积累了很大的资产价格泡沫风险。

特别是，对于政府重点鼓励发展的产业，包括高技术产业或战略性新兴产业，例如光伏产业，地方政府和企业在“优惠政策”和政府激励下，完全缺乏对未来的合理预期，以高增长时代的亢奋心态和乐观预期，爆发式扩大产能，忽视风险，结果往往导致恶性竞争、产能严重过剩、产品价格暴跌，企业亏损甚至破产。

纵观世界最优秀的企业，都具有稳健的心态和经营方式，特别是财务稳健和法律稳健。前者表现为避免投机和过高负债，保持健康的现金流等；后者表现为依法经营和规避法律风险，减少对政府和政策的依赖，以保持稳定的经营环境。而这样的素质正是中国大多数企业所缺乏的。

四、经济升级版“进”向何方

李克强总理提出，要打造中国经济升级版。所以，稳中求进，“稳”是基础，“进”是方向，稳健也须有为。在现阶段，中国不发展工业是绝没有前途的，问题在于：工业的前进方向是什么？就当前的现实来看，至少，更高素质、更平衡协调、更绿色环保应是工业发展进取方向的基本取向。

（1）所谓“更高素质”，是实现全方位的精致化、信息化和高端化。尽管中国已经是世界第二大经济体，中国制造业规模已经十分巨大，而且产业结构也已相当完整，在三次产业中的比重也已相当高，甚至若干产业中的中国工业品已达到国际先进水平，但是就总体而言，中国工业远没有达到世界领先地位；以综合素质衡量，中国工业化并没有真正到达中后期阶段。

中国社会科学院工业经济研究所专家的一项研究表明：中国工业的主体部分仍然处于国际竞争力较弱的水平。这项研究分析了中国产业国际竞争力现状及演变趋势。研究结果显示：第一，如果把中国工业制成品按技术含量低、中、高的次序排列，其国际竞争力大致呈U形分布（见图8－2）；第二，中国的出口优势产品与潜力产品之间的距离比较近，这为出口结构实现平稳转型奠定了良好的微观基础；第三，机械及运输设备等中高技术制成品将会引领中国出口结构的转型升级，目前国际竞争力较强的劳动密集型产品群体将会出现分化；第四，将来在低技术产品领域挑战中国的领先地位的主要是南欧国家、中东欧转型国家及印度，在中等技术制成品领域中国主要与欧洲大陆发达国家竞争，在高技术制成品领域中国需要追赶和超越的目标主要是美国、欧洲和东亚地区的发达经济体。该研究建议：为提高中国产业国际竞争力，政府应该高度重视中等技术制成品竞争力不强、产品密度不大的突出问题，客观看待劳动密集型制成品在出口结构转型升级中的双重作用，适时优化高技术产业政策组合，把价值链攀升作为政策最优先目标。①

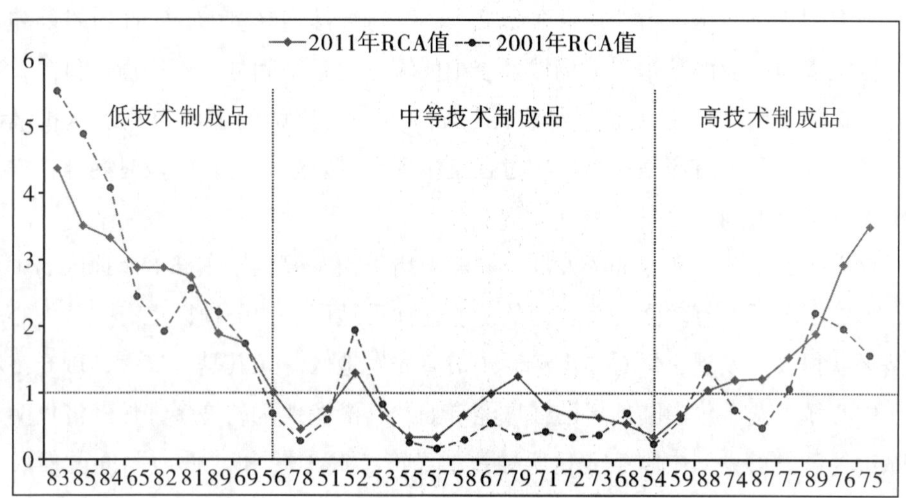

图8-2　2001年和2011年按技术含量分组的中国30类工业制成品RCA值

注：图中横坐标上的数字是《国际贸易标准分类》（修订4）的二位数产业代码。

资料来源：根据联合国商品贸易统计数据整理计算。

特别值得注意的是，在统计上分类为“中技术”的产业实质上是工业经济的主体和基础，是决定工业技术素质的关键。如果大部分中等技术制成品不能先于高技术产品形成强大的国际竞争力，中国高技术制成品的竞争力状况必将严重依赖于发达国家跨国公司的全球化产业链布局。由于高技术产品生产环节的初始投资并不大，这在本质上决定了跨国公司在华高技术领域投资的“根植性”较浅，从而使这种“引来的”竞争力具有内在的脆弱性和浅层性。因此，要使中国高技术产品在国际市场上形成可持续的强大竞争力，就要针对化工、机械设备等产品领域的主要问题，采取多种举措，从根本上扭转中等技术制成品整体上缺乏竞争力的格局。

可见，工业之“进”，实质在于全方位的素质提高。无论是技术密集度低还是技术密集度高的产业都必须提高质量，增强国际竞争力。人们常常以机械论的观念讨论产业的附加价值，似乎技术密集度低的传统产业就是“低附加值”产业，技术密集度高的所谓高技术产业就是“高附加值”产业。其实，在现实中并没有这样的绝对

① 金碚、李鹏飞、廖建辉：《中国产业国际竞争力现状及演变趋势》，《中国工业经济》，2013年第5期。

区分。真实的情况是：别人不会生产而我会生产的产品，或者别人做得没有我好的产品就是高附加值的，尽管它可能属于传统产业；相反，我会生产而别人也会生产甚至有能力做得比我更好的产品，一定是低附加值的，尽管它可能属于高技术产业。

（2）所谓“更平衡协调”，主要是要实现产业结构和空间分布的合理化和均衡性。中国大多数产业的技术水平仍然处于中低端，而且空间分布不平衡。目前，中国工业化推进的空间态势总体上正处于从先发地区向更广阔的经济腹地加速扩散的过程，因势利导，积极有序地推进这一过程是中国经济发展相当长一段时期内在空间布局上的主要战略方向。

长期以来，中国工业化的先发地区和经济增长极主要位于东部沿海地区的中心城市圈，形成了若干具有较强经济实力的工业化前沿地区。内陆地区也有一些中心城市和经济区获得较快发展，但总体上滞后于沿海先发地区。尤其是，广大县域经济明显落后于中心城市。不仅内陆地区的县域经济如此，沿海地区的许多县域经济也明显落后于城市经济。可见，中国工业化所导致的经济“高地”和“低地”间的发展水平差距很大，而且，高地和高地之间也有许多经济不发达的“洼地”。这是中国经济“不平衡、不协调、不可持续”问题的突出表现之一。因此，中国未来工业化进程最显著的空间特征之一将是向经济腹地快速推进；中心城市经济能量的扩散效应将日渐强于对资源的吸纳效应。

工业化向经济腹地的较快推进直接表现为产业在区域间转移的加快，这反映了中国经济发展向增长的多极化、均衡化、一体化和内需化转变的趋势和要求。中国经济未来发展必须形成更多的增长极，才能保持经济稳定健康发展；工业化的重心有序地向经济腹地推进，才可能实现经济发展的相对均衡化；随着产业转移，各地区形成更大范围的经济一体化趋势，包括省域中心城市与更大范围周边地区的经济一体化、跨省经济合作和市场一体化，以及城乡经济的一体化，才能实现中国这一大国经济的可持续发展，避免落入“中等收入陷阱”；从以中心城市开放为主而经济腹地相对封闭的格局，向经济腹地全方位开放的格局转变，才能真正实现以扩大内需为重点的宏观结构转型目标，奠定内需增长的坚实基础。总之，产业转移正成为经济结构调整的一个积极动向。

近年来，由于产业转移加快，一些经济腹地的增长率已经高于沿海中心城市经济，区域间发展差距扩大的趋势正在扭转。沿海中心城市同经济腹地在经济版图中的比重也正在出现后者趋向上升的局面。特别是中部崛起和西部大开发战略取得显著进展，中西部地区正在形成若干较大的中心城市和城市群，资源开发及制造业加速增长，城乡一体化和“两型社会”（资源节约、环境友好）建设正在成为中西部地区经济社会发展的很大特色。同时，县域经济正在成为越来越具有活力的发展空间，所具有的空间优势正在凸显。而且，将工业化与现代农业及服务业的结合，也是县域经济的独特优势。

特别值得重视的是，工业化向经济腹地的推进，并不只是产业的单向迁移，而是产业分工深化和产业结构加快升级的过程。这表现为：第一，不仅东部发达地区的产业向中西部经济腹地转移，而且，一些中西部地区的企业也会向东部地区转移，实现资源的更有效配置，打造更具国际竞争力的产业技术高地。第二，产业转移有助于形成更有效的分工和紧密协同的产业链结构，提升产业供应链竞争力，未来的产业竞争将从企业间的竞争转变为产业链之间的竞争。第三，产业转移将有力促进工业化与信息化的融合，促进生产性服务业的发展。第四，产业转移在更有效发挥各地区比较优势的过程中，也将促进产业技术创新。产业转移并不是在原有技术水平上的空间平移，更不是原有生产能力的搬迁。我们可以看到，即使是同一产业在区域间转移，迁入地的企业技术水平通常显著高于迁出地；更多的情况则是，产业转移实际上是产业技术创新过程本身所需要的创新性投资过程，甚至可能产生“颠覆性”技术创新。总之，产业转移有可能成为产业技术进步和产业结构升级特别是新兴产业发展的重要实现方式之一，并推进工业经济向着地区间平衡和协调的方向发展。

(3) 所谓“更绿色环保”，是要使工业生产以及工业品的使用更清洁，更具有环境友好的性质。

如前文所说，工业尤其是制造业的本性是将原先对人无用的物质转变为有用的物质（产品）；将越来越多人类过去难以到达和生存的地方建设为可便利到达和适宜居住的城镇乡村。所以，绿色环保原本就是工业所要达到的目标。但是，由于受到一定时期内工业技术水平的限制，工业生产过程也不可避免地排放出在当时的技术条件下难以处置的“废物”，并且有害于人，生态环境也因此受到破坏。形象地说，当工业技术水平较低时，人类只得以“肮脏”的行为进行工业生产；而在工业技术提高到较高水平时，人类才能够以“清洁”的行为进行工业生产。所以，工业生产是否“清洁”，是工业技术高低和工业发达与否的关键性标志之一，这就像讲卫生是人类文明程度的重要标志一样。所以，我们可以观察到一个有趣现象：越是讲究清洁卫生的民族，越能够生产出更精致的工业产品。

实践证明，人类不可能以停滞发展的方式即不发展工业的方式解决资源环境问题，也不可能以无视资源环境约束的粗放式经济增长方式实现可持续的发展。自工业革命以来，人们对自然环境的大规模开发利用在提高人类生活质量和使更多的地方被改造和建设成人类集中生产和生活的地方的同时，也导致了一些地区的环境破坏和生态恶化。工业化与城市化在世界各地的普遍展开大大加强了对自然资源的压力，甚至形成对自然的掠夺，也使环境污染问题日益严重。虽然有理论研究的结果表明，进行环境管制在一定条件下可能实现环境绩效提高与企业竞争力提升的双赢结果，但在一定的技术水平上，一国产业所能承受的环境标准提升程度也是有限的，在现实中达到双赢并非易事。当前，中国正进入一个权衡环境保护和工业发展关系尤其困难的时期。其难点就在于平衡资源环境管制与中国产业国际竞争力的关系，特别是平衡环境保护与工业经济增长的关系。

客观冷静地分析，中国工业经济的高增长虽然付出了很大的资源环境代价，却也提高了资源环境的利用效率。以能源效率为例，从 1986 年以来中国工业能源效率不断提升。1986 年中国工业万元 GDP 的能耗为 13. 72 吨标准煤（以 1986 年价格计），到 2000 年下降为 4. 63 吨标准煤（仍以 1986 年价格计）。从 2001 年开始，中国工业能源效率有所降低（这与中国新一轮重化工业快速发展有关）；2005 年中国工业万元 GDP 的能耗为 4. 88 吨标准煤（以 1986 年价格计），降到历史低点；到 2010 年能源效率又提高到 3. 84 吨标准煤（仍以 1986 年价格计）。中国工业化实践表明：中国工业本身虽然消耗了大量的资源，对环境产生了一定的破坏，但同时也以不断进步的技术和生产效率推动了资源环境利用效率的提高（见图 8 - 3、表 8 - 1）。

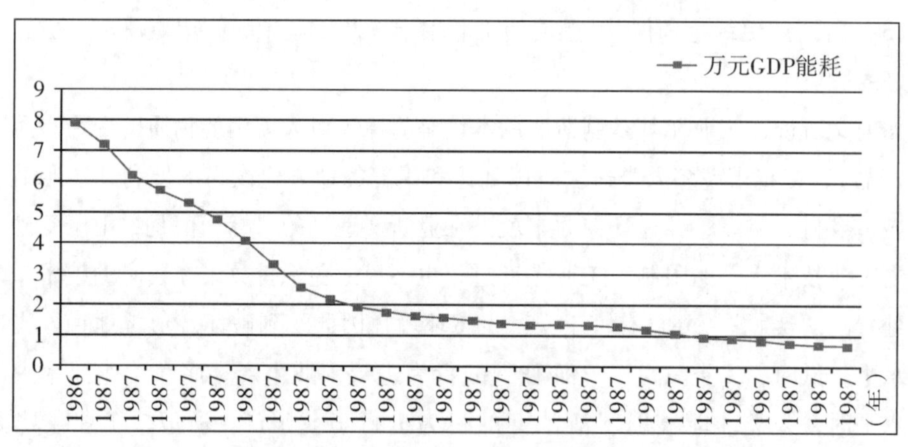

图 8 - 3　万元 GDP 能耗的变化趋势

资料来源：《中国统计年鉴（2013）》；2013 年的数据为国家统计局数据库最新数据。

表8-1 中国工业能源强度变化情况

年份	能源消费总量（万吨标准煤）	GDP（亿元）	万元GDP能耗	年份	能源消费总量（万吨标准煤）	GDP（亿元）	万元GDP能耗
1986	80850	10275	7.868613139	2000	145531	99214	1.466839357
1987	86632	12059	7.184011941	2001	150406	109655	1.371625250
1988	92997	15043	6.182078043	2002	159431	120333	1.324918358
1989	96934	16992	5.704684557	2003	183792	135823	1.353173945
1990	98703	18668	5.287283051	2004	213456	159878	1.335115126
1991	103783	21782	4.764622165	2005	235997	184937	1.276089576
1992	109170	26924	4.054746694	2006	258676	216314	1.195834693
1993	115993	35334	3.282758816	2007	280508	265810	1.055293679
1994	122737	48198	2.546516453	2008	291448	314045	0.928044997
1995	131176	60794	2.157712932	2009	306647	340903	0.899514879
1996	135192	71177	1.899377608	2010	324939	401513	0.809287151
1997	135909	78973	1.720955263	2011	348002	473104	0.735571086
1998	136184	84402	1.613516267	2012	361732	518942	0.697056704
1999	140569	89677	1.567503373	2013	375000	568845	0.659230303

资料来源：《中国统计年鉴（2013）》；2013年的数据为国家统计局数据库数据。

工业生产过程需要大量使用物质资源并消耗不可再生的能源，同时，还会排放各种有害物质（即废气、废水、废物）。但我们也必须看到，不可能以不发展实体产业的方式解决资源环境问题。相反，只有更先进强大的工业才能应对资源环境压力。也就是说，只有工业化才可能奠定解决资源环境问题的物质技术基础。只要有科学技术的支持、有先进发达的工业，所有物质都可以成为资源，“废物”也可以造福人类。工业创造了人类可以生活的环境，但也给环境造成压力，不适当的工业开发可能导致环境破坏，但只有更发达的工业技术才能保护和改善环境。所以，根本的问题是要提高工业的绿色化程度，并以更发达和更先进的工业技术和工业能力解决中国的资源环境问题。总之，虽然工业生产对自然环境可能产生不利影响，但从全局的和长远的眼光来看，工业发展可以从根本上发挥保护和改善环境的积极作用。所以，打造中国经济升级版，终旨绝不是工业发展，而是必须使中国工业回到健康发展的轨道，完成工业化进程。

非常值得重视的是，当前，中国正在形成环境保护越来越强的民意基础。在现实的一定技术条件下，环境保护与工业发展之间确实存在一定程度的替代性（trade -

off）关系，即要发展工业就不得不在一定程度上付出环境代价。而且，如果把环境保护投资所形成的环境质量也看作一种“产品”，那么，工业产品和环境质量产品之间也具有一定程度的替代关系。特别是对于发展中国家，过高的环境质量标准会超过其技术和经济能力，阻碍工业发展。所以，在经济不发达的时期，社会往往容忍经济个体低价甚至免费使用环境资源。但是，随着经济发展水平的提高和物质生活的改善，人民对环境质量的要求必然越来越高。当前，社会公众特别是东部发达地区的社会公众，在物质产品与环境质量的替代关系上已经明显地开始从改革开放初期的“宁可承受较大的环境污染代价来换取工业成就”，转变为为了环境质量的改善和保护宁可放弃一定的经济增长。近年来，中国出现了多次当地居民反对建设重化工项目和核电项目的群体事件，就是上述转变的突出表现之一。顺应人民群众的要求，我国在《国民经济和社会发展十二五规划纲要》中提出，“面对日趋强化的资源环境约束，必须增强危机意识，树立绿色、低碳发展理念”“加快构建资源节约、环境友好的生产方式和消费模式，增强可持续发展能力”；提出要“健全环境保护法律法规和标准体系”“加大环境执法力度”。中国共产党十八大新修改的党章中特别提出要建设生态文明。可见，在中国保护环境的民意已经形成，而且将越来越强烈。这是中国环境保护的有力基础，所以，我们有理由对中国的环境保护和改善持有乐观的预期。但同时，具体工业项目的投资建设也可能变得非常具有地方敏感性。即使是产业升级需要并达到了环境评价标准的工业建设项目，也可能受到当地居民的抵制。这是一个世界各国工业发展都遇到过的困难问题，叫作“not in my backyard”，意思是，即使应该搞的建设项目，也“不要建在我家的后院”。现在一般翻译为“邻避”现象。

很显然，尽管从具体工业投资和建设项目的实施来说，重要的问题是权衡得失，关照各方利益，实现最大限度的无害化，并公平合理地共同承担社会责任；但从根本上来说，则是必须实现工业技术的创新，以达到高度绿色化的标准，彻底消除环境风险，以获得人民群众对工业生产的环保信任和科学接受。

五、深化改革才能顺应稳中求进新常态

中国工业从亢奋的高增长时期，转向稳中求进的健康持续发展道路，必须依靠相应的体制机制的保障，这已成为基本共识。所以，人们期待着“改革红利”，即以新的体制机制获得经济发展的内在动力。稳中求进不追求一时的爆发，而依靠于“路遥知马力”的耐心。任何完善的体制机制的基本特征必定厌恶“爆发”，支持“耐力”。

从经济学意义上来说，改革是生产一种制度公共品（新的体制机制），这种公共

品的“效用”应最大限度地满足公众的“偏好”，使社会福利（利益）最大化。就文本的论题而言，就是要有助于实现经济增长的长期稳中求进和可持续发展，因为稳中求进和可持续发展是一个能够使大众获得最大利益并且符合客观规律因而合理可行的发展道路。尽管任何制度都不可能完美无缺，但是，如果因改革本身的机制缺陷而导致所形成的新制度系统性地偏离社会福利最大化目标，则改革的合理性基础就被动摇了。所以，保证改革机制（即制度公共品的生产过程）能够导向于最大限度地满足大众的“偏好”，使社会福利（利益）最大化的目标，是改革合理性的前提，也是人民支持改革的前提。从这一逻辑中也可以推论：改革也必然受到大众社会心理及文化传统的深刻影响。

中国尽管似乎已经没有异议地走向了实行市场经济的道路，但数千年传统文化积淀所形成的普遍社会心理则潜在地和顽强地倾向于集权独断。可以观察到的普遍性事实是：大多数人倾向于认为政府官员是民众“父母”（称为“父母官”），对父母官的要求是“为民做主”，而且一般认为越高级的政府越“聪明”、越“正确”，最高级的中央当然最“英明”。所以，中国式的思维方式总是自觉或不自觉地倾向于将重要的事情期待于政府决策，越重要的事情让越高层级的政府决策，直至中央部门和中央领导人。尽管历经30多年的改革开放，中国取得了经济和社会发展的巨大成就，国家发展了，继续推进改革的经济社会基础也已经发生了深刻变化，与以往相比，今天的改革将在财富存量巨大、财产关系更复杂、公平分配要求更高、民众参与意识更强的条件下推进，但是，普遍性社会心理的转变却显著地滞后于生产力发展和社会经济结构的变化，并且深刻地影响着市场经济体制的完善。特别是当急于求成的心理充斥于世的时候，急切的要求往往迫使政府承诺其难以实现的目标。

从其基本逻辑看，中国的传统社会心理同计划经济逻辑具有明显的接近性，即依赖政府，听从上级，赞赏“大一统”；横向组织能力弱，纵向约束能力强。所以，中国30多年来的经济体制改革产生了一个奇特的现象：很难改变以计划经济的思维搞市场经济的行为倾向，因此，尽管计划经济体制瓦解了，但经济资源配置的实际决策权却越来越集中于（各级）政府，而且是趋向于更高级的政府部门。这一倾向和过程几乎是“人心所向”的和“潜移默化”的。即一旦出现问题，处理方式几乎都是上收管理权或强化行政审批程序，而且往往是要提高相关政府管理部门的级别（例如，从副部级升格为正部级），增强其权力，以符合“越重要的事情由越高级的政府部门管”这一普遍社会心理。结果就是，各级政府都越来越强烈地干预和直接参与经济活动，同时，政府部门和官员的腐败风险也必然越来越大。这正是中国当前所面临的严峻现实。

中国另一个传统社会心理是法治观念薄弱，而更信任贤能政府的“清官”断案。

因此，即使是实行市场化的改革，被赋予高度自由裁量权的行政部门，仍然是经济运行过程的“中枢机制”，具有难以撼动的主导权。即使在显规则上取消了行政主导，也会形成政府干预的潜规则。行政主导往往导致法治弱化，即执行权大于立法权，具体规则（包括潜规则）高于一般性规则，其突出表现是：下位法往往反而高于上位法，宪法、法律、行政法规、执行文件、自由裁量（“解释”）的实际效力颠倒：宪法是难以执行的；上位法律内容宽泛，处于下位的行政法规主导（连最重要的国家经济行为税收都是以行政法规为主导）；而行政部门下发的“红头文件”比任何法律和行政法规都更重要，因为如果没有“红头文件”，任何法律和行政法规都不会执行，实际上是行政官员不知道如何执行。“红头文件”中有一类叫“细则”“办法”或“暂行规定”，本应是对法规或原则性文件的细化，是最下位的法律文件，但实际上效力最强。例如，如果进行行政审批制度改革，在上位法中取消“审批”，改为“备案”，那么，作为执行细则的“红头文件”中就要解释如何“备案”。于是，在细则中行政部门可以规定有“不予备案”的处置权，这实际上与“不予批准”效力完全相同，等于否定了上位法，没有改革。也就是说，尽管“受理”“批准”“备案”的法律性质是非常不同的，但是，具体执行文件则可以使得“不予受理”“不予批准”或“不予备案”的结果完全相同，即不经行政部门同意就不可以做。

这样，改革的关键就变得不在于制定法规，而在于如何执行；不在于原则，而在于“细则”。这样的体制机制会很容易导致市场经济制度的逐渐蜕变，成为行政主导的市场经济，其基本机制不再是微观经济主体之间的自由契约，而是行政性纵向关系中的等级决策。显然，这很容易形成盘根错节的既得利益集团，甚至连国家最高决策层也感觉难以推进真正有效的市场化改革，无法将资源配置决策权真正回归企业。

由于具有将重要决策权（审批权）向上集中的传统社会心理，因而形成了体制设计的固有思维方式，加之特殊利益集团的强大作用，改革的实际结果反而很可能是加强行政干预的各种权力，包括决策权、审批权、监督权、变通权，甚至还会有什么“准予备案”权、“一票否决”权等，更不必说不计其数的“给项目”“给优惠”权。那么，谁来制定具有有效制衡关系的权力制度呢？谁来制约行政权力膨胀呢？

我们看到，30 多年来，实行改革开放最彻底的领域是工业，而其他大多数领域的改革均比较滞后。导致这一重要区别的主要原因是：决定工业体制改革方向的不是工业部门自己；而其他领域的改革则均以自己的“特殊性”和“复杂性”为由，主要由本行政部门主导改革。结果是政府的工业管理部门撤销了，而其他管理部门的权力却强化了，级别升格了，实际掌握的资源更大了，权力膨胀势头难以遏制。

当然，工业改革也有许多不彻底的领域，原因也基本上是由于“自己改自己”，例如盐业、烟业、电力、铁路等领域的改革就是例子。无论哪个领域，凡是自己改自己，通常总是迟迟不改，或者不彻底改，甚至改偏了方向。尤其是，只要是由行政部门自己主导改革，其结果几乎必然是更倾向于维护和扩大本部门控制资源的职权，至少是要让自己管得更方便，而将麻烦留给别人，极少有例外。

在处理政府和市场关系的改革中，政府部门应有“壮士断腕”的决心，但许多部门的意愿则是“守土有责”“寸权必争”。给自己动手术谁都下不了手，分配自己有份儿的蛋糕，总会有意无意地给自己多分些，有“油水”的职权更是难以割舍。管理者总是希望把别人“关进笼子里”服从管理，自己站在笼子外自由裁量。谁又会建立一个将自己关进笼子里的体制呢?

现在，人们对改革既期盼又担心。许多群众甚至已经不太相信现在这样的改革机制真的可以取得公正利民的改革成效，他们非常害怕夹带部门私利和集团垄断利益的改革。对改革前景的担忧实质上是对改革机制的失信，甚至认为“谁改革谁吃亏”。可见，最重要的是要有一个公正有效的改革机制，特别是当改革从确定“大思路”向精细的制度设计推进时，更需要有改革机制本身的制度安排。

改革机制必须避免利益偏向的误导，尤其是必须避免公共权力机构（政府行政部门）在参与改革中发生“利益冲突”现象，即在履行公权时设租牟取（部门甚至个人）私利。中国的历史和现实是：长期实行行政主导的国家管理体制，政府行政系统源远流长，几千年来运行不衰，全世界绝无仅有。社会优秀人才向行政权力部门聚集是中国数千年的传统，也是今天的现实。依赖“父母官”、以行政级别作为社会评价的“一般等价物”更是普遍的社会心理。所以，行政系统是现实中最庞大、最有效的国家管理资源，中国的强政府体制在短期内不会根本改变，进行改革也不可能回避行政管理部门的参与。总之，行政管理系统是中国市场经济体系不可脱离的“组织资源”。

但是，任何管理部门都会有自己的权力利益，可能成为特殊利益集团或特殊利益集团的代表，也可能被管理者所“俘获”。所以，由行政管理部门主导自己领域的改革，往往难以避免利益偏向的误导，即在公共决策程序中留下获取私利的自由裁量权。所以，原则上不应由行政管理部门主导自己领域的改革，通俗地说，就是各部门的改革不应自己改自己。

于是，我们陷入了一个矛盾：既不能不让行政部门参与改革，又不能让行政部门的权力利益主导改革。当需要突破部门利益格局时，改革往往受阻或偏向。行政部门一定会以种种其他人难以争辩的理由诱导改革方向和规则制定。而且可以要挟说：如果不按他们的意见办，就一定会失控、出事、混乱，或者无法执行。

解决这一矛盾的可行思路是，既要让政府相关行政部门的干部积极参与改革，发挥他们高素质、有经验和知实情的优势，又要让他们在参与改革时同部门利益脱钩，即改革机制必须有其避免利益偏向误导干扰的逻辑严密性。总之，改革本身实质上也是一种决策或选择，也需要有有效的机制程序，改革的结果取决于其自身的机制程序。程序公正才能保证实质公正。所以，当前中国改革的首要问题是建立有效的改革机制来推进深化改革的进程，即改革的“顶层设计”首先应是关于改革机制本身的制度安排和程序设计。

就本文所讨论的主体而言，要有效地转向稳中求进和可持续的工业发展路径，必须使经济体制机制克服过度政府干预、压抑微观经济主体活力、以种种歧视性的政策导致无序补贴和不公平竞争等既不利于经济平稳增长，也不利于促进创新的体制机制和政策环境。为此，工业经济体制机制的改革应率先实现从以计划经济思维搞市场经济，向以市场经济思维搞市场经济的转变。

市场经济的基本思维是：相信由于经济系统的高度复杂和信息的高度分散，微观经济主体对现实的了解和信息处理效率一定高于政府，政府不可能建立任何一种社会计划机构（决策中心）来确保其有能力充分了解高度分散化的信息，更无法有效处理信息以做出正确的微观经济决策，所以，必须最大限度地将经济决策权下放给企业和居民，即让分散决策作为资源有效配置的基础性机制和方式，实现真正的经济自由和决策自主。政府不仅不应直接参与市场的竞争性活动，而且也不应进行过度的经济刺激，更不应对市场的竞争性经济主体（企业）进行不当补贴，以扭曲企业的市场行为和导致不公平的市场竞争秩序。简单地说，就是政府必须充分放权，让市场经济体自主运行。

但是可以预期，政府放权可能不放心。高度依赖政府行政系统管理的社会心理，仍然会顽固地导致政府从放权不放心而再次蜕变为形式上放权，实际上不放手。因而，仍然存在增长不稳和改革不进的隐患。要从体制机制上消除或减弱这样的隐患，就必须在政府与市场关系的改革上取得实质性进展，从根本上解决“放权不放心，不放手”的问题。

市场经济的另一个基本思维是：相信市场的竞争机制在一套有效的价格体系下具有实现资源有效配置的功能，并具有自求平衡的趋势，除非有非中性的货币因素介入或者涉及无法由价格所反映的外部性和信息不对称。市场经济的资源配置功能尽管有缺陷，在一些领域中甚至可能失效，但是，人类尚没有发明出更好的可行制度。从这一理念出发，稳中求进的工业发展政策以及支持稳中求进政策的体制机制，就是比试图“短促突击”以求超速增长的政策取向更贴近市场经济的机理。坚持这样的理念，政府的主要职能应是激发各种积极因素和千千万微观经济主体活力，完善市场经济制度，通过有序竞争，实现工业经济健康较快增长和可持续发展。

当然，政府负有把控国家宏观经济态势的责任，也有扭转经济发展严重偏向的职能，问题在于：政府进行经济调控也不可急于求成，企图立竿见影，以为可以将庞大经济体的运行掌控于政府的股掌之间。市场的力量是强大的，政府的职能是有限的。从容、稳健、慎重、适度的政府调控才是保证中国经济步入稳中求进的道路并实现可持续发展可行和可靠的政策保障。

下篇

思考年代

第9章 资源创造与资源约束

工业化是世界上大多数国家近现代经济社会发展的主题。工业化的经济表现首先是，在不断进步的科学技术的支持下，人类对自然资源的大规模深度开发和利用。在工业化进程中，工业技术路线的实质是资源技术路线，即对自然资源进行开发利用的基本原理、路径机理和技术特征。发达国家已经完成了工业化过程，成为基于工业化所创造的丰富物质成果之上的现代国家，但迄今为止，工业化进程所因循的资源路线仍然在大多数发达国家中延续，后工业社会的资源路线尚未成为世界主流。① 而越来越多的发展中国家走上工业化的道路，必然表现为工业化资源路线在世界的更大范围中扩展和强化。特别是近30多年来直至未来的相当长时期内，中国的崛起使传统工业化资源路线的性质和特征以极为突出的形式表现出来。工业化资源路线的形成有其客观必然性，人类即使必须为其付出代价也难以逾越必经的发展阶段。中国工业化进程中，工业化资源路线的成就和代价都是客观规律的表现，即使我们可以从发达国家过去的“错误”中吸取教训，也不可能找到一条完美无缺的道路，只享用工业化资源路线的利益而完全避免付出一定的代价。但是，人类必须深刻地认识到，工业化的前途确实是既可能是“天堂”，也可能是“地狱”，也就是说，既可能创造更发达的物质基础和美好生活条件，也可能毁坏自然环境和资源基础，最终使人类无法生存。因此，从长远来看，工业化的资源路线既是不以人的意志为转移的客观规律，也是人类所面临的一个严峻的命运选择。

一、资源开发利用的基本技术路线

近200~300年来，从世界范围看，人类发展的最主要表现就是从西欧到西欧移民国家，再到亚洲以至逐渐扩展到全球各国的工业化过程。工业化的实质就是对自然资源的大规模深度开发利用，以不断满足经济和社会发展的需求。工业的资源之母仍然是土地，这与农业有相同之处。但是，同土地对于农业所提供的自然资源主要是植

① 只有北欧的瑞典等少数国家正在进入不再依赖煤炭、石油和钢铁等传统工业资源的社会。

物和动物所不同，土地对于工业所提供的自然资源，不仅是动植物，而且还有化石能源、矿物等。同样重要的是，工业和农业都需要淡水资源，水不仅是工农业之源，也是生命之源。当然，除了陆地之外，海洋也是重要的资源之母。广义的农业包括了渔业以及海水养殖业等。但真正大规模地开发利用海洋资源，则依赖于工业化时期的生产活动，特别是以造船业为代表的海洋工业活动。

为了进行经济研究，可以把大规模开发并进行工业利用的自然资源分为四类。第一类，土地：在工业化的经济学研究中，土地主要被当作工业生产活动的空间场地，当然，间接地也必须考虑到土地作为提供工人生活资料的条件而对工资进而对工业成本的影响；第二类，水源：在工业化的经济学研究中，水源是工业选址和布局的先决条件，起先被当作无限供应的物质，而到了工业化中后期，水资源的经济价值（稀缺性）才成为越来越重要的问题；第三类，能源：工业化的经济学研究，主要关注的是煤炭和石油等化石燃料能源，当然，随着化石燃料能源的耗竭，新能源的开发利用也成为越来越重要的研究对象；第四类，原料：包括矿物和生物，工业化的经济学研究主要研究的是矿物资源。

除了上述工业生产活动的物质投入资源之外，环境也可以被视为工业化进程的一种资源。因为，工业生产必然会影响环境，对环境的破坏性影响如果超过自然的可恢复程度，就会导致人类生存条件的毁坏。也就是说，在任何地方，对于人类活动的环境容量都是有限的，所以，从经济学意义上说，环境对于工业生产是一种稀缺性资源。而且，环境资源同其他投入要素之间也有一定的可替代性，即消耗环境资源可以“节约”其他投入要素，例如资本。而增加其他要素投入，例如技术和资本，也可以节约环境资源。当然，环境资源的可替代性是有限度的，对环境的过度破坏可能导致无法恢复，例如原始森林被砍伐而变为沙漠后，难以再恢复为森林。

与农业生产相比，工业是一种更深度开发和利用自然资源的生产活动。同其所创造的经济价值相比，工业比农业相对地节约了土地和水资源，而更多地开发利用了能源和矿物资源。对环境资源的利用也大大超过了农业。在工业生产活动大规模扩展的地区，对土地和水资源的需求量不断扩大，起先是农业用地转变为工业用地，以及与工业生产密切相关的商业用地和住宅用地；进而导致可开发而进行工业利用的土地趋于稀缺，土地成为工业生产的制约因素。水资源的工业利用也有类似情况，起先，水几乎是可以无限供应的工业资源，而随着工业规模的扩大，终于使水成为越来越具有稀缺性的资源，节水，即以资本和技术来替代水资源投入或增加水资源供应，即调水或造水（海水淡化），成为工业生产持续进行的重要条件之一。

现代工业生产是一种高度追求效率的经济活动。具有大规模工业开发利用价值的自然资源通常具有的基本经济性质是：第一，在地球上储量大；第二，获取比较容易；第三，在现实的技术条件下具有开发利用的经济性，不存在大量更经济的替代物质。工业化的一般技术路线是：

（1）对于土地。首先开发具有区位优势（交通便利）的低价格土地；当生产和生活活动的集聚导致工业用地的级差地租上升时，工业生产向低级差地租地区转移；只有高度节约土地和附加价值高的高技术工业才可以利用高级差地租地区的工业用地。一般来说，在工业化的前期和中期，工业生产具有强烈的追求低价格土地的趋势。而进入工业化的中后期，工业集聚地区的土地价格上升，而工业产品的单位附加价值大幅度提高，同时，工业产业链的分解使得工业生产（特别是高技术产业）具有较高土地价格的承受能力。因而，高级差地租土地也可能进行工业利用。当然，由于工业生产的高度竞争性和可转移性，不断寻求低价格和优区位的土地资源（不过，随着工业化的推进，土地的“低价格”和“优区位”往往是相互矛盾的），终究是工业发展的内在要求。

（2）关于水资源。只要不是由于其他资源要素（例如矿物）的限制，工业选址总是倾向于水资源丰富的地区，例如沿河、沿湖、沿江地区，这就可以利用无限供应至少是充分供应的水源。而随着工业的发展，水资源从无限供应到显著稀缺，因而，工业生产的技术路线必须从大量利用免费或低价水源，向适应高计价的水源供应的方向转变，也就是将节约用水作为降低工业成本的重要方式之一。一些耗水工业甚至可以成为节水工业（例如钢铁生产）。所以，对水资源的工业性需求通常会在达到一定的峰值后趋向减少。

（3）关于能源。前工业化社会，水力、植物、矿物（煤、石油）等自然资源就被利用作为生产和生活的能源。但在近现代工业化过程中，大规模开发利用能源的技术路线是：从煤炭到石油的化石能源，以及主要以此为燃料而生产的二次能源，即电力、成品油等。迄今为止，从世界工业化的总体状况看，仍然处于一次能源的石油时代（二次能源的电力时代）。而中国由于其资源禀赋所决定，煤炭和煤电具有更重要的地位。实际上，即使是从世界范围看，煤炭也是储量最大的传统能源资源，所以，当石油价格趋于大幅上升时，煤炭将再度成为具有更大开发价值的世界能源资源。

（4）关于矿物资源。工业生产的原材料来源是多方面的，从植物、动物、泥土（砖、陶瓷、水泥）到金属（铜、铁钢、铝、其他有色金属）和非金属原料，再到石油等资源为基础的化学材料和各种新型材料……而迄今为止，对工业生产最具重要意义的仍然是矿物资源。从工业化的技术路线看，相对于所创造的财富，工业生产过程既消耗资源，同时又更大程度地节约资源，即更高效率地利用资源；工业化过程不断把原先没有经济价值的无限供应物质转变为具有经济价值（稀缺性）的工业资源，所以资源价格上涨既是工业发达的表现，又是推动技术进步的风险表现；大规模工业开发利用确实可能使一些不可再生资源枯竭，但也只有依靠发达的工业技术和工业生产才能实现持续的资源供应。

工业生产本质上进行的是资源物质形态的转换，通过勘探、采掘、储存、运输、加工等工业过程，不断扩大和深化对自然的工业利用，即增加实际的资源供应量。换句话说，工业可以创造资源供应，资源供应并不构成对工业发展的绝对障碍，所以，工业发展在本质上是可持续的。解决工业资源问题的基本经济要求是：资源的稀缺性通过市场供求的价格机制能够导致资源开发利用的不断技术进步，使大规模利用的工业资源具有能够被社会普遍接受的经济性和可行性，成为工业经济增长的基本物质基础。总之，依靠价格机制基础上的工业技术不断进步，保证资源开发利用路线的可持续延伸，是工业资源问题的核心内容。

必须深刻认识的是：从本质上说，只有能够大规模工业利用的物质才是“资源”。地球上的物质如果没有工业需求（或者其他需求），就没有什么价值，所谓“价值”总是相对于人的需要和评价而言的。所以，在最彻底的意义上，所有的“资源”本质上都是由人类的生产活动所创造的，没有人类生产活动的需要，就没有什么物质可以称为“资源”。特别是当世界进入工业化时期后，几乎所有的“资源”都是由工业需求和工业生产活动所创造的。例如，如果没有钢铁工业，铁矿是没有价值的；如果没有石油工业、汽车工业、电力工业、航空工业，石油和煤炭都算不上是什么“资源”；如果没有工业和以工业为基础的建筑业，土地也不会有很高的价值。而正是由于工业的发展，才使得原本没有价值的物质，成为价值（价格）高昂的“资源”和“财富”。例如，大多数居民家庭所拥有的最有价值的财产——房产，实际上是由最便宜、最容易获得的物质所建造的。总之，地球上原本并没有天生的“资源”，只是相对于人类生产活动特别是工业生产活动来说，才有了所谓的“资源”。反过来也可以说，地球上的物质其实本身并没有“资源”和“废物”之别，只要工业充分发达，地球上的任何物质都可以成为资源。工业的本质就是：既创造资源，又消耗资源，而且是，正因为消耗资源，才会形成资源。工业技术越发达，可以成为资源的物质就越多，从理论上说，只要工业足够发达，所有的“废物”都可以成为“资源”。所以，人类所面临的资源问题，实质上是工业技术路线、资源路线和工业发达水平的问题。

二、世界工业化的资源路径

从世界工业化的资源历史看，主要工业化国家，大体都经历了从蒸汽机时代到内燃机电动机时代的过程，即从炭煤时代发展到石油时代。而如果从具有代表性的工业原材料看，主要工业化国家都经历了从前钢铁时代，到钢铁时代，再到后钢铁时代的发展过程。其中特别值得关注的历史过程是：在各国经历的重化工业阶段，资源的供应和需求状况发生了重大的变化和转折。

从区位特征看，世界工业国际转移的基本走势是：16—18 世纪从西欧发端，18—19 世纪向西欧移民国家北美、澳大利亚扩张，20 世纪向东亚以至中国、南亚印度转移，其中也发生了向南美和非洲的少数国家扩散……

一般认为，经过了 200 ~ 300 年的世界工业化历程，到现在，在全世界 200 多个国家（地区）中，有 60 多个国家（地区）进入了工业社会，其中少数国家进入了后工业社会。而大多数发展中国家仍然处于向工业社会进化的过程中。如果是从工业资源的开发、生产和消费的状况来进行总体判断，则可以得到以下基本印象：

（1）从工业原料来看：以钢铁产量为主要标志，主要工业化国家大都在 20 世纪 70 年代达到了钢铁生产的最大产量。英国在 20 世纪 70 年代初就达到了粗钢产量的最高值；美国、德国、法国，甚至日本也都在 20 世纪 70 年代中期达到了粗钢产量的最高值。此后，这些国家逐步进入后钢铁时代，有的则进一步迈入了后工业社会。当然，20 世纪 90 年代，有些发达国家的钢铁产量又有些上升，这主要是由于出口需求的增长，即一批发展中国家进入强劲的工业化进程，钢铁需求大幅度上升（见表 9 - 1）。因为，从总体上来说，当前发展中国家正在进入钢铁时代。韩国、巴西、印度甚至俄罗斯的钢铁产量从 20 世纪 90 年代以来都在大幅度增长。特别是中国，从 1990 年的月均粗钢产量 552. 9 万吨，增加到 2006 年的 3527. 8 万吨，2013 年达到 64548 万吨（见表 9 - 2）。

表 9 - 1　主要发达国家粗钢月平均产量

单位：千吨/月

年份	日本	美国	德国	意大利	法国	加拿大	英国	澳大利亚
1980	9283	8455	3653	2208	1931	1325	940	632
1981	8473	9134	3468	2065	1772	1234	1298	636
1982	8296	5638	2990	2001	1534	989	1142	531
1983	8098	6397	2977	1818	1465	1069	1249	473
1984	8799	6995	3282	2005	1583	1225	1260	525
1985	8773	6672	3375	1992	1567	1220	1310	551
1986	8190	6169	3095	1907	1489	1173	1227	556
1987	8209	6740	3021	1905	1474	1228	1451	508
1988	8807	7554	3419	1980	1593	1239	1579	532
1989	8992	7404	3423	2101	1611	1288	1562	561
1990	9195	7477	3203	2122	1585	1023	1487	556

续表

单位：千吨/月

年份	日本	美国	德国	意大利	法国	加拿大	英国	澳大利亚
1991	9137	6645	3514	2093	1536	1082	1373	512
1992	8178	7027	3309	2070	1498	1161	1351	567
1993	8302	7399	3135	2143	1426	1199	1385	654
1994	8191	7604	3403	2179	1503	1158	1441	702
1995	8470	7933	3504	2314	1508	1201	1467	705
1996	8233	7961	3316	1993	1469	1228	1499	701
1997	8712	8207	3751	2154	1647	1296	1542	736
1998	7796	8222	3671	2143	1677	1328	1443	745
1999	7849	8119	3505	2073	1683	1353	1358	681
2000	8870	8485	3865	2230	1746	1383	1263	594
2001	8572	7509	3734	2212	1612	1273	1129	586
2002	8979	7632	3751	2172	1688	1334	972	627
2003	9209	7806	3734	2255	1647	1327	1106	629
2004	9393	8307	3865	2384	1731	1359	1147	618
2005	9373	7908	3710	2446	1623	1277	1103	646
2006	9686	8213	3935	2635	1654	1291	1156	657
2007	10017	8175	4046	2629	1604	1298	1193	662
2008	9895	7613	3819	2549	1490	1237	1127	635
2009	7295	4850	2723	1654	1070	774	840	437
2010	9133	6708	3653	2146	1285	1084	809	608
2011	8967	7200	3690	2395	1315	1074	790	534
2012	8936	7391	3555	2271	1301	1126	798	408
2013	9214	7246	3553	2005	1307	1038	995	387

资料来源：经国际钢铁协会数据计算而得。

网址：http：//www.worldsteel.org/zh/statistics/statistics－archive.html.

表9－2 20世纪80年代以来若干后发国家粗钢月平均产量

单位：千吨/月

年份	中国	俄罗斯	印度	韩国	巴西
1980	3093	–	793	713	1278
1981	2967	–	897	896	1102
1982	3097	–	916	980	1083
1983	3335	–	853	993	1223

续表

单位：千吨/月

年份	中国	俄罗斯	印度	韩国	巴西
1984	3623	–	879	1086	1532
1985	3900	–	995	1128	1705
1986	4351	–	1016	1213	1769
1987	4690	–	1093	1399	1852
1988	4953	–	1192	1593	2055
1989	5132	–	1217	1823	2088
1990	5529	–	1247	1927	1714
1991	5917	–	1425	2167	1885
1992	6745	5586	1510	2338	1995
1993	7463	4862	1513	2752	2101
1994	7718	4068	1607	2812	2146
1995	7947	4299	1834	3064	2090
1996	8436	4104	1979	3242	2103
1997	9076	4042	2035	3546	2179
1998	9549	3652	1957	3325	2147
1999	10330	4293	2025	3420	2083
2000	10708	4928	2244	3592	2322
2001	12636	4914	2274	3654	2226
2002	15187	4981	2401	3783	2467
2003	18528	5121	2648	3859	2596
2004	22733	5465	2719	3960	2742
2005	29649	5512	3815	3985	2634
2006	35085	5903	4121	4038	2575
2007	40809	6032	4456	4293	2815
2008	42695	5709	4816	4469	2810
2009	48089	5001	5294	4048	2209
2010	53229	5579	5748	4910	2746
2011	58497	5738	6123	5710	2935
2012	59712	5869	6463	5756	2877
2013	64548	5783	6768	5501	2848

资料来源：经国际钢铁协会数据计算而得。

网址：http：//www. worldsteel. org/zh/statistics/statistics – archive. html.

（2）从燃料能源来看：世界工业化进程同化石燃料能源的开发利用密切相关。在工业化之前，人类主要利用薪柴作为能源。到18世纪工业革命时，煤炭逐渐成为主要的能源。当时最先进的工业革命国家英国，不仅开始大量使用煤炭作为工业和生活能源，而且，煤炭工业也成为其重要的工业部门之一，其向国外大量出口煤炭，成为一个煤炭出口大国。据历史记载，1867年英国出口煤炭突破1000万吨，1923年英国煤炭出口达8073万吨，占其总产量的29%。后来，德国和美国相继成为世界煤炭生产大国和消费大国。1900年，美国煤炭产量达2.4亿吨，首次超过英国。这也是美国成为世界最强的资本主义工业国的重要标志之一。从世界范围看，到20世纪上半叶（20年代），煤炭消费量超过全部能源消费量的一半，世界进入“煤炭时代”。煤炭在能源中的主导地位一直持续到20世纪60年代，直到那个时期，世界工业发展的煤炭时代大约持续了半个世纪，而煤炭作为工业化的标志则差不多经历了100年（从19世纪60年代到20世纪60年代）。20世纪初，石油开始被用于照明和燃料。到20世纪20年代，由于内燃机代替蒸汽机成为越来越重要的动力机，石油的生产量、需求量和贸易量都迅速增长。有学者认为，人类进入石油时代的标志年份是1967年（也有资料显示是1965年）。这一年石油在一次能源消费结构中的比例达到40.4%，而煤炭所占比例下降到38.8%。

可见，如果说整个人类近现代发展过程的主要表现是工业化，那么，从能源动力资源看，迄今为止，工业化的主要表现就是化石燃料能源成为主要的能源物质，可以称为“化石矿物能源时代”。其中分为两个阶段，20世纪60年代之前为“煤炭时代”，20世纪60年代至今为“石油时代”。也就是说，今天，整个世界仍然处于化石矿物能源时代，大多数发达国家仍处于石油时代。从20世纪以来，世界的煤炭和石油供应和消费总量一直持续增长（见图9-1）。尽管全世界今天的化石燃料能源在各种一次能源中的比重比20世纪70年代有所下降，但煤炭和石油仍然占了一次燃料能源的近60%。在发达国家中也有些国家呈现出向后石油时代过渡的迹象。例如，瑞典等北欧国家正在进入“不使用石油”的时代。到21世纪中叶，整个世界将开始告别石油能源时代，更多地采用太阳能、风能、核能等非化石矿物能源，那时，人类也将进入后工业社会。但是，无论如何，今天的世界离那个时代还有相当的距离。

可见，当今世界的基本现实是，从能源开发利用的角度看，煤炭和石油是两大基本能源。从工业技术路线看，由于作为最强大的工业化国家的美国具有巨大的石油资源优势，带动整个世界走上“石油依赖”之路，所以，石油成为半个世纪以来最重要的能源和战略物资。另外，从地球的地质结构看，煤炭是储量最多的化石能源物质，所以，从整个工业化的历史看，煤炭始终占有重要的地位。而石油大约只在其中的100年间占有主导地位。从这一角度看，中国以煤炭为主的能源结构并不是一个

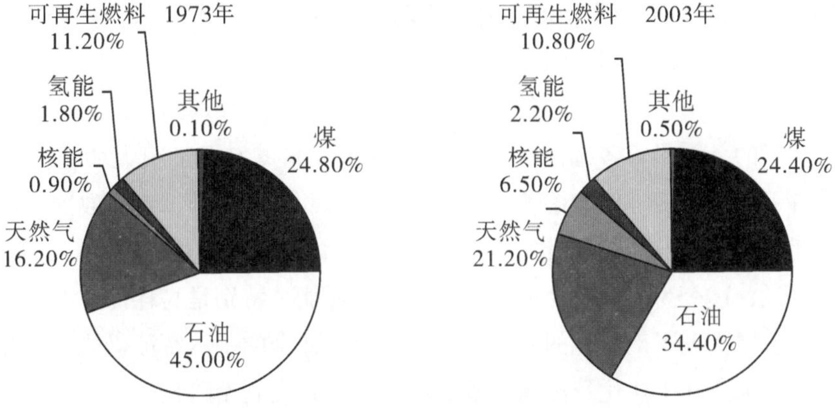

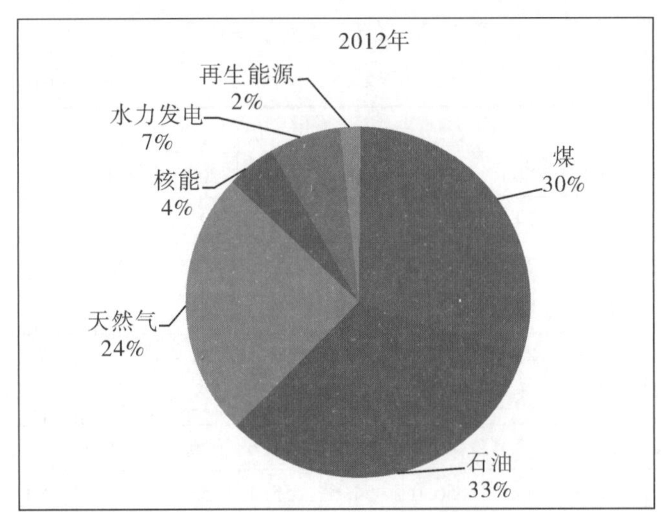

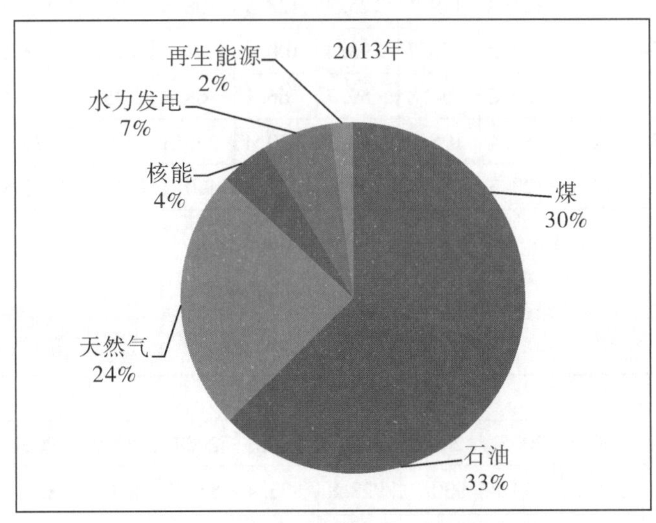

图9-1　世界能源结构的40年变化

特例，而只不过是在西方国家（特别是美国）的工业技术路线居支配地位的近100年中，作为后发国家的中国在能源结构上所表现出的同西方工业化国家的“不一致”现象。

值得注意的是，尽管各国的能源利用效率和节能技术有了很大的提高，GDP的能耗强度有了显著下降，但除了英、法、德等少数欧洲国家外，大多数国家都处于传统能源消耗总量，即石油和煤炭的消费总量不断增长的状态（见表9－3、表9－4）。因此，可以说，迄今为止，整个世界都还处于高耗能，特别是高耗传统能源的发展阶段。即使在已经实现了工业化的发达国家，工业化社会的基本特征仍然显著存在。所以，人类还远未离开工业化资源路线所决定的资源开发利用路径。

表9－3　若干国家煤炭消费量

单位：百万吨石油当量

国家	年份										
	2003	2004	2005	2006	2007	2008	2009	2010	2011	2012	2013
美国	562.5	566.1	574.2	565.7	573.3	564.2	496.2	525.0	495.4	436.7	455.7
加拿大	31.7	29.8	30.9	29.9	31.3	29.6	24.4	25.0	21.8	20.5	20.3
法国	14.4	13.9	14.3	13.2	13.6	12.9	11.2	12.1	10.2	11.5	12.2
德国	87.2	85.4	82.1	83.5	85.7	80.1	71.7	76.6	76.0	80.1	81.3
意大利	14.9	16.6	16.5	16.7	16.8	16.3	12.8	14.2	15.9	16.3	14.6
英国	38.1	36.6	37.4	40.9	38.4	35.6	29.9	31.0	31.5	39.1	36.5
澳大利亚	49.4	50.8	53.5	56.0	54.6	55.4	53.5	50.7	50.3	47.3	45.0
日本	112.2	120.8	121.3	119.1	125.3	128.7	108.8	123.7	117.7	124.4	128.6
俄罗斯	104.0	99.5	94.2	96.7	93.4	100.4	91.9	90.2	93.7	98.1	93.5
韩国	51.1	53.1	54.8	54.8	59.7	66.1	68.6	75.9	83.6	81.0	81.9
印度	156.8	172.3	184.4	195.4	210.3	230.4	250.3	260.2	270.1	302.3	324.3
中国	868.2	1019.9	1128.3	1250.4	1320.3	1369.2	1470.7	1609.7	1760.8	1856.4	1925.3

资料来源：BP Statistical Review of World Energy，June 2013.

表9－4　若干国家石油消费量

单位：百万吨石油当量

国家	年份										
	2003	2004	2005	2006	2007	2008	2009	2010	2011	2012	2013
美国	900.7	936.5	939.8	930.7	928.8	875.4	833.2	850.1	834.9	817.0	831.0
加拿大	97.3	100.8	99.9	99.4	102.3	101.2	95.0	101.3	105.0	104.3	103.5

续表

国家	年份										
	2003	2004	2005	2006	2007	2008	2009	2010	2011	2012	2013
法国	93.1	94.0	93.1	93.0	91.4	90.8	87.5	84.5	83.7	81.0	80.3
德国	125.1	124.0	122.4	123.6	112.5	118.9	113.9	115.4	112.0	111.4	112.1
意大利	92.1	89.7	86.7	86.7	84.0	80.4	75.1	73.1	70.5	64.2	61.8
英国	79.0	81.7	83.0	82.3	79.2	77.9	74.4	73.5	71.1	71.0	69.8
澳大利亚	38.8	39.6	40.8	42.1	42.5	43.3	42.8	43.6	45.8	47.3	47.0
日本	251.9	245.5	248.8	239.6	232.6	226.3	201.8	204.1	204.9	217.8	208.9
俄罗斯	127.3	126.2	126.1	130.3	130.0	133.9	128.2	134.3	143.5	148.9	153.1
韩国	106.4	104.6	104.6	104.7	107.6	103.1	103.7	105.0	105.8	108.8	108.4
印度	116.5	119.5	121.9	128.3	138.1	144.7	152.6	155.4	163.0	173.6	175.2
中国	271.7	318.9	327.8	354.5	370.6	377.6	391.0	440.4	464.1	490.1	507.4

资料来源：BP Statistical Review of World Energy，June 2013.

（3）从环境影响来看：工业化资源路线的主要代价之一是对环境的影响。在人类工业化的初期，即欧、美、日等国的工业高速增长时期，都发生过严重的环境污染现象，但由于当时在整个地球上工业化国家为数较少，而且污染也有一个累积过程，所以，当时工业化的环境污染尚未形成全球性影响。但是到了今天，一方面，中国、印度、巴西等发展中国家进入加速工业化时期；另一方面，各工业化国家200~300年来对环境影响的累积性作用，使得环境污染成为全球性问题，甚至对整个大气环境造成很大的破坏，即温室气体的排放导致全球气候变暖（这一看法尽管并非没有争议，但确实有越来越多的证据使越来越多的人相信，人类经济活动所排放出的二氧化碳等气体导致了全球平均气温升高）。由此可能产生一系列人类难以意料的后果。

美国前副总统阿尔·戈尔（Al Gore）摄制的纪录影片《难以忽视的真相》中提供的资料显示：在由于温室气体排放而导致的全球气候暖化中，美国负有30.3%的责任，欧洲负有27.7%的责任，俄罗斯负有13.7%的责任，中国以及东南亚、印度负有12.2%的责任（见表9-5）。这表明，工业化的生产方式和资源路线，以及由此导致的生活方式，对世界环境造成了很大影响。工业化资源路线的环境代价甚至可能对人类生存造成很大威胁，需要全人类高度重视，并以集体合作的方式来应对这一严峻的挑战。

表9-5 世界各国温室气体的相对排放量

国家（地区）	占世界排放总量比重（%）	国家（地区）	占世界排放总量比重（%）
美国	30.3	中东	2.6
加拿大	2.3	非洲	2.5
中美洲和南美洲	3.8	澳大利亚	1.1
欧洲	27.7	日本	3.7
俄罗斯	13.7	东南亚、印度和中国	12.2

资料来源：阿尔·戈尔（Al Gore）：《难以忽视的真相》，湖南科学技术出版社，2007年版。

由于整个世界正处于工业化阶段，工业化的资源路线决定了对全球环境的巨大压力，所以，即使一些国家和地区为了本国和本地区的环境保护而禁止污染严重的工业生产，或提高环境保护的标准门槛，这些生产活动也会转移到其他环境标准门槛较低的国家和地区。因此，工业化在全球的扩展，特别是传统工业从发达工业化国家向后发工业化国家的转移，可能导致环境污染从先进工业化国家向后发工业化国家的转移。所以，工业化对资源的消耗和环境的污染是一个全球性问题。或者说，资源的大量消耗和对环境的更大压力，是经济全球化过程中的一个现象。解决这个问题必须依靠全球各国的共同努力。

西方研究机构和研究者指出：14%的中国废气是由生产出口到美国的货品所造成的。英国新经济基金会（New Economic Foundation）的研究报告说，每一件在中国生产出口到英国的物品，其废气排放量比在英国生产要多1/3。西方国家对中国产品的依赖，变相地把废气排放量转嫁到中国。该机构政策总裁安德鲁·西姆斯表示："每当政府官员谈及气候变化的时候，他们似乎把中国当作替罪羊……"①

对于世界工业化资源路线所导致的资源和环境代价，正受到全世界越来越高的重视。大力促进能源和资源效率的提高、可再生能源和资源的利用、清洁能源的开发，以及资源循环利用和减排技术的创新，成为世界各国共同努力的方向。这意味着，当世界进入工业化的中期和后期，必须对工业生产的技术路线和工业化的资源路线进行重大调整，这一变化的深刻性不仅表现为技术的进步，更重要的是将表现为制度安排、政策方向以及产业组织的全面变革。更深刻的是，要求人类对经济和社会发展的基本观念也必须发生深刻的改变。例如，绿色环保主义、慢生活和"慢食"（slow food）运动、简约主义等，正在成为发达国家的社会潮流。但是，人类仍然处于工业化时代这个基本现实，使得自然主义的观念不可能成为社会意识的主流。工业化和发

① http://www.sina.com.cn，2007年10月7日，中国新闻网。

展着的世界以强大的力量决定着，社会意识的主流必然是：以发展的力量优化环境，在发展中实现环保，经济发展与环境保护并重。人类的价值目标不是自然主义的原始环境，而是在高度发展水平上的环境质量。中国共产党所提出的科学发展观实际上就是这种工业化社会主流意识的集中表达。

三、中国工业化资源路线的主要特点

中国现代经济发展的基本性质是：在总体上循着世界工业化的路径持续推进，同时，又具有一系列非常独特的特点。中国工业化不可能逾越世界工业化过程所须经历的各主要发展阶段，也难以另辟蹊径实行完全不同于西方发达国家的基本工业技术路线，更不可能脱离经济全球化背景和居主导地位的资本主义国际经济规则。从这方面看，中国工业化并没“奇迹”，也不具有不受制约的自由选择权，所以，中国工业化的进程及其基本特征具有“不以任何人的意志为转移”的客观决定论性质。从另一方面看，中国工业化又是人类工业化进程中一个非常独特的现象。中国工业化将在几十年（最多不超过100年）的时间内，使占世界人口接近20%的巨大经济体迅速地实现工业化，进入工业社会，这将对整个世界产生巨大的影响。在这一过程中，必然发生许多在迄今为止的人类工业化历史中从来未曾遇到过或者从来没有表现得如此突出的现象、问题和矛盾。所以，中国工业化必须具有更大的创新性，以解决难以回避的更大的内部不平衡性和外部不协调性所产生的种种难题。

中华人民共和国国务院新闻办公室于2007年12月发布的《中国的能源状况与政策》白皮书指出，中国能源资源有以下特点：

——能源资源总量比较丰富。中国拥有较为丰富的化石能源资源。其中，煤炭占主导地位。2006年，煤炭保有资源量10345亿吨，剩余探明可采储量约占世界的13%，列世界第三位。已探明的石油、天然气资源储量相对不足，油页岩、煤层气等非常规化石能源储量潜力较大。中国拥有较为丰富的可再生能源资源。水力资源理论蕴藏量折合年发电量为6.19万亿千瓦时，经济可开发年发电量约1.76万亿千瓦时，相当于世界水力资源量的12%，列世界首位。

——人均能源资源拥有量较低。中国人口众多，人均能源资源拥有量在世界上处于较低水平。煤炭和水力资源人均拥有量相当于世界平均水平的50%，石油、天然气人均资源量仅为世界平均水平的1/15左右。耕地资源不足世界人均水平的30%，制约了生物能源的开发。

——能源资源赋存分布不均衡。中国能源资源分布广泛但不均衡。煤炭资源主要赋存在华北、西北地区，水力资源主要分布在西南地区，石油、天然气资源主要赋存在东、中、西部地区和海域。中国主要的能源消费地区集中在东南沿海经济发达地区，资源赋存与能源消费地域存在明显差别。大规模、长距离的北煤南运、北油南运、西气东输、西电东送，是中国能源流向的显著特征和能源运输的基本格局。

——能源资源开发难度较大。与世界相比，中国煤炭资源地质开采条件较差，大部分储量需要井工开采，极少量可供露天开采。石油、天然气资源地质条件复杂，埋藏深，勘探开发技术要求较高。未开发的水力资源多集中在西南部的高山深谷，远离负荷中心，开发难度和成本较大。非常规能源资源勘探程度低，经济性较差，缺乏竞争力。①

从改革开放以来近30多年的工业化进程看，中国现代工业发展的资源路线具有以下显著特点：

（1）以低价格资源支持了工业生产的大规模扩张。中国近30多年工业增长所依靠的国际比较优势，除了丰富的劳动力之外，还突出地表现为向工业企业特别是进入中国的外资企业提供了大量的低价格资源。一方面，从近30多年中国工业资源的供求状况看，处于各类资源相对富余的时期，无论是土地资源、水资源、矿产资源，还是能源，都具有很大的现实供应能力，其市场表现就是资源产品价格显著低于国际水平。另一方面，为了竞争相对短缺的资本特别是境外资本和技术，中央政府和各级地方政府都实行了以“优惠政策”为特点的工业化促进战略。其基本经济性质就是以政策手段压低资源价格，例如，以低价格、零价格甚至补贴价格提供工业用地（中国土地是由政府垄断供应的，所以政府可以决定其供应价格水平），保证低价格的水、电供应，实行各种减免税收的特殊政策，以提高工业投资的吸引力和工业产品的价格竞争力。在低价格资源供应的推动下，中国工业每年都以两位数的速度高速增长，生产能力和生产规模大幅度扩张。经过短短的20多年，中国已经成为令世界惊叹的工业生产大国，世界各国几乎都离不开“Made in China”（“中国制造”）的工业产品。问题是，这种高度依赖低价资源的发展模式尽管具有其历史的理由，却是不可持续的。目前，已经可以十分明显地看到，中国工业发展所受到的各种工业资源成本价格上升的压力越来越大。人们已经强烈地感受到，工业生产必须摆脱对低价格资源的依赖，走向更注重资源节约和环境友好的发展路径。以政策性语言来表达就是：中国必须走科学发展的道路。

（2）中国的一次能源结构与从西方国家转移过来的工业技术路线之间具有很大偏差。由资源禀赋条件所决定，中国的一次能源结构以煤为主，而以西方工业国为主导的世界工业技术路线的能源需求结构则是以石油为主。所以，当中国沿着世界工业

① 参见中华人民共和国国务院新闻办公室：《中国的能源状况与政策》，2007年12月。

发展的技术路线发展工业经济和国民经济时，以煤炭为主的能源禀赋特点与当前世界处于“石油时代”的工业技术路线之间的偏差就会突出地表现出来，甚至对中国的能源安全构成威胁。作为一个后发的工业生产大国，中国大多数的工业生产部门和交通运输方式都不可能完全脱离西方工业化国家的工业技术路线，另搞一套同中国的资源禀赋相适应的工业技术路线；所以，受本国资源禀赋条件的约束，中国的工业化必然受到资源供给结构的很大约束。我们的研究表明，由于矿物资源（包括化石能源）的制约，中国经济增长付出了2~4个百分点（GDP）的代价。同时，我们的研究也表明，中国工业增长所受到的石油供应的直接约束并不很强，主要因为工业生产主要使用二次能源（电力），而电力工业主要依赖煤炭供应。这反映出中国工业的能源生产结构同现代工业技术路线的“妥协”。但是，由工业技术路线所决定的工业产品，特别是交通运输业等，所受到的资源禀赋条件约束十分显著。突出表现为石油供应的约束，而且这种约束性还有进一步加强的趋势。石油供求矛盾的压力进一步增强。

（3）重化工业的发展具有重要的意义。在加工制造业经历了10~20年的高速增长后，重化工业在强烈需求拉动下强劲增长，形成强大的资源需求和环境压力。同时，解决中国的资源、环境瓶颈又有待于建立发达的重化工业基础。一般来说，同轻工业和大多数加工制造业相比，重化工业具有消耗更多资源的特点。所以，重化工业的高速增长需要消耗和占用更多的资源。为此，有学者认为，中国工业化进程应越过重化工业的发展阶段，直接向高技术产业和现代服务业跨越，以避开资源短缺对经济发展的制约。但是，现实的国情则是，作为一个人口众多、幅员辽阔的巨大发展中国家，中国正在面临和将要面临的几乎一切重大和长远的经济社会问题的解决，都高度依赖于重化工业的长足发展。只有发达的重化工业，才能解决中国的城市化、交通运输、国土整治、资源开发，水利工程、环境保护和国土治理，以至国家安全、民生福利等问题。而且，高技术产业和现代服务业的发展也需要重化工业为其提供基础设施、办公设备、通信交通工具，并形成需求空间。换句话说，高技术产业和现代服务业的发展也都需要重化工业的发展为其提供供给和需求条件，无法脱离重化工业而独立发展。同时，中国城乡居民的生活质量逐步提高，越来越具有中等收入国家的居民需求行为特征，无论是交通（汽车）、住房等资产投资性需求，还是教育、旅游、卫生等服务需求，都直接或间接地依赖于以重化工业为基础的产业供给能力的增强。总之，现阶段重化工业的高速增长具有不以人们的意志为转移的客观必然性。重化工业当然会消耗资源和影响环境，但解决中国的资源和环境问题又必须要有发达的重化工业。正是在这一强大的客观趋势之下，我们可以看到，中国的重化工业不仅快速增长，而且其国际竞争力也逐步增强。如果仅仅从资源禀赋结构的角度，传统的比较优势理论似乎无法解释中国工业结构向重化工业方向倾斜的现象，但从中国工业化的基本性质和根本性特征看，则完全可以理解重化工业在中国经济发展过程中的重大作用和重化工业发展阶段的不可逾越性。当然，中国重化工业的发展也不可避免地受到本国资源供应的严重约束，必须向国际化的方向发展，以拓展产业空间。

（4）工业密集地区的水资源、土地资源和环境生态承载力成为突出的制约条件。作为一个幅员辽阔的大国，中国工业发展的资源禀赋总量条件是雄厚的，从整体上看，自然资源储量和潜在供应量并不成为中国工业化的绝对障碍。特别是，相对于传统农业，工业对于水资源和土地的利用效率更高，即相对耗水和用地量更节约。我们的研究表明，尽管工业用水的比重有一定的提高，但万元工业增加值用水量则显著下降。全国土地的可开发空间也非常大。所以，从长期和总量上看，水和土地也不应成为中国工业发展不可克服的瓶颈。问题是，不同的资源具有不同程度的可流动性，可流动性越弱的资源，越可能产生地区性的瓶颈现象。而流动性越强的资源，约束性则主要受供求总量的决定。①在各类资源中，能源的可流动性最强，化石能源可以直接进行长距离运输，一次能源还可以转化为二次能源进行长距离输送；矿物资源的可流动性次之，也可以进行直接运输或粗加工后运输。②水源的可流动性较弱，除非是河流的顺势自然水流或较近距离的人工水利工程调水，远距离调（江河）水的成本很高，代价很大，而地下水的调运在经济上的可行性更低，所以富水地区和缺水地区的自然状态是较难改变的，大规模调水工程的成本是很高的。③土地资源和环境资源在物质形态上基本上是不可流动的，即使是通过“造地”和“环境工程”来改变地区的土地和环境资源供应状况，也只是资本对土地及环境的替代，而土地资源的地区间“置换”和环境的“交易”（如排放量指标交易），则只是经济意义上的资源流动。所以，同能源和矿产资源的总量供求关系不同，水资源、土地资源和环境生态承载力的供求具有高度的区域性，因而在工业发展的高密集地区，可能成为严重的制约因素。[①] 这种情况在中国的一些工业密集城市和地区已经表现得越来越突出。中国城市中工业布局的密集程度已经非常高，有资料显示，美国城市建设用地中工业用地仅占7.3%，而中国城市建设用地中21%以上用于发展工业。所以可以看到，越来越多的地区工业生产密集布局已经导致土地资源和水资源超量利用，水资源短缺和水源水质破坏严重，生态环境承受极大压力。

特别值得注意的是，中国特殊的土地制度和水权制度使得土地资源和水资源开发具有很大的特殊性。由于中国经济发展所具有的区位特征，在中国，优质的农业耕地

① 许多地区不仅生产用水紧张，甚至饮水安全都受到严重威胁。有资料显示，全国农村饮水不安全人口约占全国农村人口的34%。其中，因水量、取水方便程度或者保证率达不到饮水安全标准的为30%，而因水质不达标的不安全饮水人口占70%。（郭凯：《站在世界，看中国引水》，《南风窗》，2007年12月1日，总第347期。）

往往同时也是良好的工业用地；由于工业相对于农业具有更高效益，市场机制本身就有农业用地改作工业用地的倾向，再加上在中国现行土地制度下，土地价格很容易被政府和农村政权机构（乡、村）作为地区间竞争的主要手段之一，即以比其他地区更低的土地出让（使用权）价格，竞争工业资本向本地区的流入。而政府的土地收益则体现在非工业的城市建设用地（主要是商业用地和住宅建设用地）的使用权转让上，与低价的工业用地相比，后者的价格不仅显著偏高，而且节节攀升，各地不断有“天价”地块的惊人新闻见诸报端。

（5）持续的高速工业增长对资源形成特殊的压力。自20世纪70年代末80年代初开始实行改革开放以来，中国经济发展经历了持续30多年的高速增长，具有十分明显的“压缩性”和“急速性”特征，即工业增长具有持续高速增长的条件和内在动力，表现为世界范围内罕见的经济增长波动的“弱周期”性。同时，在其他国家的经济发展中表现为较长时间的不同阶段及其特征，在中国经济发展的很短时间内就接连地甚至是重叠地表现出来。例如，有的经济学家将各国经济发展描述为“资源驱动”“投资驱动”“创新驱动”和“财富驱动”四个阶段，每一阶段都有其特殊的现象特征。而在中国现阶段的经济发展中似乎这四个不同阶段的现象特征都在普遍地发生，大规模的资源开发（资源性产业的高增长、高利润）、资本投入（高储蓄、高投资和充沛的资金供应）、商业创新（尽管技术创新不尽如人意，但各种商业模式和企业经营战略的创新，则让世界为中国的商业成就所惊叹）和财富增值（资本运作、资产价格上升、虚拟经济的活跃）。经济发展的这种“压缩性”“急速性”阶段特征，使中国在较短的时期内就从低成本资源推动的工业化阶段开始向资源成本普遍上升的发展阶段过渡，但同时又保留着“资源驱动”的许多特征。正是这样，中国的资源和环境约束问题才表现得极具特殊性和紧迫性。

（6）由于巨大的人口规模，使得中国工业化必须经历特殊的漫长历史，对资源路线和供求产生非常特殊的影响。仅从统计数据就可以看到，中国工业化过程存在着巨大的不平衡性：如果从国内生产总值构成看，可以说中国已经是一个工业化国家，至少是已经进入了工业化中期，有些较发达地区已经进入工业化的成熟阶段。但是，如果从人口构成看，或者从就业人口看，那么，中国仍然是一个以农业人口为主的国家，很难说已经是一个完全意义上的工业化国家了。可见，“以农民为主的工业大国”是中国经济的一个显著特点和巨大矛盾，这必然导致很大的城乡人均收入差距和经济社会发展水平的极大不平衡。特别是，要通过已经超过GDP 80%的非农产业（第二、第三产业）的继续快速发展来实现更多的农业人口的非农化，则意味着必须进一步加快城市建设，这必然要求大力发展电力、能源、冶金、建材、化工、装备制造、交通设备制造等重工业。这就可能导致“投资过度”“资源制约”“环境破坏”

“房地产涨价”等“经济过热”现象的反复出现。

面对这样的国情，中国的经济发展政策长期在“城市化”（鼓励农民进城）和“农村非农化”（把农民留在农村）之间徘徊。20世纪50年代实行“人民公社”制度，希望把农民固定在土地上；70年代以后，鼓励发展乡镇企业和乡村工业，希望农民“离土不离乡”；80年代，鼓励小城镇建设，而且希望农村居民不要过多进入大中城市，以避免大中城市过分拥挤。但是，工业化和城市化对乡村居民改变身份即成为城市居民具有极大吸引力，城市建设和经济发展也需要大量的农业人口转变为城市人口。所以，鼓励农民进城，直至彻底改变身份，成为缩小城乡差距的重要政策。有学者认为，缩小城乡差距的根本途径只能是“减少农民”，所以必须继续发展大中城市，加快吸纳乡村人口，并认为，这是中国解决农业人口非农化问题最经济和环境破坏最小的有效方式。当然，如果城市建设滞后，这条道路的不利后果就是大中城市的拥挤和“大城市病”的出现。无论如何，在中国工业化进程中，“落后的农村”和“拥挤的城市”是一对相互牵制的难题。所以，继续推进工业化和城市化进程及进行新农村建设以缩小城乡差距，是在中国现实国情下的必然选择。总之，中国工业化的产业产出结构变迁是一个相对容易达到的目标，而就业人口结构和城乡人口结构变迁则是一个相当困难的目标。尽管在人均国民收入核算的国际比较上，中国已经可以被认为是一个“中等收入国家”，但是，中国工业化的过程还远没有完成。

特别需要指出的是，中国工业化过程中所发生的资源紧缺现象以及我们对此所做的分析绝不意味着应该放弃工业化的发展，即试图以减缓工业化进程甚至回避工业化发展的方式来实现资源节约和解决资源短缺的问题。恰恰相反，中国的资源问题本身必须通过尽快推进工业化进程的方式来解决。我们的研究表明，尽管资源稀缺对工业增长具有一定的约束性，但对整个经济增长的约束性更大。[①] 所以，在一定的资源约束下发展经济，即突破资源稀缺对增长和发展的障碍，正是产生工业化现象的历史原因，也是工业化的历史任务。换句话说，人类在一定的发展阶段（中国正处于这一发展阶段），必须以推进工业化的方式来缓解和解决资源阻碍问题。工业化确实会遇到资源约束的阻碍，但是，如果不实现工业化，则资源短缺的问题将更难以解决，甚至根本没有解决的可能。

所以，问题的本质并不在于要不要加速工业化，而在于，在工业化现阶段，如何以最科学的方式来加速工业化，通过更高效率地利用资源来从根本上解决资源问题。其中，最现实的核心问题就是，在这样的工业化时期，中国工业的竞争力来源究竟是什么？如果采取应对资源约束的战略和政策性手段，例如提高资源价格和环境标准，

① 例如，我们的研究表明，土地资源约束对我国工业增长的“阻力”为0.47%，而对整个经济增长的“阻力”为1.53%。

是否会削弱中国产业的国际竞争力而减缓工业化的进程？

总之，工业化资源路线本质上就是实现工业经济效率和增强工业国际竞争力的资源开发利用方式的选择，即以何种经济有效和可行的资源利用方式来推进工业化的进程。一定的资源技术路线必须有其相适应的制度和政策安排。

四、资源供求的经济学性质

地球上的物质（以至人类有可能获取的太空物质）原先并无“资源”“废物”或“丰富”“短缺”之区别。任何自然物质资源是丰富还是缺乏，总是相对于一定的产品结构和技术路线而言的。只有生产某种产品所需要的物质才是工业资源，也只有生产一定的产品所需要的资源才可能会发生“缺乏”现象。例如，因为需要生产钢铁制品，钢铁才会短缺；如果没有钢铁工业，铁矿只是废物。同样，只有一定的技术路线所需要消耗的资源才可能会发生“不足”现象，例如，因为在现行工业技术上飞机和汽车需要消耗汽油，才可能会发生石油的“不足”，因为火电工业，化石燃料（石油、煤炭）才会成为“资源”，并可能表现为供应不足。那么，工业生产以至工业化的资源技术路线是怎样形成的呢？世界工业发展和工业化的历史表明，资源技术路线的选择总是倾向于更多地使用地质储量丰富而且获取和加工成本较低的物质，避免使用储量稀少或者获取和加工成本较高的物质。从这一意义上来说，真正会发生工业性“短缺”现象的资源通常是自然界储量丰富的资源。例如，石油、煤炭、水都是地球上储量最多的物质，但是，工业生产具有巨大的扩张力量，任何进入工业消耗的物质，无论储量多么丰富，都可能成为全面的甚至世界性短缺的资源，出现所谓的供应“危机”。长期以来，人们以为水是取之不尽的物质。但是，现在却成为令人担忧的短缺资源。相反，世界上真正稀少的物质，通常不会发生具有全局意义的工业性短缺。因为，根本就不会产生需要大量使用储量稀缺资源的工业技术路线。总之，任何自然物质，只有相对于一定的工业技术路线，才会成为工业资源。而工业发展的强大力量，可以使任何无节制消耗的地质物质发生供应短缺现象。①

自然资源的短缺与否，总是相对于需求与供给的关系而言的；同样，工业资源的短缺与否，总是相对于一定的工业技术路线所决定的资源供求关系而言的。而供求关系又总是同一定的价格相关，没有价格就谈不上是供大于求还是供不应求。从工业生产资源路线的技术选择的可能性上说，地球上储量丰富并且获取比较容易的物质往往成为工业生产的重要资源。而正是由于供应充分，其价格往往比较低甚至可以0价格

① 金碚：《资源与环境约束下的中国工业发展》，《中国工业经济》，2005年第5期。

（免费）供应。而低价格总是导致更大的需求，当需求量超过一定量时，这些资源就会成为短缺资源。但是，短缺总是相对于一定的价格而言的，从理论上来说，只要价格具有无限的浮动弹性，世界上就不可能出现普遍性的工业资源短缺现象。问题恰恰在于，由于种种原因，可以大规模开采利用的自然资源往往并不具有价格浮动的充分弹性。所以，就其价格特征而言，工业资源可以分为以下几类：

第一类：相对于有效需求可以无限供应的（非稀缺性）资源。这种资源的价格为0，即完全可以免费获得，如阳光、空气、海水等。在前工业化时期，大多数国家和地区的淡水资源也属这样的资源。这类资源可以称为无约束资源或无限资源。

第二类：完全由市场价格调节的有限供应（稀缺性）资源。从理论上来说，这类资源不存在普遍性的短缺问题，即使是储量非常稀少的物质，也只会表现得非常昂贵而不会发生短缺危机。这类资源可以称为经济性约束资源。

第三类：必须普遍保证供应的稀缺性（非无限供应的）资源。由于这种资源对生活和生产具有不可缺少性，国家必须保证对居民和社会的普遍供应，所以其价格就不能太高。国家往往迫于种种压力而控制或者干预价格，因而发生“短缺”现象。而如果国家失去对这类资源价格的调控能力，其价格上涨超过社会承受力，就会发生严重的社会危机。可见，资源供应不足总是与价格控制有关，或者与对价格变动的不可忍受性有关，而价格变动的不可忍受性往往就是价格控制的直接原因。

由此可见，人们所关注的实际上主要是上述第三类资源的供求，特别是可能产生的“短缺”危机问题。所以，所谓资源的短缺，归根结底是价格现象以及对价格变动的承受力问题。从经济分析的角度看，主要涉及两个基本问题：第一，某种可以普遍利用的工业资源在多大程度上是由市场价格调节供求的？第二，社会能够承受多大程度的资源价格变动（通常是向上的浮动）冲击？而这两个问题又是相互制约的，例如，往往是由于社会不能承受资源价格的过大变动冲击，所以不能让市场价格不受任何限制和干预地发挥供求调节作用；或者是相对于社会所能承受的一定价格水平来说某种资源供不应求了。这就是为什么一般工业制成品通常不会发生普遍性短缺，而资源产品供应则有可能发生普遍性短缺现象的主要原因之一。因为，一方面，一般工业制成品的供给弹性大，受自然条件的约束较小；另一方面，社会对绝大多数工业制成品没有不可容忍的价格浮动界限，即只要供不应求就可以提高价格，以实现供求平衡而不会产生严重的社会经济问题。而对于普遍利用的资源性产品，社会的价格敏感性都很高，具有明显的价格浮动（通常是价格上涨的）容忍限度。超越这一限度，社会（国家）将以种种方式进行干预或限制。

某种工业资源物质属于上述哪一类型并非一成不变，同一种物质在不同的国家和不同时期可能具有不同的类型特征。所以，在现实经济中，某种资源的短缺与否，可能处于不同的状况。首先是自然储量的多少，这取决于物质资源的自然禀赋。其次是不可再生资源的探明储量或可再生资源的潜在供应量的多少，这取决于资源勘探的投资量和勘探技术。再次是资源性产品的现实生产量和供应量的多少，这取决于产能和运输能力的大小，而这又是由技术、投资以及发挥生产能力的各种因素所决定的。最后是资源产品的实际供求关系，这取决于市场价格。简而言之，储量、投资、产能（包括运输能力）、价格（机制和承受力）是工业资源问题的四个基本层面，其中，不同资源产品的价格特征又是资源供求问题的核心问题。对于我国目前和将来所面临的工业资源短缺性危机，首先是价格问题，其次是产能和投资问题，最后才是自然储量问题。

有学者的研究表明，工业资源需求对于价格变动具有较高弹性，对资本也具有较高的替代弹性。例如杨中东根据1978—2005年的数据计算，制造业中的能源需求价格弹性为1.57，说明能源对价格的弹性是较为敏感的。制造业中能源与资本之间的ALLEN偏替代弹性为4.9，说明能源与资本之间存在较强的替代关系。[①] 这意味着，只要提高能源价格，就可以在很大程度上克服能源短缺现象，也意味着，只要增加投资改进技术，也可以显著减少能源的消耗。

但是，在中国工业发展和经济发展的现阶段，社会对资源价格（向上）浮动的承受力十分有限，过高的资源价格可能导致居民生活的困难和工业成本的普遍上升及企业经济效益的严重受损，甚至引发社会经济生活的紊乱，所以，资源价格往往受到较严格的控制和干预。同时，以增加投资的方式来实现资源节约，也受到投资能力和新技术的经济有效性（即成本）限制。也正是以此为理由或者借口，在资源价格的形成机制以及有关产业部门所安排的资源价格体制上，至今仍保留了更多的计划经济因素。这必然又反过来加剧资源供求的矛盾，特别是更容易使“短缺”与“过剩”现象交替出现。从20世纪90年代以来，我国的煤炭、电力供求就发生过这种典型现象。这是中国经济发展过程中一个相当棘手的难题。

由于资源需求的普遍性和复杂性，过分依靠人为干预价格的手段来调控资源供求，难以实现期望的目标。而且随着经济的发展，资源需求与供应的价格弹性逐步提高，特别是资源供求的长期弹性显著高于其短期弹性，所以，归根结底，需要形成有效的价格机制来实现长期的资源供求平衡。但在一定的产业组织和社会承受力条件下，价格机制只能在相当严格的约束条件下发挥作用，所以，现实地看，在一定的条件下，价格机制特别是依靠自由市场价格能够在多大程度上解决资源的现实供求平衡问题，是一个需要做具体研究的复杂课题。这不仅涉及技术激励相容性，而且涉及制

① 杨中东：《对我国制造业的能源替代关系研究》，《当代经济科学》，2007年第3期。

度激励相容性。

从技术激励相容性上看，人们可以问：市场竞争的效率机制为什么没有倾向于节约资源技术的更快进步？高能耗、高水耗、高物耗为什么会成为传统工业技术路线的顽固特征？其原因完全是内部成本的不完全化吗（即企业的财务成本中没有包含资源消耗和环境破坏的外部成本）？

从制度激励相容性上来看，人们可以问：现行制度安排为什么没有更倾向于激励节约（少用资源）和替代（使用其他资源）行为？当节约和替代对于一部分利益主体有利，而对于另一部分利益主体不利时（市场机制的基础是交换，在交换过程中总是表现为一方获益另一方受损），现行的制度安排为什么并没有总是倾向于使节约和替代行为能有更大的获益？

激励相容关系到各方面的利益，经济活动中的行为人进行技术选择总是基于自身的实际利益。即使可以考虑社会利益和社会伦理的要求，也必须以自己的经济承受能力和企业的竞争力为前提。任何超过自己的经济承受能力和企业竞争力的良好利他行为在竞争环境下都是不可持续的。这也许可以部分地解释在资源供求中，为什么技术激励相容和制度激励相容问题的解决会十分困难。不过，问题还有其他的方面，在制度安排上没有实现激励相容，可能同目标设定的优先顺序有关，即制度安排所要求的其他目标居更为优先的地位。特别是，在经济和社会发展的不同阶段，各种目标的优先顺序可能是很不相同的。例如，在经济发展的初期，发展的重要性高于资源效率和环境保护，而随着经济社会进入更高的发展阶段，资源效率特别是环境质量的价值会越来越高。所以，在经济发展的初期，制度安排可能更倾向于激励发展，而随着经济发展水平的提高，制度安排将更倾向于激励资源效率和环境质量。这表明，对于资源和环境，无论是市场调节还是政府干预，其价值基础都不是一成不变的。也就是说，在不同的社会发展阶段，社会的基本价值准则是有差异的，所以，由其所决定的企业行为目标及政府政策目标也是不完全相同的。传统的工业技术路线和资源路线具有高消耗倾向，是与当时的发展阶段相关的。但是，我们不能因此而忽视对于传统工业化资源路线所产生的问题。特别是，我国目前的现实是，当社会价值基础已经显著地更重视资源效率和环境质量时，在技术激励和制度激励上仍然倾向于低估资源效率和环境质量的价值，在许多情况下，企业和地方政府仍然倾向于以更高的资源投入和环境代价来获得市场竞争和企业竞争的优势地位。这显然与我国目前各方面的制度改革滞后相关，即许多制度安排仍然具有同节约资源与保护环境激励不相容的性质。这是当前在资源和环境问题上，市场机制和政府干预都不尽有效的重要原因之一。

总之，同一般工业产品相比，工业资源性产品的供求平衡与可能发生的短缺现象（往往被称为“××危机”）具有更复杂的经济学性质。在现实经济中，有关工业资源，特别是普遍使用的基础性资源的供应约束问题，总成为社会十分关注，甚至具有高度的国家战略敏感性的问题。因此，对这些资源以及资源产业的政府干预总是比较强烈（许多国家在这些领域都实行国家所有或者国家控制的制度）。而政府的干预和深度介入，又必然产生更多复杂的、敏感的和引起争议的问题。

五、资源产业的垄断性及其影响

资源供求领域的一个显著特点是：资源产品的需求是普遍的、分散的和竞争的；而资源产品的生产和供应产业的组织结构特点则往往是倾向于垄断性的，包括地区性垄断、全国性行业垄断甚至世界性垄断。因为，如前所述，资源的实际供应取决于投资和技术，而大规模开发资源的投资规模和技术运用倾向于集中和垄断。而且，政府对资源高度关注和管制要求，也往往倾向于促使或者支持资源生产和供应企业形成市场垄断地位，这也是导致资源价格具有极大的产业组织特殊性的重要原因之一。所以，尽管如本文前述，资源供求中所产生的问题从本质上说是价格现象，但是，资源产品在大多数情况下实际上并不具有完全竞争意义上的价格，而总是有一套非常特殊的价格体系，并受到资源产业特殊的产业组织结构所影响。

资源产业组织的垄断性不仅表现为自然垄断，而且具有经济性垄断，甚至具有政府特许或其他形式的行政性垄断。复杂的垄断结构形成特殊的利益结构，而这种利益结构常常与政府权力结构密切相关。这使得垄断性资源生产和供应企业在社会权力结构中居于特殊地位和拥有特殊的影响力，甚至可以对国家的政策产生重要影响。例如，美国的石油财团对美国的国家政策以至外交战略和军事战略都有重大影响。实际上，资源产业也是政府直接参与投资的重要领域，国有企业常常就是资源产业，例如石油、煤炭等产业的重要进入者。所以，资源产业的竞争通常具有垄断竞争、寡头竞争的特点，而且具有国有企业高度参与和政府严格管制的特点。这些基本特征也决定了价格机制在调节资源产品的过程中所受到的很大约束，也决定了政府在干预资源产品价格和供求的过程中必然受到各方面利益集团的影响，往往很难权衡利益、理性决策，最终可能只不过是各方利益的妥协产物。

资源产业的垄断性可能产生多方面的影响。资源生产和供应企业负有明显的社会责任、义务，它们往往并不能完全根据自身的成本—收益状况来决定资源产品的价格和供应行为，特别是不得任意终止供应。可以说，资源性垄断企业通常被要求必须承担最基本的“社会保障性”供应义务。所以，资源垄断性企业实际上承担着强制性的社会责任，这是它们的正社会效益。另外，垄断性资源生产和供应企业的自利性也可能导致社会福利损失，通常表现为以很高的垄断价格剥削消费者而获取高额垄断利润。这是它们的负社会效益，特别是如果它们依赖垄断地位来谋取更多的不当利益或降低对消费者的服务质量，则更反映出资源垄断供应体制的负效益性。

由于资源供求体制的上述特点，资源生产和供应的产业组织结构（或市场结构）的优化就成为一个特别重要而且常常引起争议的问题。一方面，资源产业也必须反对企业垄断行为；另一方面，产业的较高集中度又是资源产业发展的客观规律，也是实现资源合理开发利用和保护的技术要求。所以，反垄断和集中度的权衡是资源产业组织的重要课题。

资源领域的产业垄断特征不仅表现在空间可流动的资源产业（如油气、煤炭、矿物等）上，而且表现在空间不可流动的资源领域中，其中，土地开发利用就是最受关注的领域。土地资源的有限性决定了其特殊的垄断性，使其供求关系具有非常特殊的经济性质。特别是在工业化和城市化过程中，土地价格（绝对地租和级差地租）快速上涨。土地不仅成为经济活动的重要载体，而且成为越来越重要的财富实体。由于工业化导致的地区差距和城乡差距扩大，特别是大城市的发展，形成巨大的经济活动聚集区。在这些地区中，土地的级差地租必然大幅度上升，使土地成为巨大的虚拟财富。虚拟财富并不是虚幻而不存在的东西，只要经济正常运行，虚拟财富也是现实存在的财富，只不过它属于虚拟经济范畴，更加依赖于人们对它的主观价值评价。

当土地资源成为巨大的虚拟财富载体，其价格决定和变动遵循特殊的规律性。而因为土地在空间上的不可流动性，在财富配置和要素配置两方面的作用力之下，价格调节可能难以发挥有效作用。所以，对于土地供求需要有特殊的方式来弥补价格机制的不足，其中，最重要的是政府土地规划和实行国家垄断（土地国家所有制）。后者是由政府垄断来替代以私有产权为基础的市场价格调节，前者则是对所有土地产权，包括国有产权、集体产权和私人产权进行直接限制，实质上就是对所有土地产权进行部分国家垄断，即国家拥有对所有土地产权的开发使用决策权。例如，按照我国现行的土地制度，国家即使不拥有对农村集体所有制土地的所有权，仍然有权力决定土地的使用开发规划。未经国家规划，农业用地不得他用。在实行土地私有制的国家，政府只要拥有土地规划权，实质上就是拥有了部分土地产权，而土地的私人产权实际上是不完全的。

在政府土地规划和国家垄断的土地制度下，土地供求和价格受到政府行为的控制。其有利性在于，可以体现社会利益和广大社会群体对土地资源配置的要求，而不是唯一由土地的私人所有者或占有者来自由决定土地资源的使用方式。但有利必有弊，政府土地规划实行的是公共权力原则，在行使公共权力时如何处理与被规划的土地所有者或者原占有者的私权利（物权）之间的关系是一个很复杂的问题。而国家垄断土地所有权，则意味着在土地开发过程中，政府作为一个特殊的具有行政垄断权的利益主体进入土地交易市场，政府部门的政绩行为和财政冲动很可能成为影响土地配置的强大力量而扭曲土地资源配置，甚至诱发政府官员腐败现象的发生。从理论上来说，实行政府土地规划和土地国有，可以从社会理性目标出发最合理地配置土地资源，必要条件是有一个社会理性目标的有效选择机制，即一套进行科学规划和国有土地开发使用的有效决策系统和程序。但是，社会理性目标有效选择机制的形成和完善是十分困难的。所以，不仅完全以私有权利为基础的土地资源配置体制具有严重的缺陷（市场竞争的缺陷），以公共权力为基础的土地资源配置机制也有一定的缺陷（政府垄断的缺陷）。在现实经济中，土地制度和土地资源配置机制的具体安排，实际上就是要实现这两个方面的权衡。

总而言之，工业生产是人类对自然资源进行开发利用，将其加工制造为符合人类需要的产品的过程。工业化是工业生产方式成为人类主要的和居主导地位的生产方式的社会发展过程，需要大规模地开发使用自然资源。工业化的技术路线总是倾向于选择地球上储量丰富和比较容易开发的物质，这些物质由于成为工业生产过程的投入物，才成为具有工业利用价值的“资源”。所以，地球物质是否成为“资源”取决于工业技术路线以及由其决定的资源路线，也就是说，是工业化的资源路线决定了地球物质可以区分为“资源”和“废物”。任何“废物”在一定的工业技术路线下都可以成为“资源”，任何“资源”在一定的工业技术路线下也可以成为“废物”。工业化的强大创造力量（同时也就是巨大的物质消耗量），使得即使是非常丰富的地球物质也可能成为稀缺以至短缺的资源。所以，在工业化过程中，只要是一种既定资源路线不断强化，而价格机制又不足以刺激大规模的资源替代，则资源价格通常倾向于上升，直至资源替代在经济上具有可行性。由于作为工业过程的基础性资源（往往也是生活的基础性资源）具有普遍供应要求，所以，对于其价格上升，社会往往不能容忍，或者不能承受价格机制对资源配置特别是资源替代进行调节的长期过程，因而需要政府干预，包括价格调控、行为管制、标准强制、政府规划、国家垄断等多种方式。因此，工业化过程中成为短缺资源的物质，往往是具有特殊的价格表现的资源产品，而且，其中多数工业资源本身也是工业生产的产品，因而在工业生产体系中形成庞大的资源产品的生产和供应产业。这些产业往往具有相当程度的垄断性和特殊利益，其强大的市场势力使其往往拥有很大的社会经济影响力，而政府的介入又使得国家垄断或政府垄断因素深植其中。所以，各种资源的供求过程，以及资源供求对工业增长所产生的推动或约束作用具有高度的复杂性。研究工业化的资源路线与资源供求，特别是研究传统能源、重要矿物、水资源、土地资源等近代和现代工业化技术路线上的重要资源的供求走势，以及工业化资源路线的转变（传统资源的节约与替代），具有越来越重大的意义，这对于中国按照科学发展观的要求走新型工业化道路更具有极大的必要性和紧迫性。特别是，工业化过程在本质上是通过市场过程实现的，市场经济的巨大活力来源于有效的竞争，所以，工业化技术路线和资源路线的选择和转变，其决定性条件是工业竞争力源泉的现实状况和演化趋势。工业技术路线和工业化资源路线体现了获取竞争源泉的需要，工业技术路线和工业化资源路线的转变，实质上就是工业竞争力源泉的转变。所以，从这一意义上可以说，寻求竞争力的新源泉，是在新的发展阶段优化工业化资源路线的根本要求和核心内容。

六、资源约束下的工业发展

工业化的技术实质是对自然资源更高效率的开发利用。在工业化的带动下，世界大多数国家都会经历从传统社会向工业社会的转变。伴随这一转变，人类社会不仅能够实现经济的高速增长与物质财富的日益丰富，而且能够极大地提高人们的生活水平和社会福利。工业化和工业社会最基本的特征是，工业生产特别是制造业高速增长并成为主导产业，工业生产方式以及与其相适应的经济体制和社会观念成为决定性的力量。而工业生产及其效率追求在技术上的体现就是对自然资源的更大规模和更广泛的开发利用。事实告诉我们，各国的自然资源禀赋有很大差别。但不论哪个国家，只要走工业化道路，工业生产就要消耗自然资源。

现实问题是，在一定时期，工业技术水平总是有限的，因而自然物质被区分为可以利用的“资源”和暂不能利用的“废物”。在工业化过程中，尽管越来越多的废物在变为资源，但工业生产所必需的自然资源总是稀缺的。特别是大规模的工业生产所形成的巨大需求，使得某些资源的供应严重短缺，表现为价格的大幅上涨，致使经济和社会难以承受。因此，提高资源利用效率，就成为对工业活动的本质要求。

纵观人类社会发展的历史与走向，我们可以清楚地看到，工业化是人类解决资源问题的根本途径。因为，只有推动技术进步，才能使新资源不间断地进入工业活动，并将资源利用对环境的不良影响控制在可承受范围之内，进而奠定环境保护与优化的经济技术基础。可以说，工业化既创造着资源，又面临着资源约束，并以更有效利用资源的方式，解决着人类发展中的资源瓶颈问题。

自然资源的大规模开发利用同样是中国工业化的初始条件，但这并不等于说资源是中国工业化的唯一条件。说到底，工业化过程的主要决定因素不是资源投入的数量，而是有多大的技术能力使得地球物质更多地成为资源。一个国家即使资源再丰富，如果选择单纯依赖资源的工业增长道路，也是没有出路的。特别是，相对于巨大的人口规模，没有人认为中国工业化可以长久地走依赖自然资源优势的道路。现阶段，在中国工业化道路问题上，工业技术能力和创新能力比资源更具根本性意义。

事实是，现阶段的中国工业化与资源约束的复杂关系，在很大程度上缘于巨大的人口规模和经济全球化规则的不彻底性所产生的特殊矛盾。毕竟，一个13亿人口的巨大经济体实现工业化，是人类历史上从未有过的历程。特别是，中国工业化面对的是“跛足”的或者说是有缺陷的经济全球化规则：只强调贸易和投资自由而技术转移受限，特别是移民严格受限。因此，在现有世界经济体系中，13亿中国人很难顺畅地通过经济全球化机制来实现生产要素的有效配置。

因此，中国工业化的基本性质可以概括为：一方面，中国工业化不可能逾越世界工业化过程所必须经历的各主要阶段，也很难完全另辟蹊径，更不可能脱离经济全球化背景和居主导地位的资本主义国际经济规则，总体上仍须遵循世界工业化的客观规律持续推进；另一方面，中国是发展中国家，工业化起步较晚，工业化进程具有不同于发达国家的条件和特征。因此，必须以更有效的科技进步和工业创新来应对资源约束问题。

实际上，任何工业生产活动的实质都是实现物质形态的转化，即将一定形态的物质（资源）转化为另外形态的物质（产品）。因此，工业化的基本逻辑就是以高效率开发利用资源的方式来解决资源稀缺问题。与传统农业相比，工业是一种更加节约土地、水等资源的生产方式，它可以将对传统农业毫无用处的物质大规模地进行“变废为宝”，成为可贵的资源。例如，工业技术曾使煤炭、原油、矿石等从无用之物变为具有多用途的宝贵资源。因此，中国要实现工业化，就必须以更高效率的工业开发和利用方式来解决面临的资源短缺问题，来实现工业文明的成就，而决不能用放弃工业化即放弃工业文明的方式来实现资源节约。

今天，中国已经站在工业化进程的新起点上。处于工业化新时代，中国经济发展必须经过的道路是绕不过去的，必须经历的发展阶段是逾越不了的。因此，解决资源问题的态度和方式必须是积极进取，而绝不能消极回避，这就是中国工业化面临的基本现实。只有面对和认识现实，并科学地应对挑战，中国的工业化才有出路。

由于经济规模大，中国必须保持较快的经济增长，但这并不是说中国工业发展只能是一个消耗资源与加大环境成本的过程。国内外许多机构与学者的研究结果表明：中国经济发展对更高效率地使用资源，包括对世界能源利用效率的提高，都做出了重大的积极贡献。近年来，在日趋严重的资源约束条件下，中国工业化所遵循的效率原则更突出地体现在对自然资源特别是不可再生的自然资源的节约和高效利用上。同时，中国工业化也更迫切地需要在新能源、新材料等方面的技术创新上获得重大突破，以驱动战略性新兴产业的崛起和发展。除此之外，全面提高工业生产的精致化和清洁化也是重要途径。精致化和清洁化的工业生产，体现了更发达的工业技术、更合理的工业结构和更先进的工业文明，具有更高效地利用资源的显著效果。

从目前看，包括资源密集型产业在内，中国工业将以显著快于世界平均的速度向更有效利用资源和更清洁的方向升级。同时，中国的能源替代进程（新能源开发）也将以显著高于世界平均的速度发展。但是，必须认识到，新能源开发本身依赖于传统资源密集型产业的发展，新能源产业的崛起更离不开传统产业的支撑。因此，新能源对传统能源的替代和资源密集型产业的发展，将成为中国未来工业发展中两个并行不悖的客观趋势。

当前，由于世界仍处于化石能源的巅峰时期，石油、煤炭等化石能源仍然是最经济、易得和安全的能源，还有相当一段可开发利用的时期。近期以来，尽管研究替代能源的呼声越来越高，化石能源短缺越来越明显，但真正实现能源替代的历史变迁，却是一个非常艰巨并充满矛盾的过程。因此，我国坚持新型工业化道路，必须解决三个关键问题。

第一，发展新能源必须跨越两道门槛。首先，实现“能源净收益”为正，即生产出来的新能源要大于为此而消耗掉的化石能源及其他资源。其次，接近并最终超越化石能源的经济效率，即新能源的成本比化石能源更低。在跨越第一道门槛之前，新能源开发是得不偿失的；而在跨越了第一道门槛而未跨过第二道门槛之前，新能源产业是缺乏竞争力的。因此，为了促进新能源产业快速发展，国家应以补贴等政策进行必要的扶持。但在这个过程中，国家应加大监督力度，避免由此诱发的政策性寻租行为，从而导致实质性技术创新不足而虚耗社会资源。

第二，发展新能源必须着力于核心技术的进步。迄今为止，新能源的许多关键技术及其产业化的技术路径问题尚未解决。在这种情况下，如果缺乏有效技术支撑就进行盲目投资，风险很大。在新能源开发利用领域，只有真正掌握了最先进有效的技术，才能获得能源替代的实质效果，也才能避免事与愿违的不良后果。当前，尤其要警惕发生核心技术缺乏、市场需求不确定而投资扩张过快的问题，这有可能会破坏实现实质性核心技术进步的市场条件，误导能源替代的技术路线方向。

第三，发展新能源必须建立合理承担成本的激励约束机制。能源替代是一个必须付出巨大成本并具有较高投资风险的艰苦过程，新能源开发必须以有效的激励约束机制为基础，并以合理的成本承担（分担）体制为保障。特别是，能源替代的技术创新具有非常高的效益外溢性，如果没有合理的体制机制和政策安排，就难以实现能源替代的实质性技术进步，甚至可能导致严重的行为扭曲和资源浪费。

第 10 章　保护环境是否影响竞争力

18—19 世纪，西欧工业化所导致的资源环境问题就开始引起广泛的关注和批评。20 世纪中期以来，随着工业化向全世界更多的国家扩展，自然资源的更大规模开采和利用，以及一些国家工业集中地区环境的过度破坏，人们越来越强烈地感觉到资源环境与工业增长的矛盾日趋突出，要求节约资源和保护自然环境的呼声越来越强烈。一些人甚至认为，只有实现经济“零增长”，才能将人类经济活动（主要是工业生产）控制在自然资源和生态环境可以承受的限度内。而另一些人则主张，必须放弃传统的工业化道路，即彻底改变 200 ~ 300 年以来发达国家的工业增长技术路线，另辟蹊径，例如，主张采用所谓的“中间技术”（既不是传统技术，也不是工业化国家的先进技术），才可能应对资源环境问题的严重挑战。否则，整个人类终将无法在这个“又平，又挤，又热”的地球村中生存下去。但是，无论主张零增长或者另辟增长路线的呼声如何强烈，世界工业化的步伐似乎总是我行我素，不可阻挡。问题的实质是，推动工业化的根本经济机制是市场经济制度，自由放任的市场经济显然难以自发地解决资源环境与工业增长的矛盾，于是，必须求助于政府的干预。其中，实行资源环境管制是政府干预的重要方式之一。问题是，从经济学意义上来说，管制是必须付出成本的，对于被管制对象（主要是企业），实际上必须承担由于政府管制而产生或者转移的成本。那么，各类管制方式所产生或者可能产生的成本（包括因管制而转移给企业的成本），将对企业产生怎样的影响，进而对各工业部门的竞争力的影响，就成为一个极为重要的问题。

一、工业化时期的环境问题

工业化的技术实质是对自然资源更高效率的开发利用。在人类几千年的历史中，近 200 ~ 300 年是经济发展和财富创造最伟大的时代，这一时代被称为“工业化时代”，几乎所有的国家都经历了从传统社会向工业社会的转变。工业化和工业社会，不仅实现了高速经济增长和物质财富的巨大涌流，而且，极大地提高了生活水平和社会福利。“在工业革命以前，即使是最富有的消费者所能拥有的商品种类，事实上也没有超出古罗马时期就已经存在的商品范围。”① 而自工业革命以来，人的消费水平和生活质量大幅度提高，其最终标志就是人的寿命预期显著提高。“1300—1425年时期的英格兰人的预期寿命为24岁左右，可能与罗马帝国时代相当，而到了1801—1826年，英格兰人的预期寿命已经提高到41岁，到1999年达到77岁。”②

无论如何定义“工业化”和“工业社会”，其最基本的特征总归是工业生产特别是制造业的高速增长并成为主导产业，工业生产方式以及与其相适应的经济体制和社会观念成为决定性的力量。追求效率和效益成为经济运行的“中轴机理”。

工业生产及其“效率至上”的“中轴机理”，在技术上的体现就是对自然资源更大规模和更广泛地开发利用。从17—18世纪世界工业化的萌发直到今天，世界上主要只有两个国家长期成为世界工业化的领头国，一个是英国，另一个是美国。

从19世纪30—80年代美国经济超过英国经济以来，美国工业化就一直走在世界前列。起先，其制造业发展的关键条件之一是交通运输成本的降低，特别是日益密集的铁路网络的扩展，这使得美国自然资源丰富的优势突出地显现出来。美国占有充足的原始森林和灌木林，1800—1850年，美国在木材使用方面开始处于领先地位，在制成品的生产过程中大量使用木材。20世纪，美国进一步加大了对自然资源的开采。经济史学家说：大规模开采自然资源，成为美国工业主要的燃料来源、基本的建筑材料和重要的化工原料，以及难得的工业材料。特别是进入“石油时代”，美国经济发展得到极大推动，成为拥有世界霸权的超级经济强国。

戴维·莫厄里（David Mowery）和内森·罗森堡（Nathan Rosenberg）在《20世纪的技术变迁》③ 中写道：“美国20世纪的技术变迁应被视为在依托众多有利的和独特的初始条件的背景下产生的。其中最重要的是经济中丰富的自然资源禀赋。经济中技术变迁的方向和意义是在美国拥有丰富的资源禀赋这一事实的作用下形成的，这对现代工业化至关重要。”他们经过各方面的讨论后写道：“我们因此可以得出结论，自然资源禀赋和制度这两个方面的因素在肯定美国20世纪非同寻常的经济和技术发展轨道以及取得非同寻常的成果方面都发挥着必不可少的作用。”

如果确实如经济史学家所说的那样，自然资源和制度创新是美国工业化领先于世界的两个重要因素，那么，其他国家会如何呢？世界上很少有像美国那样拥有丰富的自然资源的国家，而且，即使拥有丰富自然资源的国家（例如一些石油生产国）也未能获得美国那样的工业化成就。那么，资源缺乏的国家如何实现快速工业化呢？

---

① ［美］威廉·J. 鲍莫尔（William J Baumol）：《资本主义的增长奇迹——自由市场创新机器》，中信出版社，2004年版，第3页。

② ［英］马丁·沃尔夫（Martin Wolf）：《全球化为什么可行》，中信出版社，2008年版，第36页。

③ 斯坦利·L. 恩格尔曼（Stanley L Engerman）和罗伯特·E. 高尔曼（Robert E Gallman）：《剑桥美国经济史》，中国人民大学出版社，2008年版。

“资源”与“废物”的区分取决于工业技术水平与工业需求规模。尽管各国的自然资源禀赋有很大差别，但是，任何国家只要走上工业化的道路，都绝不可能背离“工业化的技术实质是对自然资源更高效率的开发利用”这一基本规律。工业生产不可能是“无米之炊”，不可能不消耗自然资源。而且，地球上的物质之所以区分为“资源”和“废物”，根本上取决于工业技术水平和工业需求规模。也就是说，任何一种物质，如果在现有的工业技术条件下可以经济地（即有效率地）得到大规模利用，就是工业资源；而如果在现有的工业技术条件下无法经济地得到大规模利用，就不是工业资源。所以，如果没有工业技术能力，地球上的大多数物质都不是资源；而只要工业技术能力达到一定的水平，地球上甚至太空中的任何物质都可以成为资源。例如，在前工业时代，石油绝不是资源，而在当代，石油却是最重要的资源。将来，随着工业技术水平的提高，其他物质包括今天的各种“废物”，都可能成为重要的资源。

例如，美国著名未来学家阿尔文·托夫勒说，现在，“就连石油公司的总裁们也开始讨论起‘石油时代的终结’了”。有研究者认为：“我们正在迈向一种‘以生物技术为基础的’经济，在这种经济中，‘基因取代石油’，不仅会成为许多种原材料和产品的重要来源，还会成为重要的能源。”“并估计美国国内以生物技术为基础的经济最终可以实现美国90%的有机化学消费和50%的其他液体燃料的需求。”①

总而言之，如果没有工业开发利用能力，所有的物质都不是资源；而随着工业开发利用能力的提高，人类并不会走到资源枯竭的历史尽头。当然，在一定的工业技术水平条件下，在一定的历史时期，工业生产所必需的许多自然资源确实都是具有稀缺性的，而且，大规模的工业生产所产生的巨大需求，可能使某些自然资源的供应严重短缺，表现为其价格的大幅度上涨，以致经济和社会难以承受。所以，节约资源会成为对工业活动的特殊要求。这种要求不仅是一般效率意义上的需要，因为工业活动本身就具有高效率利用资源的内在动机，而且是为了应对一定技术条件下某种基础性工业资源总体供应不足的挑战。

不过，即使在面对上述问题时，也不能违背“资源”与“废物”的区分取决于工业技术水平与工业需求规模这一基本规律。例如，石油是当代最重要而且最需要节约使用的工业资源，但是，其前提也是存在大规模的工业需求。如果工业需求大幅度减少，石油的过剩（表现为价格下跌）也会成为严重的问题，例如，产油企业生产能力闲置、严重亏损、失业率上升等。所以，工业资源问题归根到底是工业技术能力和工业需求问题，2008 年所发生的戏剧性变化就是一个极好的例证。2007 年直到

① ［美］阿尔文·托夫勒、海蒂·托夫勒：《财富的革命》，中信出版社，2006 年版，第 297 页。

2008年上半年之前，全世界还都在为原油价格的飙升而惊恐，但2008年下半年，形势就急转直下，由于国际金融危机导致的需求量骤减，原油价格暴跌，使世界陷入供过于求的极大痛苦之中。

环境是工业发展的条件，同时也是工业改造的对象。工业生产活动不仅要消耗自然资源，而且，也必须以一定的环境为基础；同时，工业活动也会改变（改造）环境，包括改善优化环境和污染破坏环境。由于环境容量是有限的，所以，环境也是工业活动的一种重要资源。随着工业化的迅速推进，特别是向中国、印度这样的人口大国推进，工业对环境的负面影响，即对工业集中地区的环境污染和破坏，正越来越引起广泛关注。

正如一些学者所指出："许多环境学家看到了工业发展与环境质量之间的矛盾。以历史为鉴，他们相信，如果为追求更高的生活水平，第三世界国家沿着传统的工业化道路前进的话，这就造成一场环境噩梦。最后，作为解决发展与环境之间矛盾的办法，'可持续发展'的概念出现了，可持续发展是一种追求不污染增长的幻想，它基于环境质量优先的价值观，同时反对传统的工业价值观，诸如物质主义，追求高消费和高耗能等。但到目前为止，可持续发展与其说是一种可实现的概念，不如说只是一个理想。""总之，工业行为是不可避免污染的，各种各样的污染总会强加给全球生态系统巨大的负担，尽管这个负担的严重程度还有争议。"①

因此，工业化对环境改造的意义是双重的：一方面，发展工业是为了提高生活水平，包括提高环境质量，所以，工业越发达，环境质量应该越高，更适于人类生存。确实，我们可以看到的事实是：人口总是倾向于向工业发达的国家和地区移动。另一方面，工业活动会污染甚至严重破坏环境，所以，环境也是工业生产必须"消耗"的一种资源，在一些情况下，或者超过一定的限度，环境甚至是不可再生的资源。我们可以看到的事实是：在一定的工业发展阶段，人们宁可承受较大的环境污染代价来换取工业成就；而到了工业发展的较高阶段，环境的重要性变得越来越重要。所以，环境和工业发展的关系从来就是一个高度争议的问题，尽管抽象地说，两者都十分重要。

《人民日报》的一位记者写道："笔者参加了在波兰波茨南举行的联合国全球气候变化大会。会场内唇枪舌剑，会场外，绿色和平组织也与当地工人'掐'了起来。当时，该组织在当地煤矿旁进行一些和平示威活动，包括写标语、挂旗子等，劝告当地关闭煤矿，停用火电厂，改用清洁能源。出乎意料的是，他们遇到的最大阻力不是当地警察和厂矿保安，而是当地工人。双方发生严重肢体冲突。"这位记者评论说：

---

① ［美］乔治·斯蒂纳、约翰·斯蒂纳：《企业、政府与社会》，华夏出版社，2002年版，第500～501页。

“要说干净整洁，穷人和富人都喜欢。但问题是，不论是风能和太阳能，设备的投入都非常惊人，得花巨资，谁来埋单。但是，‘绿色和平’负责人只是说：钱并不重要，关键是要保护环境。真是不当家不知柴米贵。有钱的人可以说，钱不重要，但对穷人来说，却要一分钱掰成两半花。‘绿色和平’可以从发达国家募得大笔经费，但对于以解决人民温饱为首要目标的发展中国家来说，哪个能说一句，钱不重要？”① 其实，十分常见的现象是，贫穷地方的穷人，可以毫不犹豫地离开被城市人誉为“宜居之地”的乡村，而涌入绝对不可能被评为“宜居之地”的工业城市。他们并没有觉得失去了什么，至少是深信自己的选择是充分理性的行为。但是，富裕起来的人，却宁可远离拥挤和繁华的城市，付出交通成本的代价，到山清水秀的远郊甚至乡村居住，去享用未被污染的环境。这说明，环境质量在不同的发展阶段，甚至对不同的人群是有不同的价值和需求的。是工业化所实现的人类生活水平的提高，使得环境质量的价值和需求不断提高。从这一意义上也可以说，是工业化才使得环境成为具有更高价值的“资源”；而如果没有工业化，环境就并不是什么值得让人特别珍惜的“资源”，即使是环境优美、风景如画之地也非适合居住，甚至可能是难以到达之处。

工业以高效开发利用资源环境的方式，从根本上解决资源短缺和环境破坏现象。面对全世界似乎越来越严重的资源和环境问题，对工业活动越来越尖锐的批评和指责之声，我们应有怎样的科学认识？问题可以反过来问：如果不发展工业，甚至停止工业活动，资源和环境问题就不存在，或者就可以解决吗？如果不发展工业，地球上所有不开发的“资源”实际上都成为无用之物，只有观念意义，根本没有实际价值。例如，非洲有丰富的工业性矿藏，但如果不开发出来，那么，非洲将永远贫穷。同样，如果不发展工业，地球上“环境”最好的地方，正是那些人类无法生存或者生存条件极为艰难的地区；如果是人类集中居住却没有工业基础，则再好的“环境”也必然变成环境恶劣的地区。例如，如果没有煤、油、电、汽，人们只得砍伐树木用作薪材，青山绿地终将成为荒山野地，根本不可能保持良好的生态环境。

因此，从人类发展的长远过程来看，工业化是在本质上解决资源环境问题的根本途径。如果没有工业化，人类生存和居住的地球环境将不可避免地趋向恶化，这是几千年的人类历史已经证明了的。所以，工业化绝不是导致资源环境恶化的罪魁祸首，而是人类摆脱资源约束和环境困境的必由之路。

当然，任何解决问题的方式都是必须付出成本的，人类要根本性地摆脱资源环境困境，唯一可行的选择就是，坚决而高效率地走过工业化的历史，探索一条有效开发利用地球物质，使之“前赴后继”地不间断进入工业活动，并且将对环境的不良影

① 任建民：《要环保，也要通世情》，《环球时报》，2009年1月7日。

响控制在可承受限度之内，使优化环境成为工业活动方向的工业化道路。

二、中国工业化进程中的环境问题

资源开发利用是中国工业化的初始条件之一。尽管在中国是否地大物博的问题上存在非常不同的意见，而且，相对于巨大的人口规模，没有人认为中国工业化可以长久地走依靠自然资源优势的道路，但是，不可否认的事实是，自然资源的大规模开发利用是中国工业化的初始条件之一。中国绝大多数工业生产集聚地区，在历史上都是某些工业资源的丰富地区或者易得地区。如果不是特殊的历史原因，经济发展的自发倾向可能会使中国的工业生产活动更集中于沿海地区。而矿藏资源更多地分布于内陆地区，却没有使那里成为中国经济率先发展的地方，但这些都不能证明中国工业化并不依赖于地大物博。而恰恰说明，只有工业生产技术的不断提高（包括由其所决定的交通运输能力的提高）和工业需求的不断增长，才使得无论是沿海还是内陆的物质资源都可以成为中国工业化的基础条件。中国工业化的技术路线同西方工业化没有本质的区别。

因此可以看到，中国绝大多数地区，至少是在其工业化的初期，都是高度重视本地区的自然资源状况的。充分发挥资源优势，都是各地区发展战略的重要内容之一。

当然，承认资源开发利用是工业化的初始条件之一，并不是说资源是唯一的条件。工业化的本质需要资源，更需要的是资源的开发利用能力。工业化过程的基本特征主要不是资源投入的数量，而是有多大的技术能力能使得地球物质更多地成为资源。也就是说，在“资源开发利用”这个词组中，工业化更强调的是“开发利用”。因为，如果没有开发利用能力，也就无所谓“资源”，即使是卖“资源”，也得有基本的工业条件。也正因为这样，如果走上单纯依赖资源的道路，即形成“资源依赖”路径，也是不可取的。

巨大的人口规模和全球化规则的不彻底性产生了资源环境矛盾。与一般国家相比，中国工业化的一个最突出特点是有13亿人口，劳动人口要占世界总劳动人口的1/4。当进入工业化时期，农业劳动力向非农化方向转移，必然要进入工业生产领域，也就是说，大多数的劳动人口将以工业生产为生计。但正如马丁·沃尔夫所指出的，“富裕国家的选民希望保护自己对于人力资本、物质资本以及技术诀窍的特权地位，结果，与19世纪晚期相比，如今的全球化的最大不同是对于移民的限制”①。

这样，中国工业化与发达工业化国家当年处于同今天的中国同样的工业化阶段时

---

① ［英］马丁·沃尔夫：《全球化为什么可行》，中信出版社，2008年版，第98页。

所处的国际经济规则体系是非常不同的。工业化要求经济全球化，彻底的经济全球化应有四条基本原则：贸易自由化（商品和服务的国际自由流动）、投资自由化（资本的国际自由流动）、技术流动自由化（技术的国际自由交易转移）和移民自由化（劳动力的国际自由流动）。但今天的现实则是“跛足的全球化”：只强调贸易和投资自由，技术转移受限，特别是国际移民的严格受限。因此，13 亿中国人不可能通过完全的经济全球化机制来实现要素在世界范围的高度有效配置。

于是，尽管中国在总量上完全可以称得上“地大物博”，但在人均意义上却是一个土地和资源缺乏，环境承载压力巨大的国家。问题是，除了工业化，没有其他的道路可走。也就是说，占世界总劳动人口 1/4 的中国劳动人口中的大多数必须进入工业领域，进行大规模的工业生产。而工业产品所面对的国内市场的人均收入将长期处于较低水平，所以，大规模生产的工业产品必须出口进入人均收入较高水平的发达国家市场得以实现。实际上，其经济实质就是以劳动密集型工业产品出口的方式，实现劳动力的有效国际配置。

因此，在中国国土上，巨大的工业生产规模与有限的资源和环境承载能力必然形成严重的不平衡现象。目前，尽管经过 30 多年的高速增长，工业生产和出口规模大幅度扩张，但是，中国人口占世界人口的 21% ~22%，所生产的 GDP 还不足世界的 6%，却已经感受到了十分“拥挤”的状态。前面的路还要如何走？难道中国工业化的路已经走完了吗？很显然，中国工业化还远远没有完成。如果不继续走过工业化的历程，中国面临的所有重大问题均无法解决，其中也包括资源和环境问题。

以资源解决资源，以发展保护环境。如前文所述，地球物质并无天生的“资源”和“非资源”即“废物”之别。决定的因素是现实的工业技术路线和工业技术水平，能够使得哪些物质可以和需要进行大规模的工业性开发利用。而任何工业生产活动的实质都是实现物质形态的转化，即将一定形态的物质转化（采掘、加工、制造、包装等）为另一定形态的物质（产品）。所以，工业化的基本逻辑是以高效率的方式开发和利用资源，以科学技术的运用来解决资源稀缺问题。与传统农业相比，工业是一种更加节约资源的生产方式，它远比农业更节省土地和水资源；而且，工业使得传统农业毫无用处的物质大规模地“变废为宝”，成为可贵的资源。例如，如果没有工业技术，煤炭、石油、矿石等都是无用之物，而工业的发展却使它们成为财富的源泉。

那么，在中国所要继续推进的工业化进程中，这一基本逻辑将仍然成立，即必须以更高效率的工业开发和工业利用方式，来解决中国面临的资源短缺问题，而绝不可能用放弃工业化的方式，或者不再使用工业资源的方式，来解决资源问题。实际上，这一基本逻辑在发达国家中也仍然得以坚持。例如，欧洲一些国家相继规定了节能义务。“英国于 1994 年第一个引入了节能义务，意大利 2002 年引入（推迟到 2005 年），比利时佛兰芒地区2003年引入，法国同意引入国家义务，于2006年开始实施。”“它们需要应用一些节能技术在若干时间内将能源消耗减少到一定程度，这些技术应能够提供与其替代的技术能提供的相同水平的能量服务（如照明、室内温度和生产水平）。换句话说，应该通过节能技术投入而不是通过减少能源使用来进行节能。”① 也就是说，我们不是以放弃工业文明的方式来实现资源节约，而是要通过工业资源的更有效开发利用，来实现和保持工业文明的成就。

同样的逻辑也适用于应对环境问题，即必须以发展来实现环境保护。因为，除了继续推进发展，完成工业化进程，没有其他更有效的方式来解决13亿人口的中国环境保护问题。必须承认，以发展来实现环境保护和优化，不是一条平坦而轻松的道路。经济发展不可能不影响环境，因为，处于工业化的现阶段，不可能不使用煤炭、石油、钢铁、化学产品等，而这必然会产生一定程度的污染。但是，持久地改善和优化环境的努力，实际上也绝对离不开工业技术基础，包括煤炭、石油、钢铁、化学产品等的开发和利用。

科学认识所处时代，应对资源环境挑战。当前的国际金融危机表明，整个世界对于当前发展阶段的产业核心科技主导路线及其与产业发展路径之间的关系尚没有得到深刻的认识。关于当代产业的技术支撑基础，特别是关于高技术产业的运行规则和可行的商业模式，还有许多问题没有搞清楚，因此，在实践中必然产生一系列矛盾。这一问题至今仍然是关系到世界经济和我国经济未来10～20年产业发展路径的最大谜团。如果不能解开这一谜团，那么，一系列现实问题将长期困扰着我们，恢复投资信心将遇到重重的障碍。例如，高技术产业为什么会让社会失去投资信心，导致创业股（“新经济”股）崩盘，而且，至今起色并不显著？为什么在今天这个所谓“新经济时代”，传统产业（例如房地产业）对经济增长仍然具有决定性的影响，而高技术产业却没有表现出中流砥柱的力量？高技术产业具有非常不同于传统产业的经济学特点，那么，怎样的市场竞争规则和商业模式才能使之不仅在科技上具有先进性，而且在经济上也具有可行性（具有商业投资价值）？高技术产业具有比传统产业强大得多的“创造性毁灭”（creative destruction）性质，这在产业升级过程中会导致怎样的经济现象，特别是利益冲突和产业冲击？国家政策应如何应对？

中国的改革开放正是在这样的历史背景下进行的。20世纪70年代末到21世纪，短短30多年来，从轻工业到重工业，从传统制造业到高新技术产业，中国走过了传统产业各个发展阶段和高技术产业迅速崛起的整个工业化历程。从产业发展的演进阶段来看，中国已经逼近世界工业化的技术路线前沿。因此，世界工业化面临的突出问

---

① ［意］Corrado Clini、Ignazio Muso主编：《可持续发展与环境管理——经验与案例研究》，施普林格（SPRINGER）公司出版、科学工商传媒公司，2008年版，第260～261页。

题，也必然尖锐地摆到中国面前。于是，美国和中国这两台世界经济增长“发动机”，都必须回答“向何处去”的问题。

本次国际金融危机告诉我们：现阶段世界经济的“根系”仍然是发达而强大的传统产业和生长中的高技术产业的复合体。即使是最发达的国家美国，尽管高技术产业和现代服务业的重要性越来越突出，其整体经济也仍然在很大程度上基于传统产业，当房地产业发生严重问题，整个经济体系也将陷入危机。所以，任何“创新”包括“金融创新”，都不能脱离实体经济的这一现实基础。金融虚拟经济的扩张最终依赖于实体经济的坚固基础。如果实体经济基础发生严重问题，将危及整个金融虚拟经济大厦的安全。

中国现代经济发展的基本性质是：在总体上循着世界工业化的总体路径持续推进，是世界工业化合乎逻辑的历史延伸。中国工业化不可能逾越世界工业化过程所须经历的各主要发展阶段，也难以另辟蹊径实行完全不同于西方发达国家的基本工业技术路线，更不可能脱离经济全球化背景和居主导地位的资本主义国际经济规则。另外，中国工业化又是人类工业化进程中一个非常独特的现象，具有显著的“中国特色”。

总之，处于工业化时代，解决资源环境问题的方式必须是积极进取的，而绝不可以是消极回避的。必须经过的道路是绕不过去的，必须经历的发展阶段是逾越不了的。这就是中国面临的基本现实。一切都必须面对现实，承认现实，科学地应对现实挑战。

三、资源环境管制的理论逻辑和现实条件

（1）化石能源消耗是资源环境问题的突出因素。以上的分析表明，当前，世界经济总体上尚没有走过工业化阶段。尽管人们已经开始谈论石油时代的终结，但实际上当代产业发展仍然处于石油时代的巅峰时期，即使对于经济最发达的美国，传统产业，如房地产业、汽车制造业等，仍然是国民经济体系的重要基石，是实体经济的基础性组成部分；同时，当代世界也确实进入了新经济崛起的时期。总之，当前的世界经济所处的是一个传统产业仍然坚实强大与高技术产业正在崛起相交织的时代。

（2）传统产业具有需要大量消耗自然资源的基本特征。特别是，化石能源消耗仍然是当今世界经济的最重要特征之一，可以说，整个世界经济仍然在很大程度上以化石能源为基础。以化石能源以及直接以化石能源为基础的相关产业为主体的工业活动，同资源环境的关系必然面临三个重要问题：第一，化石能源是不可再生的物质，终究有其枯竭的一天；第二，化石能源的消耗过程会造成一定程度的环境污染；第

三，化石能源消耗所导致的污染具有明显的外部性甚至全球性，即越来越多的人相信，化石能源消耗过程中的温室气体排放导致全球气候变化将危及人类生存。因此，随着工业化的迅速推进和在世界更多国家和更大范围的扩展，工业生产活动的大规模扩张，资源节约，特别是节能（主要是节约化石能源）和环境保护就成为越来越突出的重要问题。

(3) 资源环境管制的方式和基本思路。众所周知，不仅化石能源消费，而且许多工业生产过程都会产生污染。如果污染所造成的所有损失都可以计入工业企业成本，那么，一方面，与其他要素的消费一样可以由企业自行消化成本；另一方面，企业既然支付了全部成本，也就不产生需要特别解决的问题。也就是说，如果工业企业可以支付所有的资源和环境成本，则化石能源的消耗也好，工业环境污染也好，都不成其为特殊问题，完全可以由市场价格机制自行解决。但是，现实的情况却是：这样的条件是难以实现的，所以，几乎所有国家的政府都采取了对资源环境的一定干预措施，即进行管制。其理由主要有三个：第一，化石能源，特别是石油，已进入即将枯竭的时期，而其他接续能源的开发尚待时日，所以，如果没有可以替代化石能源的新能源的充分供应，就必须特别节约使用化石能源尤其是石油，以延缓其供应使用时间；也就是说，即使按照现行价格和供求状况是经济地使用，由于是不可持续的，所以，也是不足取的。第二，工业活动所造成的污染具有外部不经济性，使用者没有充分承担成本，所以，必须限制其消费。第三，环境是一种公共品，自发的价格机制难以发挥有效调节作用。

以上三点其实都可以归结为市场失灵的表现，而从市场失灵又可以推论出政府干预的必要。这就是实行资源环境管制的一般理由。而且，通常认为，政府干预的方式主要分为三类：第一类是命令—控制式，即由政府规定哪些行为须禁止或被限制。第二类是经济方式，即将外部非经济性（即外部成本）内部化（如征收环境污染税）。第三类是产权方式，即将产权边界清晰化，从而可以产权交易的方式实现市场功能（如排放权交易）。

这三种管制方式的理论逻辑是不同的。第一种方式的理论逻辑是：由于对资源环境实施的政府管制属于社会性管制，而不是经济性管制，所以，管制目标的设定主要取决于对社会价值的判断而不是经济的成本—效益计算。也就是说，为了环境质量和能源节约，完全可以在一定程度上牺牲经济效益作为获得社会效益的成本。而在现实中，通常采取技术准入标准和政府行政审批等措施，即不达标准或者未被许可就不得进行生产。第二种方式的理论逻辑是：政府“帮助”市场机制发挥作用，将行为的外部性成本转而计入内部成本，让行为人为其所造成的外部非经济性影响充分付费。第三种方式的理论逻辑是：政府“制造”出市场经济可以有效发挥作用的条件，即让“公共品”具有私人产权的明确界定，而使得原先既不可交易也没价格发现机制的污染行为（气体排放）具有了私人品的产权边界，也就可以进行交易并具有了价格发现机制，从而可以由市场机制进行“配置”而达到合意的均衡状态。

从市场经济的理论逻辑看，第三种管制方式是最理想的，第二种管制方式是可取的，第一种管制方式是迫不得已的。但在现实中，第一种管制方式是最易行的，而且容易产生管制机构利益，因此，往往成为政府部门进行资源环境管制的首选方式。第二种方式体现了市场经济的效率和责任原则，即谁污染谁付费，谁消耗谁承担。但是，外部成本的内部化可能超过企业承受能力，而企业却难以进行机会选择。而且，这种方式的价格发现（成本确定）往往是行政性的（或者是法律规定的），所以，很难真正实现有效的污染—付费和消耗—承担的对应性。第三种方式是精巧的，特别是，可以保证行为人（企业）的可选择性和“公共品”（环境）的可交易性，而且，节约资源和保护环境的社会性目标的实现是由低层次的决策者（企业）来达到的，而不像第二种，特别是第一种方式需要依靠高层次的决策者来实现节约资源和保护环境的社会性目标。

因此，在选择政府管制方式中，我们可以看到两种相反的思路：一种思路是，认为越是重要的尤其是强调社会价值的目标，越应该依赖于高层次决策者，这就越可能获得管制效果。例如，如果重要，就由市政府审批；更重要，就由省政府审批；最重要，就由中央的部门审批。按照这一思路，管制内容越重要，被管制的行为越严重，就越是提高管制机关的行政级别（例如将环境保护部门从副部级升格为正部级），或者将原由较低级别的机构管制的行为转由更高级别的机构来管制（例如将一些项目的原市级或者省级行政部门的审批权上收到中央的行政审批部门）。另一种思路则是：认为只有形成了可以由尽可能低层次的决策者（企业）进行自主选择的机制，才能最有效地实现所要达到的管制目标，包括社会性管制的目标，所以，管制制度设计和改革的方向是尽可能减少行政性审批，特别是高层次的行政性审批。一般来说，中国文化更倾向于前一种思路，西方文化更倾向于后一种思路。在不成熟的市场经济条件下，更倾向于前一种管制思路；在成熟的市场经济条件下，更倾向于后一种管制思路。

政府管制的局限和管制改革。众所周知，尽管政府管制是必要的，但也是有局限性的。因为，要保证政府管制的充分有效，就必须满足十分严格的条件，而实现这些条件可能比实现市场有效运行的条件更困难。所以，当政府管制的政策思路倾向强化到一定程度后，几乎所有国家又都走向放松管制的方向。因此，管制改革似乎是一个永远没有终结的过程，只不过是，有时候，管制改革的含义是强化管制；另一些时候，管制改革的含义又变为放松管制。就像钟摆从右边摆到左边，太左了再摆向右边，然后，又再向左边摆动，似乎总是找不到恰到好处的“最优”状态。

从逻辑上说，有效的政府管制至少必须满足以下四个条件：

第一，管制措施应是透明、可信、可预见和持续的。被管制部门如果不知道政府想要达到的结果，就不会采取政府所期望的行动。所以，政府必须给被管制部门明确无误的管制信息。而且，被管制部门还需要知道，自己有没有其他选择，即如果采取其他行为，可能有怎样的后果。

第二，管制应具有直接性。即管制政策应直接针对市场失灵的具体现象，尽可能不要采取间接性措施，而且，要让管制的间接性损害降到最低程度。

第三，管制措施要有激励相容性。即政府应尽可能诱发所期望的行为，使被管制部门的行为在管制制度和政策下更倾向于达到政府管制所期望达到的目标。

第四，纠正的可行性。管制是需要付出成本的，管制所获得的效益至少不应低于所付出的成本。所以，如果实行管制，就必须确信相对于不实行管制，实行管制可以得到显著的净收益。也就是说，实行管制措施后，如果情况得到了确切的改善，而且所付出的成本不是很高，政府的管制行动才是合理的。进一步的要求是，对于情况改善的程度应是可以识别的，也就是说，可以有有效的监测和评价方式来确认实行管制措施的实际效果。①

很显然，要全部满足以上条件是不容易的。而且，实行管制还有一个假设条件，即实行管制措施的政府部门是“利益中性”，即完全是以社会利益为目标函数的。也就是说，管制部门没有自己的利益，所有的管制行为完全出于为了实现期望的管制目标。也很显然，这一条件是更难完全达到的，在现实中，行政管制总会在一定程度上产生行政管制机构的自身利益。也就是说，管制部门的利益偏向性甚至管制腐败现象是很难完全杜绝的。这也是管制制度需要不断改革，或者社会公众总是呼吁管制改革的重要原因之一。

管制差异及其后果。在进行一般的管制研究时，通常假定管制政策会无差异地涉及所有的相关被管制者（企业）。其实，情况远不是如此，特别是实行资源环境管制，总是存在各种管制差异性。

第一，资源环境管制的地区间或者国家间差异。即有的地区或国家管制强度高，有的地区或国家管制强度低。由于存在这种差异，通常的情况可能是，被管制企业从管制强度高的地区或国家转移到管制强度低的地区或国家，例如，高消耗、高污染的企业从发达国家（地区）向不发达国家（地区）转移。

第二，资源环境管制的企业类差异。即对有些企业实行较强的资源环境管制，对

① ［英］马丁·沃尔夫（Martin Wolf）：《全球化为什么可行》，中信出版社，2008 年版，第56 页。

另一些企业实行较弱的资源环境管制。例如，有些国家（地区），对大企业实行更高标准的环境管制，而对小企业实行较低一些的环境标准。实行较低的管制标准，实质上就是进行一种补贴。

第三，管制措施可及性差异。即由于管制能力或其他可能的原因，对所有的被管制对象（企业）难以实行完全一视同仁的管制强度。有的企业受到较严格的管制，有的企业可能违犯了管制政策也没有受到相应的处罚。这样，政府管制就可能造成企业之间的不平等待遇，进而影响企业间竞争的公平性。

由于存在管制的差异性，所以，资源环境管制及其强度会对各国（地区）和不同企业的竞争力产生不同程度的影响（下文将继续讨论这一问题）。因此，人们担心，各国及各地区是否会发生管制（或监管）竞争现象？如果有这种现象，那么，管制竞争的方向是竞相降低环境标准（恶性竞争）还是不断提高环境标准（良性竞争）呢？

通常人们担心可能会发生环境管制的恶性竞争，因为较低的环境标准可以提高本国或本地区产业和企业的竞争力。例如，人们常常指责地方政府放纵本地企业污染环境的行为，并认为那是“地方保护主义”的一种表现。但有学者指出：“所谓环境监管发生恶性竞争的证据不足。研究显示，发展中国家的环境监管正变得越来越严格，部分是来自政治压力。实际上很明显，污染的大气和水源在吸引跨国公司的时候是很不利的条件，因为这会导致外国的职业人员不愿意前来工作和居住。”“在高收入国家，同样确定无疑的是，环境保护标准在过去二三十年正在竞相提高，而不是恶性竞争。随着监管的加强，地方的空气和水源的质量大有提高。”①

四、资源环境管制与产业竞争力的关系

资源环境管制与产业竞争力的长期关系，从统计分析看，在一个相当长的时期内，资源环境管制和产业竞争力都表现为不断提高。我们的研究也表明，在中国工业发展过程中，工业生产的“清洁度”也在不断提高。因此，可以确信，环境改善与产业竞争力两者之间存在长期的正相关关系。但是，这种正相关关系是否表明两者之间具有正向因果关系，则是更值得研究的问题。

关于环境监管与产业竞争力的关系有两种不同的观点。一种观点认为：“如果某个国家的环境成本通过税收体制‘内部化’了，强迫企业加入自己的生产成本，但在世界市场上，其他国家的企业可能没有负担类似的环境成本，如果它们之间出现竞

① ［英］马丁·沃尔夫（Martin Wolf）：《全球化为什么可行》，中信出版社，2008年版，第160页。

争，那么环境监管严格的国家的企业就必然要面临系统性的劣势。”

另一种针锋相对的观点是：“假设某个国家的所有企业都必须为污染行为缴税，再为了简化分析，我们假设资本回报率和所有产品的价格都是由国际市场决定，那么，这些企业就必须支付较低的工资，污染越严重的企业支付的工资水平就越低。但问题是，在一个国家内部，同样技能的人得到的工资是相同的。于是，这个国家的经济就必须因为污染税的实施而进行调整。这会带来三方面的变化：这个国家整体上的真实工资水平将下降，以补偿环境改善的收益；该国的企业将更多采纳有利于减少污染的技术设备；污染较严重的企业将会萎缩，向国外转移。但实际上，由于上文讨论过的原因，后一种效应并不明显。总之，这些变化对于国家的竞争力都没有影响。相反，污染税和监管政策将取得计划中的成果——降低污染——部分是通过改变产业结构，部分是通过改变技术特征，从而增进全体国民的福利。只不过作为这种福利提升的部分代价，相对于产品和服务的真实工资水平将下降。”①

我们的研究表明：在中国，从总体上来看，环境管制强度的提高并没有影响中国制造业的国际竞争力。至少是，经过30多年的长足发展，较低的环境标准对中国产业国际竞争力的影响已经十分有限。也就是说，中国制造业国际竞争力的提高不仅是与环境管制强度的提高同时发生（两者具有正相关关系），而且，中国制造业已经有能力接受更高的环境标准，甚至把提高环境质量作为提升竞争力的一种重要方式，即两者间确实存在企业可以感觉到的正向因果关系。

资源环境管制的可行性取决于企业竞争力。尽管如上所述，资源环境管制与产业竞争力具有长期的正相关性，而且，也可以观察到两者的正向因果关系，但是，对于被管制对象来说，资源环境管制毕竟是一种增加的成本，实际上，如果管制可以对企业不增加成本的话，也就没有必要实行管制了。因为，如果管制目标本身就能直接提高产业竞争力，那么，企业就会自己去实现，而没有必要让政府采取管制措施来促使企业执行了。所以，至少是在短期内，政府实行的资源环境管制措施总是会增加企业的内部成本。企业必须有能力消化这样的成本，并且不使其竞争力受到难以承受的不利影响，如此才能生存下去。而企业以及整个相关产业是否有能力消化资源和环境成本上升，其中包括资源环境管制成本上升所产生的压力，又取决于企业竞争力的强弱。

一般来说，如果实施一项资源环境管制措施，例如提高环境保护标准或者增加资源和环境税，对于竞争力较强的企业，不仅在短期内可以承受成本的提高，而且有能力尽快实现技术和管理调整，以适应高标准的管制要求。但对于竞争力较弱的企业，

① ［英］马丁·沃尔夫（Martin Wolf）：《全球化为什么可行》，中信出版社，2008年版，第221页。

就可能因难以承受成本提高的冲击而难以为继。所以，资源环境管制强度的提高，特别是环境保护标准的提高，对产业和企业群体都是一种强制性的“精洗”，会产生优胜劣汰的作用。

问题是，在一定时期内，一国的产业和企业对于资源环境成本提高的能力总是有限的。或者更准确地说，当资源环境成本提高，一些企业因无法承受而被淘汰，资源环境成本提高的幅度越大，因无力承受而被淘汰的企业就越多。而一个国家或地区，能够承受多少企业被淘汰的冲击，是有一定的限度的。如果超过一定的限度，即如果很多企业都难以承受，则这样的管制强度和标准就是不可行的。

也可以这样理解，对于产业和企业来说，资源环境管制短期是成本增加，长期则是技术促进。因此，关键是从短期影响为主到长期影响为主的过渡期路径。也就是说，资源环境管制所导致的成本增加既不能过高，让许多企业难以承受；也不能过低而使管制所产生的技术进步激励的强度过低。从理论上来说，既要让大多数企业能够承受，又要让企业有相当的压力来提高技术水平，就是资源环境管制的适当强度。

管制的一致性和有效公平竞争。资源环境管制不仅关系到管制目标的实现以及产业和社会的承受能力，而且关系到市场竞争的有效性和公平性。不适当的管制，可能因过多地减少了市场竞争主体的数量，导致实际上的市场垄断而影响市场竞争的有效性；也可能因过分淘汰了市场竞争中的弱小者（如小型企业），而影响了市场竞争的公平性。特别是，如果管制政策的实施具有不合理的非一致性，即执行人自由裁量权过大，实施管制政策有严有松，“睁一只眼闭一只眼”，或者管得了的管，管不了的不管；甚至因管制腐败而导致管制一致性的严重破坏，则必然严重损害市场竞争的有效性和公平性。

如上文所述，由于种种原因，管制的差异性总是存在的，而且，从长期来看，资源环境管制的差异性所产生的不利后果也许并没有人们所想象的那样严重。但是，不仅就一般而言，而且，特别是在我国所处的体制转轨时期，非正常的管制差异的严重存在，必然会产生严重的问题。其突出表现是：其一，由于没有实现管制的一致性，使得管制目标无法实现，违反管制标准的企业从严格实行管制政策的地区转移到不严格实行管制政策的地区。其二，发生逆向竞争现象，即严格执行管制政策的企业反而不如不严格执行甚至完全不执行管制政策的企业，前者竞争不过后者，导致优汰劣胜，即“劣者驱逐良者”的后果。其三，资源环境管制政策的实行成为“寻租”领域，企业不仅可以向监管者行贿而获得豁免，而且，监管者也可以对被监管对象进行要挟而获得不当利益。

问题的复杂性在于，要求管制的一致性，也不等于绝对不应有一定限度的差别性。例如，中国国土辽阔，各地区经济发展水平差异巨大，用完全一致的标准来管制全国所有地区的资源和环境，显然是不合理的。而且，即使是在同一个地区，对大企业和小企业是否就应该实行标准完全一致的资源环境管制标准，也是一个值得讨论的问题。假定大企业的技术水平高、经济实力强，能够承受更大的成本上升压力；小企业的技术水平低，经济实力弱，难以承受很大的成本上升压力。如果要求绝对的管制一致性，那么，管制标准是应该针对大企业的现状还是小企业的现状？如果针对大企业的现状，小企业就会因无法生存而被大量淘汰，就会失去发展权和发展机会；而如果针对小企业的现状，大企业因没有什么压力而放弃节约资源和更高水平地保护环境的努力，进而影响管制目标的实现。所以，在中国，面对政府的政策措施，常常会有“不要一刀切”的呼吁。政府往往也不得不承认，确实不应该“一刀切”。但是，如果既要严格管制，又不搞“一刀切”，即承认管制差异甚至执行者拥有较大的自由裁量权，则上述管制差异的弊端就难以避免。所以，这是一个需要谨慎权衡的两难问题。

可见，资源环境管制与经济发展水平，特别是与产业和企业竞争力有着十分复杂的关系。产业和企业竞争力从本质上决定着资源环境管制制度和政策的实行状况。也就是说，只有达到了一定水平的产业和企业竞争力状况，才可能实行一定强度的资源环境管制。反之，适应产业和企业竞争力状况的资源环境管制，不仅能够达到目标，而且，可以长期地促进产业和企业竞争力的不断提升。而要做到后者，实际上就是要解决“如何实现管制条件下的有效公平竞争”问题，因为，有效公平竞争是提高竞争力的最根本途径，即从根本上来说，竞争力源于竞争。所以，政府实行资源环境管制，最根本的目标是：第一，实现资源节约和环境保护的可行性目标；第二，维护有效和公平的竞争秩序。尽管从短期看，两者间可能会有一些不一致，但从长远来看，则两者具有本质上的高度一致性。

与工业化以前的社会相比，工业化时期最显著的特点就是人类以采掘、加工和制造的工业生产方式对自然资源进行前所未有的高效率和大规模的开发利用，并以此为前提和基础，实现了制造能力的极大提高和制造业的迅速发展。实际上，正是工业技术的不断进步和工业生产能力的持续提高，使得越来越多的自然物质成为具有经济利用价值的工业资源。从这一意义上可以说，工业创造了资源。因为，工业技术的不断进步和工业生产能力的持续提高不仅使原本无所谓“资源”和“废物”之别的各种地球物质“前赴后继”地成为可以投入工业生产过程的“资源”，而且，工业的发展也是解决人类赖以生存和发展的资源和环境问题的根本途径。如果没有发达的工业，人类不可能长久和根本性地获取自然资源的恩惠和有效地保护地球环境。但是，工业在创造资源的同时也大规模地消耗着资源，而且，工业生产过程也不可能不对环境产生重大影响。所以，如果不能平衡工业对资源和环境的积极贡献同消极影响之间的关系，在工业化过程中也会由于对资源的无度低效开发利用，以及由于对环境的掠夺性破坏而导致严重的后果，甚至使资源环境遭受灾难。特别是，由于推动工业化的最基本机制是市场竞争机制，而市场竞争机制的“效率至上”原则和机理，并不能天然和自发地解决所有的资源有效配置问题，尤其是难以解决涉及不可再生的自然资源和具有显著的外部性和公共性的生态环境问题，这就是人们常说的市场机制失灵现象。因此，这需要政府干预，其中，资源和环境管制是最常见的政府干预方式之一。政府若要有效地实行资源环境管制，必须基于一定条件，采取可行的措施，而资源环境管制的可行性很大程度上取决于工业企业的竞争力。因为，管制总是有成本的，只有当管制所产生的成本能够被大多数企业所承受或消化，而不至于普遍地和严重地损害工业企业的整体竞争力，管制措施才是可行的和可持续的。我们的研究表明，工业具有非常强的创新能力，即使资源环境管制产生了较大的成本负担，只要给工业企业留有进行适应性调整和实现技术及管理创新的时间和空间，工业竞争力的提高与资源环境管制强度的增强，完全可以并行不悖。统计数据表明，近 10 多年来，中国工业竞争力与资源环境管制强度表现出显著的正相关性，即在中国工业竞争力不断提高的同时，中国工业生产活动也正在变得更“清洁”。当然，这并不否认，当前，中国工业发展仍然处于资源和环境形势相当严峻的时期，工业生产活动正在变得更清洁的事实，并不表明现在的工业生产已经达到了令人满意的资源节约和环境保护水平。相反，由于中国仍然处于工业化中期，必须走过重化工业更大发展和大规模消耗资源的阶段，而且，与发达工业国相比，中国工业的技术水平和资源利用效率水平还有相当大的差距，中国工业生产对资源的浪费和环境的污染仍然相当严重。正因为如此，加强政府的资源环境管制并提高管制的有效性，仍然是现阶段中国工业化过程中一个极为重要的问题，甚至是一个十分沉重的问题。

实行资源环境管制，必须高度重视管制方式及强度与产业及企业竞争力之间的关系。有效可行的资源环境管制方式，应既要确保节约资源、保护环境政策目标的实现，又要有助于产业和企业竞争力的长期提升，特别是要保持公平竞争规则下中国工业国际竞争力的不断增强；适度合理的管制强度，应既要对企业行为形成有效约束，又不能过分超越产业和企业竞争力现状所决定的最大限度地承受能力，特别是要实现经济效率准则和社会效益准则的合理平衡。总之，科学地认识和合理处理好资源环境管制与工业竞争力的关系，是我国现阶段经济和社会发展中一个十分突出的重大战略问题，也是一个关系到国家利益和国家安全的现实政策问题。

第11章　工业的使命和价值

新中国成立65年来，关于工业发展客观规律的认识不断深化。深刻认识工业的使命和价值，对于中国工业化的健康推进具有根本性的意义。有国外学者认为，技术是自我进化着的“第七种生命体”，技术总是通过工业活动而取得其存在形态，如果没有工业，任何技术都只能是幻想。技术进步表现为工业发展，而工业转型实质上也是技术进化过程中的一次突变和创新“涌现”。更重要的是，工业化不仅只是物质技术过程，而且是人类文明进程。

一、工业是人类发展的翅膀

人类生存和繁衍最初依赖于自然界中可以直接获取的可用于消费的物质，例如植物、动物等。其居住地也是天然的或略经处置就可以遮风避雨的自然场所，例如洞穴、草棚等。从狩猎采集到农业生产，即对一些动植物进行驯化，使之成为可以种植、饲养和养殖的农牧渔产品。以后人类逐渐学会了将原本不能用于消费的自然物转变为，即加工制造成为可以消费的物品，这就产生了“工业”活动，并逐渐发展起加工制造业和建筑业。有了工业就可以制造工具，而且可以制造各种用于制造工具的工具，从手工制造发展为机器制造，形成越来越复杂的生产“生产资料”的经济活动，其中包括“劳动工具”和“劳动对象”即原材料。这样，工业就不断发展成为庞大的“迂回性”生产体系：对于最终的直接消费使用过程，工业生产活动的很大部分是间接的和迂回的，是为生产“劳动工具”和“劳动对象”而进行的生产，工业生产的“迂回”性实际上就是生产过程的高度分工化，不仅是各种技术分工，而且是普遍的社会分工，从而构成错综复杂的投入—产出关系。不过，无论工业生产的迂回过程如何复杂，工业的本质就是将无用的物质转变为有用的物质，将有害的物质转变为有益的物质。这种“有用”“有益”的物质有些是可以直接消费的，而更多的“有用”“有益”物质是用于生产性消费的，即相对于最终消费而言的间接消费。前者通常称为“消费资料生产”，后者称为“生产资料生产”。

工业既然能够将无用的物质转变为有用的物质，那么也就是可以让废物变为资源，如果对于人类无用即为“废物”，如果有用即为“资源”。工业越发达，就能使更多的物质转变为资源。在高度发达的工业体系中，所有的物质都可以成为资源，因此，从最终意义上说，所谓“资源”都是由工业所创造的。如果没有工业，地球上大多数物质都是废物；而随着工业的进步，将不会再有“废物”，连原本丢弃无用的“垃圾”也可以成为宝贵的“矿藏”，作为工业生产的原材料。可以说：工业面前无废物，城市垃圾也可以成为“第二矿山”。

英国社会学家安东尼·吉登斯在1990年出版的《现代性的后果》一书中指出：“由科学与技术联盟，所构筑起来的现代工业，却以过去世世代代所不能想象的方式改变着自然界。在全球的工业化地区，并且逐渐地也在全球别的地方，人类开始生活在一种人化环境之中，这当然也是一种物质性的活动环境，但是它再也不仅仅是自然的了。不仅是建造起来的城市区域，而且绝大多数其他地区也都成了人类调整或控制的对象。”① 工业具有强大的创造力，渗透到几乎一切领域，使人类现代生活的各个领域都“工业化”了：农林牧渔、交通运输、信息传递、文化艺术、教育医疗、体育健身、休闲旅游，无不贯彻工业主义，依赖工业技术。当然，自从有了工业，战争形态也彻底改变了，出现了“战争的工业化”（industrialization of war）现象。整个20世纪充斥了“工业化”的战争，钢铁、石油、火药、汽车、飞机以至核技术等所有工业品都可能成为战争工具。军力的强大依赖于工业的强大，工业的强大表现为军力的强大。

工业对于人类最伟大的贡献是，它是科技创新的实现载体和必备工具。人类最伟大的科学发现、技术发明，以至人类任何杰出想象力的实现，都需要以工业为基础和手段。科技进步是工业的灵魂，工业是科技进步的躯体，绝大多数科技创新都表现为工业发展或者必须以工业发展为前提。所以，科技与工业实为一体，技术与工业几乎是同一概念，可以说工业就是人类生存和发展的技术，也可以说人类区别于其他动物最重要的技术“绝活”就是工业。因此，只有工业国才可能成为创新型国家，拥有发达的工业特别是制造业才能成为技术创新的领导者国家。因此，科学技术革命同工业革命同命运，工业化就是科学化，即科学知识的成功运用，科学理性是工业精神的脊髓。迄今为止，以科学理性和科技进步为标志的工业化时代是人类发展最辉煌的阶段。

美国历史学家伊恩·莫里斯将“能量获取”作为度量人类文明的核心指标之一。人类获取的能量包括食物能量和非食物能量两类。工业化之前，无论经济如何繁荣和富足，每天人均能量获取都难以突破25000千卡的上限，“直到19世纪，企业家们学

① ［英］安东尼·吉登斯：《现代性的后果》，译林出版社，2011年版，第53页。

会了将煤燃烧释放的热能转化为动能后，非食物能量获取才得到极大增长，使之能够转化成食物能量。这便将人类从马尔萨斯所说的陷阱中解救了出来”。2000 年，日本每天人均食物热量和非食物热量的总体能量获取水平为大约 104000 千卡，而美国达到 230000 千卡。① 工业化使人类文明迈上了远高于过去数万年所不可企及的发展高度。

以其他指标来衡量。当进入工业化时期，全球的人均产出（收入）增长率比工业化之前高 10 多倍，其中已发生工业革命和进入加速工业化进程的国家和地区，经济增长和人均收入的增长速度比工业化之前的几千年快了数十倍。实际上，现存的物质财富包括自然物质财富和人类创造的财富。人类直接取自自然的经济活动，例如狩猎、采集、种植等称为第一次产业，或广义农业。而第二次产业即广义工业则是将不可使用的自然物质转变为可使用的物质的经济活动，其产业形态主要包括：手工业、采掘业②、制造业和建筑业，现存的由人类创造的几乎所有可以长久保存的物质财富都是工业创造的。除非采用工业技术手段，第一和第三产业的产品是难以保存的，因而不可能成为物质财富的主要蓄积形态。所以，第一和第三产业所创造的物质财富甚至非物质财富都是程度不同地被“工业化”的。极端地说，如果没有工业，人类一无所有，虽然可以苟活，但没有任何财富积蓄；如果没有工业，即使是自然财富也不属于人类，大多不可为人类所用。

在发达工业国家，绝大多数人都可以享受到工业化所创造的物质文明成果，其生活条件也都是“工业化”的。“今天，处于贫困线之下的美国人的生活水平不仅远远领先于大部分非洲人，也远远高于一个世纪之前的最富裕的美国人。如今，99% 处于贫困线之下的美国人都能用上电灯、自来水、抽水马桶和至少一台电冰箱；95% 处于贫困线之下的美国人至少拥有一台电视机；88% 处于贫困线之下的美国人拥有一部电话；71% 处于贫困线之下的美国人拥有一辆汽车；70% 处于贫困线之下的美国人甚至还用上了空调。初看起来，这些东西似乎是没什么了不起的，但是在 100 年前，就连亨利 · 福特和科尼利厄 · 范德比尔特这些跻身于全球最富行列当中的人，也只能享受到这些奢侈品当中极少的一部分。”③

当前，世界经济总体上仍处于工业化进程中，发达国家正在发生着学者们所说的“第三次工业革命”或“第四次工业革命”。美国作者彼得 · 戴曼迪斯和史蒂芬 · 科特勒在《富足：改变人类未来的 4 大力量》一书中写道：“人类正在进入一个急剧的

---

① ［美］伊恩 · 莫里斯：《文明的度量——社会发展如何决定国家命运》，中信出版社，2014 年版，第 57、第 110 页。

② 因其“直接取自自然”的性质，有的国家将采掘业归为第一产业。

③ ［美］彼得 · 戴曼迪斯、史蒂芬 · 科特勒：《富足：改变人类未来的 4 大力量》，浙江大学出版社，2014 年版，第 17 页。

转折期，从现在开始，科学技术将会极大地提高生活在这个星球上的每个男人和女人的基本生活水平。在一代人的时间里，我们将有能力为普通民众提供各种各样的商品和服务，在过去只能提供给极少数富人享用的那些商品和服务，任何一个需要得到它们、渴望得到它们的人，都将能够享用它们。让每个人都生活在富足当中，这个目标实际上几乎已经触手可及了。”“划时代的技术进步，如计算系统、网络与传感器、人工智能、机器人技术、生物技术、生物信息学、3D 打印技术、纳米技术、人机对接技术、生物医学工程，使生活于今天的绝大多数人能够体验和享受过去只有富人才有机会拥有的生活。”① 这一切都基于工业的高度发达。工业是一切科学发明和创新想象得以实现的工具，也是大多数人生活水平提高的物质技术基础。

当然，在一定的条件下，工业也具有毁灭性，不仅是技术创新的“创造性毁灭”，而且可能是战争的毁灭和环境生态的毁灭。因为，如前所述，工业发展使战争工业化了，也使环境生态人化了，而工业化时代的环境人化，实际上就是环境的工业化，即以工业活动改造了自然环境，工业成为环境生态中不可或缺而且也是无法摆脱的组成因素。

无论如何，自从有了近现代工业，人类发展就如同插上了飞速翱翔的翅膀。人类创造性的伟大力量喷发出来，当然其中包括建设的创造性，也包括毁灭的创造性。因此，建设一些，毁灭一些，在建设中毁灭，在毁灭中建设，就是工业化的历史，也是技术创新的历史。例如，汽车是最伟大的工业产品之一，汽车使人类生活极大改善，但同时也使人类不得不每年要付出因车祸而死亡 120 万人的生命代价！工业使地球上越来越多的地方成为人类可以居住的场所，包括农村、城市甚至海岛、沙漠，但同时工业所导致的环境污染也一直如影随形，堆积如山的废旧工业品和城乡垃圾越来越困扰人类。几乎所有的兵器都是工业品，战争的工业化使得工业所制造的武器足以毁灭整个人类，但军事工业也成为推动最先进技术创新的源泉。总之，工业化将人类发展的一切领域都彻底改观了。

二、工业化从“丛林”走向文明

既然工业是建设性的也是毁灭性的，那么，这种建设和毁灭是值得的吗？有人认为，工业发展是得不偿失的，工业会毁灭最有价值的东西，例如原生态的自然，被毁坏的自然比工业化的世界更有价值。所以，自然主义比工业主义更具人性。

原生态的自然意味着原始状态的人类生活。英国哲学家托马斯·霍布斯将其描绘

① ［美］彼得·戴曼迪斯、史蒂芬·科特勒：《富足：改变人类未来的 4 大力量》，浙江大学出版社，2014 年版，第 12 页。

为"丛林法则"下的生活。他说，在自然"丛林"状况下，人类生活是"贫穷、肮脏和短命的"，而且是残忍的和孤独的，并没有自然主义者所幻想的人性栖息地。有些反科学反工业的人幻想回归到更简单的生活方式：完全有机的农耕和只运用前工业化时代的生产方式，然而，前工业化时代的知识和生产方式只能支撑今天地球上1/10人口的生存，即使可以让少数人享受田园诗般的生活（如果他们愿意的话），也不能解决大多数人贫穷、肮脏和短命的问题。相反，工业发展可以使人类生活变得富有、清洁和长寿。"公元1800年时世界上的人均富裕状况并不比公元前100000年时的好"①，而工业化时代则创造大量的物质财富，使人类可以走出贫穷（尽管仍有未能消除的贫困现象），提高了大多数人的物质生活水平；工业化使人类可以生活在清洁的环境中，如果没有工业就不可能有大多数人的卫生生活条件，城市和乡村的较好卫生条件都是工业化的产物；工业化大大延长了人的寿命：工业化以前，人的平均寿命预期不足30岁，而工业化使得的平均寿命预期翻番，发达工业国的平均寿命预期普遍超过70岁，甚至可以接近和超过80岁。这是工业化之前的时代所无法达到的。所以，工业化时代是人类历史迄今为止最安全、最清洁和人的平均寿命最长和健康状况最好的发展时期。

但是，工业化也有自己的"丛林"的时代。血拼式的竞争、野蛮无序的增长、掠夺式的资源开采、无度的环境破坏，这些现象在大多数国家工业化的历史上都出现过。工业化走过的历史确实也往往是"劣迹斑斑"甚至"血迹斑斑"的。不过，这不是工业的本性。工业的本性是摆脱野蛮，走向文明。实际上，工业化也正是在创造文明，不过这个创造过程是有代价的。工业的科学理性主义所追求的不可能是丛林法则下的野蛮人类生活，而必然是符合人性的文明社会。

文明的本质是自律和同情（宽容），工业的理性主义精神可以是自律和同情（宽容）的基础，自律和同情（宽容）可以是理性主义的归结。因此，亚当·斯密一生所写的两本传世巨著，表面上相互矛盾，实际上，在人类文明的意义上它们是具有内在的逻辑一致性的。其中，《道德情操论》以自律和同情为主题，《国富论》以自利的理性为逻辑出发点。前者讨论人类行为所追求的价值实质，后者讨论人类行为所遵循的现实规律。这两者都是工业化进程的基本原理。

工业理性要求工业行为的自律，也就是要在工业生产过程中对有可能产生的外部性负面影响进行自我约束。其中最重要的就是对环境负面影响的自我约束。实际上，人类生存环境的现实空间分为两类：自然环境和人化环境，如果说"自然环境"是指未被人类活动改变过的自然生态环境，那么，所谓人化环境就是经人类活动改造过

① ［美］伊恩·莫里斯：《文明的度量——社会发展如何决定国家命运》，中信出版社，2014年版，第105页。

的环境，尤其是人类集聚而形成的社会性环境空间。显然，当人类摆脱原始状态后，越来越多的人生存在人化环境中，而深度人化的环境就是工业化的环境，即由工业方式改造和工业产品造就的环境。不仅人们的居住地和生产地，即使是人们为享受“自然风光”的旅游目的地，也越来越是工业化的生态环境，即经过“开发”的风景旅游区或人文旅游区。完全的自然环境不仅难以成为居住地和生产地，而且也难以成为大规模旅游目的地。因为，未经工业手段开发的自然景观一般旅游者是难以到达和逗留的。其实，自然环境之所以会成为自然风光旅游目的地，是因为现在大多数人都常年生活在高度人化的环境中，未经深度人化的自然环境反倒成了稀罕之地，常住在人化环境中的人去观光自然环境之地，而那些住在优美自然环境中的人却把到人居密集的城市视为“逛风景”。可见，既然人类行为特别是工业行为导致越来越多的自然环境成为人化环境，人化环境的目的是使自然环境变得更适宜人类到达、居住和享用，那么，文明的工业行为必须敬畏自然，必须深刻认识到：破坏自然环境的野蛮工业行为是根本上违背工业文明精神的。可以观察那些工业化国家，公众高度重视对自然环境的保护，他们“普遍认为，环境保护与经济发展是两个应当得到同等优先考虑的问题”，而且，“年轻人更偏好环境保护”①。

工业理性也要求高度的同情心，因为，如前所述，工业化使环境的人化和人的社会化越来越强化，人类的社会化使得人类的群体性和互动性越来越强，在进化过程中的竞争也会更为激烈和广泛。竞争就不可避免强弱相争和优胜劣汰。工业理性要求避免丛林法则的残忍性，即人类社会中的强者和竞争优势者不可无视弱者和竞争失利者的生存。因为实际上，几乎每一个人在其一生中都不会始终是强者，而总会有居于弱者或失利者地位的时期，例如人人都有幼、老、病的时候，工业理性要求社会对弱者和失利者的同情心，实际上也是每个人对自身安全的关心，是基于人类理性的同情心和正常的社会心理。所以，在各国的发展史上，社会福利制度的建立和不断完善成为工业化时代最重要的制度建设成就之一。例如，观察美国公民，“他们显然都赞同，美国公民应当拥有平等的机会。他们赞同个人应当尽自己的最大努力来帮助别人。他们赞同政府应当帮助那些真正需要得到帮助的人，只要这些人本身同时也在尽自己最大努力摆脱窘境。美国人还普遍赞成应该让富人支付更多的税收”②。因此，即使在美国这样的最崇尚自由竞争的国家，随着工业化进程，也形成了基于同情心的核心价值观和公共政策的共识基础。尽管这一价值观共识从20世纪80年代以来有所削弱（也许同“去工业化”有关），但总体上没有根本性变化。

在工业化时代，最重要的微观经济主体是企业，通过企业在市场中的竞争，实现

① ［美］杰弗里·萨克斯：《文明的代价——回归繁荣之路》，浙江大学出版社，2014年版，第81页。
② ［美］杰弗里·萨克斯：《文明的代价——回归繁荣之路》，浙江大学出版社，2014年版，第79页。

资源的有效配置和社会的进步。工业化的一个显著特点是生产和人口向城市的集中，让旧城变为新城或者崛起更多的工业城市，称之为城市化。城市化是人类历史上的一个深度社会性现象。所谓“深度社会性”，是指个体经济行为会对其他人产生很大的影响，人与人之间形成更为密切的关系。也就是说，经济行为具有更强的外部性。经济学通常研究的是各微观经济主体自身利益范围之内的成本和收益，而不很关注经济主体自身利益范围之外的成本和收益。意思是假定：我们的生产和交换是和其他人无关的，即不必考虑经济外部性的作用。其实，在现实中，很少有什么生产、交易活动是和别人无关而仅仅与当事者相关的。

由于经济学的主体分析框架基于上述假定，因而认为，通过市场机制可以使得各个企业在追求自己利益的同时或其结果，也可以实现社会利益的最大化。通俗地讲，就是“人人为自己，上帝为大家”。“上帝”就是市场这只“看不见的手”，它可以通过有效的价格信号保证社会福利最大化的实现。我们可以把这种情况叫作古典企业逻辑。按照这样的逻辑，企业是追求自身利益最大化的自利性主体，其行为完全遵循经济学所假定的“经济人”。这样的理论对吗？在很大的程度上是对的，但是它的成立必须基于严格的假设前提，其中之一是假定个体行为不影响别人，即没有外部性。但是在现实中，大多数情况下企业的生产活动却是会影响别人的，特别是在城市化条件下，经济活动在空间上的高度聚集，企业经济行为的外部性非常强，即企业行为的成本和利益超过了产权边界。

于是，有人提出了另外一个企业逻辑和市场逻辑，即企业除了要做一个经济人，追求利润最大化之外，还应承担社会责任。按照古典企业的理论，企业只有两个社会责任：一个是高效率地生产价廉物美的产品卖给更多的消费者；另一个就是依法纳税。除此之外，企业再没有其他的社会责任，否则就是破坏市场经济原则。而按照第二种企业逻辑，企业不能只顾自己，也要承担社会责任，通俗地讲就是：“人人为自己，也要顾大家。”这样，企业就不仅仅是一个经济人，也是一个负有社会责任的“公民”，叫作企业公民或者公民企业。公民企业逻辑有其合理性和现实性，但也有局限性。第一，企业承担了社会责任以后，会不会影响到自身的竞争力？就像以前的国有企业那样，承担了很多社会责任，“企业办社会”，背上社会负担，损害效率竞争力。第二，企业承担很多社会责任，比如援建学校，援助弱势群体，如何保证真正实现了资源的有效配置和利用？如果将钱捐给慈善机构，慈善机构可以有能力、有效地使用这些捐款吗？假设有 10 万个人得了某种疾病，企业或慈善机构要救助得这种病的人，但只有能力救助其中的 10 个人，那么，怎么才能在 10 万个人里面找到最值得救助的 10 个人呢？也就是说，企业做好事但却难以保证资源的有效配置和利用，必然会遇到效率和公平性的问题。但这种企业理论还是很有价值的，它看到了企业的行为对别人和社会的影响，如果不顾社会、不顾别人，企业就不受欢迎，也必然影响其社会信誉。尤其是在高度信息化的社会和公众舆论力量越来越强大的条件下，不承担社会责任的企业将会严重缺乏竞争力。

面对上述两种企业理论的缺陷，出现了第三种企业理论，即社会企业，或社会企业家理论。如果说第一种企业逻辑是“人人为自己，上帝为大家”，第二种企业逻辑是“人人为自己，也要顾大家”，那么，第三种企业的理论则是“主观为社会，客观利自己”。也就是说，这类企业的行为目标已经不是为追求自己的利益，而是为了解决社会问题，即它们在主观上是为了实现社会的公益性目的，但所采用的是具有企业创新精神的方式，即以企业家创新的方式来实现社会利益目标。例如，比尔·盖茨，当他在经营微软公司的时候，可以说，微软公司首先是一家古典企业，后来其成为负有社会责任的公民企业，但微软公司的主观目的毕竟主要还是企业利润最大化，这是出资人的要求。再后来，比尔·盖茨不再经营微软公司，而立志做社会企业家，因而建立了一个公益性基金会，目的是解决世界尤其是非洲的贫困和穷人疾病问题。但是基金会的运作方式是富有企业创新精神的，而不仅仅是捐款做些传统的慈善救助活动。为什么要由企业家来做公益事业呢？因为公益性活动也要有效率，有创新。以高效率可持续的方式实现公益目标，是非常难以应对的挑战。如果做公益的人不能够有效地运用资金和管理项目，可能心是好的，但效率低下浪费资源。而社会企业的逻辑就是不仅心是好的，而且效率也要高，有高度的创新性，实现社会目标的效果要更好，受益面要更大，而且公益活动要具有可持续性。再如诺贝尔和平奖获得者孟加拉经济学家尤努斯，办了穷人银行，成效非常显著。他就是典型的社会企业家，他是为了广大穷人的利益而不是自己的盈利而办银行，但是他采用的是高度创新的方式，而不是简单的施舍和救助，从而使得公益性活动具有可持续性，受益范围越来越大。用有效的市场机制和企业创新来实现社会公益目标就是社会企业的本质。

在现实中，第一类企业为数最多，这样的企业可以做到优秀，但不会伟大。第二类企业不仅能够做到优秀，而且可以成为伟大的企业，因为它们要有能力、有实力和高尚的意愿来承担社会责任，为此不惜付出更多的努力。第三类企业要用创新的方式来实现公益性目标，这可能是全世界最优秀、最卓越的企业家才能做好的事情。成功的社会企业和社会企业家是现代工业文明的突出标志之一。

可见，工业化从“丛林法则”时代走向文明时代的实质是，工业发展的目标更趋向于自觉增进社会福利。现代工业文明是更加富有同情心和社会良心的时代。

三、工业转型体现了工业的创新本性

工业发展走向更高文明阶段的直接表现就是：以持续创新和“革命”的方式实

现经济社会发展过程。工业的本性是创新的和革命的，而转型升级是技术创新和工业革命的基本路径。当前的世界和中国都处于又一次工业转型的时期，国外称之为“新工业革命”或“第三次工业革命”，而中国称之为“新型工业化”“产业转型升级”或者“发展方式转变”。

工业发展没有历史终点，只要人类存在，工业生产就是其最基本的经济活动之一，因为不仅加工制造、建筑施工、能源供应等工业生产方式永远不会消失，衣、食、住、行、用的需要永远要由工业品来满足，而且一切其他的物质生产活动和服务生产活动也都要以工业技术和工业产品为基础和工具。例如，文化活动和产品也将工业化，表演艺术就从舞台活动变为电影工业。

工业不仅创造了大量的财富，而且也是解决人类发展各种问题的最重要手段之一。但是，从人类进步的意义上说，解决问题意味着可能产生更多的问题，甚至解决问题本身就是新问题的出现，而更多的问题意味着更大的进步空间，所以，困难、矛盾和问题层出不穷，工业发展就永无止境。中国工业化过程充分表明了工业的这种特点。

工业是中国的骄傲，也是中国的问题。中国从20世纪80年代起进入加速工业化的时期，工业以年增长率远超过10%的速度推动GDP年增长到达9%～10%，直到2010年，中国成为仅次于美国的世界第二大经济体。工业是中国迄今为止唯一可以同世界发达国家媲美的“法宝”和令世界生畏的财富利器，为国家积累了全世界最多的外汇。但是，工业的迅猛增长也产生了许多问题，目前中国所面临的“不平衡、不协调、不可持续”矛盾大都同工业增长有关，因此，中国经济发展方式转变的关键是工业转型。

当前，中国工业所处的发展阶段正面临着演化过程中的转折和突变时期。必须进行工业转型才能适应新的形势和环境。但是，工业转型并不是“去工业化”，而是强工业化，即实现工业发展的绿色化、精致化、高端化、信息化和服务化。调整中国工业化战略方向，实现两大目标：让现代工业在中国扎根和占据各产业的技术制高点，笔者曾经撰文称之为“从平推工业化转向立体工业化”。

工业品的估值和工业结构的合理与否是以一定的空间和时间为转移的。无论在经济学理论上还是在现实中，都没有关于“合理产业结构”的绝对标准。经济学家曾经有过关于产业结构“标准型式”的描述，其原理是将大多数发达工业国产业结构的平均形态作为标准型式，再将其作为评价发展中国家的产业结构是否合理的参照系。如果显著偏离标准型式就认为产业结构不正常，如果接近标准型式就认为是正常。这样的方法尽管有其一定的合理性，但本质上是不严谨的。因为各国的国情不同、所处的技术进步阶段不同、工业化的国际环境不同，后发工业化国家的产业结构特征很难都收敛为发达工业国产业结构的标准形态。例如，中国未必能用美国或者欧洲工业化国家当前或相同发展阶段的产业结构标准形式作为现在或将来产业结构是否合理的标准。因此，当我们说要“调整产业结构”时，实际上难以描述出合理产业结构的目标状态。既然没有明确可描述的目标状态，那么，如何确定产业结构调整的方向呢？怎样的产业结构算是“合理”的呢？因此，新中国成立60多年来，几乎每一年都说产业结构不合理，每一时期都说要进行产业结构调整，但似乎永远达不到“合理”的状态。也许，追求从“不合理”向“合理”结构的努力本身就是一个“试错”过程，实现的“不合理”也许就是一种合理动态过程的经历阶段。如果真的“合理”了，可能反倒是更大的不合理。所以，产业结构的演进是一个永无止境的动态过程，如同生命体只有动态的平衡，没有最优均衡，而且平衡状态也是不断被打破的，打破平衡和趋向平衡都是进步。从根本上说，是工业的创新性和革命性决定了产业结构的动态性。既然未来的状况取决于创新，创新具有不确定性，工业所具有的创新能力和活跃性远远超过任何人的想象，那么，人们当然很难准确预见本身就尚未确定的未来。因此，任何关于合理产业结构目标状态的具体描述，都是自作聪明的妄断。

产业结构的这一性质注定了“市场是资源配置的决定性作用”。产业结构不是人为“设计”或“计划”出来的，而是在市场竞争过程中“进化”形成的，而且进化过程永无止境。从这一意义上说，工业转型并非是绝对的“纠错”或“纠偏”，不是对历史和现状的简单否定，而是不断自我调整的连续“适应”过程中的又一次阶段性突变。人在其中不是料事如神的算命先生，也没有人可以获得什么“锦囊妙计”。

从人类发展的历史看，不仅“设计”产业结构调整的所谓“合理”目标是不可行的，而且工业革命的深刻和广泛影响也是难以预料的，人类不仅不可能确定和计划从根本上就难以预料的未来状况，未来的状况在今天人类进行决策时本身就还没有确定，人们如何确定本身还没有确定的目标？未来的状况实际上取决于千千万万个人和企业在不确定预期条件下进行创新性决策的结果。政府和专家如果以为可以自作聪明地描述未来，实际上很少有说对的，其实最多只具有“猜想”的意义。例如，即使是在10年前，也没有人可以说准2014年的钢铁产量，或“合理的钢铁产能”，更何况要判断涉及千千万万种工业产品和产能的“合理”工业结构了。

因此，工业转型和产业结构调整必须立足现实，既要有紧迫感，更要有耐心。中国工业转型所面临的挑战是代际性的，即中国同发达国家的工业素质差距的基本性质仍然是发展中国家同发达国家之间的差距，这种差距是难以通过人为压缩一些产业和扶持一些新产业而在短期内消除的。工业转型升级和产业结构调整不可急于求成，更不能揠苗助长。

因此，所谓工业转型或产业升级，实质上是工业所具有的创新性和革命性的自发彰显，在此过程中，市场发挥资源配置的决定性作用。人们难以断定产业转型升级的目标结构状态，但是可以而且必须“安排”和“塑造”有利于工业转型的制度和政策，实质上就是构建和完善有利于创新和推进工业革命的有效的市场经济体制和政府政策体系，而这正是政府应发挥的有效作用。总之，尽管工业转型在本质上是一个由微观经济主体的自主创新活动所实现的而不以计划中心的主观意志为转移的经济演化过程，但是，政府管控和公共政策也应发挥影响未来的重要职能和积极作用，特别是，工业的价值理性往往须由政府的有效作用来实现。

四、超越工具理性，实现价值理性

工业生产在人类发展上发挥着巨大的作用，工业是创造财富的工具，财富是创造幸福的工具，但工业生产及其所创造的物质财富本身并不是人类追求的价值实质。可以说，就其现实机制而言，工业发展所直接体现的是人类的工具理性，即以高效率的方式创造和积累物质财富。这种工具理性主义是必要的，但是它只是基于人们追求财富欲望的心理倾向，而不能保证这就是提高生活质量和提高幸福水平的真实价值。“有证据表明，生活在经济发达国家中的许多人患有‘发展疲劳症’，而且，有更多的证据表明，人们普遍意识到，无休止的经济增长并没有价值，除非它能够积极地改善大多数人的生活质量。”① 以工业不断增长追求幸福，如同“跑步机”效应：用尽气力，原地踏步。也就是说，工业生产创造了大量的物质财富，但人们并未因此而更感幸福。

产生这一现象的原因是：一方面，因受时空限制，每个个人享用物质财富的能力（消费能力）是有限的，无论衣、食、住、行，每个人实际上只需要非常有限的物质就可以得到满足。另一方面，由于工业产品可以突破时空限制，具有可保值、可耐用和可积蓄的性质，所以，一个人只要有追求物质财富的心理偏向，就可以拥有或希望拥有大量的冗余性工业产品，即拥有、占有并不使用的产品。所以，进入工业化时期，人对物质的贪欲会大大增强。在此之前，人们拥有的可保值、可耐用和可积蓄的财产主要是可保存的自然物，例如兽皮、兽骨、石头等，而工业的产生和发展则使越来越多的人可以拥有可用于衣、食、住、行及各种用途的工业产品，例如加工后可保存的食品、大量的衣物饰品、越来越大的住房、各种交通工具（从自行车、汽车、游艇到飞机），以及各种各样的工业产品，包括工业化的文化产品，例如收藏品等。

① ［英］安东尼·吉登斯：《现代性的后果》，译林出版社，2011 年版，第 145 页。

所有这些工业产品对于实际消费来说，往往是冗余的，即大多数时间是闲置不用的。

拥有或占有冗余产品可以产生安全感、富裕感，但毕竟是“不需使用”或“偶尔一用”之物，所以，当物质财富能够满足人的基本需要后，再大量积蓄和占有物质财富并不能导致人的实际生活质量的同比提高和产生更大的满足感（幸福感）。所以，富裕的人和幸福的人、富裕的国家和幸福的国家，并不是同一回事。总之，尽管工业使人类拥有了获得幸福的物质手段，如果没有工业人类几乎一无所有，但工业发展本身未必就是幸福，财富是获得幸福的工具但其本身并不等于幸福。

在人类发展中，大多数人生活水平的提高和消费需要须由物质产品来满足，没有物质产品或物质产品严重短缺就难以提高生活水平和幸福感；但是，物质财富满足生活水平提高特别是增强幸福感的效率是递减的。工业创造物质财富的根本目的是为幸福生活提供条件，但是幸福生活并不仅仅依赖于物质财富，而且要取决于主观感受，而作为主观感受的“幸福”的增进同物质供应的增加或者消费的物质量并不是正比例对应的。也就是说，同样的物质量（收入和财富）未必产生同样的幸福感，物质财富的数量并非衡量幸福生活的唯一标志。现实是，物质增加到一定的量，其继续增加所产生的愉快感受强度是递减的，甚至可以达到“麻木”的程度。随着物质的极大丰富，对物质享用的愉快感将大大弱化。也就是说，社会经济发展的后果往往是，随着物质越来越丰富，人们的抱怨和不满反而增加。甚至，极端悲观的行为表现——自杀率也会提高（有些高收入、高福利的国家居然成为高自杀率的国家）。因此我们可以推论：随着物质产生的增加和物质享用的丰富，获取“幸福”的物质成本趋于不断增加，这意味着由于对物质享用的感受趋于递减，即物质的“效用”递减，物质增长对幸福的边际贡献将趋于减小。因此，当物质财富达到一定水平，随着物质财富的进一步增长，精神产品的供应增长，特别是精神性享用的感受能力的提高，将对幸福指数的增长具有越来越重要的意义。①

正因为这样，当物质财富越来越丰富后，人们的价值准则即价值优先次序也将发生重大变化，即从高度评价物质财富的价值优先性，到更加重视非物质因素的价值优先次序，有学者称之为从物质主义价值观到后物质主义价值观的转变。② 如果我们将近现代经济社会的历史描述为一个不断进化的进程，那么，在其初期，摆脱贫穷是社会主流的价值观，所以，发展工业最大的民生意义是就业和获取收入，收入水平决定了生命安全和生活保障；当然，即使在发达的经济体中，作为大多数人的谋生手段，就业的观念也会发生很大变化。当社会发展到一定阶段，追求和积累财富逐渐成为社会价值观的主导因素，工业生产成为积累财富的手段，社会越来越倾向于“有恒产

---

① 金碚：《论民生的经济学性质》，《中国工业经济》，2011 年第 1 期。

② ［美］罗纳德·英格尔哈特：《发达工业社会的文化转型》，社会科学文献出版社，2013 年版。

者有恒心”的价值观。接着，当社会经历了财富积累的一定时期，追求生活质量效率创造物质财富和积累物质财富的工具理性，到更自觉地追求创造高品质生活质量和获得更高幸福感的价值理性目标，体现了工业文明根本性的历史进步。也就是说，工业发展将度过其“为生产而生产”“为财富而生产”“为GDP而生产”的工具理性主义阶段，转向为提高生活质量和获得幸福生活而生产的价值理性主义时代。追求物质财富最大化的工具理性，被亚当·斯密称为“人类本性的欺骗”，在一定限度内可以发挥其推动经济发展的积极作用，而超过一定限度就成为非理性的荒谬。

尤其值得强调的是，人类生活质量和幸福生活的价值追求不仅仅是消费的满足，而且包含了基于“好奇心”的发现真理的本能愿望和基于爱美心的审美倾向，发现真理和寻求审美是人类自我价值实现的重要表现。人类进行科学研究的动机并非都是为了追求经济利益，追求美感也未必出于经济利益动机，对于真理和审美的追求，本身就是人类的价值，完全不必依附于利益欲望。工业发展对于人类实现这两个价值也具有重要意义。

如前所述，工业是科学发现和发明不可或缺的手段，尤其现代科学的发展须臾离不开工业技术。另外，高度发达的工业必然从追求功能性走向创造审美艺术性。高质量的精致工业品都是艺术化的制成品，极致的工业品本身就是艺术品，具有高度的审美价值；伟大的哲学家和艺术家黑格尔、歌德和谢林等都曾发出过“建筑是凝固的音乐”的感叹，优美的建筑物是工业和艺术的结晶。工业不仅可以创造大量可复制的文化艺术产品，而且，高度发达的工业本身具有追求差异化和唯一性的艺术天性，工业生产业态从标准化大规模制造转变为个性化定制生产就是这一工业本性的体现。设计—制造是工业生产的基本流程，无论是制造还是建筑，其工业设计和建筑设计都深含文化和艺术因素。科学技术使工业品“更有用”“更廉价”；文化艺术则使工业品“有品位”“高价值”。因此，工业的价值不仅仅是工具性的“功能”“用途”“财富”，而且可以体现“探索”“发现”“创意”“唯美”的创造性价值追求。人类是富于创造性的生命体，工业是人类实现其创造性价值的伟大工具。

工业不仅具有寻“真”和求“美”的价值，而且也有为“善”的价值。所谓为善就是，工业之本质应是有利民生的经济活动。如果仅由工具理性所主导，工业活动既可能“作恶”也可能“为善”。当然，无论作恶还是为善，都是人的行为而非机器的自为，但是，工业本身就是人类行为的一种积极活动，所以，机器所为与人之所为实际上是同一回事。作恶的表现不仅是制造残酷杀人的武器，而且可能是为了满足财富的贪欲而不惜产生破坏环境、损害社会等负外部性扩散。而为善之表现则是以民生改善为目的，不仅提升大众的生活质量，而且为改善公共服务提供物质条件。工业之为善本性的张扬，体现为“以人为本”的价值取向。避免作恶，持续为善，成为现代工业文明的内在价值取向，这才符合工业之朴素本性：将无用变有用，将有害变有益。

工业所具有的工具理性和价值理性的二重性，使得关于工业发展的认识往往成为最具争议性的经济话题之一。中国当前正处于工业化时代，对此应该没有异议。但是，加速工业化导致的许多问题却也产生了许多悖论性现象：工业让物质变为资源，克服着资源的稀缺性，工业也大量消耗着资源，导致资源日益枯竭；工业建设开拓了人类生存空间，工业的无度行为也破坏了环境生态；工业使人类延年益寿，工业也导致疾病怪症；工业创造了巨大的财富，工业也消灭了许多乐趣；工业创造了丰富的物质财富，工业也使很多物种濒临灭绝。因此，人们既赞赏工业，也诅咒工业。一边享受工业文明成果，一边责难工业带来困扰，而且，越是享受着更多工业文明成果的人，越有可能激烈呼吁“去工业化”。

其实，中国当前产业转型升级的主要困难除了工业技术基础不坚实之外，就是过度的“工具理性”倾向，一味追求“速度”“规模”“增殖”，追求营利性的欲望抑制了工业的价值实质，加之中国社会心理趋向于以“大”为好的判断准则，似乎“利润最大化”是唯一目标，规模越大越有成就，工业不过是赚钱的工具，能赚钱就大肆扩张，不能赚钱就放弃，只要资产能增值做大，生产企业不过是“资本运作”的标的物。甚至连国有企业似乎也应该是以追求利润最大化为唯一目标的营利机器。这样“天经地义”的工具理性逻辑，虽然具有现实性，但过度的工具理性如果销蚀了工业活动的价值理性，不仅会导致负外部性的膨胀，而且也会使产业升级失去内在的持续性动力，甚至导致“得不偿失”的窘境和难以挽回的损害。

工业具有开源、增效、积财的工具效用，而其价值实质则是寻真、求美、为善。通过开发资源，提高效率，创造财富，工业成为推进人类物质文明进程的强大工具。而探寻世界奥秘，实现审美创意和创造民生成就则是工业价值的最终体现。因此，工业的基本特征就是技术创新，包括连续性（递增性）创新和颠覆性（革命性）创新，依此而不断地寻真、求美、为善。当前的中国工业转型就是工业的工具效用和价值实质间内在关系的再调整，是工业创新能力的再释放。

五、信息化、智能化是工业发展的逻辑必然

工业在本质上是科技进步的物质实现形式，工业技术和工业组织形态是随着科技进步而不断演化的。工业技术从手工生产，到机械化、自动化，现在正向信息化和智能化发展。工业产品则从工匠式，到标准化、规模化，再向越来越个性化发展。工业组织形态从集中控制、科层分权，到向分布式、网络化和去中心化方向发展。体现了

以蒸汽机为标志的第一次工业革命、以电力和自动化为标志的第二次工业革命，到以计算机和互联网为标志的第三次工业革命，再到以人工智能和生命科学为标志的新工业革命（也有人称之为第四次工业革命）的演化历程。从工业发展的上述历史轨迹上可以看到，工业发展在实质上也是信息关系的演化，特别是人作用于物的信息关系的演化：工业创新和工艺是科学技术知识的运用，工业生产流程和管理模式是工程设计和管理知识的运用，工业发展就是工业知识的积累和创新，也就是如何将“废物”变为“资源”，将“无用”变为“有用”，将“有害”变为“有益”的知识的形成、学习、传播和物化。从这一意义上可以说，工业发展就是人类知识进展并成功运用的过程。

由于知识是工业技术的核心，所以，越是拥有不为其他人所知的技术知识就越是具有竞争力，通俗地说，“我知你不知，我会你不会”就是技术；如果人人都知、人人都会，那就不再是“技术”。因此，工业生产历来以拥有知识为特征，以信息“保密”为优势。由于工业品是经“加工制造”的产品，随着科学技术水平的提高，加工制造过程越来越复杂，迂回性的产业链越来越长，所以，工业生产技术和工艺过程的秘而不宣，信息不透明和信息不对称现象越来越普遍。而且，关于工业品的知识越来越复杂，消费者对工业品的鉴别能力越来越不适应蕴含着极大信息量的工业品。工业的复制技术能力可以让行家也难辨真伪。

例如，在数十万年的人类进化过程中，人是靠味觉辨别什么食物对自己有利或有害的。喜欢吃什么，感觉什么好吃，就表明吃这样的食物对身体有利，反之则有害，不能吃。正因为人类具有这样的本能，才可能繁衍至今。而在工业化过程中，消费者以味觉鉴别食物的功能越来越不适应了，好吃的食物未必有益。因为，各种食物都经过了加工制造，而且，作为食材的植物和动物在种植和饲养过程中也使用了大量经过加工制造的工业品，例如肥料、饲料、抗生素和杀虫剂等。消费者自身具有的鉴别食物利害的信息处理能力越来越不能适应工业化的形势了。

为此，在工业化过程中 ，一方面，需要保护企业的“商业秘密”和“技术秘密”特别是技术诀窍（know - how）；另一方面，又要实行强制性信息披露的制度，例如，要求生产者公开产品的原料成分、生产日期、生产地等。尽管如此，一些生产者仍有可能甚至有动机向消费者和社会隐瞒不良行为，以获取更大的利益。这是工业缺乏自律性的客观信息环境。

不过，由于工业实际上具有信息本源性，即工业是信息的物化体，总是倾向于最大限度地运用可以获取和处理的信息，包括科技知识、行为信息、商业信息等，所以，必然走向信息技术越来越高级和信息化水平越来越发达的工业化阶段，这不仅表现为运用越来越丰富的科学知识，不断积累和传承工艺技能经验，而且越来越高效率进行信息处理，表现为信息传递的速度越来越快，成本越来越低，特别是信息传递处理越来越互联网化、分布式化，而不再是“中心—科层”纵向信息传递。因而，工业的信息关系和信息环境必然变得越来越透明，工业生产的迂回性关系在发达的信息化条件下将变为网络型关系并越来越具有可视性。这样，信息化必将有力地推动工业文明进程，演化为更具人性化的工业体系和组织形态。不仅生产技术、市场机制、企业竞争行为、竞争规则会发生重大变化，而且有可能抑制工业生产过程中的各种野蛮的掠夺性行为。因为，人们在信息公开的“大庭广众”和“众目睽睽”之下，总是比在私密场合更加自律和检点。

更重要的是，在高度发达的信息技术条件下，将会有越来越多的企业将信息公开作为竞争手段，颠覆传统竞争格局。因为，信息的公开和透明是获得信誉的最有效方式之一。例如，可以实时公开生产过程信息的绿色食品企业一定比不公开信息而只是依靠广告宣传的企业更具可信性和竞争力。我们注意到，一些先进企业已经有了向这一方向发展的明显动向。例如，国外有些产品已经可以以电子信息方式向消费者提供该产品生产过程几乎所有的相关信息。甚至可以设想，有些企业采用发达的生产信息公开化系统，通过互联网将生产过程的全部可公开信息及时提供给消费者，直至可以让消费者实时了解产品生产的现场过程。这样的企业将获得强大的市场竞争力，对顾客产生极大的吸引力。那些仅仅依靠广告宣传向消费者提供信息的同类生产企业将完全不是它们的竞争对手，所以，企业信息公开化程度的提高将成为决定企业竞争力的重要因素之一。而且，只要有一些企业这样做，其他企业也将不得不这样做，从而彻底改变整个产业的企业竞争方式和竞争格局。

总之，信息化可以促进工业生产更快地提高效率，实现绿色化和增强精致化；信息技术的运用可以更高水平地实现工业设备的数控化和生产工艺及流程的科学化，从标准化生产和标准化产品向柔性化生产和个性化产品生产转变；更重要的是，信息化可能使工业品的经济学性质、工业生产方式和工业竞争行为发生实质性变化，使工业化进入文明进程的新阶段。

当前更值得关注的是，信息化和工业化的进一步融合发展将使人工智能越来越广泛深入地融入工业，不仅是工业生产过程的智能化，而且将生产各种智能化的工业品，例如无人驾驶汽车、无人驾驶飞机，以至具有各种拟人功能的机器人产品。其实，整个工业发展的历史就是一个机器替代人和模仿人的过程：“人像机器一样”和“机器像人一样”“机器延伸人的功能”和“人使机器具有智能”，以至“人机信息互联”和“人机智能一体”是工业技术进化的基本逻辑。过去，人们以机械论隐喻看待人和工业，认为“人是机器”；而在工业高度发达的今天，如果以生物学的隐喻看待人和工业，则可以认为“技术有生命”“机器是人”。因此有国外学者认为，人类正面临新工业革命，意味着进入“新生物时代”。无论我们是否同意这一观点，都不能不看到：科学、技术、机器、信息、智能、艺术、人文，在工业化进程中汇聚，形成工业文明的内在逻辑，推动人类文明进程经历其最辉煌的发展阶段。这就是中国工业转型和产业升级的理论逻辑。

六、结　语

纵观历史，工业化的实质是人类文明进化现象，信息化将使工业化更透彻地展现其文明本性。工业化不仅仅是物质生产过程的技术进步，更不是人类对自然的掠夺，而是人类摆脱野蛮，走向现代文明的进步过程。但是，在工业化的早期，确实存在野蛮的掠夺性生产行为和对自然环境的肆意破坏，因为，人类本身就是从野蛮中过来，表现为缺乏自律、为所欲为和不择手段。而文明的精神实质是自律，因此，高度信息条件下的工业文明自律精神，决定了工业技术路线和创新方向的绿色化及以人为本的行为取向，即大规模地运用科学技术将“废物”变为“资源”，制造成可以满足人的需要，不断提高人的物质福利水平的产品，并彰显其增进人类幸福的价值实质。

工业化不仅是迄今为止人类历史上最节约、最清洁、最安全的时代，是人类生命预期最长、身体最健康、享受物质和精神福利人数最多的时代，而且更是人类最聪慧和最富创新精神的时代。尤其是在人口极大增长，面临巨大的资源环境压力的条件下，建立发达的工业是实现资源节约、环境改善和提高生活质量的根本性技术条件和物质基础。当人类进入高度信息化的工业社会，工业化的文明本质，特别是绿色本性和幸福价值实质将得到全面的展现，反文明的野蛮行为终将无藏身之处。工业与信息化的深度融合将使中国走向工业文明的新境界。

第12章 工业文明是现代产业体系之魂

人类工业化是一个从国别现象演变为全球现象的历史过程，即工业化现象起先从少数国家产生，然后逐渐发展成为全球性现象，将所有国家均卷入工业化的洪流之中。全球化竞争是近100年来世界工业化的主要特征之一。当前，全球竞争格局正在发生重大变化，中国等新兴经济体的加速工业化是促进全球竞争格局变化的重要力量，而随着全球竞争新格局的形成，中国等新兴经济体的产业发展也必须与时俱进，转型升级。因此，研究全球竞争新格局与中国产业发展趋势的关系及其未来前景，是一个具有重大理论意义、现实意义和前瞻意义的课题。

一、世界工业化的历史轨迹和当代趋势

近现代世界经济发展的主题是工业化以及由工业化带动的城市化。工业化是迄今为止人类文明进程中最辉煌的阶段。在这一时期，尽管充满了矛盾、艰难、痛苦甚至灾难，但与此前人类文明几千年的历史相比，工业化以无可比拟的强大力量创造了大量的物质财富，并以此为基础使人类生活水平持续提高，生存环境极大改善，其最终表现就是工业化国家的人均寿命预期大幅度提高。凡是经历这一阶段的国家或地区，经济和社会发展水平将从低收入经济体，较快地发展为中等收入以至高收入的经济体。世界历史表明，绝大多数国家或地区都必须通过工业化才能实现经济和社会的现代化。

工业化发端于17—18世纪的西欧以及西欧移民国家，这些西方欧美国家不仅成为主要的先进工业化国家，而且成为支持现代西方文明在全球居于主导地位的经济前提和国家实力基础。可以说，现代西方文明的实质就是西方资本主义工业文明，其基本特征就是：在高效率的工业技术基础上大规模地开发资源，扩大市场，无止境地创造和获取财富，因此，扩张、占领、殖民（甚至战争和掠夺）成为那个时代的“英雄史”。从这一意义上说，两次世界大战就是西方资本主义工业文明本质的极端表现。

很显然，以军事战争为手段的工业竞争和国家间竞争必然导致人类的灾难，也是西方文明的绝路。人类发展必须寻找绝处逢生的出路。这就是第二次世界大战之后形成的世界竞争规则和国际关系制度安排的历史根源。其基本原则是：各国开放经济、

实行自由贸易、允许跨国投资，不再以殖民地掠夺和占领为竞争方式；其具体国际组织机构就是：国际货币基金组织、世界银行、关税和贸易总协定及后来的世界贸易组织等。如果将此前的西方文明称为前期的“西欧文明”，那么进入这一时期，由于美国成为西方资本主义工业文明的主导和核心国家，所以可以称其为后期的“美欧文明”，这也可以视为西方工业文明的现代形态，区别于其前期的近代形式。西欧文明阶段的资本主义工业化的基本性质是：榨取、殖民占领、世界战争；美欧文明阶段的资本主义工业化的基本性质是：持续扩张、全球化、价值观输出。

可见，工业化不仅仅是一种单纯的物质技术进步，它在本质上还是一种物质文明和精神文明融为一体的经济社会复合现象，所以，当世界其他经济体（或文明体）面对美欧文明的强势扩张，必然产生激烈的反应。一些经济体对西方工业文明采取坚决抗拒和闭关自守的对策，禁止西方文明的入侵。另一些经济体对西方文明采取矛盾的态度，既抗拒西方文明的侵入，又试图或不得不接受西方文明的物质成就对其发展经济和改善民生有利的因素。这两种经济体的成效通常均不很好，因为国家的经济和社会发展实质上处于同世界资本主义工业化潮流格格不入或刻意隔绝的状态。

同以上两类经济体不同，有一些经济体对西方工业文明采取主动接受和积极融合的立场，不反对全盘西化，甚至宣称自己实质上已经属于“西方国家”，例如日本①。还有一些国家采取主动接受西方文明，但力图嫁接本体文明的立场。他们希望“西化”，但强烈地要求保留本国的文明特质。当然这样的经济体通常为大国，例如俄罗斯和印度等。

可见，自人类进入工业化时代以来，由于西方文明进程率先进入工业化时代，向全世界渗透扩散，因此表现出强大的实力和强劲扩张力，几乎可以说是“顺之者昌，逆之者亡”，并不断将其他文明体卷入工业化潮流。这自然使得工业化的文明基础发生实质性变化，即经历多次重大冲突和危机后，世界进入现代文明竞争时代。现代文明竞争并不是边界清晰的“文明冲突”，而是各主要文明体之间错综复杂的复合交织，包括经济、文化、政治、行为礼仪、价值观念之间的交汇、渗透、竞争与合作，也不可避免地发生一定程度的冲突。

20 世纪后半叶尤其是 21 世纪以来，世界工业化出现了一系列历史性的新变化。除了苏联解体这样的政治性事变导致地缘政治格局发生巨大变化之外，促使世界工业化基本格局发生巨大变化的首先是国际经济格局特别是产业发展世界格局的巨大变化。

据美国国家情报委员会的一份研究报告的分析，世界未来 15 年将出现一系列基

① 当然也有许多日本学者不同意将日本归为西方文明的意见。例如，有的日本学者将近代文明进程归结为西欧开创的单一文明时代，而将第二次世界大战以来的世界现代文明归结为多种文明时代。（参见《事典：90 年代日本的课题》，经济管理出版社，1989 年版。）

本趋势：

第一，财富和经济权力向东方转移与“国家资本主义”模式兴起是当下全球化的特征。第二，人口增长和人口老龄化给世界各国带来了机遇和挑战。由于高出生率和移民地增加，美国是发达国家中唯一能摆脱人口老龄化的国家。中国的工龄人口规模在2015年左右开始下降，计划生育政策将加剧中国人口的老龄化。第三，全球经济的高速增长使得包括水、食品、能源在内的重要战略资源更为紧缺。第四，未来国际冲突的类型和来源将显著变化。意识形态冲突大大淡化，多数国家将忙于应对实际的经济、政治挑战。第五，到2025年，美国不再具备主导世界的实力，中国、印度将崛起成为重要大国，在影响力方面与美国展开竞争，而欧盟、日本、俄罗斯仍将是重要大国。第六，国家力量对比的变化和新行为主体作用的加强，使2025年的世界成为没有多边主义的多极世界。①

当前，越来越多的人采用“新兴经济体”概念替代“发展中国家”，作为对一些发展态势强劲的后发国家的称谓。因为，这些国家的发展状况和在国际经济体系中所发生的影响已经同过去的“发展中国家”或“发展中经济体”的概念含义有了极大的差距。例如，现在许多外国人已经不相信中国仍然是“发展中国家”，而只接受中国是新兴经济体或新兴的发展中国家。新兴经济体的崛起，正在极大地改变着整个世界的经济格局和产业竞争态势。国际货币基金副总裁朱民先生认为，“世界经济增长的重心从发达经济体转移到新兴和发展中经济体，正在对全球经济运行的方方面面产生重大结构性影响”。①新兴经济成为全球经济增长和需求的主导。②全球资源需求总量和结构正在经历结构性变化。③全球农业和食品加工业面临规模和结构性调整。④全球制造业生产模式重新定位。⑤南—南主导的新全球贸易结构显现。⑥全球资本大流动和金融结构深刻变化。而且新兴经济体将在未来进行不断的改革，从而产生进一步的世界性影响，包括：①改变增长模式，从外部需求拉动向内部供给推动。②在全球制造业变局中形成战略优势。③努力增加农业产出，不断提高农业和食品加工业的劳动生产率。④对服务业给予特别关注。⑤加快财政改革，建立社会保障制度。⑥加快金融改革，防范金融风险。⑦建立宏观经济金融调控框架，确保宏观稳定。⑧平衡经济增长、就业和收入分配，维护社会稳定。⑨探寻新的生活模式。⑩积极参与国际事务，共同制定新的国际规则。②

据中国社会科学院工业经济研究所郭朝先博士等根据联合国数据库的有关资料所做的分析，近50年来，在美国、欧盟和亚洲三大经济体中，前两者即美国和欧盟

---

① 陈昌胜：《美国对世界未来15年的预测及其国家战略——评美国国家情报委员会〈2025年全球趋势〉研究报告》，《经济研究参考》，2011年第46期。

② 朱民：《世界经济结构的深刻变化和新兴经济的新挑战》，《国际金融研究》，2011年第10期。

（15 国）的经济总量所占比重逐步下降，后者即亚洲的经济总量所占比重逐步上升（见图 12－1）。1960 年亚洲 GDP 占世界的比重为 12.3%，2010 年这一比重上升到 25.8%。特别具有重要标志性意义的是，2009 年和 2010 年，亚洲经济总量先后超过美国和欧盟（15 国），跃居世界第一。

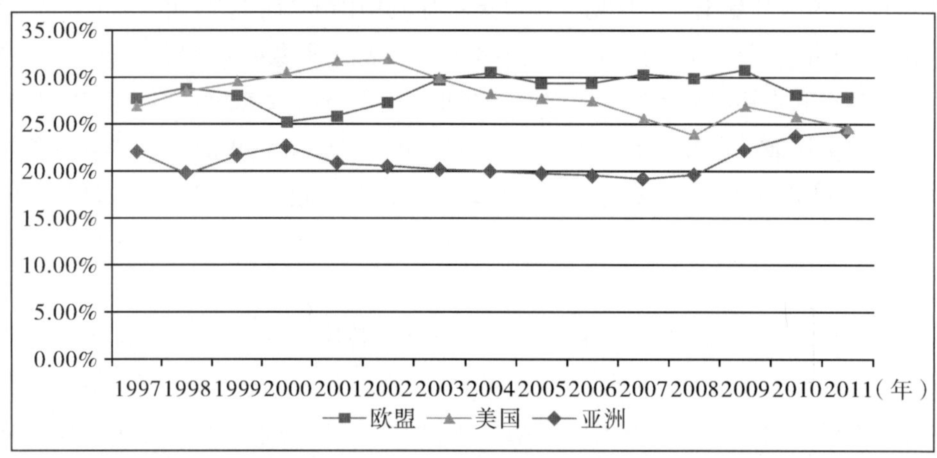

图 12－1　世界三大经济体 GDP 比重的变化

数据来源：根据国家统计局数据库中主要国家（地区）年度数据计算。

在世界经济重心东移的过程中，世界的资源消耗也同时发生着重大的结构性变化。以石油消费为例，21 世纪以来，发达经济体的石油消费量不仅占世界的比重下降，而且消费总量也减少。即从 2000 年的 171 亿桶，下降到 2010 年的 165 亿桶，预计 2015 年进一步下降到 162 亿桶。而新兴经济体却从 2000 年的 110 亿桶，增加到 2010 年的 153 亿桶，预计到 2015 年将达到 178 亿桶，超过发达经济体。也就是说，2000—2015 年，全球石油消费将增加 23.1%，其中，发达经济体将减少 5.3%，而新兴经济体将大幅增长 61.1%（见表 12－1）。

表 12－1　全球石油消费

年份	全球	发达经济体	新兴经济体
2000	281 亿桶	171 亿桶	110 亿桶
2010	319 亿桶	165 亿桶	153 亿桶
2015	346 亿桶	162 亿桶	178 亿桶
2000—2010 年增加	13.5%	－3.5%	39.1%
2010—2015 年增加（预计）	8.5%	－1.8%	16.3%
2000—2015 年增加（预计）	23.1%	－5.3%	61.8%

资料来源：朱民，《世界经济结构的深刻变化和新兴经济的新挑战》，《国际金融研究》，2011 年第 10 期。

由于世界经济重心的东移，全球的需求结构（以进口额计算）也在发生显著变化。尽管迄今为止发达国家的进口需求仍占主体地位，但所占份额逐步下降；而新兴经济体的份额不断上升。这一趋势从20世纪70年代开始发轫，已经持续了数十年，尤其是进入21世纪以来，新兴经济体出口份额大幅度上升。作为最大的新兴经济体和发展中国家，中国是引起国际需求不断向新兴经济体和发展中国家偏转的一支重要力量。近年来，中国进口增长迅猛，占世界总进口的比重不断上升。2001年中国的进口规模仅为2436亿美元，2008年增加到11326亿美元，年均增长速度高达24.6%，在世界总需求中的比重大幅度上升。由于受国际金融危机的影响，尽管中国2009年进口额有所下降，为10057亿美元，但中国进口占世界总进口的比重仍然继续上升，超过7%（见图12－2）。

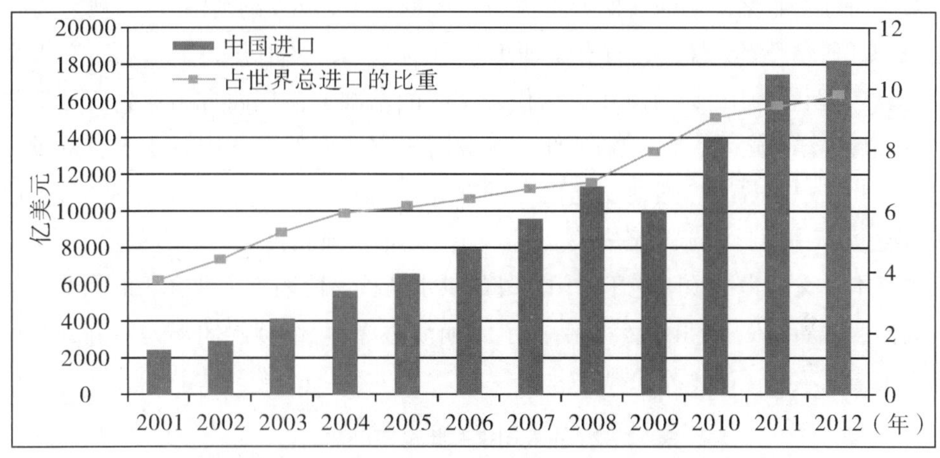

图12－2 中国进口规模及其占世界总进口的比重

资料来源：2002—2013年《中国统计年鉴》。

综观世界工业化的历史，从十七八世纪西欧工业化开始，直到20世纪下半叶，全世界有60多个国家和地区基本完成工业化，进入工业社会。这些国家的总人口为12亿多。也就是说，人类经历了近300年时间，使得全世界20%人口进入工业化社会。这是西方资本主义工业化的辉煌成就。而从20世纪后期开始，世界经济的重心逐渐东移，标志着东方文明体开始了加速工业化的进程。而东方国家的人口远远多于西方国家。其中，仅中国内地的人口规模就超过13亿，也就是说，中国工业化的进程将在100年左右的时间内，使得全世界工业社会人口翻一番还要多，世界工业化的版图将因此而彻底改变。这是一个人类历史上从未发生过的工业化新潮流。

二、中国崛起成为加速世界经济重心东移的巨大引擎

中华文明是唯一从古代文明不间断地延续到当代的人类文明体。中华经济体曾经历时千余年一直是世界经济的重心，长期占据世界经济总量的最高比重。根据英国经济学家安格斯·麦迪森教授的计算，在1770年，中国的GDP占全世界的22.3%。直到1820年，尽管西欧工业化已历经约200年，中国的GDP仍占全世界的32.9%。但从西方国家入侵中国开始，在同西方资本主义工业化的竞争中，中国一落千丈（见表12-2）。到开始进行经济体制改革的1978年，中国GDP仅占世界的4.9%，而人口却占世界的22%左右。

对于西方工业化，中国长期处于极为矛盾的心态，开始不屑一顾，视之为“野蛮”；后来既抗拒又羡慕，时时有向西方学习的念头，又怕丧失了自己。有人主张“中学为体，西学为用”，力图在中华传统文明的基础上借用西方工业化所创造的技术，也进行过洋务运动，但效果不佳，而在同西方国家的交往中总是挨打受欺。20世纪上半叶，中国曾经热烈地欢迎西方的赛先生（科学）和德先生（民主）。但到1949年建立新中国，终于又坚决关上了国门。名曰“独立自主，自力更生”，实则是将西方资本主义视为必须隔绝于国门之外的洪水猛兽。同西方工业文明的隔绝，加之国内政治的“折腾”，将中国经济引向了“崩溃边缘”。继续封闭还是对外开放，成为决定中华民族命运的生死抉择。

表12-2　主要国家占世界GDP的比重

（世界GDP总额=100）（%）

国家	1700年	1820年	1952年	1978年	2003年	2030年
中国	22.3	32.9	5.2	4.9	15.1	23.1
印度	24.4	16.0	4.0	3.3	5.5	10.4
日本	4.1	3.0	3.4	7.6	6.6	3.6
西欧	21.9	23.0	25.9	24.2	19.2	13.0
美国	0.1	1.8	27.5	21.6	20.6	17.3
苏联*	4.4	5.4	9.2	9.0	3.8	3.4

注：按照苏联疆域范围调整了数据。

资料来源：[英] 安格斯·麦迪森，《中国经济的长期表现（公元960—2030年）》，上海人民出版社，2008年。

1978年之后的10多年，是中国深刻反思并彻底改变同西方资本主义工业文明关系的历史转折期。中国终于认识到：工业化是不可逾越的发展阶段，西方文明所主导

的世界体系以及西方工业强国所制定的资本主义国际竞争和贸易体制是不得不接受的游戏规则，否则，你就会因为封闭落后而被“开除球籍”。其实，如果思想更解放地思考，可以承认，我们曾经用以拒绝西方资本主义工业文明的意识形态——马克思主义，本身也是在西方文明基础上产生的，甚至可以说，它也是西方文明的一部分。因此，信仰马克思主义根本不应推导出拒绝西方资本主义工业文明的结论。但遗憾的是，就是因为拒绝西方工业文明，我们付出了极大的代价。而1978年开始的改革开放，是中华民族实现再次崛起的伟大觉醒。特别是21世纪初，中国加入世界贸易组织，标志着中国勇敢地融入全球化的经济体系。管他是资本主义也好，是发达国家主导也好，只要能够加速工业化，发展经济，强国富民，中国就可以义无反顾地投入最艰险的国际竞争。

中国进入世界经济体系，奋力加速工业化进程，令整个世界和我们自己都未曾料到，成就巨大惊人！有学者进行了计算：“中国改革开放以来，在1978年人均GDP仅为155美元的起点上，用了23年的时间就于2001年突破1000美元大关（1042美元），进入下中等收入组，实现了第一次跨越；仅用了9年时间又突破了4200美元大关，从‘下中等收入’一跃跻身于‘上中等收入’行列，完成了第二次历史性跨越。这两次‘历史性跨越’意味着，如果将下中等收入和上中等收入视为‘中等收入陷阱’的两个不同阶段的话，中国已成功越过‘中等收入陷阱’的初级阶段（‘下中等收入’阶段），再现了‘东亚速度’：这一过程日本用了8年（1966—1973），中国香港也用了8年（1971—1978），新加坡用了9年（1971—1979），韩国用了12年（1977—1988）。”“相比之下，在第一次跨越中（冲出人均1000美元），马来西亚用了19年（1977—1995），泰国用了21年（1988—2008）；拉美国家平均用了22年（1974年拉美国家人均GDP为1188美元），其中，墨西哥用了19年（1974—1992），乌拉圭用了20年（1973—1992），巴西用了21年（1975—1995），智利用了24年（1971—1994），阿根廷用了27年（1962—1988），哥伦比亚用了29年（1979—2007），而其前宗主国西班牙和葡萄牙分别仅用了10年（1969—1978）和16年（1971—1986），意大利用了15年（1963—1977）。”①

中国的加速工业化和迅速崛起，成为全球经济重心东移的巨大引擎。中国社会科学院工业经济研究所专家郭朝先博士根据联合国数据库提供的数据计算，在1995年之前，亚洲经济比重上升主要是由于日本经济增长带动；1995年之后，亚洲经济比重上升的动力更多来自于中国经济的增长。期间，由于亚洲金融危机的影响，1995

---

① 按照世界银行的标准，低收入为人均国民总收入995美元及以下，下中等收入为966～3945美元，上中等收入为3946～12195美元，高收入为12196美元及以上。郑秉文：《“中等收入陷阱”与中国的三次历史性跨越——国际经验教训的角度》，《战略与管理》，2011年（内部版），第5、第6期。

年之后的10多年时间里，亚洲经济所占比重暂时停止了上升，而中国发挥了抵御亚洲经济更大崩溃的中流砥柱的作用。从20世纪70年代至2000年，日本一国的GDP占亚洲经济体比重超过50%。实际上，日本经济在经历了近40年的快速增长后，于20世纪90年代中期就开始出现停滞态势，出现了“失去的20年”局面。2000年以后，日本经济不再是亚洲经济中的“一国独大”，中国经济占亚洲比重迅速上升。特别是2002年以来，中国进入了新一轮以重化工业为主的经济快速增长时期，以至于在2010年超过了日本经济规模，成为仅次于美国的世界第二大经济体。同时，中国经济占亚洲的比重迅速上升，2000—2010年，短短10多年时间，中国经济占亚洲的比重上升20个百分点（从2000年的15.6%上升到2010年的36.1%），日本经济则下降近30个百分点（从2000年的60.7%下降到2010年的33.7%）。中国和日本经济力量的对比发生了重大转变。中国替代日本成为推动亚洲经济成长为世界第一大经济重心的主导力量（见图12－3）。

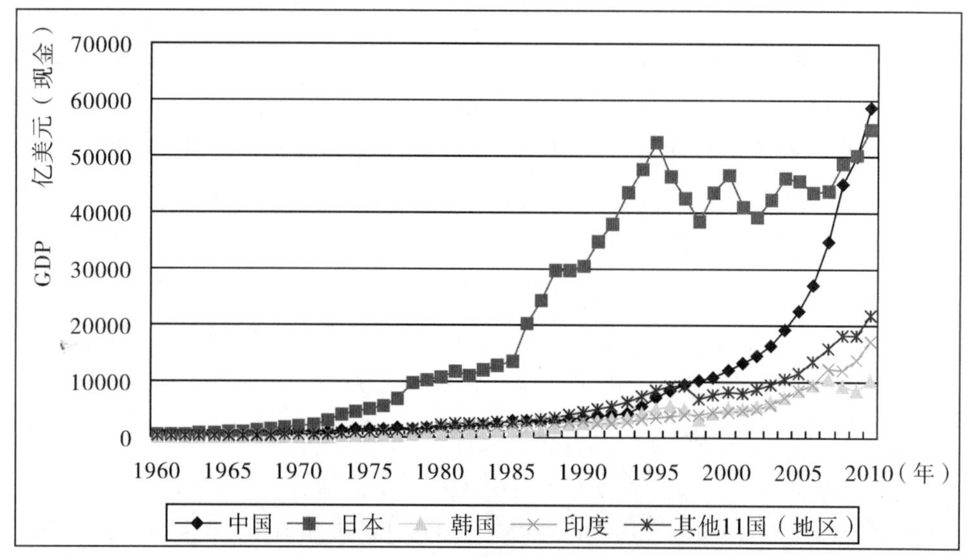

图12－3　亚洲经济体的经济增长

资料来源：根据联合国数据库（http：//www.un.org/zh/databases/）整理。

在中国经济崛起的过程中，2008年开始的国际金融危机是一次严峻的考验，也是中国从逆境中奋起而超越的机会。30多年高速增长的主要动力是工业特别是制造业。在国际金融危机的冲击下，中国制造业由于相当高的对外依存度而受到首当其冲的巨大压力。在这突如其来的困境中，中国制造业表现出很强的应对能力和调整能力，不仅将国际金融危机冲击所导致的损失减少到最小，而且从逆境中崛起，反而使中国的国际地位显著提高。

（1）制造业规模超过美国成为世界第一。

根据国际货币基金组织（IMF）官方数据库，1990—2010 年世界 GDP 从 211420 亿美元增加到 619440 亿美元。期间，主要发达经济体 GDP 占世界 GDP 的比重逐步降低，新兴经济体所占比重逐步提高。美国的比重从 27.44% 降到 23.61%，欧盟（27 国）从 35.44% 降到 26.03%，日本从 14.33% 降到 8.7%，中国从 1.85% 大幅增加到 9.27%，超越日本成为仅次于美国的世界第二大经济体。

按购买力评价计算，1990—2010 年，美国 GDP 占世界 GDP 的比重从 24.74% 降到 19.76%，欧盟（27 国）从 29.94% 降到 21.09%，日本从 9.93% 降到 5.93%，中国从 3.88% 增加到 13.63%。

世界制造业增加值从 1990 年的 46090 亿美元增加到 2009 年的 96620 亿美元。在此期间，美国制造业增加值从 10410 亿美元增加到 17790 亿美元，占世界制造业增加值的比重从 22.59% 降低到 18.42%。日本制造业增加值从 8100 亿美元增加到 10506 亿美元，占世界制造业增加值的比重从 17.57% 降低到 10.87%。德国制造业增加值从 4380 亿美元增加到 5679 亿美元，占世界制造业增加值的比重从 9.50% 降低到 5.88%。法国制造业增加值从 2000 亿美元增加到 2536 亿美元，占世界制造业增加值的比重从 4.34% 降低到 2.62%。英国制造业增加值从 2060 亿美元增加到 2176 亿美元，占世界制造业增加值的比重从 4.47% 降低到 2.25%。

中国制造业经历了一个在规模上追赶和超过主要发达经济体的过程。1990 年中国制造业增加值远远低于美国、日本、德国，与法国、英国也有一定的差距，仅为 1450 亿美元，占世界制造业的 3.15%。1990 年以后，中国经济快速增长，制造业增加值先后在 2006 年和 2009 年突破 1 万亿美元和 2 万亿美元，在 1993 年超过法国、英国，2006 年超过日本成为世界制造业第二大国，2008 年超过美国成为世界制造业第一大国。2009 年，中国制造业增加值达到 20499 亿美元，占世界制造业增加值的比重增加到 21.22%。另据美国研究机构 HIS 测算，2010 年世界制造业总产出达到 10 万亿美元。其中，中国占世界制造业产出的 19.8%，高于美国的 19.4%。总之，中国已稳居世界制造业生产规模第一的位置，结束了美国从 1895 年以来一直保持的制造业生产规模世界第一的历史。

（2）有能力在强大经济实力的基础上高举自由贸易的旗帜。

在世界经济史上，从来是贸易竞争力强的国家主张自由贸易，而贸易竞争力较弱的国家主张贸易保护。中国曾经长期主张贸易保护，加入世界贸易组织之后，非常谨慎地接受和支持自由贸易。而经历这次国际金融危机，由于相对经济地位的变化和产业竞争力状况的变化，中国对自由贸易的认同能力显著提高，彻底地从自由贸易的被动接受国转而成为积极捍卫国和坚定主张国。过去举着“自由贸易”大旗并动辄指责我国违反自由贸易原则的国家，不得不承认我国以极大的努力执行和维护了自由贸易原则。国际金融危机后，世界各国进行重大战略调整，国际竞争规则和贸易规则也发生着重大改变。有学者认为，世界政策取向将从“释放市场力量”向“保护社会”转变。实际上是要在传统自由贸易规则中加入更多非传统的因素，其中有些是为应对中国贸易竞争力提高而“量身定做”的，这也在一个侧面上反映了中国贸易竞争力的增强和各国贸易竞争力的消长变化。面对国际经济形势的变化，中国的应对能力和回旋空间有了显著的提高。

（3）基础设施实力大大增强，发展环境显著改善。

在应对国际金融危机中，我国超常规地加大基础设施建设投资。中国的铁路、机场、高速公路、桥梁、城市地铁等的建设大大加快。中国是世界上高速铁路发展速度最快、系统技术最全、集成能力最强、运营里数最长、运营速度最高和在建规模最大的国家，在高铁领域稳居世界第一。以强大的工业生产和建设能力为后盾，中国基础设施建设能力爆发式成长，令世界震惊。过去，基础设施建设滞后是制约中国各地区经济发展的主要瓶颈；现在，中国已经成为基础设施最雄厚、投资和产业发展条件最优越的发展中国家之一，在有些领域甚至超过了发达国家。可以预期，由于投资条件和市场条件的极大改善，世界资本、技术和人才将更大规模地流向我国，进一步增强中国产业特别是制造业的国际竞争力和整体实力。

（4）在国际金融危机中，中国资源密集型产业的发展获得了一次突进机会。

在金融危机的宏观经济形势下，资源环境压力在短期内得到一定程度的缓解。一些在资源严重供不应求、资源价格高涨时期办不成的事，在经济低迷的形势下也许正是解决问题的难得良机。同时，国际资产价格大幅度调整，为已经积累了一定实力的中国经济特别是给一些具有相当优势的中国企业提供了国际战略选择的机会。中国企业“走出去”的步伐显著加快，中国为解决资源、环境问题所进行的投资显著增加。因此，正是在这一时期，中国重工业的增长速度明显高于轻工业。

根据中国社会科学院工业经济研究所原磊博士的分析，中国重工业保持了持续较快增长，在工业中比重进一步提高（见图12－4）。在2011年六大高耗能产业中，除石油加工、炼焦及核燃料加工业，电力、热力的生产与供应业以外，其他四大高耗能产业投资增速均出现明显回升。同时，由于技术水平的提高，重工业能源利用效率也快速提高。这表现为，在重工业占工业比重提高的条件下，重工业用电占工业用电比重却有所下降，即2010年年初重工业用电占工业用电比重曾经达到87%以上，而2011年全年重工业用电占工业用电总量为83%左右，这表明重工业能源利用效率提高速度快于其他工业。

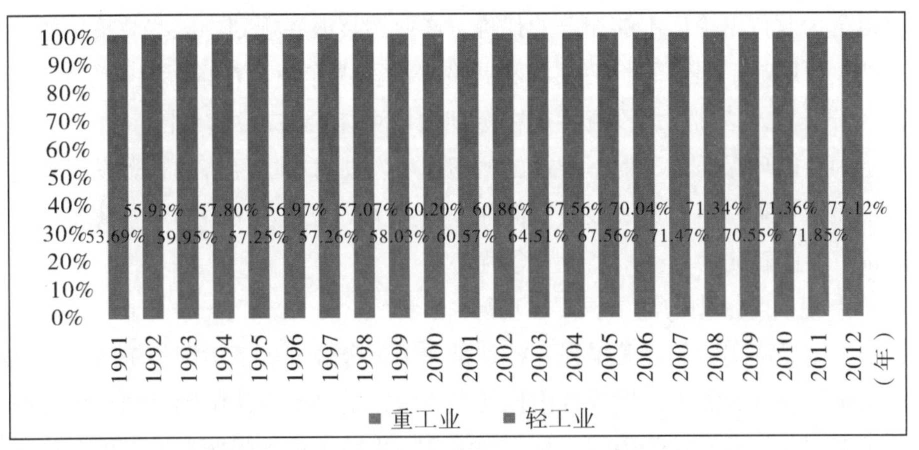

图 12－4　1991—2012 年中国轻、重工业总产值比重

资料来源：各年《中国统计年鉴》。

（5）企业国际竞争力显著增强。

在国际金融危机冲击下，中国产业进行了（或者开始进行）较大幅度的调整，可以说是经历了一次“精洗”和强化过程。加之国家制定和实施了十大产业调整振兴规划，对中国产业竞争力的提升产生了积极作用。2008 年由于受到国际金融危机的冲击，中国工业增速下滑到了 2003 年以来的最低点。中国应对国际金融危机，采取的是“组合拳”的方式，从一开始就不仅考虑货币金融层面的政策实施，而且考虑了对实体经济的政策安排，其中，包括推出了 4 万亿元投资计划和重点产业调整振兴规划。这些规划是我国改革开放以来，出台速度最快、密集度最高的政策调控。从 2009 年 1 月 14 日开始陆续出台，到 2009 年 2 月 25 日出台完毕。实施这些规划有利于对我国工业经济的增速下滑做出及时反应，并与货币金融政策形成合力。规划出台以后，得到了各部门和各地区的积极落实。规划中的绝大部分政策措施得到了有效落实，但也有一些政策因为经济形势的变化、实施的条件尚不成熟，或者是出于国际贸易自由化的考虑，没有出台相关的实施细则，最终没有真正得到实施。总体上，这些得到有效落实的政策均是规划中比较“硬”的政策，也是那些真正能够使企业从中获得实际利益的政策。

这些规划促进实体经济发展作为应对危机政策的重要组成部分，也符合中国国情和工业化发展阶段的客观规律。工业尤其是装备、电子、原材料等重工业的充分发展，是国家经济实力提高的基础和国家安全的保障，而经历重工业快速增长、比重提高，是工业化进程不可逾越的阶段。与西方国家反危机政策不同，中国制定和实施这些规划以促进实体经济，尤其是重化工业发展作为应对危机的主要手段，特别是抓住危机时期的特殊条件投资建设了一些在正常情况下不适合开工的项目，具有积极意义，但也会为此付出论证不够充分的代价。产业调整振兴规划中某些政策虽然带来了一些短期负面影响，但对于长期经济发展将起到积极作用。在国际金融危机冲击下，很多地区纷纷加大基础建设投资，这在短期之内可能会造成高耗能产业的死灰复燃，造成一定的节能环保压力，但基础设施的超速度发展对中国经济的长远发展总是有利的。这虽然会带来一定的资源浪费，但弥补和夯实了工业发展中的一些薄弱环节，短期的代价有可能转化为未来的产业竞争优势。

（6）制定国际规则的话语权明显提高。

由于中国经济实力的显著增强，特别是在国际金融危机下中国经济所表现出的有效应对系统性危机的能力，世界各国包括发达国家不得不承认中国对国际经济的影响力，甚至常常不得不有求于中国，希望中国在解决国际重大问题上发挥更大作用。因此，中国在决定国际事务包括制定国际经济规则上的话语权显著提高。这一方面有利于中国在国际竞争中的战略实施和利益维护，另一方面，也将承受国际社会要求中国承担更多的国际义务和大国责任的更大压力。

三、中国独特的发展道路和经济结构变化趋势

中国工业化进程不仅表现得惊人的快速，还往往被称为“压缩式的工业化”，即在一个相对很短的时期内完成其他国家的工业化需要很长时间才能完成的过程；而且突出地具有区别于，甚至是相反于其他国家的许多特点。例如，其他发展中国家大都苦于国内储蓄不足和外汇不足（所谓“储蓄缺口”和“外汇缺口”），而中国却是储蓄和外汇十分充裕，以至被当作“问题”；其他发展中国家大都苦于重型制造业发展不力，而中国重型制造业的增长却似乎是压不下去的“怪兽”；其他国家将GDP的高增长视为梦寐以求的目标，中国却常常为过高的GDP增长率而担忧，甚至诅咒GDP为异端；其他发展中国家通常总是为贸易逆差而忧虑，为获得贸易顺差而努力，而中国却为贸易顺差而“得罪”世界，似乎是做了什么错事。这些令其他国家羡慕而在中国却被视为“问题”的现象，并不是中国“饱汉不知饿汉饥”，没病说病，无病呻吟，而确实是在中国取得巨大成就时所付出的“过犹不及”的代价，导致了经济的不平衡、不协调和不可持续。其基本的性质是，在经济规模迅速增长的过程中，各种结构矛盾和问题表现突出，有的甚至十分尖锐。当然，对于这些矛盾和问题也要做科学分析，不应简单归结为似乎都是“做了错事”。一种矛盾或一个问题，如果长期存在，即使人们已经认识到它的损害也难以解决，那么，其中一定有深刻的原因，而绝非是人们愚蠢地和缺乏理性地“明知故犯”。

（一）从宏观经济关系看，经济结构主要表现为消费、储蓄、投资及进出口总量之间的平衡与否

在计划经济时代，高积累率曾经被认为是我国经济结构不合理的重要表现之一。在改革初期，曾经进行过大规模的关于“生产目的”的讨论，无非是说应该把储蓄率（当时叫“积累率”）降下来，把消费率提上去，并以为高积累率是计划经济的弊端。但是，实行市场化改革以来，我国的储蓄率不仅没有降低，反而一路走高。储蓄率的提高是“经济起飞”的重要条件，也是工业化的前提。有储蓄才有投资，高储蓄可以实现高投资，促进高增长，这正是中国创造经济发展成就的重要原因之一。问题是，高储蓄也必须要有高投资。如果过高储蓄不能转化为相应的投资就会导致经济衰退，而且可能使宏观经济政策失效。日本大前研一教授认为，日本人的过多储蓄的保守心理是“经济衰退的痼疾所在”，因此“传统的宏观经济政策无力拯救低迷的日本经济”①。可见，中国的高投资是高储蓄的必然对应现象。但是，过高的储蓄和投资也会产生弊端，导致产能过剩，经济结构失衡，人民生活水平提高不快，进而导致经济增长失去内需动力。

我国宏观经济关系的另一个特点是大量的工业品出口。这不仅是发挥比较成本优势的可行途径，而且是在当代经济全球化规则缺陷条件下，即商品、资本可以自由流动，但劳动力不能自由流动的国际规则下，中国进行生产要素国际配置的不二选择。中国有占世界1/5以上的劳动力，国际资本将大量生产能力转移到中国，中国必须通过工业品出口来平衡供求和实现资源的有效配置。但是，过高的外贸依赖性会导致过分受制于国际经济形势，而且往往引发国际贸易争端；如果长期采取出口导向型增长模式，还可能扭曲价格汇率体系，加剧能源资源紧张。其实，从宏观经济关系来看，大量出口的根源仍然是高储蓄。因为高储蓄率就是低消费率，必须以高投资率来平衡供求，否则就会发生经济衰退。问题是，高投资的短期效应是增加需求，但长期效应则是增加供给。更大的供给必须有一定的净出口来平衡，否则经济也会衰退。

那么，中国为什么会有储蓄—投资率畸高的特点呢？原因可能是，第一，工业化阶段的客观规律以及我国实行的工业化战略的要求。第二，现行的体制机制使国民收入分配结构倾向于政府和企业，居民消费能力受到限制；政府支出更倾向于投资；各类企业都很少分红，即使分红也很少与人民分享（发达国家消费提高的重要原因之一是实行所谓的“人民资本主义”制度，形成“财富效应”），使利润较少转化为消

① ［日］大前研一：《心理经济学》，中信出版社，2010年版。

费。第三，中国人具有很强的节俭意识和财富积累观念①，加之由于社会保障体系不健全，家庭缺乏未来安全感，特别是，收入分配不均，中产阶层弱小，抑制了消费能力，更强化了家庭储蓄倾向。无论原因是什么，高储蓄、高投资恐怕是中国工业化进程中的一个长期现象，短期内难以改变。

可见，中国特殊的宏观经济关系是由客观经济规律、发展路径和战略、体制机制和社会心理等多种因素所导致的。既是中国的特色优势，也是经济结构不平衡、不协调在宏观经济层面的突出表现之一。不过，如果说过去宏观经济关系的中国特色更具有历史合理性，那么，现在我们更要重视的是其越来越突出的矛盾性，必须进行适时调整，才能符合走新型工业化道路的要求，这就成为中国必须着力解决的一个突出的经济结构问题。

（二）科学判断和把握优化三次产业结构的变化方向

协调第一、第二、第三次产业的关系是近年来讨论最多的经济结构调整问题之一。在这一问题上政策和现实往往表现得十分矛盾。大多数人似乎接受了中国第二产业规模和比重过大而第三产业发展滞后和比重过低的判断，但是，大多数地区的发展规划都仍然将第二产业的增长速度定得高于 GDP 增长率和第三产业增长率，实施结果也确实如此。令人不解的是，尽管第二产业的增长率高于 GDP 及第三产业增长率，但第三产业占 GDP 的比重却会上升，而第二产业的比重因而相对下降。

这似乎是个悖论，其实同三次产业的统计方式有关。采用什么统计概念和计量单位来呈现产业结构，会得到不同的统计结果。如果按照实物量来呈现，可以说中国的许多工业产品总产量已达到世界第一、第二的水平，但人均产量却仍然很低。如果按照就业人数来呈现，中国农业劳动的比重仍然相当高，远远没有达到工业化国家的经济结构水平。如果按照产出品的现价来计量，则第二产业已达到相当高的水平，而第三产业的比重显著偏低。但如果按照购买力平价（PPP）来计算，中国的第二产业并没有达到先进国家工业化时期所达到的比重，而第三产业的比重并不算很低（见表 12－3）。

表 12－3　以不同价格及就业人数计算的中国三次产业比例　（%）

统计方式	第一产业	第二产业	第三产业
现价法	10.1	46.8	43.1
PPP 法	4.9	40.5	54.6
就业人数	36.7	28.7	34.6

资料来源：中国社会科学院工业经济研究所李钢博士根据国家统计局（2011 年）和世界银行的数据估算。

① 对“你会把财产留给谁?”的提问，78% 的德国人回答“在死之前自己把它花完”。只有 20% 的中国人这样回答，而 51% 的中国人回答“留给下一代”。71% 的日本人回答“未定”。（大前研一：《心理经济学》，2010 年版，第 95 页）

可见，判断产业结构是否合理，是否严重偏离正常轨道，是一个需特别慎重的问题。中国目前是否已经到了第二产业比重下降和第三产业比重加速提高的时期，也是一个需慎重判断的问题。2011 年，我国人均国内生产总值为 3.5 万元，按年末汇率折算为 5555 美元，仅为美国人均 GDP 的 11%；以购买力平价计算①，为 8210 国际元。相当于按同样方式计算的美国 20 世纪 40 年代和日本 1961 年的水平。那时，美国和日本的第二产业比例都仍然处于上升阶段。而按同样方式计算，当时日本第二产业比重为 44.5%，第三产业比重为 44.6%。

根据以上统计数据和国际比较大致可以判断：第一，除少数地区（例如北京等）外，我国总体上处于第二产业尤其是制造业快速增长时期。第二，第三产业统计比重偏低，在很大程度上是由于采用现价法的呈现结果，实际的服务经济活动大于其统计表现，这与人们的日常感觉大体一致。第三，就业结构与产出结构的偏离仍然是一个突出问题，主要依靠第二产业还是第三产业为第一产业转移出的劳动力创造工作岗位，是一个重大战略问题。第四，第三产业的价格推进将加速，现价趋近购买力平价水平，这可能会使其统计比重较快提升，而将会产生怎样的社会后果则非常值得关注。

因此，优化三次产业结构的方向，不是简单地调整比重，而是更好地协调三次产业之间的合理分工和有效互动。第一产业是第二、第三产业发展的重要物质基础，而且第一产业的现代化也是第二、第三产业现代化的前提。第二产业要为第一、第三产业提供技术支持，同时也是第一、第三产业市场需求的重要来源之一。第三产业不仅是第一、第二产业的基础条件，而且要为第一、第三产业提供高效率的综合运输服务和信息传送服务，更要为第一、第二产业的高效化、品牌化和延伸化提供必要的支持条件。而只有科学把握好三次产业结构优化的方向，才有助于建立适应中国特色新型工业化道路的现代产业体系。

（三）中国经济增长的主要动力和国家竞争力基础

在以上关于三次产业关系的讨论中可以看到，由于中国仍然总体上处于工业化中期，有些地区还处于工业化初期，所以，工业仍然是中国经济增长最主要的产业。而且，从国家的整体经济看，工业是中国当前最重要和最具战略地位的经济部门。

工业发展将中国推向世界第一制造业大国、第二大经济体和外汇储备最多国家的地位。工业是中国成为世界有影响大国最重要的经济基础，直接支撑着中国的国际地位。中国目前尚没有其他可与世界强国比试的战略性“法宝”。进一步做强工业是中

---

① 以 2005 年的美国不变价格 1 美元 = 1 国际元计算。

华民族复兴最重大的战略任务和可行途径。中国的根本性民生改善，也从根本上依赖于工业的更大发展。不可能在没有工业发展的条件下构建民生事业的空中楼阁。

当前，中国工业正处于进军世界先进制造业领域的关键阶段，机会只属于具有顽强拼搏意志和最具耐心的工业技术创新精神的国家。世界上只有少数国家能够达到高端制造业强国的境界。中国能否成为这样的国家，未来 10 ~ 15 年是关键时期，我们绝不能错过这一战略机遇期。

中国所面临的几乎一切最重大的经济、社会、民生和国家安全问题都必须有发达的工业，特别是先进制造业的支持。目前，中国工业尚没有具备解决所有重大经济社会和国家安全问题的充分能力。因此，中国的问题不是工业已经过度扩张，而是现行工业技术还不足以保证更好、更快地发展。必须加快工业技术改造和技术创新，为解决中国面临的重大问题提供基础条件和技术手段。中国未来将面临更为复杂和棘手的国内和国际问题挑战，中国的大国地位也使我们将承受巨大的经济、政治尤其是军事压力，亟须加快工业发展，特别是加快高端产业生成、尖端科学成果产业化和精致制造能力的培育和发展。

欧洲学者早在20 世纪80 年代就提出，人类进入了“风险社会”时代，安全问题将变得越来越突出。随着中国的发展，国家的安全利益将重新定义。不仅 960 万平方公里的陆地，而且广阔领海和经济专属区、远海岛屿、外层空间、全球航道，甚至中国企业的海外投资地等，都将是我国的国家安全利益所在。我们拿什么来维护自己的安全利益？如果没有强大的军事装备和应急力量，我们将面临无法承受的风险！那么，谁为我们提供先进的军事装备和应急装备？答案只有一个：中国自己的工业。这实际上正在成为越来越紧迫的国家战略问题，中国必须加快高端和尖端制造能力的培育和发展。否则，中国难以成为真正有影响的世界大国，也难以承担一个大国应承担的更大国际责任。在全球竞争新格局中，中国的地位和国际竞争力在根本上取决于能否成为工业强国。

是否努力建设工业强国，实际上是尊不尊重客观经济规律和中国国情的问题。早在 19 世纪，主要资本主义国家工业发展中，不平衡和不协调的矛盾和问题就表现了出来，并受到激烈的社会批评。20 世纪中叶，面对工业化的资源环境约束，国际上就曾出现了“增长极限”（罗马俱乐部报告）和非工业化道路或“中间道路”（舒马赫的《小的是美好的》）思潮。这些思潮虽然具有一定的合理因素，值得我们高度重视，但是，世界各国工业化的进程却始终不以人的意志为转移地顽强推进和加速。特别是中国作为一个发展中的新兴大国，工业化的各个必经阶段都不可逾越。例如，在现阶段，资源密集型产业有其发展的客观必然性，不可能把不发展这类产业作为结构调整的方式。因为中国这类产业尚离发达国家的水平有很大的差距，例如，钢铁产能似乎严重"过剩"，但这也许同我国的钢铁蓄积量还远低于发达国家有关。美国、日本等发达工业国，人均钢材蓄积量均达到11吨~12吨。而中国在2004年人均钢材蓄积量仅1.5吨。经过近年来钢铁生产能力的极快增长，到2011年我国人均钢材蓄积量达到4吨，与发达国家仍有较大差距（见表12-4）。中国经济发展的轨迹不可能离开人类工业文明的大道。关键是，资源密集型产业必须通过技术和管理创新来实现产业技术提升，提高生产的节约化和清洁化。实际上，只有在更高水平和更严格标准下发展资源密集型产业，才能更强烈地激励节能减排和环境保护的技术创新。

表12-4 发达国家与中国的钢材蓄积量

国别	年份	钢铁人均拥有量（吨）
世界	1985	2.1
美国	2004	11~12
日本	2000	11.3
中国	2004	1.5
中国	2011	4

资料来源：联合国环境规划署《社会中的金属》。中国2011年数据为中国社会科学院工业经济研究所李钢博士根据2004年以来的表观消费量估算。

建设工业强国不只是工业等物质生产部门的事情。工业化的实质也不仅仅是物质财富增长，而且是整个国家的经济和社会结构的重大变化和社会观念的变革。工业化涉及千家万户，千家万户如何看待工业？每一个家庭都应反思："望子成龙"是否包括成为优秀的技工和工程师？为什么现在我国许多优秀工科院校的录取最高分数线专业已不是工科而是金融等非工科专业？教育界尤其应反思：将教育资源更多投入培养实业人才，还是把使受教育者脱离生产一线作为教育资源的主要投向？① 社会也应反思：我们是否给以制造业为核心的实体经济以充分的尊重？是使发达的制造业成为中等收入阶层的经济基础，还是让制造业成为低收入阶层的集聚地？② 由此可见，建设工业强国是全民族的伟大事业，它不仅是物质生产领域的事情，也是整个国家的国民素质和民族精神的问题。

---

① 我国职业技术学校的生源素质和教育质量远不能同德国等发达工业国相比。我国大多数获国家投入最多的高等院校的教学宗旨都是：输送出国和培养非实业一线人才。因此，在国家和家庭的教育投入大幅度增加，劳动力学历水平大幅度提高（以平均受教育年限作为衡量指标，自20世纪80年代以来提高了105%）的条件下，我国制造业产品的"学历水平"平均含量却几乎没有提高（仅提高了2%）。（根据中国社会科学院工业经济研究所李钢等的研究成果）。

② 2009年中国制造业从业人员收入仅为全国平均水平的83%，金融行业的44%。而长期以来美国的制造业从业人员收入高出全国平均水平的20%，制造业是美国中产阶层的主要产业基础，这也是制造业比重下降引发美国社会忧虑的重要原因之一。

四、中国走向工业强国的艰巨前程

从世界各国工业化的历史来看，世界上大多数国家和地区都会走上工业化道路，实现经济发展，进入工业社会。不过，在此之后能否长期保持产业国际竞争力，成为工业强国，则没有相同的归属。有的国家在达到了一定的收入水平后，制造业的竞争力逐步削弱，甚至基本失去制造业的国际地位，而主要靠服务业支撑国民经济。这样的国家大都不可能保持经济和科技强盛国家的地位，南欧的一些国家例如希腊就是如此。也有一些国家在完成工业化之后，能够长期保持在制造业领域的一些产业环节中的竞争优势，尽管要素成本的比较优势已不明显，但主要依赖其特色产业和长期积累的技术、工艺、品牌等优势，仍然可以在传统和先进制造业中占据一定的国际地位，西欧的一些国家大都这样。还有一些国家在历经工业化后由于制度、文化、国家战略意志等一系列原因，坚实的工业文明基础包括高素质的国民实业意识，从而长期稳固地占据着制造业主要领域的核心技术高地以及精致制造和高端尖端制造的技术平台，使其他国家"望尘莫及"。经过了三百年的世界工业化历史，只有美国、德国、日本、瑞士以及瑞典等为数不多的一些国家，成为这样的工业强国。这些国家至今占据着制造业的产业制高点。中国即使成为世界制造业生产规模最大的国家，大多数产业的技术水平、制造水平特别是核心技术实力仍将长期屈居其后。中国要成为真正的工业强国，绝非一日之功就可成就。

迄今为止，中国工业化基本上是沿着西方国家工业化的技术路线推进的。从全球的角度看，中国工业化技术进步过程总体上是西方工业技术的转移扩散过程，即世界工业化版图演化过程中的工业发展空间和重心迁移。作为一个发展中国家和新兴经济体，中国各产业的发展大体上都会经历四个阶段：

第一个阶段是生产能力国际再配置，即生产能力包括加工组装能力和各类制造能力从发达国家向中国的国际转移，使中国具有低成本生产优势。这一转移过程的主要动力因素是要素比较成本，即中国以低成本的土地、自然资源、劳动力以及低标准的环境保护要求，吸引发达国家将产业链中的低、中端生产环节转移过来。对于发达国家的企业特别是跨国公司来说，就是将生产环节梯级分布到生产成本较低的国家。这一转移过程的市场表现是，中国制造的产品品牌形象从"质次价低"转变为"物美价廉"，越来越多"Made in China"的产品成为世界各国一般民众日常生活不可缺少的产品。

第二个阶段是生产设备和技能国际再配置，即先进的制造设施和高水平的技能人力资源从发达国家向中国的国际转移，使中国拥有较高技术水平的生产优势。这一国际转移过程的动力因素主要有两个：一是企业资金积累和设备投资（特别是先进设备国际采购）的实力；二是工程技术人员和熟练技能工人教育培训体系的完善和“工匠”文化的形成。对于发达国家特别是跨国公司来说，是生产的深度本土化和高端产品加工的外包；对于中国来说，则是工业生产的技术进步。这一转移过程的市场表现是，中国制造的产品品牌形象从“价廉物美”转变为“质量优良”，越来越多的“Made in China”产品进入国外的中档价位商店或柜台。

第三个阶段是研发创新能力国际再配置，即研发活动的主体从发达国家向中国的国际转移，使中国成为研发基地，具有核心技术创新实力，尤其是，在中国进行的研发活动中，研究越来越重于开发。这一转移过程的动力因素是中国经济社会环境整体水平的提高，创新体制和创新文化的形成，产业技术水平接近世界的前沿。对于发达国家特别是跨国公司来说，这是制造业的“根系移植”，对于中国来说，则是攀登产业制高点。这一转移过程的市场表现是：中国制造的产品品牌形象成为“高新精品”，越来越多的“Made in China”产品成为领先和时尚性产品。

第四个阶段是品牌优势国际再配置，即体现了综合优势的积淀和技术文化实力的最具竞争力的品牌从发达国家向中国的国际转移。这一转移过程的动因是经济、技术、文化的综合优势的形成以及对消费者的“心理征服”。对于发达国家特别是跨国公司来说，这是制造业彻底的“改换门庭”，对于中国来说，则是工业强国地位的稳固。这一转移过程的市场表现是，中国制造的产品品牌形象成为使用者“不可替代”的选择。

很显然，目前中国的绝大多数产业尚处于上述第一、第二个发展阶段，即使是纺织服装等中国最具国际竞争力的产业都没有达到和完成第三个阶段。因此，中国要成为工业强国，还有很长的路要走。我们必须清醒地认识到，现阶段，中国最重要的实体产业是工业特别是制造业，如果不在制造业的提高上长期努力，中国就不可能成为工业强国，甚至难以保持处于目前产业发展阶段上的竞争力。特别重要的是，工业是技术创新的主要产业载体，没有发达的工业，科学发现和技术发明即使成功也只能是源头溪流，成不了产业发展的滔滔江河。工业化的重要特点之一就是科学用于生产，科技促进发展首先体现为科学成果的工业运用。总之，建设创新型国家必须有强大的先进制造业，不成为工业强国就谈不上成为创新型国家。这正是美国因其制造业比重下降而担心，并提出重振制造业的最主要原因。

在制造业规模已经相当巨大的条件下，继续发展制造业当然会有困难和压力，其中最突出的就是资源环境约束。越来越严峻的资源环境约束虽然对实体产业形成挑战，但不可能以不发展实体产业的方式解决资源环境问题。相反，只有更先进强大的工业才能应对资源环境压力。应对资源环境约束的最根本途径就是向产业高端攀升，实现全产业链的高效化、节约化、清洁化、精致化。

目前，中国工业的绝大多数部门同发达国家仍有很大差距。必须向各产业的高端发展，同时也要实现全产业链的精细化和极致化，在更高的资源效率和环境保护标准下形成更具国际竞争力的现代产业体系。为此，中国需要培育现代工业文明精神，而现代工业文明精神才是工业强国最深层的基因。

进入21世纪以来，关于产业转型升级的问题受到越来越广泛的关注，成为中国转变经济发展方式的核心内容之一。而如何科学认识产业转型升级的实质，使对合理产业发展方向的把握同选择可行的产业转型升级路径相一致，正成为各个产业和各地区确定产业发展战略的关键问题之一。如前所述，从产业国际竞争和国际分工态势的具体分析看，中国几乎所有的主要产业，甚至包括纺织服装业这样的中国最具国际竞争力的产业，都仍然处于大体完成了生产能力和设备技能的国际转移阶段，而还远未完成核心技术创新能力和反映综合竞争力的品牌优势的国际转移过程。这不仅表现在我们的关键技术还有很大差距，更加表现在我国的整体工业素质同发达工业强国的差距远远大于在关键技术上的差距。中国远未攀上世界工业的高山之巅！

因此，通过产业转型升级，包括培育和发展战略性新兴产业，来建立现代产业体系，绝不意味着“狗熊掰棒子”式地放弃传统产业，一厢情愿地追求高技术产业，相反，向传统产业植入高新技术才是产业升级的有效途径。就全国而言，目前，中国工业没有“夕阳产业”，从最传统的工业部门到先进制造业的各个部门，都仍然有很大的发展空间。中国产业升级的意义绝不在于“放弃”，而在于“强化”，即全方位地加强中国产业的国际竞争力。使各产业部门（包括传统产业和高技术产业）都进入世界先进水平，是中国产业体系变革的迫切要务。当前，尤其要正确认识和处理好以下几个重要问题。

第一，关于传统产业的转型升级。我国的劳动力素质是多层次的，产业结构也要以人为本，即必须同劳动力素质结构相协调，中国的就业目标须要有丰富的产业结构。从实质性上说，产业是连续的，产业之间没有绝对的界限，也无绝对的高低之分。任何产业领域中都可以产生具有强大竞争力的企业。例如，美国产业的强大不仅表现在航空航天、高端制造等产业，也表现在可口可乐、沃尔玛、牛仔裤、麦当劳等传统产业企业的强大上。

不断增强传统优势产业的技术水平和国际竞争力，是各工业强国的共同经验。大多数高新技术产生于在传统产业中的运用。高技术产业与传统产业间并不存在绝对的附加价值高低对应关系。传统产业也可以具有高技术因素，同样可以产生高附加值。同样，高新技术产业中也可能有低附加值环节。所以，调整产业结构不应有产业歧视观念。加强各产业的技术改造，是实现产业升级的有效方式之一。

向传统产业植入高新技术的最有效途径之一就是实现工业化与信息化的深度融合。实际上，我国的许多制造业企业已经在两化融合上取得了相当大的进展，不仅在研发、设计、生产过程、销售网络中，而且在售后产品的运行监控等方面都采用了相当先进的信息技术。在这方面应该给企业以更大的创新想象空间。

第二，关于培育和发展新兴战略性产业。新兴产业是未来的产业，其重要特点之一就是具有技术路线选择的不确定性和技术产业化的不成熟性。大多数技术前沿的新兴产业的核心技术在发达国家中也还没有成熟，其产业化仍然处于必须依赖政府补贴的阶段；而且即使是发达国家比较成熟和适用的技术路线也未必完全适用于中国现实国情。

对于中国产业发展的现实，所谓战略性新兴产业，既包括发达国家已经存在而我国尚没有的高端产业及高端产业链，也包括发达国家正在探索的新的产业门类。尽管对于前一类产业我国尚有一定的模仿创新可能，技术路线选择比较明确，但是总体来说，自主创新的决定性作用越来越强。因为，高端技术的国际转移障碍非常高。而发展后一类产业则只能主要靠自主创新，因而其研发成本、风险性和不确定性都是相当高的。

在技术不成熟和技术路线不明确的条件下，不应在低端产业链上铺摊子，过分扩大生产能力。实际上，所谓“战略性新兴产业”都是很长的产业链，在产业链的某些环节具有资源环保优势，而有的环节并不具有资源环保优势，甚至也有高消耗和高污染的工艺。所以，战略性新兴产业的发展不仅要实现某些产业端的技术创新，而且要培育和实现全产业链以至产业全生命周期的技术成熟和经济合理。

第三，关于发展现代服务产业。现在有一种担忧，认为中国的服务业发展过于滞后，而工业的比重过高，大多数地区都愁于不知道如何加快服务业发展，如何提高第三产业比重。其实，现代服务业的发展是一个循序渐进的必然过程，当经济发展到一定阶段，服务业比重的提高将水到渠成。因为，随着工业的长足发展，支撑现代服务业发展的工业技术正在迅速进步，科技成果和制造业的结合将推动产业分工深化，产业链的分解和产业间融合将拓宽服务业发展空间。现代服务业（例如通信、物流、网络经济、信息产业等）对工业技术具有高度依赖性，其发展的关键在于工业技术的运用和体制改革的深化，特别是开放更大的可进入空间。其实，由于工业品的价格总是不断下降，而一些服务业的价格上升，以现价计算，第三产业的比重会比预期的提高得更快。

第四，关于工业化的区域发展战略。在中国向工业强国发展的过程中，工业发展空间布局将发生重大的变化。中国改革开放30多年以来工业化的先发地区和经济增长极主要位于东部沿海地区的中心城市圈。形成了若干具有较大经济实力的工业化前沿地区：长江三角洲、珠江三角洲、环渤海经济圈等。内陆地区也有一些中心城市和经济区获得较快发展，但总体上滞后于沿海地区。尤其是，广大县域经济明显落后于中心城市，产业结构大都以农业生产为主，工业和服务业均不发达，农业现代化水平也不高。不仅内陆地区的县域经济如此，沿海地区的许多县域经济也明显落后于城市经济。例如，珠江三角洲的粤北地区、长江三角洲的苏北地区、环渤海的诸多农村地区等，甚至仅距北京和天津数十公里的河北省县域经济都仍是经济发展水平较低的"经济洼地"。工业重地东北三省，总体态势也大体类似：较发达的中心城市和不发达的县域经济并存。

可见，中国工业化所导致的经济"高地"和"低地"间的发展水平差距很大，而且，高地和高地之间也有许多经济不发达的"洼地"。这是中国经济"不平衡、不协调、不可持续"问题的突出表现之一。因此，中国未来工业化的最显著空间特征将是向三大经济腹地快速推进。这三大经济腹地是：沿海腹地、内陆腹地、县域腹地。沿海腹地是指东部沿海区域中的较不发达地区；内陆腹地是指中、西部地区；县域腹地是指广大的农村。

经过30多年的快速工业化，中国不仅具有向三大经济腹地推进的必要性，而且也基本具备了可行的条件。一是具有了较强的经济实力和技术能力，资金和人力资源较30多年前有了很大增长。二是基础设施条件明显改善，经济腹地相对不利的区位条件有了较大改观。三是企业家队伍已经成长起来，市场经营的经验和抗风险能力有了很大提高。四是中心城市的发展趋向成熟，开始从对资源的强"吸纳"性逐渐向强"辐射"性转变。例如，上海对周边地区的辐射效应以及长江三角洲地区向长江中游地区的辐射效应都逐渐增强，资源吸纳相对减弱。中心城市经济能量的更快扩散将更有助于腹地经济的加快发展。

工业化向三大经济腹地的较快推进反映了中国工业化中期经济发展向增长的多极化、均衡化、一体化和内需化转变的趋势。首先，前30多年，中国经济增长主要依靠为数不多的一线沿海中心城市的强势发力，使一部分地区先发展起来。除了一些一线城市外，其他地区包括一般城市经济的发展均相对滞后。目前，这些一线中心城市开始出现过度拥挤和增长趋缓的态势，因此，未来15～20年必须形成更多的增长极，才能保持经济稳定较快增长。其次，中国经济发展具有渐进式改革和级差式发展的重要特点，其后果之一就是不均衡性相当突出，引发出各种不平衡和不协调的矛盾和问题。工业化的重心只有有序快速地向经济腹地大幅度推进，使三大腹地的经济和社会发展水平有更快提高，才可能实现中国经济发展的相对均衡化。再次，随着经济的发展，各地区将形成更大范围的经济一体化趋势，包括省域中心城市与更大范围周边地区的经济一体化、跨省经济合作和市场一体化，以及城乡经济的一体化。只有在普遍实现区域经济一体化的条件下，才能真正实现没有地方保护主义壁垒的经济“全国化”。以全国化的中国经济融入全球化的世界经济，才能实现中国这一大国经济的可持续发展，避免落入“中等收入陷阱”。最后，只有从以中心城市开放为主而腹地经济相对封闭的格局，向三大经济腹地全方位开放的格局转变，中国经济才能真正实现以扩大内需为重点的宏观结构转型目标。当前，中国经济内需（主要是国内消费需求）不足的重要原因之一就是，经济腹地相对封闭而一线中心城市高度开放，使沿海中心城市同国际经济的联系比同腹地经济的联系更紧密，因此，庞大的生产能力同相对狭小的腹地市场相脱节，不平衡。所以，只有实现腹地经济的全方位对内对外开放，才能真正奠定内需增长的基础。

第五，关于中国企业“走出去”战略。就国际经济而言，中国工业发展不仅要遵守 WTO 所规定的自由贸易规则，而且要做好应对更严格的国际竞争规则的准备。问题是，我们的企业大多数并不熟悉国际规则，更缺乏国际经营的实际经验。尤其是，我们的企业组织结构更不适应国际化经营，这导致了我国企业在国际经营中，一方面决策效率低，缺乏有效抓住商机的决断力；另一方面又缺乏风险防范的决策安全性，往往因决策失误而招致惨重损失。因此，如果我们期望以更大规模“走出去”的方式，促进经济结构的调整和优化，就必须优化企业组织结构。尤其要深化国有企业改革，使之更能够适应国际化的市场竞争。

企业“走出去”战略的实施是一个意义深远但难度很大的问题。什么样的企业应该走出去？为什么要走出去？现阶段，中国企业走出去的最重要意义并不只是转移过剩生产能力，而是获取世界最先进的技术资源，形成强大的国际产业链优势和渠道网络。也就是说，鼓励企业走出去的最重要战略意图应是形成中国产业更强大的企业组织结构和全球供应链的国际竞争力。

五、实体经济是工业文明的坚实基础

现代经济发展的一个突出特点是，在农业、工业等实体经济发展的基础上，货币金融体系长足发展。进而，整个经济体日益金融化，金融资本急剧扩张并走向虚拟化，导致一些国家实体经济的空心化，形成金融虚拟经济与实体经济“头重脚轻”的不稳定结构。从 20 世纪中后期以来，经济全球化导致国际产业分工格局发生巨大变化，许多发达国家经济已经越来越具有“金融依赖”性，即实体产业的活力和创新力不足，国际竞争力减弱，经济增长越来越依赖于金融运作（包括各种“资本运作”和证券化手段）；依赖于政府的“宏观经济政策”，采用“刺激”和“宽松”的货币金融工具和财政赤字手段来维持经济增长，实质是货币本位的腐蚀和财政纪律的松弛，放纵虚拟经济泛滥以应对实体产业乏力的窘境。这次国际金融危机的爆发以及至今难以摆脱经济衰退的产业根源，就是实体经济与虚拟经济的严重失衡。极度膨胀的金融经济系统因失去对实体经济的信心而崩溃坍塌，而拯救方式又不得不是饮鸩止渴式的金融“宽松”政策。“宽松”“宽松”何时了，至今难见尽头！

发达国家经济的高度“金融依赖”性不可避免地对开放的中国经济产生很大的影响。实际上，中国经济也出现了一定程度的“金融依赖”趋势，即经济运行越来越依赖于货币金融活动和政府的货币金融政策操纵。例如，通过银行和股市从民间抽取资金向企业输送以支持其扩张、不断增大流动性供应以维持高增长、企业普遍地依靠非主营投资（金融投资和房地产投资）获得盈利、社会资源越来越多流向虚拟经济领域、资产金融化和资产价格泡沫化现象突出。于是，社会投机气氛浓郁，“一夜暴富”的资本神话就可创造令人羡慕的财富英雄，实体产业却越来越失去脚踏实地的耐心。

过度的“金融依赖”导致金融活动的获利性远远高于实体经济活动，而实体产业（特别是中小企业）的经营却感觉越来越困难。这导致产生不适当的“去实业化”和“去制造业”现象，进而完全扭曲了实体经济同金融活动的关系，即金融活动本应是为实体经济服务和支持实体产业发展的，却颠倒为实体产业反而成为金融活动的投资（投机）“标的物”。最终削弱实体产业以至于整个经济体的长期竞争力和增长的基础。中国在金融体制改革尚不充分和金融深化程度也很不高的条件下，就发生了明显的“金融依赖”现象，是一个值得高度重视的问题。

人类的经济活动归根结底是为了取得和创造物质和精神财富以满足日益增长的物质文化需要。所以，具有真实意义的经济活动归根结底是实体经济。最初，人类从自然界直接获取有用物质，这类经济活动称为第一产业，主要包括农林牧副渔业和采掘业（在统计分类上有些国家将采掘业划归第二产业）。在现代经济增长中，第一产业产品由于需求弹性较小，其增长率相对较低，因而在社会总产出中的比重逐步下降。

进而，人类将自然物质加工制造成各种产品，这类经济活动称为第二产业，主要包括工业和建筑业以及水电供应等，而其最主要部分是制造业。在现代经济增长中，第二产业产品的需求弹性大，可以广泛运用科学发现和技术发明，劳动生产率大幅度提高，在产出量大幅度增长的同时单位产出的价格不断下降。因此，人类社会经济增长和财富增长最快的时期是工业化时期。

除第一和第二产业之外的经济活动称为第三产业。主要包括以下三类[①]：第一类

① 这里讨论的是第三产业的理论分类。而其统计分类则可根据实际情况而具体规定。我国的统计分类规定将第三产业分为流通部门和服务部门两类。流通部门包括交通运输业、邮电通信业、商业、饮食业、物资供销和仓储业。服务部门包括为生产和生活服务的部门、为提高科学文化水平和居民素质服务的部门和为社会公共需要服务的部门等。

是直接服务业，即以人的体力和技能直接提供服务。这类服务活动的劳动生产率通常难以持续提高，其单位产出价格趋向上升。第二类是工业化服务业，即以工业技术为支撑的服务经济活动。随着工业技术的不断创新和持续进步，这类服务业的劳动生产率会提高，单位产出价格也可能下降。第三类是金融化服务业，即以货币金融运作为对象的经济活动，其性质本应是为第一、第二产业服务的，但也可以自我扩张和衍生膨胀，并可使第一、第二产业产品金融化。这类经济活动的繁荣还必然导致社会价格总水平的不断提高和价格体系的很大变化，使产出和资产的实际量和名义量显著偏离（通常称为“泡沫”）。

上述第一类服务业通常称为“传统服务业”，第二类和第三类服务业统称为“现代服务业”。广义的实体经济包括第一、第二和第三产业中的直接服务业和工业化服务业。在工业化时期，实体经济的核心和主体部分是第二产业特别是制造业，这是经济增长的主要动力。在现阶段，将快速增长的期望过度寄托于服务业是不现实的，寄希望于虚拟经济的急剧扩张则更是高风险的。但是，第三产业比重的提高则是可以水到渠成的。因为，一方面，在更发达工业基础上，工业化服务业将加快增长；另一方面，工业产品的价格下降和服务业价格的上涨，也会使以现价计算的三次产业中第三产业的比重显著提高。

需要强调的是，金融业的发展在服务实体经济的合理限度方面是具有真实增长意义的，其提供的服务有利于促进实体经济产出的增长。但超过一定的限度，金融业无度地自我扩展和衍生膨胀，而且使实体经济的产品（资产）过度金融化，将形成巨大的虚拟经济“泡沫”，并成为吸纳巨大社会资源的引力“黑洞”，危及实体经济的正常运行和导致金融系统的巨大风险。

实体经济增长的意义不容置疑，问题是，中国已经成为世界第一制造业大国，一些产业已经出现产能过剩现象，还有进一步发展工业的需要和空间吗？其实，从现实国情就可以看到，中国还有巨大而迫切的需要，亟待建立实体经济的坚实基础，特别是强大的先进制造业。

第一，中国城市化进程中的城乡建设任务还非常巨大。中国的基础设施尽管有了迅速的发展，但距离发达国家的水平还有很大的差距。我国广大农村的建设水平和基础设施不仅同发达国家差距很大，而且同国内城市相比也是天壤之别。显然，要完成城乡建设和基础设施建设的巨大工程量，必须以大量的工业品生产和供应为前提。也就是说，城市化必须以加速工业化为基础。

第二，中国要解决面临的几乎所有重大的经济（包括水利、环境、资源等）、民生（衣、食、住、行、用和健康、文化、休闲、娱乐等）和国防建设等问题，都必须依靠发达的工业生产能力和先进的工业技术水平。人们常常批评工业增长导致了资源枯竭、环境破坏等问题。其实，如果没有工业发展，中国的资源、环境问题将更加严重，而且根本没有解决的条件。只有更发达、更强大的工业体系和更先进的工业技术才能解决中国面临的严重资源环境问题。

第三，中国要成为创新型国家，就必须有发达的工业基础和工业体系，因为，工业是技术创新的主要产业载体。不仅工业本身是实现科学成果和技术创新的最重要领域；而且，第一、第三产业的技术进步也必须以工业的技术创新和运用为基础。现代农业的实质就是以工业化为基础而大规模运用科技。

第四，战略性新兴产业的主体是实体产业，主要是制造业尤其是高端制造业。服务业中的战略性新兴产业也必须以先进制造业为基础和技术条件。所以，形成新的产业门类和发展未来的支柱产业和主导产业，必须依赖于先进制造业的更大发展。

中国实体经济特别是其核心和主体产业——工业肩负着艰巨的任务，而目前中国工业尚不具备充分的实力和能力，只有实现转型升级，才能为解决中国面临的重大经济、社会和国家安全问题奠定坚实基础和提供技术手段。

中国现有各实体产业的技术水平都同发达国家存在非常大的差距。中国实体产业的转型升级不只是一些产业领域的变革，而是需要全方位的产业转型升级。不能把传统产业和高新技术产业的区别绝对化。将高技术注入具有传统优势的产业，是提升产业国际竞争力的有效途径。这是许多具有坚实实体经济基础的发达国家的重要成功经验。

其实，产业技术高低有两种含义：一是不同行业的物质性质决定的技术含量高低；二是在同一产业中所达到的技术水平有先进与落后的差别。绝不要以为，技术含量高的产业就一定是高附加值的，而技术含量低的产业就一定是低附加值的。各类产业都有产业链的低端和高端环节，从低端向高端产业链提升各产业都有发展空间。而且，即使是在产业低端环节，只要产品做得更高档、更精致、更具有品牌声誉，也可以拥有强大竞争力。总之，产业和产业链的“低级”或“高级”都不是绝对的。各类产业中都可以拥有精湛技术（或技能、工艺）的和强大竞争力的企业。所以，中国在上述两种产业技术含义上都面临着艰巨的产业转型升级任务。特别是，考虑到中国的劳动力结构现状，高、中、低产业都必须发展，才有助于就业状况的持续改善，而保证就业是首要的民生经济目标。

总之，发展实体经济的坚实基础，不仅仅是培育一些明星企业或兴旺产业，而是要培育和形成全民族的现代工业文明精神，全面提高国民素质和整个产业体系的现代化水平，以更具竞争力的现代产业体系，实现中华民族复兴的伟大使命。

第13章 何为“民生”

从根本上说，经济活动的目的是满足人类生存、享受、发展、繁衍的需要。在这一意义上，经济活动归根结底是为了改善民生，非民生的经济活动是人类行为的异化。人类从以狩猎采集为生，到驯化动植物进行农业生产，再到进行加工制造发展工业生产，都是为了民生需要。也可以说，非民生的经济活动在本质上是无理性的和非经济的，是无价值的物质损毁或消耗。然而，在现实中，人类的经济行为和社会活动确实存在非理性的异化现象，而且，其规模甚至也是很巨大的。所以，研究各种经济活动的民生价值，澄清民生的经济学性质，是一个具有重大理论价值和现实意义的课题。特别是，中国经济发展正进入一个具有转折性意义的历史时期，正处于转变经济发展方式的重要关头，经济活动尤其是工业经济的民生价值和意义越来越成为社会关注的问题，它关系到未来中国经济社会发展的重大战略和政策调整的方向以及实现路径的选择，特别是关系到在处理一系列重大问题时如何权衡利弊得失和确定优先顺序。

一、完善市场经济假设条件下的民生

如果假定，在完善的市场经济条件下，所有在市场交易中得以实现的产品和服务（以下简称“产品”），归根结底都是直接或间接地满足人的需求或需要的，那么，一个经济体（国家或者地区）生产出的并且得以市场实现的产品越多，这个经济体的民生贡献或民生成就就越大。因此，在国民经济核算体系中，总产出或总收入指标就可以被认定为衡量民生成就的最简便指标，这就是我们常用的 GDP（国内生产总值）和 GNP（国民生产总值）指标。两者的区别在于，前者是按国土原则统计，后者是按国民原则统计，而其基本的经济意义都是：总产出（收入）最大化就是社会福利（即广义的民生）最大化，即反映民生成就和民生改善的总量经济指标。

在这一意义上，一个国家的民生水平大体上可以用这个国家的人均 GDP 或者人均 GNP，即平均每个居民所生产或获得的产品量来衡量。因此，一个国家要改善民生就要最大限度地生产产品，这意味着，一个经济体在一定时间内使用一定的资源生产出的产品越多，也就是生产效率越高，民生成就就越大。在人类的经济社会发展史中，从十七八世纪以来的工业化时期，追求经济效率成为整个经济社会的“中轴原理”，效率至上的经济行为引发了社会财富创造的巨大成就。因此，无论人们如何批评这一时代的“贪婪”“剥削”“无情”，不可否认的事实是，工业化是人类福利增长最快的时期，人民的生活水平、福利保障、预期寿命等民生指标随着人均 GDP 或人均 GNP 的迅速增长而大幅度提高。

以人均 GDP 衡量民生成就是一个大大简化的方式，其真理性取决于一系列假设条件，其中，特别是假定，不仅每一种产品都被消费了而且对各消费者都是同样有益的，即所有产品的使用价值都是积极的，各种产品的有益性程度都是同等的，黄油和大炮没有差别，粮食和烟酒也没有差别；而且，所有产品无论归谁拥有或消费，其民生价值（效用）都是同等的，即同样数量的米饭对饱汉和饿汉具有同样的效用，一定数额的金钱对富人和穷人同样宝贵。很显然，这些假定实际上是非常值得怀疑的。首先，各种产品的有益性（使用价值的重要性）是不同的，例如，除非是在供求严重不平衡的特殊情况下，水、粮食、药品等产品的有益性显然高于烟酒等奢侈品和武器等非消费品，前者在现实中通常被认为具有“公益性”或者“民生性”而受到社会的高度关注。其次，同样的产品归于不同的人其有益性（效用）是不同的，例如，同样是 100 元收入，其对于穷人和富人的实际效用是非常不同的（效用递减规律可以对此做出经济学解释）。

所以，一个基本的共识是：将“蛋糕”（收入或者财富）做大固然重要，而“蛋糕”的分配也同样重要；与之相应，一个经济体（国家或地区）的资源配置于生产怎样的产品（黄油还是大炮，粮食还是烟酒等）也是非常重要的。于是，在衡量一国的民生成就时，不仅要看 GDP 和人均 GDP 的高低和增长速度，而且要看国民收入和财富的分配状况以及经济资源被如何配置于生产各类不同的产品（下文将做专门讨论）。

总之，尽管作为国民经济核算的一个最常用的总量指标 GDP（或 GNP）不可避免地具有一定的局限性，甚至缺陷，例如，它不可避免地丢失一些民生因素信息，除了上述情况外，GDP 也不反映自由、闲暇、环境质量等，特别是它无法反映有关民生的非物质的精神因素，例如“快乐”“幸福”等。但是，GDP 所反映的物质财富的创造和增长的总体状况毕竟是一切民生成就和民生改善的基础和前提，而且是一个最简单易行和比较成熟的统计指标。所以，人均 GDP 成为国际上最通用的反映一国经济发展水平以及以其为基础的民生成就和民生改善的总体状况的宏观统计指标之一。

二、分配不平等条件下的民生

在上节中，我们是在抽象掉了收入和财富分配不平等因素的条件下讨论民生成就和民生改善问题的。然而，分配完全平等的经济体是很少见的，甚至可以说是不存在的。而在普遍存在分配不平等现象的现实条件下，收入和财富的分配状况对民生成就和民生改善的影响就变得非常重要了。甚至可以说，如果不考虑分配状况，物质产品总量增长的民生成就意义是难以确定的。

将国民收入和财富的分配状况引入对一个国家或一个地区（以至一个投资项目）的民生成就意义即社会福利的评价，就构成了一定的社会福利函数。这一函数的应变量社会福利总量，取决于产出（收入）总量和产出（收入）的分配状况两个自变量。换句话说，一个经济体的社会福利总水平（民生成就）的高低是由生产总值（GDP）或国民总收入及其在不同社会阶层中的分配状况来解释的。简言之，社会福利函数的理论含义是：社会福利总量最大化 = GDP 最大化 + 收入均等化。这样，简单的社会福利函数的基本结构可以是：

$$GSF = Q_aA + Q_bB + Q_cC + Q_dD + Q_eE \tag{1}$$

式中，*GSF* 为社会福利总量，*A*、*B*、*C*、*D*、*E* 分别为不同收入阶层富豪、富人、中等收入者、低收入者和最低收入者等所获得的产出或收入，或者收入的增长额。统计上可以定义为从高到低的（例如 20%）比例人口（或家庭），即 *A* 为最高收入的 20% 人口或家庭获得的收入，*B* 为第二个 20% 的人口或家庭所获得的收入，依此类推，*E* 为最低收入的 20% 的人口或家庭所获得的收入（当然，根据研究的需要，也可以不按等比例划分收入阶层，而那样也并不改变我们的分析结论）；Q_a、Q_b、Q_c、Q_d、Q_e分别为各阶层的社会福利评价参数，为了计算方便，可以将其按总和为 100% 的权重来设定。

这样，当我们在计算社会福利总量 *GSF* 时，首先要对社会福利评价参数进行定义，这取决于我们对“公平分配”的价值判断。如果认为，收入均等化是不很重要的，即无论哪个收入阶层获得的收入，其社会福利意义都是相同的，那么，就是将 Q_a、Q_b、Q_c、Q_d、Q_e均确定为相等的 20%。即：

$$GSF = 20\%A + 20\%B + 20\%C + 20\%D + 20\%E \tag{2}$$

这样，只要 *A*、*B*、*C*、*D*、*E* 的总量（GDP 或 GNP）相同，收入在 *A*、*B*、*C*、*D*、*E* 之间的分配，并不影响社会福利总量 *GSF* 的数值。

而如果我们认为收入分配均等化是很重要的，即同样的产出或收入由较低收入阶层获得比由较高收入阶层获得具有更高的效用和社会福利价值（即民生意义更大），则可以按照给低收入阶层更高的社会福利评价参数（权重）的方式来构建社会福利函数，例如，将 Q_a、Q_b、Q_c、Q_d、Q_e分别确定为10%、15%、20%、25%、30%。即：

$$GSF = 10\% A + 15\% B + 20\% C + 25\% D + 30\% E \tag{3}$$

公式（3）的含义是，较低收入阶层的收入增长比较高收入阶层的收入增长具有更高的积极民生意义。

当然，如果给予收入均等化以很高的价值评价，也可以将 Q_a、Q_b、Q_c、Q_d、Q_e 分别确定为0%、0%、20%、30%、50%。即：

$$GSF = 0\% A + 0\% B + 20\% C + 30\% D + 50\% E \tag{4}$$

公式（4）意味着，高收入阶层收入的提高对社会福利总量（即改善民生）是没有积极意义的，而提高中低收入阶层的收入才具有重要的社会福利（即改善民生）。

很显然，以更倾向分配均等的社会福利函数来评价或者测度民生成就和民生改善是非常有意义的。如果从效用最大化的抽象分析原理出发，更倾向于达到使所有社会成员获得的GDP或GNP所产生的边际效用相等（即没有贫富差距），正是全社会效用最大化的条件。这意味着，在社会总收入或总产出一定的条件下，分配越平均社会总效用越大。

不过，与GDP的核算不同，社会福利总量 *GSF* 的核算包含了强烈的价值判断因素，即如何确定公平的意义。绝大多数人的共识是：绝对的分配均等，即实行绝对平均主义的分配方式，不仅是不公平的，而且必然损害效率，导致可分配收入的总量减少，无助于社会福利总量的提高，破坏了改善民生的基础。反之，很大的分配不均等，即使实现了可分配产出或收入（GDP）最大化，也是不公平的，不应给予很高的社会福利评价。问题在于，怎样的分配结构才算是公平的呢？并没有客观标准，只可能依赖于相对一致的主观认同。在统计上也许可以用“抱怨”指数来调整社会对于公平状况的评价，即当抱怨分配差距过大的人数和强度更高时，我们可以认定现行状况是不公平的；而当抱怨分配差距过小特别是因此而导致经济效率显著受损时，我们可以认定现行分配状况也是不公平的；而当抱怨人数和抱怨强度最小时，我们可以认定社会处于大体上为人们所认同的收入分配公平状态。当然，用洛伦茨曲线或者基尼系数也可以客观地反映收入分配的差距，但是，在构建社会福利函数时，确定社会福利评价参数仍然在相当程度上取决于主观价值判断。因此，收入分配研究不仅仅是一个实证问题，也是一个规范（即价值判断）问题。

在收入分配完全均等的条件下，社会福利函数并无重要意义；但分配完全均等的社会实际上是不存在的，即使可能存在，也是不可持续的。任何国家都存在分配不均等现象，而收入分配差距越大，社会福利函数的分析意义也越重要。因此，社会福利函数是一种在收入分配不均等条件下评价民生成就或民生改善的有价值方法，它通常具有更倾向于分配均等的结构特点。

在当今世界，收入和财富分配的不均等程度是相当严重的，而且具有不断扩大之势，人们甚至缺乏改变这种趋势的有效手段。因此，测度不同国家和地区的社会福利函数评估值以反映其民生成就和民生改善的真实水平，是非常有价值的。

三、基本需要民生产品的普遍供应

如前所述，将所有产品的民生价值假定为无差别是一个过度而不适当的抽象。实际上，不同产品（黄油和大炮、粮食和烟酒等）对于民生的有益性是不同的。因为，在理论上和现实中，民生的物质需要都是分层次的，有些产品确实比另一些产品对改善民生更为重要。所以，在国力所及的条件下，优先满足最基本的民生需要和权利，是一国民生成就和民生改善的重要标志之一。首要的民生需要和民生权利显然是生存和正常生活的基本条件（在不同的经济发展阶段，所谓“基本条件”是有差别的），因此，供水、供电等公用事业部门的建立和健全，并实现普遍供应，是一国民生成就的重要标志之一。另一类基本民生需要是基本的发展权，或者个人发展的公平起点，其中，最重要的民生改善就是接受基本教育的权利，所以，一国义务教育的普及和质量状况，是公认的民生成就衡量指标之一。

除了上述满足民生最基本需要的普遍供应产业之外，随着经济和社会发展，提供普遍供应的领域和行业或者具有普遍供应因素的行业会不断增加，邮政、燃料、供气、公共交通，以至图书馆、博物馆、公园等都会成为具有普遍供应性质的民生产品，其共同的经济特征就是，由政府或者其他社会组织低价格或者免费提供，并且尽可能覆盖更广泛的人群。

再发展下去，各种关系民众一般需要的基础设施，例如公路、铁路、通信，甚至广播电视等也都被赋予普遍供应的民生要求。而且，这些产品和服务本身也具有公共品的性质（关于公共品与民生的关系，本文以下部分还将专门讨论），而公共品大都须由国家（政府）提供。

另一个非常重要的基于基本需要和基本公平（人权）准则，须普遍惠及全体人民的普遍供应民生产品就是社会安全网，即对所有的居民特别是社会弱势群体提供应对风险、疾病、灾害，以及职业不测的基本保障。其中，最重要的当然是防止外部侵犯和内部侵害的军队和警察，也应包括司法，以对所有居民提供人身、财产的安全保障。另一类最重要的社会保障系统就是，为应对疾病、失业和年老而构建的公共医疗卫生系统、失业救助体系和社会养老体系等。毫无疑问，安全是最基本的民生要求之一，所以，一个能为所有居民提供更安全的生活环境的国家，是可以获得民生成就和民生改善更高评价的国家。而缺乏安全保障的国家则是民生严重缺陷的国家。

与此类似的是，规避和应对各种自然灾害、疾病流行以至突发事件的社会应急系统，也是民生建设的重要内容。能否有效满足这方面的需要，也是任何国家民生成就和民生改善的一个重要方面。

四、民生产品的提供者：企业、非营利组织和政府

如前所述，如果一个国家能够生产更多的产品，更公平地分配产品（收入和财富），并且能够对所有居民的基本民生需要提供更普遍的保障，那么这个国家就是一个民生成就优越的国家。因此，衣、食、住、行、用、医、游，这些民生产品由谁提供呢？除了居民以自给自足的方式生产产品之外，一国的民生产品主要由三类组织生产和提供。

第一类组织是企业。在市场经济条件下，大多数民生产品是由企业提供的。在各类组织中，企业是经济效率最高的生产性组织。一般来说，企业是以追求利润最大化为目标的经济组织，企业的最大特点是，在生产和提供产品的同时还要追求利润，但这并不意味着企业提供的产品一定是高价格的。恰恰相反，由于企业在高度竞争中生产和提供产品，在大多数情况下它们所生产的产品比其他组织生产的产品价格更低，质量更好。而且，企业也提供了大量的就业机会，而就业是大多数居民最重要的民生需求。当然，企业追求利润的性质也决定了在一些情况下不愿意或者无能力生产和提供某些民生产品，因而不可能期望企业生产和提供所有的民生产品。企业追求利润对于民生改善是一把双刃剑：有可能促进企业以高效率的方式贡献民生产品，也可能使企业因“贪婪”，见利忘义而漠视甚至危害民生。那么，什么样的企业，或者企业在什么情况下，更可能高效率地贡献民生，什么样的企业或者企业在什么情况下更可能漠视甚至危害民生呢？一般来说，这取决于企业所处的市场地位，特别是同消费者之间的力量对比，俗话说叫作“店大欺客”。如果企业拥有很强的市场地位，具有垄断势力（通常叫作“卖方市场”），常常会发生漠视甚至危害民生的行为；而如果企业处于高度竞争状态，没有市场垄断势力（通常叫作“买方市场”），通常会竭尽全力贡献民生。例如，我们可以看到，在实行经济改革以前和改革初期，即使是不追求利润的国有商店，服务质量往往也很差，因为“皇帝的女儿不愁嫁”，卖给你商品或者为你服务似乎是对你的恩赐。相反，在市场经济改革越来越成熟的今天，即使商店想赚钱想提高利润率，也总是表现得尽可能提高服务水平，千方百计让消费者满意。他们的口号就是“顾客是上帝”，因为顾客满意与否决定了他们的利润多少甚至能否生存。所以，总体来说，在各类组织中，企业不仅生产效率最高（除了以动员方式处

理非常情况的军队之外)，而且一般来说也是产品质量和服务水平最高的经济组织形式。

尽管如此，企业毕竟是要有利润的，而如果难以获得利润，再好心的企业也是难以为继的。所以，仅仅靠企业这一种组织来实现民生目标是远远不够的。特别是，当利润不能成为正常动力机制时，就需要有另一类不以营利为目的的组织来提供民生产品。

第二类组织是非营利组织（或非营利机构)。非营利组织（如果不包括政府主办的非营利机构，则非营利组织也可以称为非政府组织）以民间自主的方式直接提供民生产品。非营利组织未必没有盈利或盈余（非营利组织也须有持续生存和发展的资金来源，包括产品或服务的销售收入)，只不过不以追求盈利为目的，因此，可以不缴或少缴所得税并享有多种税收减免，同时，也不得分红，即所有盈余都必须再投入组织章程规定的非营利性活动。非营利组织有时也被称为公益组织，其实，两者并不完全等同。公益组织在称谓上具有道德含义，即认定其产品是服务于公众利益的。而非营利组织实际上是一个经济和法律概念，其本质是“不分红”而不是不要收入和没有盈余。例如，无论公立学校还是非营利性的私立学校都会有财务盈余，否则就难以发展。而且，非营利组织也未必一定是公益性的，例如寺院、教会等，只是服务于一定的信仰传播目的，其属于非营利组织但未必公益。而有些非营利组织可能只是为了一定的政治活动目的，或者服务于一定的利益集团，也未必公益。

在非营利组织中有一类特殊组织通常被称为“慈善组织”，其特点是不通过市场价格方式而采取自愿捐赠（或者组织社会捐赠活动）等方式直接救助社会弱势群体。这类组织和活动的发达和活跃程度，显然具有重要的民生意义。当然，从经济分析角度来观察，值得关注的是：除了道德上的美好性之外，慈善组织和活动是否和如何将有限的资源配置到更迫切需要的民生领域？也就是说，慈善组织的民生效率（选择优先事项）为什么可以和如何有效替代（以下将讨论的）政府的民生职能呢?

第三类组织就是国家或者政府及其设立的机构。政府通常可以强制性的分配手段或者以直接参与（建立国有企业和国有事业机构）方式提供企业和民间非营利组织难以提供或者难以充分提供的民生产品。政府提供民生产品的具体方式是：其一，以国家公务方式提供公共服务（包括国家和公共安全）和公共管理，这是其他组织无法也无权从事的活动，必须由政府依法行使。其二，以强制方式建立社会互利性保障系统，即构建国家直接参与的社会安全网，例如征收社会保障税或者强制收取社会保障基金，以形成强制性社会保障系统。其三，建设和维护基础设施，以免费或者低价格方式，提供全社会使用。从事基础设施运营的通常是国有企业，它们尽管在经济和法律形式上属于营利性组织，但实际上，国家通常并不要求而且也不应该要求其以追求盈利最大化为目标，通常规定其只能保本或微利经营，甚至亏损经营而由国家财政进行补贴。其四，以非营利组织的方式（开办公立事业单位）生产和提供民生产品，例如教育、科研、医疗、卫生、文化、体育、休闲等。其五，以营利方式（建立国有企业）进行民生产品的生产并参与市场竞争，这在某些情况下往往形成垄断。政府甚至可以将某些高利润产业规定为国家专营。不过，国有企业是特殊企业，通常不以追求利润最大化为唯一目标，而负有特殊的社会责任包括更直接的民生责任。

从经济学分析的角度看，对这三类组织的行为道德并无高低优劣的评价，在现实中，这三类组织也未必注定其中哪一类比另一类更有利于民生改善，而且各类组织又都有其弱点或局限性。企业追求利润，具有自利性，有可能发生损害民生的行为；但非营利组织和政府机构也可能发生损害民生的行为。这三类组织的同时存在，对于民生改善的意义是：各有所长所短，不同功能互补，各自扬长避短，满足多种要求。通俗地说就是：各有各的用处，哪一个都不能包打天下。

与此密切相关的一个常见问题是公共品与公益性产品（或产业）的关系。人们常常将某种产品的公益性与公共品性质混为一谈。而且，往往误解为：政府或公立部门生产和提供的就是公共品。或者，要求具有公益性的产品成为公共品。例如，由于医疗事业具有很强的公益性（关系人的生命和健康），许多人想当然地认为医疗服务和药品应该是“公共产品”（甚至国家的医疗改革方案中都采用这样的表述）。其实，产品对民生的重要性同是否为公共品并不必然联系。例如，粮食是最重要的公益性产品，但却是私人品；医疗服务无论如何重要（关乎人的生命和健康），也完全是私人品。灯塔、路标、广场等也许并不那么关乎重大民生，但却是典型的公共品。从经济学性质上定义，公共品是指那种没有消费的排他性，多人消费不增加成本，即边际成本严格为零，但要排除其他人享用却需要付出很大代价的特殊产品（实际上就是具有极端的正外部性的产品）。公共品通常适合由政府提供，但企业和非营利组织也可以生产和提供公共品。例如，企业或非营利组织出资修建的不收费公路、树立的路标、路灯等均为公共品。同样，虽然政府更适合于生产和提供公共品（例如国家行政、国防、警察、公园、广场、公路、灯塔等），但也可以生产私人品，例如医疗服务等。医疗服务绝不会因为由政府或公立医院提供就变为公共品。换句话说，一种产品是私人品还是公共品同由谁生产并没有必然关系，同是不是更关乎民生也没有必然关系。私人品和公共品在本质上也没有道德上的高低优劣。在有些情况下，人们用生产和提供公共品的方式产生和提供私人品，但为此往往须付出相当的代价，例如，20世纪60年代，全国普遍开办公共食堂，搞大锅饭，免费吃饭，就是一个典型事例；公费医疗制度也是另一个实例。反过来，有时人们也会采用私人品的方式提供公共品，例如，公路在性质上是典型的公共品，而我国高速公路普遍采取收费方式进行经营，就是以私人品方式提供公共品的实例。这必然会付出一定的社会代价。

五、民生谁做主：政府安排还是居民自主

按照微观经济学的基本原理，在理想状态下，当一个经济体以服从“消费者主权”即完全体现消费者偏好的方式运行，因而全部资源也按此方式进行配置时，其绩效是最优的，民生效果也是最好的。通俗地说，也就是“我的需要我自己知道”“我的民生我自己做主”“我自己的事情我自己负责”。按照这样的逻辑，所有人都按照自由选择、自由交易的方式生产、交换和消费产品，就能体现最大的民生要求。所以，“民有、民治、民享”就是民生最优的国家。

但是，在现实中，当人们强调“民生”问题的时候，其含义往往恰恰相反。人们常常认为：如果经济体按照上述方式运行，其现实状况则是：消费者主权实际上就是金钱主权（所谓“消费者是上帝”，实际上是“货币选票是上帝”），即谁有钱谁做主，资本家最有钱，所以归根结底是资本家说了算，即资本的主权，这就叫“资本主义”。而资本主义总是被批判为贪婪而忽视民生，必然存在许多不利社会的现象。因此，资本主义也必须有政府，有“计划”，有社会主义因素，否则就是不人道、不公正的制度。所以，人们一直怀有理想，用社会主义制度或者政策，替代或者弥补资本主义缺乏民生关怀的性质。因此，世界上有许多国家（据不完全统计至少有60多个国家）自称实行社会主义，或者是走第三条道路的福利国家。

正因为如此，当人们特别强调民生时，往往是倾向于希望“政府主导”，即由政府来强制性地进行计划安排，或者由政府（国家）直接生产和提供民生产品。其理由主要是：第一，民众往往不完全清楚自己的真正利益所在，即民众个人的偏好可能是“不合理”或者“不道德”的，或者即使知道自己的利益，但也缺乏自觉维护自己利益的自制力，所以，需要政府来代表和决策，即以政府偏好替代个人偏好。例如，黄、赌、毒的需求不应满足，吸烟有害健康必须控制甚至禁止；再如，由于民众个人缺乏长期负责意识，因而应实行强制性的（非个人自愿的）储蓄和社会保障。第二，民众个体的利己主义，必须要由整体的（集体主义的）利他行为来弥补。因此，政府对民生的关注和作为，被认为是集体理性或社会理性的体现，以满足单纯依赖民众个体的利己主义所忽视或“无人愿管”的民生需要。第三，政府可以“集中力量办大事”，一些依靠民众个体和私人企业的力量难以完成的民生改善，必须由政府来承担。

问题在于，政府发挥主导作用是否真正有效，取决于政府的实际能力。和民间可能力不从心一样，超过一定的限度，政府也同样有力不从心的局限性。从根本上说，

民生目标是不能外部规划和安排的，也不是政府理性的实现，而是居民偏好的满足。居民的偏好是多元、多种、多样和丰富的，而且会随时代的发展而变化。鞋子合不合适，穿鞋的人最清楚。只要超过政府的有限能力，过度的政府干预和替代将导致事与愿违的后果。例如，凡是政府深度干预和直接提供的民生产品，特别是公益性很强的产品，常常发生“短缺”“拥挤”“排队”现象，甚至出现“贵”和“难”并存的现象（从经济学上说，“难”和“贵”通常是不会并存的）。再如，在我国，非营利活动和慈善事业也要政府做主或主管。因为担心非营利组织和慈善行为名不副实或者另有图谋，所以，政府对非营利组织和慈善活动的限制远高于对企业的规制。也就是说，政府的“不放心”是我国非营利组织和慈善事业不发达的重要原因之一。这样，主观上似乎是为了规范公益性行为，其后果恰恰妨碍了公益性活动的广泛开展。

政府过度干预和直接提供民生产品的一个代价是腐败现象的高发，这就像只要有高关税制度就难免有严重的走私行为一样。常见的一种现象是，“公益”往往是扭曲利益关系的借口。在大多数情况下，“公益”（非营利）也是一种生产和交换方式，而不是一种无偿奉献方式。而且，“公益”（更广泛地说是“非营利”）往往是要以效率的损失为代价，而当这样的代价过高时，“公益”产品或服务的价格往往高于营利性企业所生产的产品和服务的价格。所以，我们可以看到，有些所谓的“公益性”产品，甚至政府提供的公益产品，恰恰是价高质次的产品，而如果提供补贴以维持低价格，则补贴往往成为无底洞，永远算不明白多少补贴算是恰到好处。

总之，在一些民生领域中，政府的主导作用是必要的，但政府主导并不是普遍有效的。迄今为止的人类历史证明，至少到可以预见的未来，市场经济是最有利于增进民生成就和民生改善的经济制度，就是因为，最大的民生需要是自主选择，而且，民众通过自主选择每天都在解决着千千万万人的民生问题：衣、食、住、行、用等。所以，市场经济是居民自主权最广泛的经济，是最可行的民生经济制度。诺贝尔经济奖获得者阿马蒂芬·森主张，发展的本质是实现自由。马克思也有这样的著名论断：人类进步就是从必然王国到自由王国，理想的社会将是自由人的联合体（尽管马克思所设想的这一制度是在消灭了或者更准确地说是“扬弃”了资本主义市场经济制度，而且国家也消亡之后才出现的）。但这也绝不是说，政府关注民生，提供民生产品的责任是不重要的。恰恰相反，政府存在的理由就是为了承担民生改善的重要职责，甚至可以说，维护和增进民生是政府的唯一职能，而政府维护和增进民生应以最大限度地保证民众的自主选择权为前提。

总之，民生问题同其他经济学问题一样，归根结底是一个基于选择的决策问题。无论由哪类组织提供民生产品，都没有“免费的午餐”，任何“免费”都必须以其他形式的成本（而且往往是更高成本）为代价。同样，无论是由民众个人还是政府决策，都不会改变民生改善的本质是满足民众需要并在不同的需要间进行选择这一客观事实。而在怎样的条件下，民众需要的选择必须由政府决策（选择）来替代，以及政府决策替代民众自由选择会付出怎样的成本，也是一个重要的选择问题，在这一问题上同样遵循“没有免费的午餐”的基本原理。

六、民生的物质基础与幸福实质

民生需要由物质产品来满足，没有物质产品或物质产品严重短缺就难以改善民生；但是，物质供应满足民生需要的效率是递减的。因为，民生需要的满足从根本上说是形成“幸福”感，而幸福感不仅依赖于物质条件，更取决于主观感受，而作为主观感受的“幸福”的增进同物质供应的增加或者消费的物质量并不是正比例对应的。假设人的幸福指数 F 可以计量，并定义：

$$F = W \cdot G \tag{5}$$

式中，W 表示物质供应（经济收入）和物质享用量，G 表示对于物质占有和享用的主观感受。

显然，如果 $W=0$，则 $F=0$。而当 $W>0$，则 G 对 F 有正效应，即主观感受越强，幸福感也越强。如果 $G \geqslant 0$ 且不变，则 F 随 W 的增加而增加。也就是，如果对同样物质量的主观感受都保持同样强度的愉快感，即同样的物质量（收入和财富）产生同样的幸福感，则只要不断增加物质量（收入和财富），幸福就会增加。其现实意义就是，只要创造更多的物质财富，而且假定收入分配也是公平的，社会就会更幸福，民生成就和民生改善也就更大。如果是这样，物质财富的数量就可以作为衡量民生成就和民生改善程度的标志。

但是，现实并非如此。我们看到，物质增加到一定的量，其继续增加所产生的愉快感受强度是递减的，甚至可以达到“麻木”的程度。例如，30 多年以前，给一袋糖果、一件新衣，或者一双新鞋，就可以让一个孩子产生非常大的愉快感；而现在，由于物质供应的极大丰富（特别是在大城市中），不要说新衣、新鞋，甚至手表、手机等产品，也未必能使孩子产生与 30 多年前的孩子那样的愉快感。物质丰富了，对物质享用的愉快感却极大弱化了。也就是说，社会经济发展的后果往往是，W 大幅度增加，G 却大幅度减小，那么，F 是趋于增大还是减小呢？人们付出越来越大的努力，希望 F 增加，但现实却往往是反而减小，其表现就是，随着物质越来越丰富，人们的抱怨和不满反而在增加。甚至，极端悲观的行为表现——自杀率也会提高（令人不解的是，有些高收入高福利的国家居然成为高自杀率的国家）。引入这样的因素，“幸福”和“民生”感受似乎成为一个难以琢磨的问题，让经济分析无从下手。但是，我们可以推论：随着物质产生的增加和物质享用的丰富，生产幸福的物质成本趋于不断增加。也就是说，G 可能迅速减小，从而必须用越来越大的 W 才可能获得或者增加同一单位量的 F。这样，任何经济体总有一天会进入“高幸福成本”时代，即提高每一单位 F 量的 W 成本量趋于显著地增大。

所以，人们将希望公式（5）可以进化为：

$$F = W \cdot G + J \cdot X \tag{6}$$

式中，J 表示非物质性产品的消费（精神性享用），X 表示对非物质性产品消费即精神性享用的感受能力，可以成为文化修养。

公式（6）的含义是，当 W 递增但 G 递减，因而假定 $W \cdot G$ 的值不变时（这意味着由于对物质享用的感受趋于递减，即物质的“效用”递减，物质增长对幸福指数 F 的贡献将趋于减小），非物质性产品以及对非物质性产品即精神性享用的感受能力对幸福指数的贡献将更为重要。一般来说，精神性享用的感受的递减性会显著低于物质享用感受的递减性，前者甚至可以具有递增的性质。因此，当物质财富达到一定水平，随着物质财富的进一步增长，精神产品的供应增长，特别是精神性享用的感受能力的提高，将对幸福指数的增长具有越来越重要的意义。也就是说，文化修养的提高，对幸福感受的持续增强具有实质性的价值。

从这一意义上说，当一国建立了基本的民生物质基础后，民生需要的满足将在越来越大的程度上具有精神因素参与决定的特征。如果不能提高精神性供应，由于幸福的物质成本递增，民生的供求关系可能在物质基础的较高水平上发生失衡，即较高水平的物质供应并不能增进社会幸福，甚至可能产生普遍的抱怨和社会动荡。所以，民生事业是没有止境的，人类经济活动和社会活动永远要为民生改善提供越来越高成本的支持（而试图长期低成本地支持民生改善的愿望是难以实现的）。也就是说，幸福或民生效率（成本—效用关系）不仅是一个物质关系，更是一个社会心理关系和社会价值观现象。

七、民生的社会价值观

经典经济学的价值基础是个人效用，或是马克思主义经济学主张的商品使用价值，即经济活动的根本价值是对人“有用”，而对任何组织的“有用”，归根到底也归结为对人的有用，人是最终的利益主体，而组织不过是虚拟的利益主体。由此推论或者可以假定，人总是追求最大的个人效用，没有使用价值的东西也就没有价值。所以，经济学的价值基础是所谓“经济人”理性，并简化为“企业追求利润最大化”，个人追求“效用最大化”“收入最大化”或“财富最大化”的命题。这成为整个经济学理性分析的基础。

而在现实中，民生不是抽象的，而具有具体而丰富的内容，并不是像美国哲学家约翰·罗尔斯在《正义论》中所论述的正义观那样，从“原初状态”（original position）中通过纯理性的推论就可以推导出纯“正义”的价值[①]。作为真实的存在，民生是一个现实事物，而不是理性的假设，所以，民生的价值和价值观是随历史的进步而不断演化的。

如果我们将近现代经济社会的历史描述为一个不断进化的进程，那么，在其初期，摆脱贫穷是社会主流的价值观，所以，最大的民生意义是“就业”；而且即使在发达的经济体中，作为大多数人的谋生手段，就业仍然是最基本的民生需要，但就业的观念会发生很大变化。当社会发展到一定阶段，追求和积累财富逐渐成为社会价值观的主导因素，民生意义越来越具有“有恒产者有恒心”的价值观。接着，当社会经历了财富积累的一定阶段，“富裕”甚至“富豪”成为社会高度关注的现象，但贫困仍然难以消除，所以，“公平分享”将具有越来越重要的民生价值。再往后，对分享机制的诉求越来越强烈，“社会参与”和“政治参与”将成为民生价值中更重要的因素。从这一逻辑可以推论，实际上，本文上一节所讨论的“幸福”的实质也是演化中的价值。起先，“生存”和“温饱”具有首要意义；接着，“效率”以及与之相关的“致富”成为社会的核心价值；后来，“公平”和“分享”越来越具有社会价值意义；再后来，“自由”“民主”“正义”成为更高的社会价值追求。

可见，如果将民生定义为可以用经济学理论和方法进行分析研究的概念，那么，其内涵不仅是物与人的关系，而且是人与人的关系；不仅具有物质性、客观性因素，而且具有精神性、心理性因素；不仅基于关于人的本性抽象，而且基于人类发展的历史过程。因此，关于民生和民生发展的经济学研究方法，不仅是实证性的，而且是规范性的；不仅具有理性推演的性质，而且决定于一定的价值判断，而价值判断总是基于一定历史时代的社会价值观。所以，经济学所描述和研究的民生现象和行为的“偏好”基础以及由此决定的决策选择的优先顺序是历史性的。也就是说，在不同发展阶段，民生事业的各项内容的轻重缓急是有差异的。其基本的演化路径是：从物质性、个体性满足，演变为更关注精神性、互动性满足。民生改善是一个进化过程，所以，就经济学方法可以把握的范围而言，对民生现象和民生成就或民生改善，不仅可以进行总量分析，而且可以进行结构分析、微观行为分析和社会福利分析，进而也可以进行制度演化分析。

---

① ［美］约翰·罗尔斯：《正义论》，中国社会科学出版社，2003年版，第17页。

八、结　语

从本质上说，经济活动的最终目的是满足民生需要，非民生的经济活动是人类行为的异化，“生产对人的生存、发展、享受没有效用的产品”本身就是一个悖论，尽管这种现象在现实中广泛存在。民生改善的物质基础是一国或地区所生产的物质财富的不断增长，所以，基于国民核算体系的物质财富统计指标 GDP（或 GNP）及其人均值的增长，是衡量民生成就重要的显示性指标。但是，物质财富总量的增长尽管是民生改善的必要条件却不是其充分条件。民生改善和民生成就还取决于收入和财富分配的均等化程度和全社会经济资源在具有不同效用特征的产品生产过程中的配置状况。特别是，能否保证所有居民基本需要产品的普遍供应和是否构建起了全社会的安全网以降低和抵御全体居民的生存风险，也是民生成就和民生改善的重要内容。民生活动同其他经济和社会活动一样，是有成本的，而且是资源稀缺的，同样没有免费的午餐，同样也是稀缺资源配置于相互竞争的领域时不得不进行的选择与取舍。以更低成本和更有效率的方式生产和提供民生产品，实际上就是选择更有效率的组织形式和资源配置方式，按照居民的需求和需要，提供更多的民生产品。民生需求和需要不仅以居民的偏好为基础，而且受到社会价值观的深刻影响，而社会价值观不是纯理性推演的抽象概念，而是社会发展过程的历史产物，所以，民生的价值是演化的，民生产品的供需关系以及民生满足（幸福感）的物质成本是显著变化的。因此，从经济分析角度来看，民生的发展是没有止境的，民生建设的目标永远是阶段性、历史性的，即使是最发达、最现代化的经济体，也不能宣称已经达到了民生改善的最终目标。所以，真正伟大的民生成就和民生改善不只是办一些眼前的惠民“好事”（做“好事”无论多么高尚也不可能成为重大民生成就和民生改善的主导方式），而是建立和健全能够持续而广泛地改善民生并获得民众支持的经济机制以及与之相适应的社会和政治体制。

第 14 章　工业发展的区域态势

在工业化过程中，必然产生世界范围以至国家和地区的各个层面上的不平衡现象。在其他国家的工业化进程中，超级不平衡（即千万人口级经济体之间的不平衡）现象表现为国际关系（南北国家之间的差距），而在各国内部所发生的是常级不平衡矛盾（即千万人口级经济体之内的地区间不平衡）；但在中国工业化进程中，超级不平衡的矛盾则表现为国内关系（各省区之间以及东、中、西部地区之间的差距）。所以，中国所面临的国内不平衡问题同其他国家是不可同日而语的。因此，中国必须实行可行的地区产业发展战略和发展政策来实现国家工业化的增长和平衡两大基本目标。

一、工业化进程的不平衡性

工业化是人类经济和社会发展最辉煌的时期，在几千年的人类文明史上，200～300 年的工业化所创造的财富大大超过工业化之前的全部历史。世界工业化取得了巨大的成就，但也留下许多难以解决的问题，而且，有些问题人类至今还不知道如何才能真正有效地解决，经济发展的不平衡性就是其中之一。

迄今为止，世界和各国的工业化都是通过市场经济机制而实现的。市场经济最强大的推动力是竞争。竞争产生效率，促进增长，创造财富。但是，自发的市场机制却不具有实现平衡发展的内在功能，相反，不受控制的市场竞争总是导致不平衡性的加剧。所以，我们可以看到，在当今世界上，工业化的不平衡性是一个极为顽固的客观事实。

不平衡不是一种合意状态，不符合人类平等的普遍价值观，而且常常成为产生矛盾、冲突甚至动荡的根源。所以，在工业化过程中缓解不平衡，实现平衡发展从来就是人类的一个理想目标，尽管难以实现，甚至像地平线那样可望而不可即。

由于经济发展的不平衡性，从世界范围来看，工业化从来不是一个遍及全面的现象，而总是只在少数国家（地区）中发生，工业化崛起地区的空间范围是相当有限的。在 200～300 年的工业化时期内，先后有 60 多个国家进入了工业化社会，这些国家和地区的人口不足世界总人口的20%。每一个工业化经济体的人口规模为几千万人。例如，英国工业化初期约1500万人，到工业化基本完成时（19世纪下半叶）为2700多万人；法国工业化初期约3500万人，到工业化基本完成时（19世纪末20世纪初）为3900万人；德国工业化初期3500多万人，到工业化基本完成时（19世纪末20世纪初）为5700多万人；美国工业化初期3200多万人，到工业化基本完成时（20世纪初）为7700多万人。可以说，迄今为止的人类工业化过程就是以资本主义市场经济的方式，在世界的局部地区，带动着一个个千万人口级的经济体从传统社会进入工业化社会，同时导致了全球经济的极大不平衡：世界进入工业化时期之前，世界最富裕的30个国家的人均国民生产总值大约为最贫穷的30个国家的2～3倍，而到了20世纪90年代，这一差距扩大到20倍以上，而且今天还在继续扩大。

总之，工业化作为一个世界性的现象，其基本特点之一就是工业特别是局部地区的制造业高速增长，伴随着越来越大的地区间经济不平衡，这种地区间的不平衡突出地表现为千万人口级的经济体之间的巨大差距，而这些千万人口级的经济体通常也就是民族国家。所以，民族国家之间的经济发展不平衡是迄今为止世界工业化过程中一个十分突出和尖锐的问题，由此导致了许多困扰全人类的矛盾，例如贫困化、战争、恐怖主义等。在各个千万人口级经济体即民族国家内，也存在着经济发展不平衡问题，区域经济差距也是伴随着工业化进程的一个必然现象，对于有些国家来说，这样的不平衡现象也会产生一系列突出的矛盾，但是，同千万人口级的经济体（民族国家）之间的巨大不平衡矛盾相比，前者毕竟是一个相对可以解决的难题。所以，我们可以把千万人口级经济体内的不平衡称为“常级不平衡”，而把千万人口级经济体之间的不平衡称为“超级不平衡”。

中国工业化是人类工业化史上一个非常独特的现象。迄今为止，全世界进入工业化社会的国家的总人口尚不足世界人口的20%，而中国一个国家的人口就超过世界总人口的21%（18世纪中叶，整个西欧进入工业化初期时的人口不足1亿人，而中国是一个10亿人口级的巨大经济体，开始进入改革开放时已达12亿人）。所以，中国工业化所面临的不平衡问题，同其他国家不可同日而语。这突出地表现为：中国国内各地区之间是一种“超级区域经济关系”，各地区（以省级行政区为单位）的人口规模超过了世界上一般“大国”的人口（通常，一个5000万人口以上的国家就可以称为“大国”了）。如前所述，在人类200～300年的工业化进程中，千万人口级的经济体之间的不平衡表现为民族国家间的不平等（南北差距），这种不平衡性至今没有收敛的迹象，而且人类至今也不知道如何有效地解决这个十分突出的问题。而在千万人口级的经济体内部的经济不平衡，则表现为国内地区经济间的不平衡，国家（中央政府）负有解决这一问题的职责。如果我们把前者称为“超级经济体”（人口规模上亿甚至超过10亿），后者可称为“常级经济体”（人口规模数千万），而常级经济体之内的（通常为百万人口规模的）经济体，则称为“次级经济体”。那么，迄今为止，其他国家的工业化进程都是在“常级经济体”中发生的，而中国工业化则是在“超级经济体”中发生的。

因此，对于其他工业化国家，国内区域经济不平衡是“次级经济体”之间的关系；而在中国工业化进程中，国内区域经济不平衡表现为“常级经济体”之间的关系，同时也存在“次级经济体”之间的关系，前者表现为省级行政单位之间以及“三大地带”之间的不平衡，后者表现为省级行政单位内各地区之间的经济不平衡。

从世界工业化的进程看，迄今为止，“常级经济体”之间的不平衡总体上没有收敛趋势，市场经济在全世界的扩张继续释放着扩大不平衡的能量，不平衡问题仍然在恶化，对此，不存在一个“世界政府”来进行理性的调节，国际组织的调节力度也完全不足以同自由主义市场经济的调节力量所抗衡（一个值得关注的积极现象是欧盟的发展）。而“次级经济体”之间的不平衡在许多国家确实具有收敛趋势，产生收敛趋势的原因不仅有市场经济本身的作用，也有中央政府调控的作用。可以说，在人类工业化进程中，人类在解决“常级经济体”之间的不平衡（即超级不平衡）问题上基本没有成效，而在解决“次级经济体”之间的不平衡（即常级不平衡）问题上有了一定的成效。

由于对于其他国家，国内不平衡是常级不平衡问题，而对于中国则是超级不平衡问题，那么在中国工业化的进程中，地区不平衡是否具有收敛的条件？中国是否有能力采用其他国家调节“次级经济体”之间不平衡的方式来解决超级不平衡问题呢？非常遗憾的是，我们尽管有很大的决心，但并没有做出肯定回答的充分理由，因为，既缺乏具有逻辑力量的理论，也缺乏国际经验的佐证。

如果我们有意或无意地强化常级经济体之间的水平比较，鼓励它们之间的增长竞赛，实际上就是强化它们之间的竞争，地区之间的竞争和竞赛必然会凭借比较成本优势来实施各自的战略意图。那么，什么是比较成本呢？比较成本理论的假设前提是：要素（自然资源、物质资本和劳动）不流动，产品可流动。而在现实经济中，有些要素不可流动而也有一些要素是可流动的，所以，各国或各地区之间的比较成本归根结底取决于不可流动要素或要素的不可流动性。而现实中可流动要素和不可流动要素的实际状况是：在现行国际经济秩序下，产品可流动，资本可流动（或流动性强），劳动不可流动（或流动性弱）。所以，对外，中国必须以大量生产和出口工业制成品的方式，实现经济资源的国际配置；而在国内，各地区间的产品、资本、劳动都是可流动的，特别是劳动的可流动性使得资本的梯度流动减弱（沿海较发达地区的劳动价格增长缓慢），所以，比较成本因素中的资本、劳动等要素的作用趋于相对的弱化，而税收、土地等不可流动要素的作用更为突出。因此，如果进行地区间的产业竞争和经济竞赛，不可避免的后果是：各地区除了加大基础设施投资（突出表现为各种“开发区”建设）之外就是更多地加大以税收和土地为手段的竞争。因为，在比较成本的驱动之下，地区之间的竞争归根结底是不可流动要素的竞争，更准确地说就是，以不可流动要素（的低成本）来争夺可流动要素。由于基础设施（开发区建设）、税收和土地这些不可流动要素都是由政府控制的，没有政府的作用各地就发挥不了比较成本优势的作用，所以，如果鼓励各地区之间的产业竞争和经济竞赛，必然的后果是：普遍地存在着地方政府参与的区域间竞争现象，而且表现为各地在减免税费、供应廉价土地和低价格基础设施（开发区）等方面的激烈竞争，甚至不惜更多支付环境代价，这实质上就是以大幅度让利于可流动要素的方式来吸引资本的流入。而所付出的不可流动要素代价往往是巨大的和不可持续的。

人们常常把“超级不平衡”归因于政府对经济发展平衡性的“不够重视”。其实，在工业化过程中的许多问题的解决仅仅靠“重视”是不够的。新中国成立以来特别是近年来，我们对缩小东、中、西部地区的差距实际上是非常重视的，国家为此也投入了很多的资源，但是效果并不能尽如人意，而且还在一定程度上存在差距继续扩大的趋势。所以，最根本的因素不是重视与否，而是客观规律的强大力量。在中国工业化进程中，缩小千万人口规模的常级经济体之间的差距是一个长期目标，缩小常级经济体内即次级经济体之间的差距则是更现实可行的目标。中国现阶段区域经济政策的重点应是加大缩小常级经济体（省级地区）内差距的政策力度，通过缩小常级经济体内地区间的差距的途径，逐步实现缩小常级工业化经济体之间（东、中、西部经济地带的）差距的长期目标。

现阶段，无论是对于公平目标的社会期望还是出于社会稳定的要求，后一个目标（缩小常级经济体内的地区差距）的实现都更具迫切性。因为，公平的近距比较比远距比较更重要，即人总是对近距不平衡更为敏感，导致社会不稳定的更可能是近距的不平衡而不是远距的不平衡。比尔·盖茨再富有，也不会让远在千里之外的穷人的心态不平衡；而穷人身边的富人常常可引起穷人极大的心理不平衡。

必须认识到，实现平等目标也是必须耗费资源的，超过资源能力的人为目标是难以实现的。客观地看，中国现阶段并不具有迅速解决超级不平衡矛盾即大规模缩小常级经济体之间差距的充分资源，而解决常级不平衡矛盾即显著缩小常级经济体内的地区间差距则具备了比较充足的资源条件，至少对于相当数量的常级经济体是这样。从世界工业化的历史和现实看，解决千万人口级经济体内（常级经济体内）的不平衡，和解决10亿人口的超级经济体的平衡问题，不可能采取相同的战略和政策。千万人口级的经济体对于其他国家来说是“国家”，而对于中国来说则是省级行政管辖的

“地区”。也就是说，其他国家是常级经济体，而中国则是一个超级经济体。实现超级经济体内的全面平衡，是一个需要耗费巨大资源的过程，难以在短期内实现。对此，我们必须有长期努力的思想准备。特别是在当前，不能不适当地有意或无意地刺激省级经济体之间的经济对比、产业竞争和经济竞赛。因为那样的对比、竞争和竞赛必然导致由地方政府深度参与的非市场手段的激烈竞争，因而产生各种不合理现象，例如减免税收、开发区投资、基础设施过度投资、低价批地、环境破坏等。实际效果则可能是尽管投入了巨大资源，但在缩小省级经济体之间的差距上成效不大，反而扩大了省级经济体内部的经济不平衡，导致另一些矛盾的突现。实际上，我国大多数省区内的经济不平衡，包括一些发达省份内的经济不平衡都十分严重。如果能够有效地缩小各省区内的经济不平衡矛盾，全国范围内的经济不平衡性就可以有显著的改观。

所以，我国现行的区域经济发展政策应做适当的调整：在继续实行一定的政策措施以缓解东、中、西部地区之间不平衡进一步扩大的趋势的同时，将区域平衡政策的重点和着力点适当调整到更多地放在缩小各省区内的经济发展不平衡性上。通过省区内经济差距的更快缩小，实现全国范围长期平衡的经济发展。为此，要加大对各省区内的平衡性政策目标的评价权重，使各省区肩负实现内部平衡的更大责任；同时，适当弱化各省区之间的经济比较、产业竞争和经济竞赛，减轻对各省区之间包括东、中、西部三大地带之间的平衡性目标的评价权重，使中国现阶段的区域产业发展战略和政策更具现实性、可行性和有效性。

二、加快腹地经济发展

中国从20世纪70年代末进入加速工业化时期，迄今30多年，GDP总量达到世界第二，制造业规模达到世界第一，总体上进入工业化中期。但除极少数领域外，大多数产业的技术水平仍然处于中低端，在空间上的分布也非常不平衡。有的较发达地区接近了工业化后期，而不少地区仍处于工业化初期或刚进入中期。目前，中国工业化推进的空间态势总体上正处于从先发地区向更广阔的腹地空间加速扩散的过程。因势利导，积极有序地推进这一过程是中国经济发展未来相当长一段时期内的主要战略方向。

过去我们往往有一种认识，认为沿海地区的区位条件更有利于经济发展，而内陆腹地由于其区位劣势难以成为经济较快发展的地区。在解释世界各国工业化差距时，有些人也以此作为归因逻辑，得出沿海发达内陆落后的结论，但事实并非全然如此。纵观世界各国工业化的历史和今天的世界经济版图不难看到，沿海国家和地区固然有其优势，但内陆国家和地区也不乏工业化成功的案例。其中最具代表性的国家是瑞士、卢森堡、奥地利等内陆国家，它们都达到了经济发展的很高水平，使许多沿海国家也望之兴叹。再如令人羡慕的德国，其经济发达地区也有法兰克福、鲁尔地区等最著名的内陆地区。这些内陆国家和内陆地区，有的是得益于丰富的自然资源，有的是区域或国际交流的枢纽地带，有的依靠发达的基础设施建设改善了区位条件并形成具有很强竞争力的实体产业。总之，内陆腹地同样具有工业化的光明前途，并不是工业化阳光难以普照的地方，而且，往往能够形成非常坚实的实体经济基础。

中国工业化同样表现出经济腹地强劲的工业化势头。近年来一些经济腹地的增长率已经高于前30多年主要增长极的沿海中心城市经济，区域间发展差距扩大的趋势已经基本扭转。沿海中心城市同经济腹地在经济版图中的比重也正在出现后者趋向上升的局面。

首先，沿海腹地正在成为中心城市扩大辐射范围的产业承接地区，甚至一些高端产业也在往中心城市周边地区以及周边省域布局；一些地区内部发展水平差距较大的沿海地区（例如广东省），中心地区的产业正较快向相对不发达的周边地区转移；一个相当明显的现象是，一些省市长期以来就一直试图（通过行政性方式）进行跨省（市）规划合作而实现经济一体化，过去想做甚至下过很大的力气但难以做到，现在却正在出现加快形成更紧密的区域融合的趋势，有望实现长期求之而不得的地区经济一体化目标（例如长三角地区）。

其次，内陆腹地正在以快于沿海地区的速度增长，特别是中部崛起和西部大开发战略取得显著进展，中西部地区正在形成若干较大的中心城市和城市群，资源开发及制造业加速增长，城乡一体化和“两型社会”建设正在成为中西部地区经济社会发展的很大特色。

最后，县域经济正在成为越来越具有活力的发展空间，尤其是众多工业园区和其他产业园区的开发建设，成为县域经济发展的重要支点。县域经济所具有的空间优势正在凸显。而且，将工业化与现代农业及服务业的结合，也是县域经济的独特优势。

经济腹地各地的区位、资源和生态环境条件不同，并无同一的发展模式。必须立足各地区的具体情况，科学规划，有序推进工业化。既要避免各地政府过度干预导致经济关系扭曲，又要防止无序的掠夺性开发和盲目投资而破坏可持续发展的基础和条件。

第一，腹地经济发展必须进一步加强基础设施建设，改善对外开放和区域交流的物质条件。只有建设成较完善的基础设施，经济腹地才可能培育起具有国际竞争力的产业群。

第二，各地区要科学规划和积极引导，形成符合本地区现实条件的具有竞争力的产业链及产业集聚区。能否发展起具有竞争力的产业链和产业集聚区，而不仅仅是分布几个同本地区经济没有很大联系的“产业飞地”，是腹地经济发展战略成败的首要问题。

第三，腹地经济发展必须高度注重城乡协调、城市群建设和相邻区域经济的一体化，打破城乡分割、城市间隔阂和相邻地区相互封锁的格局。其中，特别重要的是，各地政府要自觉和积极地促进形成协调发展和一体化发展的格局，避免成为导致相互分割封锁的消极行政因素。

第四，经济腹地发展特别要注重鼓励创新思维和增强民间经济活力。同沿海地区相比，经济腹地由于过去的封闭性和交流条件的相对不便，往往影响了人们的观念意识，缺乏创新开放的思维方式，表现为民间经济活力不足。因此，腹地经济的发展必须激发创新、进取、开放的社会活力，这是一个非常关键的因素。

第五，经济腹地的加速工业化要高度重视和处理好产业竞争力、生态环境保护和民生福利的关系。工业化的推进归根结底要依靠培育和发展具有竞争力的产业，而产业的发展必然会对地区的生态环境产生一定的影响，而且，工业化的过程也必须是一个民生改善的过程。问题是，民生改善（包括工资水平和社会福利保障水平的提高等）同产业竞争力以及生态环境之间存在着既相互依赖又具有一定程度的矛盾性的关系。科学处理好这三者间的关系，使之良性互补互动，是实现腹地经济长期可持续发展的决定性战略问题。

第六，腹地经济发展要高度重视信息化所导致的新情况、新机遇和新挑战。以信息化的方式推动新型工业化、城镇化和现代农业的发展以及新产业模式的形成，使之成为腹地经济发展的新引擎。特别是要充分认识到，信息化与工业化的深度融合将导致整个工业经济体系和行为方式发生革命性变化。信息化不仅使工业能够实现生产技术的进步、工艺过程的变革、新产品的层出不穷以及销售方式的改进，而且将全方位加速工业行为和工业经济的文明进程。

更具前瞻性地看，作为工业化中期战略方向的腹地经济发展，不仅要实现本阶段的发展目标，同时也要超前部署工业化后期的战略意图：将发展战略的未来目标定位于打造产业国际竞争力高地和精致高端（尖端）产业制高点，使中国成为真正的工业强国和能够承担更大国际责任的世界大国。

三、推进新型城镇化

城镇化是人类生存方式的系统性变迁。一般意义的城镇化就是，由于人类基本生存方式——劳动和生活方式的转变而导致农村居民不断集聚而形成市民居住点。从经济学意义上说，人类最基本的活动是生产和消费。城镇的形成就是为集聚化生存的人类生产活动和消费活动提供适宜的条件。与分散于农村的生产和消费相比，集聚于城镇的生产和消费不仅数量更大，质量更高，而且具有极大的创新倾向和进步能力。在漫长的人类历史上，近二三百年的工业化时期，是人类生存方式发生最大变迁的阶段。进入工业化时期，工业发展促进成百上千座城镇崛起，城镇发展又对工业和人口进一步集聚形成巨大吸引力。城市工业成为最具竞争力的产业，大多数科学发明都是以工业和城镇为载体，运用于产业技术创新和产业结构升级。总之，工业化是人类生存方式的一次伟大革命，城镇化同其如影随形。工业创造了城镇化的物质基础，城镇化提高了产业的竞争力。工业化与城镇化共同推动人类发展进入最辉煌的时代，所创造的财富超过以往数千年的总和。

中国工业化和城镇化也是相辅相成、相互推动的。工业创造了城市（或者将以往的“消费城市”转变为“生产城市”），城市聚集了工业，极大地创造了财富。在此过程中，产业发展、园区开发和城市建设，成为各地区大多数城市共同的经济发展路径。招商引资、农民进城、工业强市、新城崛起、老城改造，成为大多数地区相似的时代故事。农民进城务工不仅为城市工业输送了大量的劳动力，而且成为农村家庭脱贫致富最有效的方式和途径之一。可以说，工业化和城镇化彻底改变着城镇居民和农村居民的生存方式，推动了中国现代化的进程，是全面建成小康社会的根本途径。

在工业化进程中实现城镇化是人类的一个伟大创造，工业化和城镇化迅速而彻底地改变了世界地理的面貌。这是人类理性的伟大实现，是科学技术和生产力所创造的有史以来最辉煌的成就。但是，在这一历史进程中，人类也可能迷失方向，偏离城镇化本应向往的以人为本方向而走向歧路，产生异化现象。例如，产城发展却变得结构失衡。产业和城镇的盲目发展，可能会破坏工业化同城镇化的协同关系：或者是城镇没有产业支撑，居民难以就业，成为“穷城”“睡城”“空城”；或者是进驻企业因没有高质量城镇化基础的支撑，而难有长期竞争力，表现为工业生产貌似繁荣，粗放增长，但却留不住人才，产业既不能扎根于此，也无力攀登技术制高点；再或者是城镇的包容性差，边缘人口长期无法融入，利益矛盾突出。总之，产业和城镇似乎在发展，但结构和质量均处于低水平。这样的低质量城镇化往往导致严重的结构性矛盾。

实现集聚却变得很不便利。人口向城镇集中原本是为了更加便于生产和生活，提高生产效率和生活质量。但是，无序的人口集聚和城镇的管理不善却使得生产和生活越来越不便利。生活成本提高过快，生产服务和生活服务供应不足，而且水平低下，城市内部以及与其他城市之间的人流物流不畅。在这里生产和生活，总是充斥着无尽的麻烦，居民感觉办事难、出行难、就医难、处处难。

规避风险却变得危机四伏。人口进入城镇原本是为了减少灾难和风险，“城”的本意就是对人和财产的护卫和防止祸害冲击。但是，由于城镇建设和管理的不善，却使得城市生活的安全缺乏保障，反而成为高风险地区，例如犯罪、车祸、工伤、火险、环境污染、疾病传染、安全事故，以及饮食不卫生、群体性事件等，居民感觉生活在高度风险的环境中，农村居民进城更觉缺乏安全感。

吸纳人口却变得阻碍融合。城镇化原本应是一个农业转移人口市民化的过程，城镇具有吸纳更多人口的吸引力和包容性，但也可能由于种种物质上和制度上的缺陷，城镇化却反而阻碍了社会一体化，导致人口社会性分裂和城乡差距扩大，等级压抑、制度歧视、贫富不均现象严重，由于公平、公正的缺失而引发民众不满。

创造财富却变得失去幸福。工业化和城镇化原本是人类创造财富的伟大创举，但是，低质量的城镇生活却可能并没有让更多的居民更加幸福，甚至反而感觉不如乡村生活，尽管那里没有城市的繁华，但也不像城市生活那样使人抑郁、焦虑甚至愤懑。

城镇化是喜剧还是悲剧，完全取决于它是否背离了以人为本的原则。农业转移人口进城寻梦，结果是实现市民化梦想还是陷于边缘化窘境，也取决于我们的城镇化能否坚持以人为本的原则和政策取向。

城镇是人类文明的标志性构建，向城镇集聚是现代人类的向往。因为，城镇可以成为劳动生产率更高、生活条件更好、社会更和谐、文化更丰富、环境更适宜、安全更有保障的居民集聚地，而且能够以其强大的经济实力和社会政治影响力推动城乡一体化，建设城乡统筹的“两型”社会。而要真正实现城镇化的这一性质，必须走以人为本的新型城镇化道路。

城镇居民基本活动的空间状态是劳作、休闲、居住和通行。所以，城镇化必须给居民提供更适宜的创业就业条件、休闲文化场所、居住房屋环境以及人车交通便利，为此，需要进行科学的城市规划和建设，包括建设良好的基础设施，为劳、闲、住、行提供公共产品的供应保障。

每个人的生命都是周期性的，在其幼年、青年、壮年、老年的生命周期中，对于劳、闲、住、行的生存空间需要是不尽相同的。特别是，人还有不可回避的弱点：生、老、病、死。所以，城镇化的实质应是为满足居民生命周期各个阶段的物质、精神和空间需要提供更完备的条件：哪些由居民家庭自己解决，哪些由企业或非营利机构解决，哪些由政府和社会组织建立的公共服务系统解决，在城镇化过程中必须有系统的规划安排、制度保障和政策支持。

人类发展的一个重要方向是规避风险，寻求安全。数千年来人类创造了各种各样的规避风险的物质手段和制度体系，但是，迄今为止并没有进入绝对安全的时代，相反，现代社会仍然是高风险社会。因此，城镇化不仅要构建城市运行正常时期的常规机制和管理体系，而且要构建特殊时期（灾难时期）的应急机制和管理体系。

人类具有长久记忆的需要，城镇是人类文明记忆集结之地。人类长久记忆最重要的具象体现之一就是城镇中积淀的物质文明和精神文明物体。每一座城镇都有其历史、现状和未来，并形成物质和非物质的文化遗产，构成人类文明进程的历史年轮。因此，城镇的历史遗迹、文化博物、标志性建筑等，都是最宝贵的人类财富和永久记忆。毁坏城镇的历史年轮，就是消灭人类的文明记忆。没有进化记忆的城镇如同患了老年痴呆症。所以，城镇化应成为人类文明进程中最具文化建树的创造过程，而决不能成为损毁文明记忆的历史遗忘过程。人类惧怕遗忘，遗忘是最大的不幸！

当前，许多城市都在努力创建“幸福城市”，幸福城市必定是以人为本的城市。城镇化进程实质上就是让更多的居民成为享受幸福生活的市民的过程，即不仅城镇市民更加幸福，而且农村转移人口市民化后也能获得同样的幸福感受，这就是以人为本的新型城镇化的最终体现。

四、产业发展的区域新常态

当前，中国经济正在进入“转型期”和“换挡期”，转型和换挡的意义可能远比我们过去所理解的要深刻。直到2008—2009年，大多数人还认为只要采取积极的宏观经济刺激政策应对国际金融危机，中国经济增长还能回到2008年以前的轨迹，即再现高速增长时期（2003—2007年是世界经济发展史上一段不多见的“黄金时期”）。经历了2010—2013年的反思，大多数经济学家终于认识到我们所面临的经济波动不仅仅是周期性的，而且是结构性的。也就是说，中国经济已经不以人的意志为转移地进入了一个新的发展阶段，许多事情已经同以往的30多年有了实质性的变化。因此，中国经济的区域发展态势也将发生很大变化，其中，产业发展的“转型”和“换挡”将具有重大意义，产业发展的区域态势也将出现一系列新现象，面临许多新问题。

众所周知，新一届中央的经济政策理念同过去相比有非常大的变化。明确表示，除非发生超出容忍限度的情况，中央政府不再以采取强力刺激的方式进行宏观经济干预。而是要通过深化改革和减少政府干预的方式释放微观经济活力，特别是，强调在公平竞争的条件下由市场来发挥资源配置的决定性作用。也就是说，未来的产业发展将主要不再依赖政府的“加力”，即政策刺激，而要靠更有效地发挥市场活力。这意味着区域经济政策取向将发生一个极大的转变：不再像过去那样主要依赖各种各样的“优惠待遇”“特殊政策”，而是更强调地区间的更大程度开放，消除地区壁垒，减少歧视性政策，形成统一开放的市场，进行更大范围的公平竞争。如果说过去促进区域经济发展的标志性政策是“经济特区”，那么将来的标志性区域政策则是“自由贸易区”。前者的含义是“特区可实行而其他地区不实行”，即特殊待遇只可限于特殊地区或园区；而后者的含义则是“自贸区实行的其他地区也可以实行”，叫作“可推广，可复制”。也就是说，各地区的发展将不再依靠差别性特殊政策的刺激，而主要依靠统一开放市场条件下的公平竞争。这样，产业发展再没有政策捷径可寻，不能吃“政策偏食”，于是只有一条路：创新！而且是内因驱动的自主技术创新，而不仅仅是利益诱导的迎合性外因激励创新。

区域经济政策取向这一变化的显著表现之一就是，各地区将出现区域经济一体化范围不断扩大的趋势：不仅各省级行政区内一些市县形成经济一体化区域，尤其是跨省级行政区的区域经济一体化趋势将显著增强，例如长三角、珠三角、京津冀等，将成为越来越重要的区域资源一体化配置空间和产业创新的更大协同区，而且，将形成大跨度的经济带，例如长江经济带、丝绸之路经济带等。“因为在全球化市场上，任何全球参与者的生存都取决于它所在的集群提供的所有优势。因此，区位变得更加重要。”这种重要性也表现为“随着交通成本的下降，生产更加集中于一个集群，并且地区内贸易增加”①。也就是说，更大范围的区域经济一体化将成为中国产业发展空间布局优化的一个重要积极因素。

可见，在新的发展时期，区域发展的动力机制将改变，产业发展的空间结构也将改变。“低价格资源供应”和“差别性优惠政策激励”的区域经济发展动力机制时代将历史性地成为过去。从一定意义上可以说，中国产业发展的区域态势正在从“特政”时代转向“自贸”时代。“特政”时代的动力逻辑是各地区都力图以“划区”方式构建“特殊政策区”，不仅有正式命名的经济特区，而且有无数“参照特区政策”，甚至实行“更加特殊的政策”的产业园区，总之是以“差别性”和“优待性”促发展；而“自贸”时代的动力逻辑则是努力融入更大范围的内外开放、公平竞争和有序合作的一体化经济区域，进而同体现自由贸易原则的全球经济化接轨，融入一体化的全国经济和全球经济，总之是以“公平性”和“开放性”促发展。

当我们问“什么地区的产业具有竞争力”，实际上就是问“为什么有竞争力的产业会位于某地区”。对于发展中国家，产业发展的空间表现通常是：转移、扎根和升级（或再转移）。这取决于地区环境对产业发展的吸引力、承载力、融合力和支撑力。

由于存在外国或外地的先进工业，发展中国家的区域产业发展首先依赖于吸引力，据此承接外国或外地的产业转移，在现实经济工作中就往往体现为“招商引资”的成绩。如果有众多企业意愿进入，则地区的产业承载力具有决定性意义，这包括资源承载力、土地承载力、环境承载力、基础设施等。承载力越强，聚集的企业就可能越多，以至形成产业集群。

① ［英］G. M. 彼得·斯旺：《创新经济学》，格致出版社、上海人民出版社，2013 年版。

随着进入企业逐步形成产业集群，地区对于产业发展的融合力的重要性就越来越显现，这决定了产业能否在本地区扎根。如果缺乏地区的产业融合力，进入本地区的企业可能成为产业“飞地”，无法充分融入本地经济和社会，除了是个借住的“纳税人”外，对地方经济发展的带动性不大。一旦有其他更有吸引力的地区，它们就会向外转移。这样的地区也许就不得不“腾笼换鸟”。

如果要使产业常驻，就必须形成本地区的产业支撑力，使产业在本地区具有不断升级的条件和前景，包括良好的配套服务体系、生活质量环境，以及有利于产业技术创新，尤其是自主技术创新的区域文化基础。因此，能否支撑产业升级和创新，是区域产业长期繁荣的决定性因素。

一般来说，地区产业发展的决定因素有三个：比较成本、技术水平、文化特质。第一个因素，工业化初期，即要素丰度和成本（价格）最重要；第二个因素，工业化中后期，即技术资源和技术创新越来越重要。第三个因素，从长远来看，即地区文化（组织文化和社会文化）具有决定性。所以，我们可以看到：世界各国工业化初期和中期的产业发展轨迹基本相同，但工业化后期，各国产业发展都会走上不同的方向，几乎没有相同的国家。因为，经济发展的规律具有“标准形式”，而文化则是多元的，没有“标准形式”。当文化因素越来越具有决定性时，各国各地区的产业发展就走上不同的方向，各具特色。

所以，区域工业化的长期逻辑是，除了区位和资源特点在初期和中期的重要作用外，科技创新与文化蕴含是两个决定性因素。而科技同文化对产业发展的作用是不同的：科技决定产品的功能、生产效率，其经济性质是使产品功能越来越好，但价格越来越低。而文化决定产品的品位，注入“艺术性”，其经济性质是使产品越来越具特色，细分化程度和附加价值更高，保持较高价格。这意味着，一方面各地区经济将融入经济全球化，另一方面各地区产业也应保持和打造地区特色，尤其是基于文化特质的优质产业。从一定意义上可以说：精致的工业品类同于“艺术品”；极致的制造业具有难以模仿的文化蕴含。

总之，要夯实产业发展的区域根基，就必须培育和增进对产业发展的吸引力、承载力、融合力和支撑力，使各地区经济发展插上产业科技和产业文化的两翼，才能实现中国产业的全面转型和换挡。中国产业国际竞争力问题实质上就是：哪些地区的技术创新条件和文化支撑基础使之能够成为产业扎根并占据技术制高点的优质企业聚集地？

五、产业竞争力与区域价值

当我们讨论产业发展的区域态势时，就涉及产业发展与区域发展的关系。尽管静态地看，地区的产业发展与区域发展具有一致性，但它们毕竟不是同一回事。产业发展与区域发展的主体与价值是不完全相同的。产业发展是企业本位，而区域发展则应是居民本位。一个企业的发展并没有区域限制，哪里有利就到哪里是企业本位的“理性”。但对于一个地区的发展来说，只有在本地发展的企业才有区域价值，企业离开了就失去了本地区价值。所以，区域发展要求将合适产业留在本地，并给本地区带来利益。总之，产业发展的逻辑是“有志企业四海为家”“良禽择木而栖”，即遵循企业竞争力优先的原则。而区域发展的逻辑则是“本地价值优先”。

因此，每个地区的发展都会考虑各产业发展对本地区的价值贡献，而不能仅仅考虑是否对企业竞争力有利。但是，地区的产业吸引力和支撑力恰恰又必须表现为要使落户本地的企业能够具有竞争力，即迎合“企业竞争力优先”的产业发展逻辑，否则企业不会选择此地。这一问题在现实中往往表现为很复杂的区域产业发展关系。例如，地方给企业提供低价格的土地和各种政策优惠，是否能获得很好的地方利益？如果以地方利益交换产业留驻，即支持企业竞争力，会不会损害地方尤其是当地居民的现实利益和长久利益？如果产业发展依赖于开发地方资源，那么，企业利益与地方利益是否能平衡和协调？资源枯竭后，地方经济发展和民生保障如何接续？

特别是，随着经济发展水平的提高，环境保护标准和民众环保要求越来越高。而且，产业竞争与生活质量的关系也在发生变化，社会越来越不能认可以降低生活质量的方式维护产业竞争力。相反，生态环境和生活质量会成为吸引和支撑优质产业的重要因素，因而成为区域竞争力的基本要素。

因此，各地区吸引和培育具有竞争力的本地产业同提升区域价值的关系将更为密切。各地区发展绝不可再采取“血拼”的方式，更不能“竭泽而渔”，而必须注重作为地区主体的“居民”利益和意愿。有可能损害区域价值的产业发展方式将难以获得居民认同，这将是各地区产业发展面临的现实挑战。

在新的发展时期，全国经济发展方式正在转变，各地区产业发展的态势也在发生很大变化，因此，各地方政府促进地方产业发展将遇到一系列新课题，其中，特别具有深刻性的问题是：

第一，促进地方产业发展，地方政府能做什么？前30多年的地方经济发展具有显著的“政府推动”甚至是“政府主导”性质，以提供优惠条件招商引资是政府的主要“法宝”。今后，地方政府以“特殊待遇”为手段，采用过度激励（利益诱导）的方式实现招商引资目标的模式将越来越难以为继；有些经济较发达地区可用于招商引资的土地供应越来越少。那么，地方政府还能以怎样的方式来吸引企业？如何夯实产业留驻和技术升级的地区环境？尽管各地区发展水平不同，具体情况有别，但基本的问题恐怕都是要力求抓住世界和中国产业发展的两个机遇：产业分布调整和新产业革命的机遇，支持企业进行产业和产业链空间配置的新布局，特别是支持企业从“追求优惠政策策略”向“自主技术创新策略”转变，创造新的产业业态。有条件的地方应该致力于打造某类产业的技术制高点，即具有国际竞争力的产业集群区。因此，地方政府的产业支持政策应从刺激“平推”式工业化，转变为促进“立体”式工业化。①

发达国家工业化的历史表明，产业发展中的技术创新是一个丰富复杂和不断持续的过程。创新资源可以有“科研资源、工艺创新资源、产品创新应用资源、美学设计资源”等类型②，而对于“颠覆性创新”“递增性创新”或者“根本性创新”“连续性创新”等不同类型的产业技术创新，大中小企业各具优势和劣势。而且，在某一产业（或产品）的进入期（孵化期）、成长期、成熟期和衰退期等各阶段，不同类型的企业也往往具有更适合于产业生命周期中一定阶段的创新表现。简而言之，不同类型的企业适合于不同类型和不同产业生命周期阶段的各类技术创新。所以，一个地区要成为有利于产业技术创新的集群地区，就应鼓励大、中、小各类企业在本地区的发展，避免歧视性政策。自由和公平的制度政策环境是促进持续创新的最有利条件。

更重要的是，地方政府负有为发展本地产业营造工业文明的社会环境的责任。经济史学家们的大量研究表明：“地方的基础设施、外部环境、熟练的工人和劳动力市场、特色服务，以及相互的信任和人际关系，对于繁荣区域的发展将起极大的作用。”③ 工业化不仅只是一个物质技术过程，而且是一个文明过程。为将本地区发展为具有活力和可持续的现代产业聚集地，地方政府应培育和鼓励脚踏实地、崇尚实业、创业创新、专注技能的工业精神，以及诚实守信、分工合作、公平交易的社会氛围，也就是要为发展现代产业积累更为雄厚的“社会资本”。各国工业化的历史表明，社会资本状况深刻地决定着产业发展的长远命运。

第二，政府服务企业和居民，“亲商”还是“亲民”？中国各级政府很大程度上都是“发展型政府”，即以推动发展为要务，政府行为具有自主创新性，信奉“发展是硬道理”。而要发展和创新，就必然要“亲商”，即尽可能为企业提供周到服务，在资源配置上照顾企业利益，以增强区域的产业吸引力，追求尽快实现区域经济发展的执政目标，主要表现为首先要尽快“做大经济总量”。许多地方政府的正式文件明确表示“亲商”的政策理念，这当然是增强地区竞争力，实现经济发展目标的一种可行的方式。

问题是，“亲商”不可忽视“亲民”，“发展型政府”不可替代“服务型政府”。

---

① 金碚：《现阶段我国推进产业结构调整的战略方向》，《求是》，2013 年第 4 期。

② ［英］克里斯·弗里曼、罗克·苏特：《工业创新经济学》，北京大学出版社，2004 年版，第 366 页。

③ ［英］克里斯·弗里曼、罗克·苏特：《工业创新经济学》，北京大学出版社，2004 年版，第 401 页。

特别是，随着经济发展水平的提高，居民的权利意识、民主意识、参与意识越来越强，发展产业如果忽视民利民意，将遭遇很大阻力。近年来屡屡发生的“邻避”现象，即本地居民反对在附近投资建设有可能给环境和安全带来隐患的项目，就是突出表现。而且，当人均收入提高到一定的水平，在产业发展和区域价值的权衡上，民生诉求显著提升，因此现在各地政府越来越强调“亲民”。例如，由于民众的环保要求提高，地方政府必须更加重视生态环境质量。由于民众的社会保障和福利愿望增强，政府用于福利保障的支出大幅度提高，各地最低工资标准快速提升。有学者认为，“在社会保护方面，中国在过去10余年确确实实经历了一次史无前例的‘大跃进’”。同时，“中国在社会保护方面还存在大量深层次的问题，民众对进一步加强社会保护还有十分强烈的愿望”①。

但是，无论是“亲商”还是“亲民”都是有成本的。过度“亲商”或“亲民”都是不可承受的，而且，“亲商”和“亲民”在一定程度上往往是一个需要抉择的(trade off)问题，因为资源总是有限的，政府的财力更是有限的。因此，对于各种亲商亲民选项必须有一个合理的优先顺序和承诺限度，区分轻重缓急，这是各地方政府将面临的现实挑战。

第三，如何处理好经济区域与行政区划间的关系？如前文所述，区域经济发展的新态势是，正在形成更大范围的区域经济一体化趋势，尤其是跨省级行政区的区域经济一体化将成为中国产业发展的一个显著的区域态势，这意味着区域经济协调范围超出行政区划边界的现象将更为突出。因此，对于区域产业发展，更好发挥政府作用的重要内容之一就是要探索行政规则与区域经济发展规律的契合方式，地方政府不仅要做产业发展的推手，更要做好区域关系的协调人，实现相邻行政区之间的经济开放、管理接轨与互利合作，形成各地区之间产业布局更合理的集聚和扩散态势。

政府在促进区域发展中的一个重要职能是制定和实施区域发展规划。历史事实是，当区域发展规划范围限于同一行政区划之内时，规划执行效果往往比较好；而如果区域发展规划范围超出行政区划界限，即涉及不同行政地区的区域发展规划时，执行效果往往不理想。这很容易理解，各地方政府对其管辖的行政区域负有利益责任，其管理效力也限于本行政区域之内，如果经济协调的范围超出行政区划边界，地方政府的利益责任和行政效力就处于“悬空”状态。但是，区域经济的客观关系和内在规律并不以行政区划为限，跨行政区划的区域协调具有客观必然性和政策必要性。因此，处理好经济区域与行政区划间的关系是一个非常重要的区域经济问题，对产业发展特别是其合理的空间布局具有很大影响。当前产业发展和区域发展的许多矛盾，例

① 王绍光：《中国仍然是低福利国家吗？——比较视角下的中国社会保护“新跃进”》，《比较研究》，2013年第11期。

如产能过剩、重复投资、资源浪费、环境损害、地方保护甚至执法不公等都同没有处理好这一关系有直接关系。行政区之间的区域经济分割也会对形成更大的区域发展活力产生不利影响。

另外，各地政府为了实施本地区管理，也自觉或不自觉地实行了各种具有区域歧视性的政策和管理措施。这突出地表现在交通等基础设施方面，例如，地区之间的公路、轨道交通往往“断头”或连通不畅，对进入本地区的外地车辆进行限制、实行对本地和外地车辆不同的限行措施，等等。这对形成统一开放的全国市场和建立区域间的公平竞争秩序造成障碍，对民众生活也产生不利影响。

中共十八届三中全会关于全面深化改革的决定提出：“经济体制改革是全面深化改革的重点，核心问题是处理好政府和市场的关系，使市场在资源配置中起决定性作用和更好发挥政府作用。”这是处理好经济区域与行政区划间的关系的基本原则，各地方政府在考虑跨行政区划的区域发展问题时，首先应考虑如何能更有利于“使市场在资源配置中起决定性作用”；同时也要考虑如何能“更好发挥政府作用”。

第四，如何更有效地解决地区间发展不平衡的问题？由于各地区不同的区位和历史，经济社会发展不平衡是一个长久现象。而且，区域特点也决定了各地区将在经济空间上处于不同的分工地位，表现为不同的“功能”。以往30多年，按照“特政”逻辑，要让有条件率先发展的地区先富起来，然后再先富帮后富。近些年来，一些相对落后的地区，例如中西部地区，经济增长速度高于沿海地区，出现了区域发展均衡化的趋势。但是，地区间发展水平的较大差距不可能在短时期内消除，实现区域发展的均衡趋势仍将是国家区域经济政策的重要内容之一。进入“自贸”时代，缩小区域不平衡的政策取向也必然有所改变。“特殊政策”不再是主角，对不发达贫困地区的援助仍然需要，但实行更大范围的经济一体化和公共服务均等化，以及资源收益分享合理化等，将成为更主要的促进区域经济发展均衡化的公共政策工具，即以“特政”填平差距的政策思路，将在很大程度上转变为“以公平促进效率”的政策思路。

总之，进入全面深化改革的新时期，中国经济发展的政策环境正在发生重大变化，因而产业发展的区域态势也正在发生深刻的变化。倾斜式、差别化、行政化的区域经济政策取向，正在向更加开放、统一、公平的区域经济政策取向转变。不仅各产业在区域间的分布格局正在发生新的变化，而且区域产业发展的动力机制也将发生深刻变化。依赖低价资源、补贴刺激、特殊优惠的产业空间扩展态势，将转向在统一开放、竞争有序的市场体系和公平开放透明的市场规则下，以技术创新、优化布局、协同分工为取向的产业空间发展格局。顺应这样的产业发展区域态势，各地方政府将发挥更有效的产业促进、引导和竞争监管职能，促进中国产业结构优化和技术升级在区域分布上的实现。

第 15 章　工业是“解放”之源

1978 年开始的中国改革开放，不是从意识形态理想出发的社会变革，而是从最实际的经济和社会现实问题考虑所进行的探索。从一定意义上甚至可以说，改革是一种被逼无奈的选择，是“逼上梁山”的“反叛”，即对计划经济的传统体制和传统观念的反叛。按照当年的法统，那是大逆不道、是可能要坐牢杀头的。30 多年来，改革开放一路走过，今日回首，真的是“换了人间”。30 多年前绝没有人能够想象得到今天中国竟然已经改变到现在的样子。是什么力量让 13 亿人口的中国在这短短的 30 多年间发生如此巨大的变化？人们可以从不同的方面和观察角度来解释这一现象，但有一种力量的作用肯定是具有决定性的，那就是亿万人民追求财富的欲望所产生的强大而持续的经济动力。改革开放释放了这种巨大能量，就产生了解放社会生产力的巨大推动力，让中国彻底改变面貌。

一、改革开放起点：承认追求个体财富的正当性

30 多年前发端的改革开放，是从解放思想开始的。为什么要解放思想？因为传统的意识形态观念禁锢了人们的思想。为什么人民终于不再容忍传统意识形态的禁锢，而甘冒极大的风险，以“违法”“违规”“违反政策”的行为走上改革险途？那是因为：实在是太穷了。也就是说，是极度的贫穷和巨大的国际差距（原以为世界上有 2/3 生活在水深火热中的人民在等待我们中国人去解放他们，未曾想与发达资本主义国家甚至新兴工业化国家相比，我们中国人的生活竟如此贫穷!），让中国必须思想解放：从理想主义的幻想（意识形态目标）到现实主义的转变。

解放思想就是要承认“实践是检验真理的唯一标准”。那么，怎样让实践来检验真理？首先要承认和面对现实。中国的现实是什么？贫穷！所以，承认中国仍然并且将长期处于“社会主义初级阶段”，是思想解放和以实践为检验标准所得出的第一个真理性认识。基于这一认识，必然得出结论：贫穷是最大的敌人，创造财富是最迫切的要求。“广大人民群众日益增长的物质文化需求与落后生产力的矛盾是社会的基本矛盾。”所以，以经济建设为中心，是唯一正确的政策选择。

问题是，在新中国成立以来的历史上，我们党实际上也曾实行过以经济建设为中心的方针，后来才一度偏离到“以阶级斗争为纲”和“政治挂帅”“突出政治”的方向。那么，实行改革开放以后的以经济建设为中心同以前的经济建设政策有什么区别呢？

改革开放以前，进行经济建设从根本上和方向上说是依赖着计划经济的动力机制。计划经济的基本动力机制是：以公共财富积累为目标和依靠指令性指标的分解和执行。也就是说，在计划经济制度逻辑下，发展经济的动力来自对公共财富的追求，公共财富的主体是国家，所以，计划经济制度必须构建一套以追求国家财富为目标的体制和机制，也就是实行全社会公有制经济基础上的指令性计划体制（加之社会动员体制）。所以，从根本的动力机制上看，传统社会主义计划经济的发展是由追求公共财富目标的欲望所推动的。[①] 而追求个体财富（个人财产和企业利润）则是不道德的，甚至是违法的。实践证明，这样的动力机制很难保证生产积极性的长期维持，效率低下的问题难以根本解决，特别是，庸懒、懈怠和依赖的工作态度和行为方式不可遏制地蔓延，将腐蚀整个社会的生产力基础。结果是使国家和人民在追求崇高目标（大公无私，无条件完成国家计划指标，以实现国家强大）的口号下，却走向了普遍贫穷的深渊。

1978 年开始的改革开放是对计划经济体制的突破。而突破口就在：要承认追求个体（个人和企业）财富的正当性，将经济发展的动力基于个体收入和财富的追求上。所以，在政策上要允许和鼓励“一部分人一部分地区先富起来”。要承认微观主体的经济责任制（农村的家庭联产承包和企业的自负盈亏等）和经济刺激。

在传统计划经济的制度逻辑上，无论社会发展到怎样的水平，创造了多少财富，都不会形成很多的个人财富（在严格的理论逻辑上个人完全不可能有财富积累），个人所获得的仅仅是“消费资料”或“消费基金”，完全没有个人财富的积累机制，财富积累完全是社会计划中心（国家或政府）的职能。所以，在意识形态上，个人追求财富是不道德的，甚至是违法的；企业（工厂）追求利润也是不正当的（“利润挂帅”受到谴责）。但是，改革开放后，承认了微观主体的经济责任制和经济刺激制度，以至承认和鼓励非公有经济的存在和发展，实际上就是承认了追求个人财富和进行个人财富积累的合法性和正当性，甚至还要鼓励和表彰“勤劳致富”“万元户”以至“百万富翁”。同时，也承认了企业是追求利润最大化的独立经济主体。

可以说，改革开放一开始就自觉或不自觉地为引入财富创造和积累机制奠定了认

---

① 笔者曾经证明，实际上在公有制经济制度中也必然存在私经济因素，这些私经济因素也是公经济增长的动因之一。参阅金碚：《论社会主义经济中的私经济行为》（《江苏社会科学》，1993 年第 3 期）；金碚：《社会主义不是无‘私’经济》（《经济学消息报》，1993 年 1 月 21 日）。

识基础。这虽然只是在计划经济体制中打开了一个缺口，但此后的事实表明，它对计划经济是一种颠覆性的冲击。因为，只要承认追求个体财富的正当性，整个社会就将不可阻挡地发生脱胎换骨式的革命性变化。

二、市场经济模式：经济人行为的社会福利意义

如果说从1978年到20世纪80年代末，对计划经济的突破还只是在纵向动力机制结构（自上而下层层分解的指令性计划指标是推动经济运行的主动力）中，引入追求个人收入和实现企业自负盈亏的激励因素，并试图以此弥补计划经济体制纵向动力不足的缺陷（即所谓“市场调节为辅”），那么，1979年邓小平提出，“社会主义也可以搞市场经济”，1992年1月18日—2月21日，邓小平在南方谈话中再次明确而强烈地表达了对社会主义和市场经济关系的坚定认识时，才产生了强大的思想解放推动力，让市场经济共识化蝶飞扬。当年，邓小平更加斩钉截铁地指出：“计划多一点还是市场多一点，不是社会主义与资本主义的本质区别。计划经济不等于社会主义，资本主义也有计划；市场经济不等于资本主义，社会主义也有市场。计划和市场都是经济手段。”① 当年召开的中国共产党第十四次全国代表大会正式宣布：“经济体制改革的目标，是在坚持公有制和按劳分配为主体、其他经济成分和分配方式为补充的基础上，建立和完善社会主义市场经济体制。”这是对中国社会主义经济制度的彻底性改革。市场经济与计划经济最根本的区别在于，计划经济基于自上而下的动力机制和资源配置机制，而市场经济的动力机制和资源配置机制则基于追求个体财富的微观动力；前者的运行直接基于对社会总体目标的关注和追求，后者的运行则是将社会总体利益的实现基于对个体利益的关注和追求。用学术性的语言来表述就是：市场经济相信即使人人遵循“经济人”行为原则（即一切从个体利益最大化目标出发），整个社会也能够实现总体利益最大化目标。而计划经济则认为，如果追求个体利益为主导性的行为准则，则整个社会生产将陷入混乱，更不可能实现社会总体利益最大化。

所以，当中国认定了要走市场经济的改革道路，实际上就是对整个经济制度的内在逻辑进行了彻底的变革，而且是对经济制度的“信仰”变革。如果坚持计划经济，则追求社会目标（社会财富）的行为才是道德的和合法的，追求个体财富（个人收入财富和企业利润）是不道德甚至不合法的，至少是很不高尚的。而如果搞市场经济，则追求个体财富不仅是合法和道德的，而且所有微观经济主体（个人和企业）追求自身利益的行为是可以最有效地实现社会福利最大化的。因此，市场经济制度主

① 邓小平：《在武汉、深圳、珠海、上海等地的谈话要点》，《邓小平文选》（第三卷），人民出版社，1993年版，第373页。

张最大限度地保护追求个体财富的自主性和自由选择（当然也必须对追求个体财富的行为进行规范、调控甚至管制）。因为，市场经济的“信仰”基础是：相信最大限度地保护追求个体财富的自主性和自由选择，就能最大限度地释放和调动蕴藏在社会最基层中的创造财富的巨大积极性（经济人的利益最大化行为），就能最大限度地解放社会生产力，并且相信无数的经济人的利益最大化行为，能够导致整个经济向着实现社会福利最大化的方向发展。

实践证明，市场经济所焕发出来的个体积极性和追求财富的动力机制是极其强大的。允许和鼓励微观主体更主动和自由地追求个体财富，确实能够导致整个社会生产力的巨大解放，导致社会财富的大量涌现。实践证明，中国改革开放所创造的成就令世界震惊，中国社会主义发展模式让全球耳目一新。

三、融入全球经济：财富创造的机制变革

市场经济在本质上是开放的和趋向全球化的。中国决心走市场经济的道路，实际上也就决定了必须和必然走向同世界资本主义市场经济体系接轨的方向。所以，中国义无反顾地，甚至不惜付出一定代价地申请加入世界贸易组织（其前身是关税与贸易总协定）。这意味着，中国改革的目标不仅是要建立社会主义市场经济，而且要承认国际通行的市场经济基本秩序和竞争规则，将中国的市场经济体系融入经济全球化的世界市场经济体系。

2001 年 12 月，中国正式加入世界贸易组织，这是一个影响深刻和深远的重大历史事件。世界贸易组织是全球资本的国际俱乐部，它最大限度地体现了国际资本全球扩张和竞争的要求。人类两次世界大战的历史表明，资本主义具有无限追逐财富的极大扩张性，如果没有一定的规范和竞争规则，资本对财富的追逐将演变为掠夺、侵略和战争。世界贸易组织是在两次世界大战的惨痛教训中建立的一个资本全球化竞争的规则体系。这一规则体系承认和保证资本在世界范围内“公平”地追逐财富的权利，从而避免因财富竞争而导致相互间的不正当封锁（垄断）和军事冲突。中国加入世界贸易组织，意味着有勇气到这一资本的国际俱乐部去参加竞争，尽管由发达资本主义国家所主导的这个世界性的资本俱乐部的许多规则对我们并不十分公平。

有人认为，中国的体制改革在很大程度上是由开放所推动的。因此，加入世界贸易组织必然对中国的市场化改革产生极大的推动力。在此过程中，“与国际接轨”几乎成为经济体制改革别无他选的方向。如果说，此前的中国经济体制改革完全是主动的，那么，此后中国经济体制改革就成为国内要求和国际压力“内外夹击”下的过程，在一定程度上是“不由自主”的。

当进入国际市场经济的全球竞争体系后，中国必须接受世界财富创造和积累机制的基本规则。当前的国际市场经济规则首要的是维护资本全球化自由竞争的权利，所以，世界贸易组织本质上是对政府行为的限制，即要求各国政府承诺不得限制资本进行自由贸易和自由的国际投资。

中国是一个资本实力弱小的国家，加入世界贸易组织后，中国能够承受得起激烈的国际竞争吗？人们曾经担心，由于资本是财富积累的产物，缺乏财富积累的历史决定了中国企业将不是国际资本的竞争对手。但是，事实并没有人们料想的那么严重。中国企业凭借“杀出一条血路”的拼搏精神和不惜代价的竞争行为，在国际市场竞争中打出了一片天地，而且市场占有范围迅速扩大。

中华民族原本是一个财富积累意识非常强烈的民族，为了获取收入和财富，中国人比世界上绝大多数其他国家的人更愿意付出辛劳和努力；而且，中国人更倾向于缩减当前消费，进行储蓄和投资，以获得更多的未来财富和留给下一代的遗产。所以，中国是全世界储蓄率和投资率最高的国家。可惜，历史的动荡和灾祸总是一次又一次地让中国人的财富梦想破灭。尽管中国人经历了数千年的财富追求，但直到 20 世纪 80 年代，中国仍然是一个贫穷的国家。一个勤劳、节俭、愿为创造和积累财富而比其他民族付出更多的民族，却不得不长期因财富之梦的破灭而失望，这可以说是一个世界历史上最典型的“中国悖论”和“中国悲剧”。

改革开放以来的 30 多年，是中国历史上千载难逢的太平年代，中国百姓终于不再被扼杀财富梦想，可以安安心心、踏踏实实地创造和积累属于自己的财富了。于是，中国人世世代代的财富意识在今天又一次觉醒！这一觉醒，看似静悄悄地发生，而其巨大和顽强的爆发力，则让全世界都惊叹，大呼估计不足，甚至似乎感受到了“中国威胁”，同时更是不得不承认受到了“中国教育”，即必须学习中国人的勤劳精神和拼搏意志，否则就将在竞争中衰败。

中国人财富意识的觉醒，使“奇迹”发生了。短短 30 年，物质财富大量涌流，货币金融财富迅猛增长，中国在世界上的形象发生了“改头换面”的极大变化。过去，“中国人”几乎就是“穷人”的代名词，而今天，“中国人”居然越来越使许多外国人产生“有钱”“富裕”“出手大方”的联想。确实，中国财富积累的规模快速扩大，中国正在以令人惊讶的速度制造出越来越多的富豪，中国中产阶级的成长也让世界刮目相看。统计资料毋庸置疑地显示了：企业利润大幅度增长，政府收入超速增加，越来越多的个人开始了家庭财富积累的过程。

财富的创造和积累有其自身的规律。特别是，财富自身具有强大的增值能力，当然，如果处置失当也会贬值和“缩水”。所以，保护财产安全，并且让财富创造更多的财富，也成为中国改革开放以来财富觉醒的一个重要的观念标志。党的十七大正式提出要“创造条件让更多群众拥有财产性收入”。这是对中国经济社会深入洞察的一个重大的观念解放和政策进步，这实际上也是肯定并且鼓励广大人民群众，不仅应是劳动收入的获得者，是生活水平不断提高的消费者，而且也应成为投资者和财富积累者。这也就明确肯定了民间财富积累是强国富民的重要途径。所以，社会主义市场经济的繁荣和强大，不仅仅表现为公共财富的创造和积累，而且表现为民间财富的创造和积累。

四、创造财富文明：刚刚开始的民族复兴历史

改革开放到今天，中国正从一个贫穷的国家进入中等收入国家行列。但是，比较世界各国的发展水平，中国仍然是一个人均收入水平很低的发展中国家，将长期处于社会主义初级阶段。所以，中华民族完全没有因30多年经济发展的辉煌业绩就自感满足和骄傲的理由。从民族振兴的历史看，不经历数百年的艰苦奋斗和财富积累绝对成不了强盛的国家和民族。中国财富创造和积累的历史还刚刚开始，绝不能浅尝辄止，夜郎自大，忘乎所以，半途而废。相反，我们必须以更加坚定的决心和意志，排除一切阻碍、诱惑和得意忘形的心态，总结30多年改革开放的成功经验和失误教训，以更加清醒的头脑和更加科学的态度进一步创造财富文明的新成就，让中华民族复兴的历史持续推进。

世界上没有免费的午餐，任何的所得必然要有相应的付出。改革开放30多年，我们确实取得了经济发展的巨大成就，同时，也付出了很大的代价，从根本上说，财富的创造和积累取决于愿意为此付出的代价。现在人们公认，我们为经济的高速发展付出了资源消耗、环境影响和劳动者低收入的代价。尽管过去的“血拼”有其历史的理由，不能站在今天的立场上脱离历史客观地责备过去，但是，无论如何，未来的发展绝不能再继续走过去的道路。科学发展道路必须更加注重节约资源、保护环境、善待劳工和关注民生。这正成为近年来非常强烈的社会呼声，表明中国的财富创造过程必须矫正原始积累的偏差，走向更加文明的道路。这是一种明显的历史进步。

同样的问题是，获得文明也要付出代价。节约资源、保护环境、善待劳工和关注民生，也都“没有免费的午餐”。实现任何美好的愿望，都必须付出一定的代价甚至牺牲。所以，承诺一种美好的目标，首先必须充分估计到有多大的可能或愿意付出多大的代价，才能实现目标。在发动和推进改革开放的时候，邓小平是充分估计到为此可能付出的代价的，例如“让一部分地区一部分人先富起来”就必然会产生明显的收入分配差距，对此我们必须要有所忍耐。他也警告说，如果导致了严重的两极分化，则是不能承受的代价，如果那样，就是改革的失败。今天，中国已经发展到需要

更加重视节约资源、保护环境、善待劳工和关注民生的阶段，也有条件在这些方面做出更多的承诺。但是，也绝不能忘记，为此我们有能力承受多大的代价？我们所采取的政策手段是否能够取得真正的成效，而不至付出难以承受的代价？

今天同30多年前相比，改革开放的财富基础发生了根本性的变化。30多年前，中国是在极度贫困的基础上开始改革的，按今天的标准，当时绝大多数中国人完全没有个人财产（“万元户”就是了不起的富人了）。今天的改革则是在有了相当数量的财富积累基础上继续深化变革的过程。从财富结构看，这两个时期的改革将是不可同日而语的！

改革开放30多年来，中国的财富形态发生了极大的变化：首先，财富的拥有者从主要是国家和国有企业，转变为民众也成为越来越多财富的拥有者，也就是说，中国的财富结构已经显著地“大众化”。在一些经济较发达的沿海地区，已经形成了工资收入和非工资收入（包括财产性收入）并存的广大群众的财富增长态势。其次，过去民众所拥有的财富基本上是流量性的，即表现为现期收入，由收入的储蓄所形成的存量资产很少，基本上没有积累意义，因为民众所拥有的只是“消费基金（资金）”；而现在，民众所拥有的财富越来越多地表现为存量财富（家庭财产），而且，不动产的拥有量也越来越多。也就是说，中国民众财富具有了显著的“存量化”特征。最后，过去的财富主要是以实物形态存在，特别是，民众所拥有和积累的基本上是微薄的实物财富；而现在，不仅国家和企业拥有巨额的虚拟资产，而且民众也拥有和积累了规模巨大的虚拟资产。所以，财富的“虚拟化”，或者说财富结构中虚拟资产的比重越来越高，是中国财富形态变化的又一个显著特点。

正因为财富形态趋向“大众化、存量化、虚拟化”，所以，中国经济发展过程中的财富形成过程不仅只是财富的创造和积累，而且，还表现为财富的保值和增值。或者说，财富的创造和积累过程如果不能同财富的保值和增值过程相配合，就不可能保持良性的和可持续的状态。因此，在财富形成过程中，财富的保值和增值已经成为财富创造和积累的互补性过程，一存俱存，一损俱损。

以上变化决定了改革开放的经济基础的根本性变化，即中国已经从贫困基础上的改革转变为财富基础上的改革。由于民间财富基础已经从单一的“消费资金剩余”型，转变为“大众化、存量化、虚拟化”和“创造、积累、保值、增值”高度复杂的财富基础，所以，利益结构也发生了多元化、差异化、阶层化，甚至集团化的演变。现在，任何一个经济现象都会对不同的利益相关者产生不同的影响。例如，如果原油涨价，产品油不涨价，石油开采企业有利，石油加工企业不利，消费者有利，但石油加工企业的股票拥有者却不利。再如，商品房价格上涨，对于想买房的人不利，但对于拥有商品房特别是已经贷款购买了商品房的人却有利，对于拥有房地产公司股票的持有人也有利。所以，人们发现，似乎越来越难有所谓“帕累托”改善的空间（在不使任何人受损的条件下使一些人的状况有所改善），一些人的福利改善（财富增加）几乎总是要以另一些人的福利（财富）损失为代价。因此，财富基础上的改革开放将在更为复杂的利益结构和多元利益诉求条件下推进，这意味着中国改革开放的动力机制已经发生了重大的结构性变化。

更重要的是，如前所述，30 多年改革开放所焕发出来的巨大生产力，形成了一定的财富实力基础，也基于一个重要的条件，即最大限度地发挥了要素比较优势，实际上就是以低价格的资源，包括自然资源、环境和劳动力等，获得了很强的市场价格竞争力。从这一意义上说，30 多年所形成的财富基础，在很大程度上主要是依靠了资源、环境、劳动的大量投入所换取的。因此，无论我们取得了多大的成就，这样的财富创造和积累方式都必须改变。正因为这样，进入 21 世纪后，关于“社会责任”的要求越来越引起广泛的重视。人们认识到，只有以负责任的方式创造和积累财富，才能形成真正可持续的财富文明。也就是说，财富文明必须体现为兼顾各方面的利益，不仅要对自我负责，而且要对利益相关者负责，对社会负责，对未来负责，对世界负责。这样，一方面，市场经济是高度竞争的，财富的创造、积累、保值、增值归根到底都必须在竞争中实现，这种根本机制没有改变，而且将进一步强化；另一方面，现代财富文明要求寻求双赢或多赢的博弈过程和竞争格局，让各利益阶层各得其所。这两方面的协调共存才能形成“科学发展观”和“和谐社会”的财富基础。

正因为如此，今天正在进行和未来将要进行的改革开放，将是一个更加充满利益博弈的过程。如何“统筹”各方面的利益，使失衡和可能失衡的关系得到平衡，是中国新时期创造更伟大的财富文明所面临的艰巨任务。因此，中国所经历的 30 多年的改革开放历程，只是整个中华民族崛起的一个序幕。

改革开放的 30 多年是财富觉醒的年代。追求财富是发展的动力，因为它冲破意识形态束缚，消除庸懒、懈怠和依赖的处世态度和行为方式；财富意识觉醒的深刻社会意义更在于：树立了全社会普遍的自我负责的精神——每个人都必须依靠自己的努力而获得体面的生活，任何人如果在其一生中不能创造和积累（或者继承）一定的财富，就不可能终生保持稳定的满意的生活水平（社会保障制度只能保证最低限度的消费支出）。

正因为 30 多年来的改革开放极大地解放了社会生产力和财富行为，形成了具有巨大的财富创造和财富增值潜力的市场空间，全世界的企业和投资者都不愿错失中国的财富机会，今天的中国才能成为世界上任何国家都不能忽视的国家，并受到普遍的尊重。即使是敌对国家也不得不对中国表示“善意”和“尊重”，因为，无论喜欢还是不喜欢中国，他们都不得不认识和承认自己国家的收入、就业、供应和产品市场，以至财富增值都同中国密切相关；尽管意识形态上可以不妥协、不相谋，但是，财富的力量和财富的欲望却是不可抵御的，不与中国合作甚至同中国对抗不过是一种损人更损己的愚蠢行为，也是对自己国家利益的蔑视。从这一意义上可以说，财富的觉醒是中国获得国际尊重的物质基础。

当然，财富意识的觉醒绝不是让“不择手段”“财大气粗”和“为富不仁”的劣行泛滥。“鸟为食亡，人为财死”“金钱是万恶之源”的“财富诅咒”更不应成为现实悲剧。财富意识是市场经济的动力源泉，财富的觉醒是市场经济伟大创造力的体现。但是，现代财富文明并不是极端个人主义和利己主义的统治。在基于现代财富文明的市场经济制度下，追求财富不仅仅是一种个人负责精神，即意味着准备承受压力和竞争，自力更生，自强自尊；而且，追求财富也应该和必须是一种社会责任行为，它意味着财富形成过程中的个体行为也要具有对相关利益者负责，对社会负责，对世界负责的精神；它要求财富的创造和积累过程不仅只对个体是可以持久和代际相继的，而且应该和必须是对社会、世界和人类也是可持续的。

五、工业对中国特色社会主义的理论贡献

从总体上看，当今世界仍然处于工业化发展阶段。中国改革开放 30 多年，实质上是加速推进工业化的一段特别辉煌的历史。中国工业化不仅彻底地改变着中国的面貌，而且极大地改变着整个世界的工业化版图和国际经济格局，特别是，使得 200 ~ 300 年来一直以资本主义市场经济为运行机理的世界工业化过程，演绎出一部 13 亿人口的巨大经济体在中国特色社会主义旗帜下迅猛推进的工业化历史。中国工业改革开放 30 多年，不仅使得社会物质财富极大地涌流，而且对中国特色社会主义做出了巨大的理论贡献。伟大的实践孕育和滋养了伟大的理论，伟大的理论激发和指导着伟大的实践。这使得中国工业改革开放 30 多年所创造的物质财富和精神财富，都成为中国以至人类世界的宝贵遗产。

改革开放 30 多年来，中国工业获得了巨大的发展，没有人怀疑今天的中国已经是一个世界工业大国。这一成就是“实践是检验真理的唯一标准”最突出、最鲜活的体现，即工业发展的成功实践证明了改革开放的真理意义。

发端于 30 多年前的改革开放，是从解放思想开始的。为什么要解放思想？因为传统的意识形态观念禁锢了人们的头脑。为什么人民终于不再容忍传统意识形态的禁锢，而甘冒极大的风险，走上改革开放的险途？那是因为：实在是太穷了！总之，是极度的贫穷和巨大的国际差距让中国必须彻底解放思想：实现从理想主义幻想到现实主义实践的根本转变。

解放思想的前提就是要承认“实践是检验真理的唯一标准”。怎样让实践来检验真理？首先是要承认和面对现实。那么，中国当时的最大现实是什么？贫穷落后！所以，承认中国仍然并且将长期处于“社会主义初级阶段”，承认“广大人民群众日益增长的物质文化需求与落后生产力的矛盾是社会的基本矛盾”，是思想解放和以实践为检验标准所得出的第一个关系改革开放前途的真理性认识。基于这样的认识，以经济建设为中心，就是唯一正确的政治路线和政策选择。这样的认识和选择首先在工业领域中得以全面实践。

中国工业 30 多年的巨大发展，深刻地根植于承认社会主义初级阶段现实国情的科学判断；坚持以经济建设为中心，实质上就是要调动一切积极因素，排除各种消极因素，摆脱一切思想禁锢，避免各种行为干扰，放手推进工业化；一心一意，决战经济，消灭贫困，实现小康。这是马克思主义历史唯物主义世界观的直接体现，也是在中国具体实践中所形成的科学认识和必然抉择。

30 多年来，不是无尽的争论，而是中国工业化令世界震惊的成就，无可争辩地证明了中国特色社会主义的强大生命力和真理性，证明了马克思主义的科学社会主义理论与中国具体实践相结合所开创的中国特色社会主义是一条适应国情的可行发展道路，也是亿万群众可以理解和接受，并且衷心拥护和热情投入的人民事业。

中国工业 30 多年的发展实践，不仅检验了中国特色社会主义可以极大地焕发出社会生产力的真理性，因此，完全可以相信高举中国特色社会主义的旗帜一定可以战胜贫困，迎来富强；而且，中国工业国际竞争力的显著提高，中国工业产品在世界市场大规模“攻城掠地”，证明了中国特色社会主义可以使中国挺起腰杆，摆脱屈辱，走向强大，赢得世界的尊重。

社会主义是否可以比资本主义更有活力？社会主义是否能够救中国？社会主义怎样才能救中国？中国工业发展 30 多年的实践给了世界一个清晰而令人信服的回答。实践胜于雄辩，经由实践检验的认识才具有客观真理性，所以，中国工业发展辉煌 30 多年，让中国特色社会主义具有了世界性的价值。只要不否认显而易见的客观现实，任何人都必须承认中国特色社会主义伟大的真理力量！

工业是思想解放和观念革命率先付诸行动的最生动领域。中国特色社会主义产生于思想解放，更生成于解放思想后的勇敢实践。坐而论道不会形成具有长久生命力的理论，脱离行动不会有真正有价值的思想解放成果。观念的进步是社会变革的关键，而进步观念付诸行动才能成为推动社会进步的真实力量。中国改革开放 30 多年是一部思想解放和观念革命的伟大历史，而工业则是 30 多年思想解放和观念革命率先付诸行动的最生动领域。

中国改革开放中的思想解放和观念革命，首先发端于财富观的变革。财富观的变革是中国从计划经济转向市场经济最深层的观念基础。市场经济的内在机理基于个体（个人和企业）追求财富的正当性。所以，改革开放的启动，首先必须突破传统的财富观。

中国工业是突破传统财富观，树立适应市场经济发展的财富观的先行领域。计划经济的基本动力机制是：以公共财富积累为目标和依靠指令性指标的分解和执行来实现公共目标。这样，在计划经济的制度逻辑下，发展经济的动力来自对公共财富目标的追求，公共财富的主体是国家，所以，计划经济制度必须构建一套以追求国家财富为目标的体制和机制，也就是实行全民所有制（实际上就是国有国营）经济基础上的指令性计划体制（加之社会动员体制）。所以，从根本的动力机制上看，传统社会主义计划经济的发展是由追求公共财富目标的欲望所推动的。而追求个体财富（个人财产和企业利润）则是不正当、不道德的，甚至是违法的。实践证明，这样的动力机制很难保证生产积极性的长期维持，效率低下的问题难以根本解决，特别是，庸懒、懈怠和依赖的工作态度和行为方式不可遏制地蔓延，将腐蚀整个社会的生产力基础，结果是使国家和人民在追求崇高目标的口号下，却走向了普遍贫穷的深渊。

1978年开始的改革开放是对计划经济体制的突破。而突破口就在：要承认追求个体（个人和企业）财富的正当性，将经济发展的动力基于个体收入和财富的追求上，所以在政策上要允许和鼓励个人勤劳致富，让“一部分人，一部分地区先富起来”。要承认和实行微观主体（农户和企业）的经济责任制（农村的家庭联产承包和企业的自负盈亏等）和经济刺激制度。在工业领域中首先发出“时间就是金钱”“效率就是生命”的口号，企业运行机制转向追求效益和利润目标，体现了工业革命观念在中国的普及和深入。同时，农村也以“无农不稳，无工不富”的经验，掀起了独特的农村工业热潮。各城市竞相招商引资，地区间进行着激动人心的工业资本竞争。

追求财富正当性的必然逻辑延伸就是必须奠定产权制度的稳固基础。从20世纪80年代到21世纪初，（工业）企业改革一直是城市经济体制改革的中心环节。从《全民所有制工业企业法》到《公司法》，工业改革在企业产权制度改革上的贡献奠定了社会主义市场经济体制有效运行的微观组织基础，使市场经济的微观竞争主体有了茁壮成长的制度土壤。

确立追求财富的正当性，加之产权制度基础逐步建立和完善，必然导致市场竞争行为的广泛展开。竞争是市场经济的灵魂和活力源泉，30多年来的工业发展基于越来越普遍和越来越激烈的工业竞争。不仅是企业之间的竞争，而且还有地区之间争夺工业资本的竞争，使中国工业加速发展的30多年成为人类工业化历史上竞争强度最高，竞争行为最激烈的时期之一。

随着微观经济主体产权意识和竞争行为的不断强化，从给国有企业“松绑”开始，到制度安排上实现政企分开，减少政府对经济活动的直接干预，就成为必然要求。在改革开放30多年中，工业从计划经济体制下受政府直接控制最严格的部门，逐步变为实现政企分开进展最先的部门。在1998年开始进行的改革开放以来的第四次政府改革中，行政管理从具体的工业经济管理中淡出。除了国防科技工业和信息产业两个管理部门之外，其他直接管理工业的10个部委都被撤销。从此以后，大多数（国有和大集体）工业企业都不再有直接的行政隶属主管部门了。中国工业经济的组织体系彻底从“部门管理”的计划系统，转变为自主企业的产业组织集合体。

正是工业改革的推进并取得工业发展的巨大成就，才真正坚定了实行社会主义市场经济的信念。因为，当中国认定了要走市场经济的改革道路，实际上就是要对整个经济制度的内在逻辑进行彻底的变革，而且是对经济制度的“信仰”变革，而这种变革能否最终实现，取决于现实结果和亿万人的真实体验。市场经济制度主张最大限度地保护追求个体财富的自主性和自由选择（当然也必须对追求个体财富的行为进行规范、调控甚至管制）、平等地保护各类合法产权、鼓励公平的市场竞争。这是因为，市场经济的“信仰”基础是：相信最大限度地保护追求个体财富的自主性和自由选择，就能最大限度地释放和调动蕴藏在社会最基层的创造财富的巨大积极性，就能最大限度地解放社会生产力，并且相信，无数个人和企业追求利益最大化的“经济人”行为，能够导致整个经济体向着实现社会福利最大化的方向发展，即从根本上和内在趋势上实现有利个体和有利社会两方面的目标。

实践证明，工业领域中市场经济的长足发展所焕发出来的个体积极性和追求财富的动力机制是极其强大的。允许和鼓励微观主体更主动和自由地追求个体财富，确实能够导致整个社会生产力的巨大解放，导致社会财富的大量涌现。实践证明，中国改革开放气势磅礴，所创造的成就令世界震惊，中国特色社会主义发展模式让全球耳目一新。

工业是实行改革开放最前沿、最活跃、最彻底的产业。思想解放和观念革命率先付诸行动，使工业领域始终处于改革开放最前沿；30多年来，工业改革的行动最活跃，最大胆；工业的对外开放最彻底，最广泛。中国对外商直接投资（主要是工业项目）的法律和政策宽容度，在世界各大国中（当它们处于与中国相同的发展阶段时）是非常罕见的。中国工业以宽广的胸怀，向世界敞开大门。因此，在中国各类产业中，工业的国内和国际竞争最激烈、最强劲。也正因为这样，中国工业成为规模扩张最快，在三次产业中比重最高的产业。可以毫不夸张地说，自20世纪80年代以来，工业一直是中国改革开放的先锋队和主力军。

在工业领域，最先形成了市场作为资源配置的基础性机制的体制。工业产品价格率先实现市场化，到20世纪末，绝大多数工业产品价格都实现了市场竞争定价机制，标志着中国市场经济体制改革取得了决定性的进展；进而，工业企业产权结构率先实现法人化（公司化）；工业品国内和国际贸易率先推进自由化；工业管理方式率先实现政企分开和自由竞争。

在工业领域，率先形成了公有经济主导，多种经济共同发展的格局。实行改革以来，中央向地方，政府向企业不断“放权让利”，同时逐步硬化国有企业预算约束，将国有企业推向市场。直至1999年，中国共产党第十五届四中全会通过《中共中央关于国有企业改革和发展若干重大问题的决定》，明确宣布：“建立现代企业制度，是国有企业改革的方向。”从这一时期开始，国有企业的改革循着两个基本方向推进：一是进行“国有经济战略性调整”，实际上就是把没有必要保持国有性质的国有企业改革为非国有企业，将国有经济主要集中于国家战略性领域；二是对仍然保持国有性质的国有企业进行公司化改造（从按《全民所有制工业企业法》设立和调整转为按《公司法》设立和调整）。在国有企业改革推进的同时，非国有和非公有制企业（以下简称“非公有制企业”）以更快的速度发展。企业改革的推进使中国工业经济的所有制结构发生重大变化，即非公有制企业的比重迅速上升，国有企业的比重逐步下降。按工业总产值计算，1978年，国有企业占77.6%，集体企业占22.4%，其他经济成分所占比重极小，基本可以忽略不计；到2006年，国有和国有控股工业企业的比重下降到31.2%，国内非国有企业占37.2%，“三资”工业企业占31.6%。

非国有企业的发展不仅使得微观经济主体的基础结构更能适应市场经济的运行，而且，由于改变了国民经济由国有企业“独木支撑”的局面，也使国有企业的进一步改革有了更大的回旋空间。因此，工业市场经济微观主体结构向公有制主导，多种经济共同发展方向转变的同时，也是以公司制为特征的现代企业制度在中国取得很大发展的时期。

在中国改革开放30多年中，创造性地实行了许多体制改革方案和政策设计，其中大多数首先发生在工业领域，或者同工业具有密切关系。例如，特区经济的建设、经济开发区和高新技术产业区的建立、加工贸易的大规模发展、各种鼓励政策和激励性制度的实行，都是工业改革开放中的重要内容。

特别是，工业在中国经济走向国际化和全球化的进程中，做出了卓越的表现。以工业为先导的对外开放是“勇敢者的游戏”。在中国经济从封闭决然走向开放的过程中，工业是最勇敢的探险者：胆子最大，动力最强，步伐最快。中国工业以“奋不顾身”的竞争精神写下了工业化进程中的一段“血拼”式的竞争历史。中国工业以显著的弱势，并且是在给外资企业以双重的“幼稚产业”待遇（外商投资企业不仅同样获得关税保护，而且享受各种超国民优惠待遇）的条件下，接受了曾经被视为

"洪水猛兽"的国际资本的挑战。工业是中国目前唯一敢于全面和高标准接受世界资本主义的国际贸易竞争规则的产业，中国工业在仍然处于幼稚时期所得到的保护程度在有些方面甚至比发达国家还低。中国工业几乎是以自我牺牲精神，在强大的国际竞争对手的巨大压力下站住了脚跟，并迅速成长为一个世界经济巨人。

30 多年来，中国工业的勇敢竞争精神和取得的巨大成就，让全世界都将目光聚向中国，并极大地提高了中国在国际事务特别是制定国际经济规则中的谈判地位。正是由于中国国力和工业国际竞争力的显著增强，中国在制定国际经济规则中的话语权也有了突破性的提高。例如，在 WTO 规则制定中，过去，中国几乎没有影响力而只能被动地接受由发达国家制定的规则；现在，中国不仅成为由 35 国部长参加的"绿屋会议"的重要成员国，而且已经成为更具话语权的 7 方会议（G7）成员之一。[①]

总之，中国巨大的国力特别是其强劲的工业国际竞争力，使得中国的改革开放已经不仅仅是中国自己的事情，而且是世界的事情，国际社会越来越关注中国改革开放对世界的巨大影响。同时，中国不仅接受国际经济规则，而且在国际经济秩序和竞争规则（政策）的制定上也具有越来越大的话语权和影响力。所有这一切的基本前提是：中国历经 30 多年发展，已经日益成为世界舞台上一个勇敢而强大的竞争者。有实力才能站立，这就是当今世界的逻辑！

工业改革开放是中国特色社会主义道路最具深远意义的艰难探索。在中国改革开放 30 多年历史上，工业改革、开放和发展绝不仅仅是解决使中国摆脱贫困和创造更多物质财富的问题，而且，在客观上肩负着探索中国特色社会主义道路的重大历史使命。

20 世纪 70 年代末，中国在巨大的危机感中痛下决心走向改革开放的道路，这一危机感直接产生于中国经济发展水平与世界发达国家的巨大差距。经济落后的中国将无法自立于世界民族之林，因此，必须不惜代价加速工业化，缩小同世界发达国家之间的差距。而这种代价主要表现为将会产生多方面的不平衡现象，特别是使得国内经济发达地区与欠发达地区、城市与农村、工业与农业以及居民收入的差距显著扩大。因此，中国的发展同时承受着两大差距所形成的巨大压力：一是中国总体上较低的生产力与工业化国家的先进生产力的差距；二是中国内部相对发达的生产力（发达地区、大中城市、向国际水平接近的高收入人群等）与欠发达生产力（落后地区、不发达农村、低收入人群等）之间的差距。

面对这两个同时存在的巨大差距和期望尽快缩小这两个差距的强大压力，中国长期处于抉择困境。因为，无论为了加速缩小上述哪一个差距，都必须付出很大的经

① 另外 6 个成员是美国、欧盟、印度、巴西、澳大利亚和日本。

济、社会、资源和环境代价。如果更倾向于加快缩小中国与国际先进生产力的差距以及解决由这个差距所产生的矛盾，例如给城市建设、发达地区、优势产业、重点大学、城市大型医院等以政策倾斜（所谓“扶优扶强”），就会进一步扩大国内发达生产力与欠发达生产力之间的差距；如果更倾向于加快缩小国内相对发达生产力与欠发达生产力的差距以及解决由这个差距所产生的矛盾，例如给农村建设、不发达地区、低收入人群以政策倾斜，更大幅度地实行收入和财富的再分配政策以缩小差距，提供更平等（而不是优者多得）的教育和卫生医疗等（所谓“平衡发展”或“关照弱者”），则可能会减缓中国缩小与国际先进生产力差距的速度；而如果要同时加速缩小上述两个巨大差距，则现实的国力条件难以支撑。

同整个国家的情况相类似，各地区的发展也处于双重压力之下：地区间差距的压力和地区内不平衡性的压力。地区间差距的压力必然导致直接或间接的地区竞争关系，而地区内不平衡的压力则表现为各方面的利益矛盾。地方政府直接承受着这两方面的巨大压力。当地区间差距压力更大时，地区间竞争可能不择手段，动员一切资源，“血拼”式发展；而当地区内不平衡的压力更大时，地方政府通常倾向于以维护稳定为重，并且向中央政府寻求更多的资源分配和政策援助。

处于这样的独特国情中，在国际竞争和地区间竞争的巨大压力之下，中国工业化的内在动力非常强劲，特别是由现行税收和财政体制所诱使，几乎所有的地区都具有发展工业生产的强烈动机。所以，地区间的工业竞争如火如荼，势不可挡。

一个13亿人口的巨大国家，在短短几十年的时间，通过发展市场经济来实现工业化，这是世界经济社会发展史上从来没有经历过的现象。其间可能面临的困难、矛盾、冲突甚至危机，是任何国家的工业化历史所无法比拟的。所以，中国特色社会主义道路是一条没有人走过的艰难路程，探索中国特色社会主义道路是中国人民在中国共产党领导下所进行的一次艰难长征。30多年来，工业改革开放成为中国特色社会主义道路最具深远意义的艰难探索。

包括工业改革在内的经济体制改革的根本目的是要解放和发展生产力。而解放和发展生产力的最有效方式是必须调动一切积极因素，通过优胜劣汰的竞争过程，进行资源有效配置和利用。但同时也必须保持国家发展的社会主义方向，坚持四项基本原则，特别是共产党的领导。这是改革开放中的一个最具“中国特色”的问题，也是工业改革开放30多年始终艰难探索的重大课题。

工业化的过程将实现经济和社会结构的巨大变迁。从其他国家的历史看，如果在工业化过程中处理失当，非常可能发生因矛盾激化而导致利益冲突和社会危机的情况，甚至使国家崩溃。更何况中国是一个人口数量庞大、发展极不平衡、利益差异很大的国家，其经济和社会结构的复杂性是任何国家无法相比的。因此，在改革、开放和发展过程中，必须以极大的谨慎和努力来保持社会的稳定与和谐。所以，中国的改革选择了渐进式的方式，作为率先推进改革开放的工业，也必须选择渐进可行的路径。

回顾30多年工业改革开放的经历，我们可以看到，中国工业改革开放不仅是大胆的和果敢的，同时也是高度技巧和稳妥的。中国工业改革开放不仅没有像许多转轨国家那样发生大幅度的生产下降、收入减少和失业增加，相反，中国工业改革开放一直伴随着生产的持续快速增长和收入的大幅度提高，特别是，工业发展成为吸纳劳动力的最强大力量。改革开放与就业增长的高度一致性，是中国经济体制转轨的一个非常突出的特点，世界上很少有国家能够做到这一点。中国之所以能够做到，最重要的原因之一就是保持了经济的持续强劲增长，特别是30多年来中国工业始终保持两位数的年增长率。而经济学告诉我们，没有比快速增长更好的解决失业问题的方式。从这个意义上可以说，中国特色社会主义道路是一条经历了最小转轨阵痛的发展模式和改革开放模式。

工业改革开放不断地推进中国特色社会主义的理论创新。工业改革开放的历史告诉我们，中国特色社会主义必须坚持发展是第一要务的坚定信念。必须避免在“以经济建设为中心”上的任何动摇，在“市场是资源配置的基础性机制”上的任何动摇，以及在“以公平竞争方式实现效益和效率提高”上的任何动摇。同时，更为重要的是，改革开放和发展也必须体现以人为本的核心理念。

如前所述，由于特殊的历史条件和国际环境，中国工业改革开放表现了极大的勇敢、忘我、奋不顾身的精神和“血拼”式竞争的特点。成就是巨大的，但是代价也是明显的。我们不能脱离历史条件和具体国情去指责过去，也不能忽视历史和现实已经展示给我们的事实。工业革命和工业发展在一定历史时期必然表现为以物为本，即以物质财富的创造和物质成就的辉煌作为工业化成功的标志和直接目标。但是，那只是低级阶段的表现。从更高阶段的发展，特别是从发展的价值观上看，以人为本才是发展的核心价值。科学发展观的提出，标志着中国改革开放仅仅经历了不到30多年的时间，就开始实现发展观念的深刻升华，尽管这一过程不可能一蹴而就。

中国工业历经20多年的强劲增长，到20世纪末21世纪初，开始越来越深切感受到资源与环境所造成的明显约束。“资源和环境约束下的工业增长”已经成为中国工业最突出的特征之一，持续的高速工业增长对资源环境形成特殊的压力。自改革开放以来，中国经济发展具有十分明显的“压缩性”和“急速性”特征，即工业增长具有持续高速增长的条件和内在动力，表现为罕见的经济增长波动的“弱周期性”。同时，在其他国家的经济发展中表现为较长时间的不同阶段及其特征，在中国经济发展的很短时间内就接连地甚至是重叠地表现出来。例如，有的经济学家将各国经济发展描述为“资源驱动”“投资驱动”“创新驱动”和“财富驱动”四个阶段，每一阶段有其特殊的现象特征。而在中国现阶段的经济发展中似乎这四个不同阶段的现象特征都在普遍地发生：大规模的资源开发（资源性产业的高增长、高利润）、资本投入（高储蓄、高投资和充沛的资金供应）、商业创新（尽管技术创新不尽如人意，但各种商业模式和企业经营战略的创新，则让世界为中国的商业成就惊叹）和财富增值（资本运作、资产价格上升、虚拟经济的活跃）。经济发展的这种“压缩性”“急速性”阶段特征，使中国在较短的时期内就从低成本资源推动的工业化阶段开始向资源成本普遍上升的发展阶段过渡，但同时又保留着“资源驱动”和“投资驱动”的许多特征。正因为这样，中国的资源和环境约束问题才表现出极大的特殊性和紧迫性。

人类在一定的发展阶段（中国正处于这一发展阶段），必须以推进工业化的方式来缓解和解决资源阻碍问题。工业化确实会遇到资源约束的阻碍，但是，如果不实现工业化，则资源短缺的问题将更难以解决，甚至根本没有解决的可能。而且，现实的国情是，作为一个人口众多、幅员辽阔的巨大发展中国家，中国正在面临和将要面临的几乎一切重大和长远的经济社会问题的解决，都高度依赖于重化工业的长足发展。只有发达的重化工业，才能解决中国的城市化、交通运输、国土整治、资源开发、水利工程和环境保护，以至国家安全、民生福利等问题。

所以，问题的本质并不在于要不要加速工业化，而在于，在工业化的现阶段，如何以最科学的方式来加速工业化，通过更高效率地利用资源来从根本上解决资源和环境问题。资源和环境约束的增强，表现为工业成本上升，这是工业化进程中迟早要遭遇的问题，中国并不具有大规模向国外转移生产基地来解决这一问题的可能，所以，最根本的出路是激励和培育起各产业和企业通过提升自身效率来消化成本上升因素的能力。

因此，工业的进一步改革、开放和发展，对中国特色社会主义理论创新和实践创造提出了新的更加伟大而艰巨的任务。工业的本质是创新的和革命的，它不仅提出了严峻的问题，而且实践于解决这些问题。从20世纪后期，特别是21世纪开始，中国工业如何获得核心技术和长期竞争力，如何实现自主技术创新和拥有自主品牌等，就成为工业改革开放所要解决的最突出的战略重点。

中国工业已经在改革开放实践中深切认识到：未来的国际竞争不仅是“勇敢者的游戏”，更是“智慧者的游戏”。技术创新、管理创新、理论创新，是中国成为世界强国的必由之路，所以，中国必须成为创新型国家。“创新”是一个产生于企业行为，主要是工业企业行为的概念，按照美国经济学家熊彼特的理论，创新具有“创造性毁灭”（creative destruction）的性质。其实，创新也具有“创造性连续”的性质。将这一概念延伸至中国特色社会主义理论，就是向其注入“与时俱进”的含义。与时俱进就是不断创新，中国特色社会主义理论是不断创新的理论，是与时俱进的理论。实践无终止，理论创新也将永无止境。

工业改革开放的一个重要启示是，以经济建设为中心固然具有决定性的重要性，但同时也必须重视社会、政治、文化的全面进步。世界各国的经济发展历史表明，工业化不仅仅只是工业经济的“单兵独进”，而是整个社会结构和政治体制的深刻变化，也是社会观念和人的行为方式的全面进步。因此，“统筹”“协调”“和谐”“正义”是建设中国特色社会主义的内在要求和不可或缺的重要组成部分。通过不断深化改革，扩大开放，实现经济、社会、政治、文化全面的现代文明进程，正是工业化实践所昭示的中国特色社会主义的远大发展方向。

无论从人类社会发展几千年的长河，还是从世界工业化 200 ~ 300 年的历史看，改革开放以来 30 多年的中国工业发展都是短暂的一瞬间。但就是在这短暂的历史瞬间，中国的改革开放经历了极其辉煌的时期。在这一时期，工业改革开放具有非常突出的地位，它不仅在物质财富的创造上获得了让世界为之震惊的成就，而且对探索中国特色社会主义道路和建立中国特色社会主义理论做出了极其重要的贡献。工业的本质是解放，是实践，是创新；工业改革开放是思想解放、观念革新和理论建树的实践基础。中国特色社会主义是中国工业化时期的伟大创造：实践的创造和理论的创造。因此，中国工业改革开放 30 多年的成功实践，奠定了中国特色社会主义道路和中国特色社会主义理论的坚实经济基础，使中国特色社会主义具有不可动摇的历史地位和毋庸置疑的永久价值，并成为中国人民奔向小康社会和更美好未来的伟大旗帜。

第 16 章　工业化意志不可动摇

面对中国工业发展的现状特别是面临的种种问题和矛盾，如何科学认识中国产业转型升级，是一个颇具争议的问题。这首先取决于对中国工业化现状的判断。显而易见的事实是：30 多年来的改革开放，使中国工业发展取得了令世界震惊的成就。中国工业发展让一座座城市和一家家企业拔地而起，建设成就使中国一改贫穷落后的旧貌：上海似乎已经可以堪比纽约，北京似乎可以堪比东京，深圳似乎可以同香港一争雌雄了！而一些工业品的"产能过剩"似乎已经标志着工业的末路。于是，一些人直观地认为，中国至少是中国的东部地区已经快走完了工业化进程，似乎很快就要进入发达工业国和高收入国家的行列。一些工业产品产能过剩现象使许多人以为，既然"生产什么什么就过剩"，那么就只有将工业转型为第三产业才有出路了。这实际上是一种"观光式"的感受，可以称之为"观光客幻象"，看到了景观表象，也有些直观体验，但缺乏深入洞察，因而忽视了中国工业的内在素质，高估了中国工业的发展阶段。

一、如何看待中国之"大"

近些年，国际和国内的一些"研究"和"评估"结论似乎在"印证"中国工业化进程的完成，支持了一种舆论，即认为"中国超越美国成为头号工业大国"，而且"中国很快将成为世界第一大经济体"。如果采用一定的统计估算方式，也许确能得到这样的估算结论，但这绝不是客观现实。尽管采用一定的统计准则，中国经济规模和工业产量规模可以很"大"，但在实质上，同发达国家相比，中国工业化的水平仍然很低，最保守地估计也至少还有 30～50 年的差距。

当估算国家的经济规模时，通常采用流量统计的方式，即计算一定时期（通常是一年）内所生产和进行市场交易的货物和服务的总量。而这种统计又可采用"国土准则"或"国民准则"两种方式。前者的统计原则是"在哪里生产就算那个国家或地区的产出"，例如常用的"国内生产总值"即 GDP；后者的统计原则是"由谁生产的就算那个国家的产出"，例如常用的"国民生产总值"即 GNP。很显然，按照

GNP 统计准则，中国的经济规模显著小于按 GDP 准则统计的经济规模。因为，处于中国工业化的现阶段，更多的发达国家企业到中国的国土上生产，而较少的中国企业到发达国家国土上进行生产，这样，中国的 GDP > GNP。即使中国的 GDP 世界第一，也不表明中国的 GNP 是世界第一。

由于在经济全球化条件下，商品自由贸易，资本国际流动也越来越自由，而劳动的国际流动却受到越来越大的限制，于是，国际资本与劳动的结合，更多地采取发达国家向中国输出资本，而不是中国向发达国家输出劳动的途径实现，于是世界工业生产地的地域分布向中国大规模转移，即在中国提供的“场地”上生产出了大量的工业品，而其中有相当一部分并不属于中国，也就是说，其性质是“Made in China”（在中国生产）而不是“Made by China”（由中国生产），经济成果（产品）的归属并非中国。再考虑各国人口数量的极大差距，中国有13 亿人口，即使 GDP 和 GNP 的总量规模达到世界前列，但更为重要的人均 GDP 和人均 GNP 仍将长期处于世界中等水平，即使进入“高收入国家”行列，同发达工业国比仍有很大差距，相当长时期内难以进入世界排名前列。

尽管采用以经济流量为对象的统计方法中国经济和中国工业的总体规模确实已经很大，但中国经济的“存量”规模仍然很小，远没有达到工业化后期的水平。经济存量即一国现存的财富量，是真正的经济体量。形象地说，如果要评估一个家庭的经济实力，经济流量估算的是“全家一年能挣多少钱”，而经济存量估算的是“全家总共拥有多少财富”。一个祖辈贫穷而近些年收入较高并增长较快的家庭，同一个继承了大量财富但近些年的收入增长不很快的家庭相比，后者的经济实力和富裕程度恐怕要远远强于前者。显然，评估一个国家的经济实力和工业化水平，经济存量规模比流量规模更有意义。

工业化是人类创造和积累物质财富最快最多的时期，在一定意义上甚至可以说，积蓄物质财富是工业发展和工业化的历史使命，工业化进程是否完成就看工业发展的这一历史使命是否完成。这里所说的“工业发展”与“工业化”含义的差别是，如果说前者主要指工业自身的发展，则后者还包括了使非工业产业更多地和系统化地采用工业技术、工业产品和工业组织方式。一个国家或经济体的真正实力（不考虑人力资本）即物质财富拥有量，主要包括了自然物质和工业生产物的蓄积量。也就是说，除了大自然的赐予，各国所拥有的物质财富主要是工业品（尤其是工业所创造的生产设备、建筑物和交通体系及各种物质基础设施）。这就可以理解，为什么人类物质财富主要是工业化时代所创造的。

因此，一个国家的工业化是否完成，不能仅仅看其工业的当期生产流量，而更要看工业所生产和蓄积的物质财富存量达到了怎样的规模和水平。实际上，经济流量的产出能力也在很大程度上取决于财富存量的规模，一切生产活动都需要以一定的物质财富存量为条件。一个国家或经济体只有当大规模创造物质财富的任务基本形成，社会追求的目标已经主要不是创造物质财富而是享用“服务”（和积蓄文化财富）时，工业化时代才会结束。当然，即使到那时，工业也不会消失。任何时代的人类生产和生活都不能离开工业产品及其所积蓄的物质财富存量。

根据中国社会科学院工业经济研究所李钢和刘吉超对物质财富存量的估算，到2008年，美国财富总量是中国的5.9倍，日本是中国的2.8倍；美国生产性财富（工业生产物蓄积量）是中国的3.8倍，日本是中国的2.4倍。而人均生产性财富美国是中国的16倍，日本是中国的25倍。如果美、日、中三国均保持当前的生产性财富增速，中国人均生产性财富要到2034年和2035年才能赶上美、日两国。而人均财富总量赶上美、日则需要更长的时间。①

可见，从工业化创造和蓄积物质财富的历史使命来看，中国工业化还远未完成。这不仅表现为物质财富蓄积存量规模与发达工业国还有很大差距，更突出地表现为中国工业的总体综合素质仍然不高。中国大多数地区还没有形成深厚的现代工业文明的社会基础，中国离发达工业国的标准还有相当大的差距。

二、客观认识中国工业的总体素质

不但从财富蓄积量来看，中国工业发展的历史重任还丝毫没有减轻，特别是从工业的总体素质来看，中国工业化还远未完成。

尽管中国经济规模已经十分巨大，甚至若干产业中的中国工业品已达到国际先进水平，但是就总体综合素质而言，中国工业化并没有真正到达中后期阶段。中国社会科学院工业经济研究所专家的一项研究表明：中国工业的主体部分仍处于国际竞争力较弱的水平。② 这项研究把中国工业制成品按技术含量低、中、高的次序排列，其国际竞争力大致呈U形分布，即两头相对较高，而在统计上分类为“中技术”的行业，例如化工、材料、机械、电子、精密仪器、交通设备等，国际竞争力显著较低，但这类产业恰恰是工业的主体和决定工业技术整体素质的关键基础部门。如果这类产业竞争力不强，技术水平较低，那么“低技术”和“高技术”产业就缺乏坚实基础。即使从发达国家引入高技术产业的某些产业环节，也是浅层性和“漂浮性”的，无法扎根，并会长期受制于人。

中国社会科学院工业经济研究所专家的另一项研究还表明：中国工业的大多数行

---

① 李钢、刘吉超：《中国省际包容性财富指数的估算：1990—2010》，《中国工业经济》，2014年第1期。

② 金碚、李鹏飞、廖建辉：《中国产业国际竞争力现状及演变趋势》，《中国工业经济》，2013年第5期。

业均没有站上世界产业技术制高点。而且，要达到这样的制高点，中国工业还有很长的路要走。即使是一些国际竞争力较强、性价比高、市场占有率很大的中国产业，其核心元器件、控制技术、关键材料等均须依赖国外。从总体上看，中国工业品的精致化、尖端化、可靠性、稳定性等技术性能同国际先进水平仍有较大差距。

有些工业品在发达国家已属“传统产业”，而对于中国来说还是需要大力发展的“新兴产业”，许多重要产品中国同先进工业国家还有几十年的技术差距，例如，数控机床、高端设备、化工材料、飞机制造、造船等，中国尽管已形成了相当大的生产规模，而且时有重大技术进步，但是，离世界的产业技术制高点还有非常大的距离。

攀登产业技术制高点需要专注、耐心、执着、踏实的工业精神，这样的工业精神不是一朝一夕可以形成的。目前，中国工业企业普遍缺乏攀登产业技术制高点的耐心和意志，往往是急于“做大”和追求短期利益。许多制造业企业过早走向投资化方向，稍有成就的企业家都转而成为赚快钱的“投资家”或进入地产业，企业股票上市后急于兑现股份，无意在实业上长期坚持做到极致。在这样的产业心态下，工业综合素质的提高和形成自主技术创新能力面临很大的障碍，这也正是中国工业综合素质不高的突出表现。

三、工业是精神财富创造的实践力量

中国工业发展65年，尤其是改革开放以来的30多年，不仅使得社会物质财富极大地涌现，而且对中国特色社会主义做出了巨大的理论性贡献。伟大的实践孕育和滋养了伟大的理论，伟大的理论激发和指导着伟大的实践。中国工业所创造的物质财富和精神财富，都成为中国和人类的宝贵遗产。

西欧工业革命推动和实现了人类科学、理性的思维观念，教化人民接受分工合作、精准高效、守纪守时的工业精神。工业化推进到哪个国家，就使那个国家走上变革、开放和自由的道路，公平竞争、创新开拓、效率至上和福利社会的观念成为主流意识。

中国工业发展，从20世纪50年代起，就将解放、自主、强国的观念注入民族意识。而在20世纪70年代末80年代初开始的改革开放时期，工业改革开放不仅在物质财富的创造上获得了让世界为之震惊的成就，而且对探索中国特色社会主义道路和建立中国特色社会主义理论做出了极其重要的贡献。工业的本质是解放，是实践，是创新；工业改革开放是思想解放、观念革新和理论建树的实践基础。因而可以看到：工业发展成就成为“实践是检验真理的唯一标准”最突出、最鲜活的体现；工业经济成为思想解放和观念革命率先付诸行动的最生动领域；工业部门成为实行改革开放最前沿、最活跃、最彻底的产业领域；工业改革开放不断推进中国特色社会主义的艰难探索和创新。巨大的工业成就是理论自信、道路自信、制度自信的底气所在。如果没有工业，何来民族自信？

总之，中国工业化不仅是物质财富创造的历史，也是精神财富创造的历史。工业喷薄与思想活跃相伴。工业发展贡献给中国的不仅是国强民富的物质现实，而且是思想解放、科学理性、开拓创新的鲜活精神财富。工业实践滋养现代性观念，工业精神注入现代文明之精髓。中国工业改革开放的成功实践，不仅奠定了中国特色社会主义道路和中国特色社会主义理论的坚实经济基础，而且证明了中国特色社会主义的历史地位和不可否认的价值，使之成为中国人民奔向小康社会和更美好未来的伟大旗帜。

工业不仅是大国之物质筋骨，也是其精神脊梁！

四、以坚定的工业化意志打造大国筋骨

在人类数千年历史的大部分时期，无论是以幅员、人口还是生产总量计算，中国都是世界第一大国，但是当18世纪一些西方国家率先发生工业革命，出现了“工业国”，中国很快就成为疲软的巨人，尽管仍然“地大物博，人口众多”，却因工业薄弱而成为任人欺宰的弱国，徒有庞大躯体却无力挺腰站立。中国近代百年屈辱的历史，实质上就是工业薄弱的“软骨病”史：没有筋骨，必为病夫。

当今世界，尽管一些小国可以从事特色经济而未必一定要以工业立国，但大国却必须以本国工业来支撑其庞大的经济躯体，否则必将衰落甚至崩溃。工业尤其制造业犹如大国之“筋骨”，拥有“钢筋铁骨”，国家方可屹立。新中国65年的历史，就是一部工业化史，历经艰难曲折，付出沉重代价，如铮铮铁骨般支撑起东方巨龙。

迄今为止，中国崛起最大的“法宝”就是规模巨大的工业体系，工业显著地提高了国家的生产率和收入水平，积累了大量的外汇。工业最重要的作用之一是支撑科学发明和技术创新的实现，从根本上决定着国家的创新能力。中国所面临的各项重大经济、社会和安全问题的解决都依赖于更加强大的工业能力。因此，在现阶段，中国最重要、最迫切的战略任务之一仍然是继续强健工业筋骨。有了工业之筋骨，才能雄踞于世界大国之间，确保国家安全、民生福祉和民族昌盛，并且真正成为一个永远保持活力的创新型国家。

参考文献

第1章

[1] [美] H. 钱纳里，S. 鲁宾逊，M. 赛尔奎因. 工业化和经济增长的比较研究. 上海：上海三联书店，1998.

[2] [美] 迈克尔·波特著. 国家竞争优势. 北京：华夏出版社，2002.

[3] [美] 安东尼·范·阿格塔米尔. 世界是新的——新兴市场崛起与争锋的世纪. 北京：东方出版社，2007.

[4] 江小涓主编. 中国开放30多年：增长、结构与体制变迁. 北京：人民出版社，2008.

[5] 金碚. 1978年以来中国发展的轨迹与启示. 中国工业经济，2007（5）.

[6] 金碚. 中国工业化的资源路线与资源供求. 中国工业经济，2008（2）.

[7] 金碚. 中国工业改革开放30多年. 中国工业经济，2008（5）.

[8] 金碚. 世界工业化历史中的中国改革开放30多年. 财贸经济，2008（11）.

[9] 吕冰洋，于永达. 收益递增与中国工业经济资本积累. 经济理论与经济管理，2009（3）.

第2章

[10] [美] 杨叔进. 中国：改革. 发展与稳定. 北京：中国发展出版社，2000.

[11] [英] 保罗·甘乃迪. 挑战世纪——21世纪的前景与中国的未来. 呼和浩特：内蒙古文化出版社，1998.

[12] [美] 吉利斯，波金斯，罗默，斯诺德格拉斯. 发展经济学（第4版）. 北京：中国人民大学出版社，1998.

[13] [美] 约翰·科迪，海伦·休斯，戴维·沃尔主编. 发展中国家的工业发展政策. 北京：经济科学出版社，1990.

[14] [美] H. 钱纳里，S. 鲁宾逊，M. 赛尔奎因. 工业化和经济增长的比较研究. 上海：上海三联书店，1998.

[15] [美] 威廉·鲍莫尔. 资本主义的增长奇迹——自由市场创新机器. 北京: 中信出版社, 2004.

[16] 郑新立, 周喜安. 中国: 21 世纪的工业化. 北京: 经济科学出版社, 2003.

[17] [美] 史蒂芬·罗奇. 未来的亚洲. 北京: 中信出版社, 2009.

第 3 章

[18] 里斯本小组著. 竞争的极限——经济全球化与人类的未来. 北京: 中央编译出版社, 2000.

[19] [美] 保罗·克鲁格曼. 发展、地理学与经济理论. 北京: 北京大学出版社, 中国人民大学出版社, 2000.

[20] [英] 克里斯·佛里曼, 弗朗西斯科·卢桑. 光阴似箭——从工业革命到信息革命. 北京: 中国人民大学出版社, 2007.

[21] [英] 马丁·沃尔夫. 全球化为什么可行. 北京: 中信出版社, 2008.

[22] [美] 安东尼·范·阿格塔米尔. 世界是新的——新兴市场崛起与争锋的世纪. 北京: 东方出版社, 2007.

[23] [新加坡] 马凯硕. 亚洲半球: 势不可挡的全球权力东移. 北京: 当代中国出版社, 2010.

第 4 章

[24] [美] 保罗·克鲁格曼. 地理和贸易. 北京: 北京大学出版社, 中国人民大学出版社, 2000.

[25] [美] 保罗·克鲁格曼. 战略性贸易政策与新国际经济学. 北京: 北京大学出版社, 中国人民大学出版社, 2000.

[26] [美] 弗朗西斯科·洛佩斯·塞格雷拉. 全球化与世界体系. 北京: 社会科学文献出版社, 2003.

[27] [美] 拉尔夫·戈莫里, 威廉·鲍莫尔. 全球贸易和国家利益冲突. 北京: 中信出版社, 2003.

[28] [美] 贾格迪什·巴格沃蒂. 捍卫全球化. 北京: 中国人民大学出版社, 2008.

[29] [美] 方绍伟. 中国热——世界的下一个超级大国. 北京: 新华出版社, 2009.

[30] 中国 21 世纪议程管理中心可持续发展战略研究组. 发展的格局——中国

资源、环境与经济社会的时空演变. 北京：社会科学文献出版社，2011.

第5章

[31] 金碚. 高技术在中国产业发展中的地位和作用. 中国工业经济，2003（12）.

[32] 金碚. 新形势下实行更有效的对外开放战略. 首都经济贸易大学学报，2004（1）.

[33] 陈佳贵，等. 中国工业现代化问题研究. 北京：中国社会科学出版社，2004.

[34] C. 格鲁特尔特，T. 范·贝斯特纳尔编. 社会资本在发展中的作用. 成都：西南财经大学出版社，2004.

[35] [英] 伊丽莎白·切尔. 企业家精神：全球化、创新与发展. 北京：中信出版社，2004.

[36] [美] 拉尔夫·戈莫里，威廉·鲍莫尔. 全球贸易和国家利益冲突. 北京：中信出版社，2003.

[37] [英] 马克·威廉姆斯. 国际经济组织与第三世界. 北京：经济科学出版社，2001.

[38] [美] 芭芭拉·斯托林斯，等. 经济增长、就业与公正——拉美国家改革开放的影响及其经验教训. 北京：中国社会科学出版社，2002.

第6章

[39] [美] 赫尔蔓·E. 戴利. 超越增长. 上海：上海译文出版社，2001.

[40] [美] 弗朗西斯科·洛佩斯·塞格雷拉. 全球化与世界体系. 北京：社会科学文献出版社，2003.

[41] [埃及] 萨米尔·阿明. 世界一体化的挑战. 北京：社会科学文献出版社，2003.

[42] [美] 芭芭拉·斯托林斯，等. 经济增长、就业与公正——拉美国家改革开放的影响及其经验教训. 北京：中国社会科学出版社，2002.

[43] 金碚，李钢，秦宇. 中国工业国际竞争力变化的新趋势. 中国社会科学院工业经济研究所研究报告，2002（9）.

第7章

[44] 厉以宁. 工业化和制度调整——西欧经济史研究. 北京：商务印书馆，2010.

[45] 金碚，等著. 资源与增长. 北京：经济管理出版社，2009.

[46] 中国社会科学院工业经济研究所工业运行课题组. 2011 年中国工业经济运行形势展望. 中国工业经济，2011（3）.

[47] 巫云仙. 美国政府发展新兴产业的历史审视. 政治经济学评论，2011（2）.

[48] 中国 21 世纪议程管理中心可持续发展战略研究组. 发展的格局——中国资源、环境与经济社会的时空演变. 北京：社会科学文献出版社，2011.

[49] 刘世锦. 增长速度下台阶与发展方式转变. 经济学动态，2011（5）.

[50] ［英］安格斯·麦迪森. 中国经济的长期表现. 上海：上海人民出版社，2008.

第 8 章

[51] 李扬，张平，张晓晶，等. 当前和未来五年中国宏观经济形势及对策. 财贸经济，2013（1）.

[52] 蔡昉. 认识中国经济的短期和长期视角. 经济学动态，2013（5）.

[53] 高培勇. 复杂多变经济形势背景下的宏观政策抉择. 财贸经济，2013（2）.

[54] 上海市发展改革研究院课题组. 新产业革命的成因、特征、影响及对策. 上海综合经济，2013（2）.

[55] 裴长洪. 对未来经济发展取向的增长理念的若干分析. 经济学动态，2013（2）.

[56] 王世豪. 如何理解前所未有的机遇和挑战. 科学发展，2013（2）.

[57] 金碚. 现阶段我国推进产业结构调整的战略方向. 求是，2013（4）.

[58] 金碚，李鹏飞，廖建辉. 中国产业国际竞争力现状及演变趋势. 中国工业经济，2013（5）.

[59] 金碚，等. 全球竞争格局变化与中国产业发展. 北京：经济管理出版社，2013.

[60] 金碚. 改革的机制决定其成效. 经济研究，2013（2）.

第 9 章

[61] 朱迪·丽丝. 自然资源：分配、经济学与政策. 北京：商务印书馆，2005.

[62] 国土资源部信息中心. 2005 中国国土资源可持续发展研究报告. 北京：地

质出版社，2006.

［63］中国科学院可持续发展战略研究组. 2006中国可持续发展战略报告. 北京：科学出版社，2006.

［64］中国现代化战略研究课题组，中国科学院现代化研究中心. 中国现代化报告（2005）——经济现代化研究. 北京：北京大学出版社，2005.

［65］中国现代化战略研究课题组，中国科学院现代化研究中心. 中国现代化报告（2007）——生态现代化研究. 北京：北京大学出版社，2007.

［66］奥古斯托·洛佩兹－克拉罗斯，迈克尔·E. 波特，克劳斯·施瓦布. 全球竞争力报告（2005—2006）. 北京：经济管理出版社，2006.

［67］金碚. 资源与环境约束下的中国工业发展. 中国工业经济，2005（4）.

第10章

［68］［英］马丁·沃尔夫. 全球化为什么可行. 北京：中信出版社，2008.

［69］［意］Corrado Clini，Ignazio Muso主编. 可持续发展与环境管理——经验与案例研究. 德国：施普林格（SPRINGER）出版社，2008.

［70］［美］阿尔·戈尔. 难以忽视的真相. 长沙：湖南科学技术出版社，2007.

［71］［美］阿尔文·托夫勒，海蒂·托夫勒. 财富的革命. 北京：中信出版社，2006.

［72］［美］威廉·鲍莫尔. 资本主义的增长奇迹——自由市场创新机器. 北京：中信出版社，2004.

［73］［美］赫尔曼·E. 戴利. 超越增长——可持续发展的经济学. 上海：上海译文出版社，2001.

［74］［美］乔治·斯蒂纳，约翰·斯蒂纳. 企业、政府与社会. 北京：华夏出版社，2002.

［75］［美］加勒特·哈丁. 社会在极限之内——生态学、经济学和人口禁忌. 上海：上海译文出版社，2001.

［76］［美］丹尼尔·F. 史普博. 管制与市场. 上海：上海三联书店，上海人民出版社，1999.

［77］Augusto Lopez－Claros，Michael E. Porter，Klaus Schwab. The Global Competitiveness Report 2005－2006. The World Economic Forum，2005.

［78］中国社会科学院经济学部编. 生态环境与经济发展. 北京：经济管理出版社，2008.

［79］余瑞祥. 中国西部自然资源竞争力评估研究. 武汉：中国地质大学出版

社，2006.

［80］严茂超. 生态经济学新论：理论、方法与应用. 北京：中国科学出版社，2001.

［81］王俊豪. 政府管制经济学导论——基本理论及其在政府管制实践中的应用. 北京：商务印书馆，2001.

［82］黄正夫. 可持续发展与生态经济学. 北京：中国环境科学出版社，2000.

［83］尚杰. 资源经济学——资源的合理开发与利用. 哈尔滨：哈尔滨出版社，1997.

［84］马传栋. 资源生态经济学. 济南：山东人民出版社，1995.

［85］金碚，等著. 资源与增长. 北京：经济管理出版社，2009.

［86］金碚主编. 中国企业竞争力报告——企业成本与企业竞争力（2008）. 北京：社会科学文献出版社，2008.

［87］金碚主编. 竞争秩序与竞争政策. 北京：社会科学文献出版社，2005.

［88］金碚，等著. 竞争力经济学. 广州：广东经济出版社，2003.

第 11 章

［89］［英］克里斯·佛里曼，弗朗西斯科·卢桑. 光阴似箭——从工业革命到信息革命. 北京：中国人民大学出版社，2007.

［90］［美］比尔·麦吉本. 幸福经济学——从“更多”到“更好”. 海口：南海出版公司，2010.

［91］［美］罗纳德·英格尔哈特. 发达工业社会的文化转型. 北京：社会科学文献出版社，2013.

［92］［美］罗纳德·英格尔哈特. 现代化与后现代化——43 个国家的文化、经济与政治变迁. 北京：社会科学文献出版社，2013.

［93］［英］克里斯·弗里曼，罗克·苏特. 工业创新经济学. 北京：北京大学出版社，2004.

［94］［英］G. M. 彼得·斯旺. 创新经济学. 上海：格致出版社，上海人民出版社，2013.

［95］［美］约瑟夫·E. 斯蒂格利茨，［印］阿马蒂亚·森，［法］让—保罗·菲图西. 对我们生活的误测：为什么 GDP 增长不等于社会进步. 北京：新华出版社，2014.

［96］［美］杰弗里·萨克斯. 文明的代价——回归繁荣之路. 杭州：浙江大学出版社，2014.

[97] [英] 安东尼·吉登斯. 现代性的后果. 南京：译林出版社，2011.

[98] [美] 伊恩·莫里斯. 文明的度量——社会发展如何决定国家命运(2013). 北京：中信出版社，2014.

[99] [美] 彼得·戴曼迪斯，[美] 史蒂芬·科特勒. 富足：改变人类未来的4大力量. 杭州：浙江大学出版社，2014.

[100] [英] 克里斯·弗里曼，罗克·苏特. 工业创新经济学. 北京：北京大学出版社，2004.

[101] [英] G. M. 彼得·斯旺. 创新经济学. 上海：格致出版社，上海人民出版社，2013.

[102] [美] 凯文·凯利. 科技想要什么. 北京：中信出版社，2011.

[103] 厉以宁. 工业化和制度调整——西欧经济史研究. 北京：商务印书馆，2010.

[104] 李钢，刘吉超. 中国省际包容性财富指数的估算：1990—2010. 中国工业经济，2014 (1).

[105] 金碚. 国运制造——改天换地的中国工业化. 北京：中国社会科学出版社，2013.

[106] 金碚，等. 全球竞争格局变化与中国产业发展. 北京：经济管理出版社，2013.

[107] 金碚. 论民生的经济学性质. 中国工业经济，2011 (1).

第12章

[108] 陈昌胜. 美国对世界未来15年的预测及其国家战略——评美国国家情报委员会《2025年全球趋势》研究报告. 经济研究参考，2011 (46).

[109] 国家发改委产业经济与技术经济研究所，北京师范大学地理学与遥感科学学院. 中国500强企业集团发展报告 (2010/2011). 经济参考资料，2012 (15C-1).

[110] 金碚，李钢主编. 中国道路——中国经济学家的思考与探索. 北京：经济科学出版社，2011.

[111] 金碚. 资源约束与中国工业化道路. 求是，2011 (8).

[112] 金碚. 中国工业的转型升级. 中国工业经济，2011 (7).

[113] 李宗南，文峰. 中国大趋势2：创新改变中国. 北京：中华工商联合出版社，2011.

[114] 厉以宁. 非均衡的中国经济. 北京：中国大百科全书出版社，2009.

[115] 张维为. 中国震撼：一个"文明型国家"的崛起. 上海：上海人民出版

社，2011.

［116］郑秉文．“中等收入陷阱”与中国的三次历史性跨越——国际经验教训的角度．战略与管理，2011（5）（6）.

［117］朱民．世界经济结构的深刻变化和新兴经济的新挑战．国际金融研究，2011（10）.

［118］［美］克里斯托夫·金．反思中国，我们做错了什么．南京：凤凰出版社，2011.

［119］［美］丹·塞诺，［以］索尔·辛格．创业的国度——以色列经济奇迹的启示．北京：中信出版社，2010.

［120］［日］大前研一．心理经济学．北京：中信出版社，2010.

［121］［英］安格斯·麦迪森．中国经济的长期表现．上海：上海人民出版社，2008.

第13章

［122］［美］斯蒂格利茨．经济学（上、下）．北京：中国人民大学出版社，1997.

［123］［英］查尔斯·汉普登－特纳，阿尔方斯·特龙佩纳斯．国家竞争力——创造财富的价值体系．海口：海南出版社，1997.

［124］［美］吉利斯，波金斯，罗默，斯诺德格拉斯．发展经济学（第四版）．北京：中国人民大学出版社，1998.

［125］［美］马克斯·韦伯．新教伦理与资本主义精神．西安：陕西师范大学出版社，2002.

［126］［美］约瑟夫·E．斯蒂格利茨．社会主义向何处去——经济体制转型的理论与证据．长春：吉林人民出版社，1998.

［127］［美］肯尼思·约瑟夫·阿罗．社会选择：个性与多准则．北京：首都经济贸易大学出版社，2000.

［128］［美］塞缪尔·亨廷顿．文化的重要性——价值观如何影响人类进步．北京：新华出版社，2001.

［129］［美］乔治·斯蒂纳，约翰·斯蒂纳．企业、政府与社会．北京：华夏出版社，2002.

［130］［印］阿马蒂芬·森．以自由看待发展．北京：中国人民大学出版社，2002.

［131］［德］乔治·恩德勒．面向行动的经济伦理学．上海：上海社会科学出版社，2002.

[132] [美] 罗杰·理若·米勒，丹尼尔·K. 本杰明，道格拉斯·C. 诺斯. 公共问题经济学（第12版）. 上海：上海财经大学出版社，2002.

[133] [美] 约翰·罗尔斯. 正义论. 北京：中国社会科学出版社，2003.

[134] [德] 乌尔里希·贝克. 风险社会. 北京：译林出版社，2004.

[135] [印] 阿马蒂亚·森. 理性与自由. 北京：中国人民大学出版社，2006.

[136] [美] 本杰明·M. 弗里德曼. 经济增长的道德意义. 北京：中国人民大学出版社，2008.

[137] [美] 加里·S. 贝克尔. 人类行为的经济分析（新2版）. 上海：格致出版社，上海三联书店，上海人民出版社，2008.

[138] [美] 保罗·海恩，等. 经济学的思维方法（第11版）. 北京：世界图书出版社，2008.

[139] [美] 比尔·麦吉本. 幸福经济学——从"更多"到"更好". 海口：南海出版公司，2010.

第14章

[140] 中国现代化战略研究课题组，中国科学院中国现代化研究中心. 中国现代化报告（2004）——地区现代化之路. 北京：北京大学出版社，2004.

[141] 郑新立，周喜安. 中国：21世纪的工业化. 北京：经济科学出版社，2003.

[142] 王洛林，魏后凯主编. 中国西部大开发政策. 北京：经济管理出版社，2003.

[143] 魏后凯. 走中国特色新型城镇化道路. 北京：社会科学出版社，2014.

[144] 金碚，等著. 全球竞争格局变化与中国产业发展. 北京：经济管理出版社，2013.

[145] 金碚. 现阶段我国推进产业结构调整的战略方向. 求是，2013（4）.

[146] 陈志勇，陈思霞. 制度环境、地方政府投资冲动与财政预算软约束. 经济研究，2014（3）.

[147] 王绍光. 中国仍然是低福利国家吗？——比较视角下的中国社会保护"新跃进". 比较研究，2013（11）.

[148] 胡安俊，孙久文，姚鹏. 中国城镇化发展战略：从冒进到适度的地理版图. 经济管理，2014（5）.

[149] [美] 沃尔特·艾萨德. 区域与空间经济. 北京：北京大学出版社，2011.

[150] [美] 罗纳德·英格尔哈特. 发达工业社会的文化转型. 北京：社会科学

文献出版社，2013.

［151］［美］罗纳德·英格尔哈特. 现代化与后现代化——43 个国家的文化、经济与政治变迁. 北京：社会科学文献出版社，2013.

［152］［英］艾瑞克·霍布斯鲍姆. 断裂的年代——21 世纪的文化与社会. 北京：中信出版社，2014.

［153］［英］克里斯·弗里曼，罗克·苏特. 工业创新经济学. 北京：北京大学出版社，2004.

［154］［英］G. M. 彼得·斯旺. 创新经济学. 上海：格致出版社，上海人民出版社，2013.

第 15 章

［155］黎德福，陈宗胜. 改革以来中国经济是否存在快速的效率改进. 经济学（季刊），2006（10）.

［156］保健云. 论中国改革的目标选择与经济制度变迁方向. 经济体制改革，2007（3）.

［157］高尚全. 只有改革才能发展中国. 光明日报，2008－01－08.

［158］王永钦，等. 中国的大国发展道路——论分权式改革的得失. 经济研究，2007（1）.

［159］新望. 中国改革步入新境界——从十七大报告看新时期改革的特点和任务. 中国改革，2007（12）.

［160］张卓元. 中国改革开放的六条基本经验. 中国改革报，2007－01－08.

［161］张宇. 中国经济改革的本质特征与基本经验. 理论视野，2007（3）.

［162］沈宝祥. 中国特色社会主义在改革开放中形成. 中国改革，2007（10）.

［163］金碚. 1978 年以来中国发展的轨迹与启示. 中国工业经济，2007（5）.

［164］金碚. 论社会主义经济中的私经济行为. 江苏社会科学，1993（3）.

［165］中国社会科学院工业经济研究所. 中国工业发展报告——中国工业改革开放 30 多年. 北京：经济管理出版社，2008.

［166］金碚. 中国工业化的资源路线与资源供求. 中国工业经济，2008（2）.

［167］金碚. 1978 年以来中国发展的轨迹与启示. 中国工业经济，2007（5）.

［168］金碚. 中国工业的国际竞争力. 北京：外文出版社，2007.

第 16 章

［169］李钢，刘吉超. 中国省际包容性财富指数的估算：1990—2010. 中国工

业经济，2014（1）.

［170］金碚，李鹏飞，廖建辉. 中国产业国际竞争力现状及演变趋势. 中国工业经济，2013（5）.

［171］［英］艾伦·麦克法兰. 现代世界的诞生. 上海：上海人民出版社，2013.

［172］［美］贾雷德·戴蒙德. 枪炮、病菌与钢铁——人类社会的命运. 上海：上海译文出版社，2006.

［173］［挪威］乔根·兰德斯. 2052：未来四十年的中国与世界. 南京：译林出版社，2013.

［174］［英］彼得·马什. 新工业革命. 北京：中信出版社，2013.